青岛市社科规划重点项目

青岛市经济社会发展蓝皮书:2017

青 岛 市 社 会 科 学 院
青岛市城市发展研究中心

主　编　佟宝军
副主编　赵明辉　于淑娥　姜　红

中国海洋大学出版社
·青岛·

图书在版编目(CIP)数据

青岛市经济社会发展蓝皮书. 2017/青岛市社会科学院，青岛市城市发展研究中心编. —青岛：中国海洋大学出版社，2016.12

ISBN 978-7-5670-1209-7

Ⅰ.①青…　Ⅱ.①青…②青…　Ⅲ.①区域经济发展—经济分析—研究报告—青岛—2017②区域经济发展—经济预测—研究报告—青岛—2017③社会发展—社会分析—研究报告—青岛—2017④社会预测—研究报告—青岛—2017　Ⅳ.①F127.523

中国版本图书馆 CIP 数据核字(2016)第 320500 号

出版发行　中国海洋大学出版社

社　　址　青岛市香港东路 23 号　　**邮政编码**　266071

出 版 人　杨立敏

网　　址　http://www.ouc-press.com

电子信箱　coupljz@126.com

订购电话　0532—82032573(传真)

责任编辑　李建筑　　**电　　话**　0532—85902505

印　　制　日照报业印刷有限公司

版　　次　2016 年 12 月第 1 版

印　　次　2016 年 12 月第 1 次印刷

成品尺寸　164 mm×240 mm

印　　张　23

字　　数　396 千

印　　数　1～1600 册

定　　价　58.00 元

发现印装质量问题，请致电 0633—8221365，由印刷厂负责调换。

前　言

2016年，作为“十三五”的开局之年，我们迎来中国共产党成立95周年，95年来，中国共产党始终坚持以实现中华民族伟大复兴为己任，领导中国人民不懈奋斗，在革命、建设、改革的伟大实践中谱写了中华民族自强不息、顽强奋进的壮丽史诗；我们迎来了中国共产党第十八届中央委员会第六次全体会议，全会聚焦全面从严治党的重大主题，对全面从严治党作出了新的制度安排，开创了党的建设新格局和新境界，也将“四个全面”战略布局更加系统地提升到新高度。这对于确保党始终是中国特色社会主义事业的坚强领导力量，对于推进中国特色社会主义伟大事业，对于在新的历史起点上进一步推进党的建设新的伟大工程，具有重大而深远的意义。2016年年初，国务院批准了青岛新一轮的城市规划，城市定位由过去的中国东部沿海重要的经济中心城市，提升到了国家沿海重要经济城市，赋予了青岛新的使命。2017年，青岛将坚定新的发展理念，立足新的定位，全力打造三中心一基地（即国家东部沿海重要的创新中心、国家重要的区域服务中心、国际先进的海洋发展中心和具有国际竞争的先进制造业基地），加快产业升级和动力转换，提升城市核心竞争力，率先全面建成较高水平小康社会，加快向国家中心城市迈进。作为青岛市社科规划重点课题的《青岛市经济社会发展蓝皮书》已走过16个春秋，它是青岛市社会科学院、青岛市城市发展研究中心汇集青岛市社会各界专家学者的集体智慧而奉献给读者的精品力作；它选择青岛市经济社会发展进程中的重点、热点和难点问题，以科学、翔实的经济社会发展数据为分析预测基础，遵循理论与实践相联系、宏观研究与微观研究相结合的原则，真实、全面地分析了青岛市本年度经济社会发展的形势，客观地预测下一年度青岛市经济社会的发展走势；它已成为每年青岛市“两会”人大代表、政协委员书写提案的必读书目，已成为青岛市社科界服务党委和政府决策的重要平台与联系社会公众的桥梁纽带，已成为青岛城市经济社会发展的历史见证。

2016年，青岛市高举中国特色社会主义伟大旗帜，以马克思列宁主义、毛泽东思想、邓小平理论、“三个代表”重要思想、科学发展观为指导，深入贯彻习近平总书记系列重要讲话精神，按照“五位一体”总体布局和“四个全面”战略布局要求，坚持世界眼光、国际标准、发挥本土优势，深入实施蓝色引领、全域统筹、创新驱动等重大发展战略，在建设宜居幸福的现代化国际城市征程上不断取得新的成就。《青岛市经济社会发展蓝皮书：2017》是青岛市社会科学院、青岛市城市发展研究中心组织编写的第16本蓝皮书。“蓝皮书”以科学发展观为统领，契合青岛市“世界眼光、国际标准、本土优势”战略的总体要求，强调实事求是地反映2016年青岛市经济社会发展中取得的成果和存在的问题，在客观公正地分析研究的基础上，对2017年青岛市经济社会发展的趋势进行了较为科学的预测，并提出了具有较强可行性的对策建议。

2017年“蓝皮书”在框架体系上既继续保留以往的风格，又不断完善创新，并形成新的特色。在体例上分为“经济篇”、“社会篇”、“区(市)篇”3个篇章，分报告由33个专题组成。“经济篇”、“社会篇”、“区(市)篇”既相互联系，又各具特色，共同构筑起2017年“蓝皮书”的整体框架，突出和保持青岛市“蓝皮书”的多层次、宽领域、更全面地反映经济社会发展形势的鲜明特色。

“经济篇”共设11个分报告，从经济全视角审视了青岛2016年经济发展情况并作了深入、客观的分析，对2017年经济发展趋势进行科学预测和展望。该篇以2016~2017年青岛市经济形势分析与预测为重点，对青岛市对外贸易、财富管理、商贸流通、科技创新、港口经济、证券业、全要素生产率、社区银行、海洋经济、国税收入等发展形势设立分报告进行专门分析及预测，以此作为对青岛市经济形势分析与预测的有力支撑，并尽可能全面反映出青岛经济在转方式、调结构中所呈现出的特点。

“社会篇”共设12个分报告，以2016～2017年青岛市社会形势分析与预测为重点，透过社会发展不同领域的具体情况，高起点、宽领域、多视角地展示出青岛市社会和谐发展的形势。如对青岛市农业供给侧结构性改革、市政公用事业、文化产业、旅游业、养老服务业、就业、防震减灾工作、创建国家健康城市、法定途径分类处理信访诉求、城市公立医院综合改革、文化创意与相关产业融合发展等方面进行的分析预测和研究。

“区(市)篇”共设10个分报告，对青岛市各区(市)经济社会发展的状况作了细致分析，比较理性地预测了其走势，并在此基础上重点突出了各区(市)的特色。如市南区经济社会发展形势、李沧区海绵城市建设情况、青岛西海岸新区(黄岛区)特色小镇建设情况、即墨市对外贸易发展情况、平度市国家中小城市综合改革试点工作、莱西市精准扶贫工作情况、市北区青岛国际邮轮港发展、崂山中央创新区发展、城阳区新型城镇化发展模式、胶州市农村基层社会治理创新等进行的分析与预测。通过此篇，充分展现2016年青岛市城乡一体化协调发展的良好局面。

近年来，青岛市各级领导机关和有关部门，都十分注重对城市经济和社会发展状况的综合分析和科学预测工作，并取得了相应的丰硕成果，为城市发展宏观决策提供了参考。这对于率先科学发展，实现蓝色跨越，加快建设宜居幸福的现代化国际城市的青岛来说，在决策的科学化方面发挥了重要的作用。正因为如此，"蓝皮书"的编写得到各方面领导的高度重视，也可以说是在他们的直接关怀和指导下完成的。中共青岛市委常委、宣传部部长惠新安在百忙中对本书的编写作了重要指示；市委宣传部副部长魏胜吉也对本书的编写提出了许多有价值的意见；青岛市社科规划办也将"蓝皮书"列入青岛市社科规划重点课题；本书在编写过程中，还得到了各级党委、政府及有关部门和社会各界人士的大力支持。在此，我们谨表示衷心的感谢。

本书的编辑、校对工作由赵明辉研究员、于淑娥研究员、姜红编审完成；由市社科联主席、社科院院长佟宝军审稿、统稿并最后定稿。李朝蕾、刘振磊、王发栋同志负责本书稿的文字统筹等工作。

需要强调的是，按照"蓝皮书"通常定稿时间为本年度11月末的惯例，作者对形势分析所采用的数字大部分截止到2016年的第三季度末，并在此基础上预测出全年的测算数字，2016年全年的实际数字仍以青岛市统计局正式公布的数据为准；本书各篇文章的观点，仅代表作者本人，既不代表编者，也不代表作者所属的机构；同时，由于编写水平及时间所限，错误之处肯定存在，敬请广大读者不吝赐教。

编　者

二〇一六年十一月

目　次

经济篇

社会篇

区(市)篇

CONTENTS

Economy

Society

District(county)

2017

经济篇

2016～2017年青岛市经济形势分析与预测

冷　静

2016年是"十三五"规划期各项工作的开启之年。面对复杂严峻的国内外形势，青岛市认真贯彻落实新发展理念，积极适应引领发展新常态，坚持稳中求进工作总基调，适度扩大总需求，坚定不移推进供给侧结构性改革，加快培育新动能，在经济运行、项目建设、结构调整等方面取得新突破，实现了经济发展速度、质量和效益的统一。

一、2016年1～9月青岛市经济形势分析

2016年以来，面对错综复杂的国际形势和国内经济下行压力加大的困难局面，青岛市认真贯彻落实中央和全省的决策部署，坚持系统谋划与精准施策相结合，政府引导与市场主导相协调，优化存量与引导增量相呼应，供给侧改革与需求侧创新相促进，瞄准"三个中心一个基地"建设，全力推进"调稳抓"等各项工作，全市主要经济指标稳中有进，发展动能有序转换，积极变化逐渐增多，经济增速继续运行在合理区间。但实体经济依然比较困难，财政增收压力较大，投资增长后劲不强。预计全年将全面完成年初确定的目标任务，实现"十三五"的开门红。

2016年1～9月全国、山东省、青岛市经济发展情况

	全国		山东省		青岛市	
	数值	增速(%)	数值	增速(%)	数值	增速(%)
国内生产总值(亿元)	529971	6.7	48703.8	7.5	7150.95	7.7
三次产业结构	7.7∶39.5∶52.8		7.2∶45.1∶47.7		3.8∶43.6∶52.6	
规模以上工业增加值(亿元)	—	6.0	—	6.7	—	7.2
固定资产投资(亿元)	426906	9.5	36860.8	10.7	5405.4	13.1

（续表）

	全国		山东省		青岛市	
	数值	增速(%)	数值	增速(%)	数值	增速(%)
社会消费品零售总额(亿元)	238482	9.8	21853.7	10.2	2911.6	9.9
进出口总额(亿美元)	26297.7	−1.9	1693	5.6	466	−0.7
进口总额(亿美元)	11209.95	−2.3	697.3	4.4	161.8	—
出口总额(亿美元)	15087.75	−1.6	995.7	6.4	305.2	3.8
实际利用外资(亿美元)	950.9	4.2	127.2	8	60.9	10
一般公共财政预算收入(亿元)	121400	5.9	4504.2	9.2	820.5	10.3
城市居民人均可支配收入(元)	25337	5.7	25561	7.9	32598	7.9
农民人均现金收入(元)	8998	6.5	11380	8.4	15480	8.2

（一）全面实施创新驱动战略，加快建设我国东部沿海重要创新中心

1.国家创新平台建设成效显著，高端人才引进速度加快

山东半岛国家自主创新示范区获国务院正式批复。全国首个国家实验室——青岛海洋科学与技术国家实验室获批建设并全面启动运行，服务国家战略，着力打造突破型、引领型、平台型一体的科技创新载体。全国首个国家技术创新中心——高速列车国家技术创新中心获批建设，正在加快构建全球技术协同创新体系，努力打造世界高速列车创新高地。截至9月底，全市拥有国家重点实验室9家，其中企业国家重点实验室7家，居副省级城市第二；国家工程技术研究中心10家，居计划单列市第一。全市人才总量突破160万，国家“千人计划”增至140人。拥有两院院士56人（含外聘），国家“万人计划”23人，入选科技部创新人才推进计划34人，省泰山学者115人，省泰山产业领军人才15人。中科院海洋所获批国家创新人才培养示范基地。

2.以“四条主线”集聚高端要素，基础创新能力显著提高

在中科系方面，青岛成为中科院创新资源集聚度较高的地区，已形成“两所八基地一中心一园区”发展格局；在高校系方面，先后引进北京航空航天大学、天津大学等14家“985”、“211”高校在青岛市设立研发机构和科技园区。山大青岛校区交付使用，西安交大、天大、北航研究院投入运行。在企业系方面，中船重工集团在青设立海洋装备研究院，

725所、716所、719所、712所、702所、710所先后在青设立研发机构，中电科集团先后设立41所、22所、40所青岛分部，机械研究总院、中海油等央企也在青设立了研发机构。在国际系方面，日东电工青岛研究院、中俄工科大学联盟(阿斯图)中方总部、乌克兰特种船舶设计院、美国TSC青岛海工装备研究院等落地运行。德国史太白、以色列国际技术转移中心落户青岛。惠普全球大数据创新中心全面建设。围绕脑科学、石墨烯等重点领域，与斯坦福、剑桥、曼彻斯特等国际知名大学开展合作。全市国家级国际科技合作基地18个，居副省级城市第一。

3."创新、创业、创客"持续释放红利，技术交易保持上升势头

截至9月底，全市孵化器建设累计开工1215万平方米、竣工1154万平方米、投入使用761万平方米，分别完成规划任务的104%、99%、64%，累计入驻企业7700多家，在孵企业3500多家，其中2016年孵化器新入驻企业904家，毕业企业48家；众创空间建设蓬勃兴起，全市已有121家众创空间投入运行，40家通过科技部备案，总数达到66家。专业孵化器渐具规模，现有专业孵化器55家，占总数的46%，主要分布于电子信息、先进制造等领域，海尔、软控两家企业入选国家首批专业化众创空间示范。"创业青岛千帆启航工程"被列入全国5个"创业中国"示范工程之一，创业街区建设初见成效，青岛创客大街、西海岸创新创业中心、五四创客城等三个街区已全面投入运营，引进创新创业服务机构33家。1～9月，全市新登记注册市场主体13.6万个，同比增长7%，平均每天新增496家；截至9月末，全市个体工商户达65.7万户，增长12.1%；私营企业达30.8万家，增长24.4%。其中，政策性扶持创业2.2万人，同比增长26.7%；新增带动就业4.9万人，同比增长56.8%。全市发放创业担保贷款规模5.2亿元，创业扶持类补贴资金发放2.8亿元，同比增长161.7%。前三季度全市实现技术交易3563项，技术合同成交额51.61亿元，同比增长8.54%。其中，9月份实现技术交易387项，技术合同成交额8.03亿元，同比增长81.67%，技术合同成交形势稳中向好。

4.软件业发展步入快车道，载体建设实现新突破

1～6月，"千万平方米"软件产业园区50个支撑项目中，新开工项目24个；完成投资35.04亿元，施工面积165.65万平方米，其中新增开工面积93.35万平方米，完成年度计划的83.9%。截至6月底，工程累计开工568.8万平方米，累计竣工412.8万平方米。"东园西谷北城"建设梯次展开，稳步推进。8月国家工业和信息化部发布2016年(第15届)中国软件业务收入前百家企业名单，青岛海尔集团、海信集团分别以软件业务收入412亿元、113亿元位列第三和第五名。1～9月，青岛软件企业达到1487家，在15个副省级城市中列第8位；软件

业务收入1226.7亿元，在副省级城市中列第7位，同比增长19.6%，列第3位。其中，软件产品收入437.9亿元，同比增长18.5%；信息技术服务收入411.8亿元，同比增长22.2%；嵌入式系统软件收入377亿元，同比增长18.1%，在15个副省级城市中的排名依次为第8、11、3位。

（二）大力实施海洋强市战略，加快建设国际先进的海洋发展中心

1. 海洋经济稳步发展，新兴产业提升步伐明显加快

上半年，全市实现海洋生产总值1042亿元，增长12.3%，增速高于GDP增速4.9个百分点。海洋生产总值占GDP比重达到23.1%，同比提升3.2个百分点；拉动GDP增长2.7个百分点，同比提升0.6个百分点，对GDP增长的贡献率达到34.4%。海洋新兴产业是提高产业核心竞争力的新动力，上半年，海洋生物医药、海洋科研教育管理和海洋金融服务业等新兴海洋产业实现增加值130亿元，增长15.3%，快于海洋生产总值增速3个百分点；占海洋生产总值比重12.5%，同比提升0.3个百分点。2016年初全市确定140个蓝色经济重点项目，总投资1200亿元，计划全年完成投资200亿元，上半年已开工116个，开工率达83%，完成投资143亿元，占全年计划完成投资的71.5%。《青岛市"十三五"重点产业创新路线图》正式向社会发布，其中的海洋新兴产业创新路线图显示，"十三五"期间，青岛市在海洋生物医药领域将聚焦"310"计划，即开发10个一类海洋创新药、10个改良型新药和10个高端引领性生物功能制品；在船舶与海工装备领域，突破船舶与关键配套、海工装备、深海运载等领域共性关键技术；在海水健康养殖领域，建设海洋生物种质资源库；在海洋生态环境监测领域加强海洋污染与灾害预报监测，开发新型海洋传感器，开展海洋定点观测平台关键技术攻关；在海水资源综合利用及海洋新能源领域，加快推进膜法海水淡化、斋堂岛海洋能综合示范等应用示范。1～9月青岛港货物吞吐量3.76亿吨，同比增长2.7%；集装箱吞吐量1348.67万标准箱，同比增长4%。

青岛港与国内部分港口2016年1～9月规模以上货物、集装箱吞吐量情况

港口	货物吞吐量		外贸货物吞吐量		集装箱吞吐量	
	数值（亿吨）	全国排序	数值（亿吨）	全国排序	数值（万标准箱）	全国排序
宁波-舟山港	6.94	1	3.24	1	1641.64	3
上海港	4.79	2	2.85	2	2760.99	1

（续表）

港口	货物吞吐量		外贸货物吞吐量		集装箱吞吐量	
	数值（亿吨）	全国排序	数值（亿吨）	全国排序	数值（万标准箱）	全国排序
苏州港	4.23	3	1.14	8	396.35	10
天津港	4.13	4	2.2	4	1095.35	6
广州港	3.83	5	0.94	11	1332.13	5
唐山港	3.8	6	2.2	5	—	—
青岛港	3.76	7	2.54	3	1348.67	4
大连港	3.36	8	1.03	9	760.65	7
深圳港	1.59	16	1.36	7	1794.02	2

2.“一谷两区”承载作用明显加强，产业层次明显提高

作为全市蓝色经济的重要区域和板块，“一谷两区”建设进入了跨越发展阶段。（西海岸）黄岛新区1～8月份完成规模以上工业产值3568.9亿元，同比增长8.88%；工业增加值同比增长9.5%，在青岛市四市两区中排名第一。全年预计完成规模以上工业产值5650亿元，同比增长9%，实现工业增加值同比增长11%。在重点产业方面，石油加工、船舶、计算机通信等8个行业增速超过全区平均增速，共实现利润67.4亿元，同比增长97.6%，拉动全区利润增速24.7个百分点，对全区利润贡献率高达100.6%。同时，石油加工、炼焦等龙头产业实现利润26.5亿元，同比增长289.7%，拉动规模工业利润增速14.6个百分点，对规模工业的贡献率高达59.5%。青岛蓝谷着力优化人才政策服务，促进扶持创新创业，打造具有蓝谷特色的创业园区。上半年新建成各类科技孵化器27万平方米、累计达到165万平方米，62.5万平方米投入运营；已累计引进各类人才共计3300余人，其中，两院院士、国家“千人计划”专家、长江学者、泰山学者等高层次人才300余人，海外人才52人。红岛经济区以“蓝色、高端、新兴”为方向，大力实施“1+5”主导产业发展战略，1～8月份已开工总投资约118.8亿元的项目26个，其中，第二产业项目14个，总投资约38.8亿元；第三产业项目6个，总投资约67.4亿元；城市公共配套项目6个，总投资约12.7亿元。作为青岛创新创业的主力军团，红岛经济区累计建设各类孵化载体1200多万平方米，众创空间项目82个，孵化创客企业和团队2200多个，园区、企业、机构、众创等多层次全要素创新平台雏形已现，创新创业创客集聚发展的良性众创生态环境初露端倪。

青岛(西海岸)黄岛新区和红岛经济区2016年1～9月主要经济指标完成情况

	全市		(西海岸)黄岛新区		红岛经济区	
	数值	增长率(%)	数值	增长率(%)	数值	增长率(%)
规模以上工业增加值(亿元)	—	7.25	—	10.5	—	13.3
固定资产投资(亿元)	5405.4	13.1	1475.9	16	136.4	16.5
社会消费品零售额(亿元)	2911.6	9.94	384.6	11.37	9.1	10.02
公共财政预算收入(亿元)	820.4	10.3	166.5	12.07	15	43.04

3.会展影响力显著提升，东亚海洋合作平台启动运行

作为半岛蓝色经济区的龙头城市，近年来青岛市着力打造海洋经济特色会展，渐成集群效应，在推动国际先进的海洋发展中心建设方面发挥了重要作用。2016年青岛市举办10余项涉海重大会展活动，帆船周·海洋节、中国国际航海博览会暨船艇展、海洋国际高峰论坛、中国国际渔业博览会、国际脱盐大会、东北亚邮轮产业合作论坛暨第四届中国(青岛)国际邮轮峰会、世界海洋大会、国际海洋科技展览会等品牌活动继续发力，中国大洋钻探船建设研讨会等新活动锦上添花。东亚海洋合作平台黄岛论坛如期举行，东盟与中日韩(10+3)在海洋领域的合作平台正式启动建设。东亚海洋合作平台的主要任务是在海洋经济、海洋科技、海洋环保与防灾减灾、海洋人才与文化等四大领域，推动东盟与中日韩(10+3)开展多层次务实合作。青岛市已成为国内最具影响力的“海洋会展中心城市”之一。

(三)深入推进国家服务业综合改革试点工作，加快建设国家重要的区域服务中心

1.服务业结构渐趋优化，千万平方米工程加快推进

前三季度，全市第三产业增加值3758.91亿元，增长9.1%，占GDP比重达到52.6%。房地产业增加值351.6亿元，增长12%；营利性服务业增加值617.63亿元，增长15.4%。1～8月，规模以上其他营利性服务业营业收入增长21.9%，其中软件和信息技术、研究和实验发展、科技推广和应用服务业分别增长26.2%、32.6%和16.1%。“互联网+”相关行业发展方兴未艾，网络购物带动快递业迅猛增长，快递业务量突破1.6亿件大关，增长49.6%，完成快递业务收入24亿元，增长19.5%；手机互联网的使用极大拉动了电信业务量的增长，电信

业务总量增速达47.4%。1～9月份，全市高端服务业“十个千万平方米工程”第一批重点推进558个项目建设（含新开工270个），新完成投资730亿元、竣工面积1223万平方米、投入运营面积949万平方米，分别占年度计划73.7%、100.2%和88.1%。自2012年以来累计竣工面积11131万平方米，占五年规划总目标比重101.9%。新竣工面积和累计竣工面积分别超额完成年度计划和五年规划任务。从各工程推进情况看，物流、人才公寓、文化创意、总部商务和旅游5个工程竣工面积完成年度计划，分别为162.9%、148.4%、125.8%、118.4%和116%；人才公寓、文化创意、物流和金融4个工程投入运营面积年度计划完成率较高，分别为341.5%、177.2%、96.5%和90%。

2.金融改革创新取得新突破，财富管理能力大幅提升

作为全国唯一以财富管理为主题的金融综合改革试验区，青岛首批试点政策取得新成效。其中，在推进跨境财富管理便利化方面，从韩国银行机构借入人民币资金试点推广到全省范围；人民币国际投贷基金开始试水；试验区内5家企业获得合格境内、外有限合伙人（QDLP、QFLP）试点资格。2016年上半年，扩大跨国公司外汇资金集中运营、开展综合监管试点、设立全牌照合资证券公司和外资控股基金管理公司、建设大宗商品仓储物流设施及商品期货交割库、设立多种新型保险机构等20多项第二批创新试点政策获得国家批复。9月，青岛跻身全球金融中心第46位，较4月份大幅提升了33个位次，首次超过大连，紧跟上海、北京、深圳，位列国内金融中心城市第4名。前三季度，全市金融业增加值435.15亿元，增长8.1%；共新增金融机构11家，业态新、模式新成为新增金融机构的共同特点。2016年新增的金融机构中，银行类共有3家，分别为莱州农村商业银行胶州支行、青建集团财务公司、青银金融租赁公司；其他类法人金融机构3家，分别为山东鲁信人民币国际投贷基金、国富金融资产交易中心、信恩润实投资管理公司；证券类分支机构5家，包括太平洋证券股份有限公司青岛分公司及其他4家证券公司青岛营业部。截至9月底，青岛市金融机构总数达到230家，其中，银行类机构62家（银行52家，非银行10家；含外资17家）；保险类机构65家（财险34家，寿险31家，含外资17家）；证券类机构56家；期货类机构34家；其他类13家。

3.商贸流通业加快发展，物流能力稳步提高

前三季度，全市社会消费品零售总额2911.6亿元，增长9.9%。电子商务成为消费市场的重要增长点，前三季度全市限上法人企业通过互联网实现的商品零售额增长71.7%，对全市限上企业零售额增长的贡献率达45%，拉动全市限上企业零售额增长6个百分点。上半年全市实现物流业增加值442.5亿元，同比增长5.6%，占全市生产总值

比重9.8%，占服务业增加值比重18.9%，为近年来同期新高。社会物流总额13332.5亿元，居全省第一，同比增长1.3%，占全省物流总额比重为14.3%。社会物流总费用653.7亿元，占全市生产总值比重14.5%。物流固定资产投资383.7亿元，居全省第一，占全省固定资产投资比重为17.8%，投资增速32.5%。物流业投资占青岛市固定资产投资的11.7%。交通运输部车购税支持的传化公路港一期项目于6月投入试运营，吸引入驻业户200余家，新增就业岗位700余个。青岛"一带一路"跨境集装箱海铁公多式联运示范工程获批全国首批16个示范项目之一，青岛市被列为全国首批20个物流创新试点城市之一，胶州湾国际物流园获批国家首批29个示范物流园区之一。中铁联集青岛中心站总到发量完成15.4万标准箱，同比增长190%。中亚、中韩、中蒙班列分别完成4255标准箱、4708标准箱和1184标准箱。中韩陆海联运甩挂运输通道货值占全省6个通道九成以上。

4.境外旅游营销实现多样化，假日休闲形成稳定热点

2015年11月16日，青岛市开始实行外国人72小时过境免签政策，2016年5月入选携程网评出的"国外游客最喜欢的国内十大城市"。在全国入境游客普遍减少的大背景下，青岛市积极开展旅游主题形象宣传，在香港、澳门、台北等入境主要客源地的机场、地铁、电视等设置宣传青岛旅游主题形象广告牌、播放视频等，多角度推介青岛旅游资源，拉动入境旅游人数。此外，市旅游局还以"一带一路"为重点，组织参加柏林等国际旅游展，针对日韩、东南亚、欧洲等重点客源市场开展境外旅游营销。围绕"中美旅游年"、"中韩旅游年"，开展韩国"青岛周"、"青岛啤酒故乡"、"探寻道教之源、品味青岛啤酒"等系列促销活动，收到了良好的效果。元旦假日期间，青岛市共接待游客84.3万人次，实现旅游综合收入11.9亿元，同比分别增长10.1%和16.2%；春节假日期间，全市共接待游客185.7万人次，实现旅游收入26.3亿元，同比分别增长15%和18.1%，呈现出效益型增长的特征。"五一"小长假期间，全市共接待游客407.7万人次，同比增长11.2%，实现旅游综合收入52.9亿元，同比增长17.1%。中秋小长假3天青岛市共接待游客160.8万人次，与2014年同期相比增长18.9%；实现旅游综合收入19.3亿元，与2014年同期相比增长27.8%；假期期间青岛市乡村旅游总人数约16.7万人次，收入约867.2万元。国庆期间，全市共接待游客448.5万人次，增长12%，实现旅游消费53.7亿元，增长15%。

5.科技服务业发展势头良好，支撑科技发展的模式逐步拓展

1～8月，青岛市进一步搭建"政府、行业、科技中介、技术经纪人"四位一体服务体系，建成"一厅一网一校一基金"。国内首推促进技术

转移的"六补"政策和科技成果挂牌交易规则。技术经纪人和技术转移机构分别达到403人、114家。国家海洋技术转移中心成立8个分中心并投入运营,国家专利技术交易中心启动建设。健全以智库基金、孵化基金、科技成果转化基金、天使投资基金和产业投资基金为链条的股权投融资体系。截至8月底,各类基金总规模13.5亿元,累计投资项目112个、金额4.8亿元。加大科技信贷支持力度,累计为306家次科技型中小企业提供10.2亿元信贷支持。全国首创专利权质押保证保险贷款"青岛模式",累计有29家企业获授信贷款1.05亿元。全市专利代理机构32家,居全省首位,专利代理人337人。

(四)全力对接"中国制造2025",加快建设具有国际竞争力的先进制造业基地

1.工业发展取得新进展,产业规模进一步加大

前三季度,全市规模以上工业增加值增长7.2%,其中,高技术制造业和装备制造业增加值分别增长7.6%和7.7%,分别比规上工业增速快0.4和0.5个百分点。医药制造业、电子及通信设备制造业等高技术制造业增加值分别增长9.8%和12.5%。前三季度,全市十大新型工业千亿元级产业规模以上工业企业完成产值9991亿元,同比增长5.4%,占全市规模以上工业企业总产值的75.9%,高于上年同期0.9个百分点。在十大新型工业千亿元级产业中,轨道交通装备产业继续保持较快增长,船舶海工产业受航运市场低迷影响下降明显,总体呈现"九升一降"的发展态势。其中,轨道交通装备产业前三季度的产值同比增长11.5%、汽车产业同比增长9.6%、电子信息产业同比增长8.8%、食品产业同比增长7.4%、家电产业同比增长5.6%、橡胶产业同比增长5.4%、石化产业同比增长4.2%、机械装备产业同比增长3.9%、服装产业同比增长3.1%、船舶海工产业同比下降3.2%。继2016年第一季度青岛市工业产业集聚度首次突破60%之后,第三季度全市工业集聚区运行继续保持平稳态势,利润总额实现较快增长,全市工业产业集聚度持续提升。50个工业集聚区规模以上工业企业达到2564家,占全市规模以上工业企业的53%;完成工业产值8289亿元,同比增长6.6%,高于全市增幅0.6个百分点;工业产业集聚度提高到62.9%,比上年度提高4.6个百分点;实现利润总额413亿元,同比增长7.9%,高于全市增幅近5.2个百分点。

2.民营经济实现新跨越,主体高新化趋势明显

2016年以来,青岛市大力推动民营经济提质增量、转型升级、加快发展,取得了显著成效。上半年全市规模以上工业中,民营企业营业收入达到3760.3亿元,占总额的46.9%;实现增加值781.6亿元,增速

达到 7.9%，对全市增长贡献率达到了 53.9%。前三季度，全市规模以上工业中民营企业生产继续保持领先发展态势，增加值增速为 7.5%，比全市规模以上工业增加值增速高 0.3 个百分点。1～8 月份，全市新登记民营市场主体 12.16 万户。截至 8 月底，全市实有民营主体达到 97.31 万户，占全市市场主体总量的 96.99%。全市新登记民营企业注册资本（金）达 2496.01 亿元，同比增长 85.61%，占全市新登记市场主体注册资本（金）的 83.52%。全市上市公司总数为 129 家（主板 42 家、新三板 87 家），其中，民营上市公司达到 115 家（主板 29 家、新三板 86 家），占比已达到 89.1%。截至 6 月底，全市 964 家高新技术企业中，95%以上为民营企业，中小高新技术企业占比达到 88.17%，同比增长 35.14%。民营工业企业投入研发经费占全部规上企业研发经费支出比重达到 24.41%。全市民营经济实现税收 541.65 亿元，占比达到 53.48%，较上年底提高 1.58%。上半年，全市民营经济新吸纳就业 23.7 万人，同比增长 7.4%，占全市新增城镇就业人口总量的 74%。民营经济吸纳就业占比比上年全年高出 6.1 个百分点。

3. 供给侧结构性改革成效显著，重点建设项目进展顺利

2016 年以来，青岛市“三去一降一补”效果明显。在一系列利好政策影响下，前三季度商品房销售面积 1227.9 万平方米，增长 36.1%。商品房销售持续回暖，有力地支撑了青岛市商品房库存的消化，库存量连续 7 个月减少。截至 9 月份，青岛房地产价格一直增长较快，9 月份更是增长 11.6%。一些“产能过剩”行业产品产量下降，仅粗钢产量就下降 1.4%。“去杠杆”方面，规模以上工业企业资产负债率有所下降。前三季度，在“胶东国际机场”、“地铁 1～3 号线”和疏港高速连接线等重大交通项目的强力助推下，青岛市交通运输业投资 349.4 亿元，增长 25.9%，快于全市投资增速 12.8 个百分点；占全市投资的比重为 6.5%，提升 0.7 个百分点，为加快补齐城市建设“短板”和提升城市服务功能发挥了积极作用。“降成本”也取得了初步成效，1～8 月，规模以上工业企业每百元主营业务收入中的成本同比下降 0.5 元。在增加有效供给方面，2016 年青岛市共安排市级重点建设项目 190 个，总投资 6508 亿元，年度计划完成投资 1500 亿元。到 9 月底，110 个项目新开工，开工在建项目达到 182 个，占项目总数的 95.8%。完成投资约 1400 亿元，占年度投资计划的 93%。各项指标均超出计划进度。其中，先进制造业基地行动计划确定的 12 个重点产业，确定了计划总投资 877.6 亿元的 122 个本年度重点推进项目。截至第三季度末，北汽新能源汽车（一期）、高速列车试验线、轨道客车内装模块等 16 个项目竣工，累计完成投资 135.4 亿元；一汽大众华东基地、海尔工业 4.0 中央空调、沃尔新能源发电等 106 个项目在建或进入前期，计划投资额 742.2 亿元。

2016年1～9月份青岛市重点领域投资情况

重点领域	投资额(亿元)	同比增长(%)
高新技术投资	721.86	31.8
战略性新兴产业投资	1228.83	5.1
装备制造业投资	1138.24	－3.3
现代服务业投资	1844.66	31.3
物流投资	597.13	8.5

4. 驰名商标取得新进展，品牌经济平稳推进

近年来，青岛市紧紧围绕贯彻落实《国家知识产权战略纲要》，大力推进商标发展战略实施。截止到6月底，全市共有有效国内注册商标9.6万件，驰名商标123件，省著名商标459件，市著名商标505件；全市马德里商标国际注册申请量达1964件，位居全国第一，并拥有了一批像海尔、青啤等国内外知名品牌，青岛市运用商标品牌服务全市经济发展取得显著成绩，有力地提升了产品的市场竞争力。由世界品牌实验室(World Brand Lab)公布的2016年《中国500最具价值品牌》排行榜中，青岛市有13个品牌入围，比上年增加1个，海尔以品牌价值2218.65亿元居第5位，比上年上升3位，排行入选青岛企业的首位。其他依次是：青岛啤酒1168.75亿元(第22位)、海信311.96亿元(第87位)、双星轮胎256.18亿元(第123位)、澳柯玛234.58亿元(第147位)、崂山啤酒155.76亿元(第203位)、交运120.15亿元(第282位)、半岛都市报66.59亿元(第381位)、哈德门61.39亿元(第387位)、崂山矿泉水48.76亿元(第418位)、青岛啤酒博物馆45.58亿元(第440位)、圣元42.36亿元(第462位)、喜盈门30.68亿元(第496位)。同时，海尔以1516.28亿元(人民币)的品牌价值荣登第22届中国品牌价值100强冠军宝座，连续15年蝉联"中国最有价值品牌"榜首。

(五)全面实施国际城市战略，开放型经济水平进一步提升

1. 外经贸运行情况良好，结构调整步伐进一步加快

前9个月，青岛市实现国际贸易总额693亿美元，同比增长4%，其中，货物进出口466亿美元、占比67.3%，服务进出口89亿美元、占比12.9%，青岛企业境外项目海外销售额138亿美元、占比19.8%，呈现出货物贸易回升发展，服务贸易持续快速增长态势。前9个月，全市累计出口额2035.23亿元，增长3.8%，高于全国5.4个百分点，在全国占比达到2.02%，同比提高0.1个百分点，成为5个计划单列市中唯一出口保持增长的城市。全市十二大重点出口商品中有11类产品

实现不同程度的增长，其中包括农产品、化工产品、电器及电子类产品、服装、机械设备、纺织品、鞋类、家具及其零件、轮胎、钢材、汽车零件，拉动全市出口增长4.5个百分点。全市重点进口商品中，铁矿砂、运输工具、合成橡胶、铝材和铝锭进口均实现高速增长，拉动全市进口增幅7.4个百分点。从市场结构看，对新兴市场出口额增长17.2%，占全市出口额比重达到35.4%，较上年同期提高0.6个百分点。对"一带一路"沿线国家市场进出口额增长1.4%，占比达到51.4%。前9个月，全市服务进出口额增长38.7%，拉动国际贸易总额增幅提升3.7个百分点。其中，承接服务外包合同额24亿美元、执行额20.8亿美元，同比分别增长14.6%、12%。全市新增登记注册服务外包企业99家，累计达1000家。全市服务外包新增就业2.5万人，累计吸纳从业人员25.9万人。青岛市与"一带一路"沿线38个国家开展服务外包业务合作，离岸服务外包执行额3.7亿美元，占全市离岸服务的21.2%。

2. 跨境电商取得跨越式发展，典型示范企业带动作用明显

自中国（青岛）跨境电子商务综合试验区启动建设以来，青岛市全力打造具有青岛特色的"互联网＋大外贸"跨境电商发展模式，加快建设六大特色跨境电商重点产业园区，培育多种类型的跨境电商示范企业，不断优化跨境电商发展生态，发展货物贸易和服务贸易并重的互动型跨境电商业务，全市跨境电商价值链不断完善，生态圈初步形成。前三季度，全市跨境电商进出口规模达95亿元，其中，出口额82亿元，进口额13亿元；全市累计进出口额过亿美元的企业4家，进出口总额达73.73亿元；累计进出口额过千万美元的企业10家，进出口总额达88.69亿元。在2015年认定了10家省级外贸新业态主体企业的基础上，2016年9月，青岛市又有15家企业被评为省级外贸新业态主体企业。其中，外贸综合服务企业3家，跨境电商综合服务平台6家，跨境电子商务产业聚集区2家，跨境电子商务公共海外仓3家，跨境电商实训基地1家。前三季度，跨境电商平台示范企业对跨境电商进出口规模拉动作用明显。海尔集团打造的海贸云商平台累计实现出口额超过20亿元，预计2016年全年出口额超过40亿元。新华锦"锦贸通"与谷歌合作，利用"信贸环球"平台打造"线上集成＋跨境贸易＋智能化＋综合服务"综合服务体系，预计2016年出口额达到35亿元。红领集团酷特智能通过开发C2M跨境电商平台，发展个性化定制西装跨境电商出口，1～9月实现出口货值1.28亿元。海利特机械、德兴牧业、新立金属等企业通过一达通服务平台开展跨境电商出口业务，1～9月实现出口额超过2亿元。

3. 利用外资取得突破性进展，"走出去"步伐明显加快

在国际资本投资意愿持续低迷、资本外流压力不断增大的不利形

势下，青岛市利用外资实现了平稳增长。前9个月，全市新批外商投资项目540个，合同外资61.37亿美元，同比增长22.9%；实际到账外资60.93亿美元，同比增长10.01%。全市增资1000万美元以上项目44个，加上新批合同外资1000万美元以上项目，实现合同外资59.99亿美元，占全市合同外资的97.75%。前9个月，来自德国、意大利、卢森堡和法国的到账外资实现增长；美国到账外资同比增长88.65%。全市服务业实际使用外资25.51亿美元，同比增长16.9%，占全市的41.87%，其中，科学研究、技术服务和地质勘查业实际使用外资同比增长65.74%；制造业实际使用外资占全市的55.4%，其中，通用设备制造业使用外资同比增长20.56%。前三季度，世界500强企业在青岛市签约设立了21个外资项目，总投资额18.9亿美元，其中外资额12.4亿美元。来青投资的世界500强企业包括德国大众汽车集团、马士基、庞巴迪、西门子、亚马逊、大陆集团等，投资领域涉及汽车、集装箱、轨道交通、橡胶轮胎、互联网、房地产业、仓储物流、批发零售、农产品加工等。前9个月，全市备案对外投资项目162个，中方协议投资额123.8亿美元、增长368.8%；中方实际投资额43.1亿美元、增长5倍多。青岛市对外投资涉及第一、二、三产业十七大类、47个行业。其中，制造业中方协议投资额74亿美元，文化体育和娱乐业28.2亿美元，批发和零售业8.3亿美元，采矿业4.3亿美元，上述四大行业成为青岛市对外投资主要领域。全市对外承包工程业务新承揽项目28个，新签合同额33.24亿美元、增长0.6%。全市对外劳务合作业务派出各类劳务人员13400人、增长19.6%。前9个月，全市对“一带一路”沿线国家投资项目共备案73个，同比增加19个，中方协议投资额17.8亿美元，同比增长27.2%。青岛企业在“一带一路”沿线国家新签对外承包工程合同额27.43亿美元，完成营业额15.4亿美元，分别同比增长73.4%、20.6%。

（六）全面实施全域统筹战略，县域经济实力不断壮大

1. 县域经济实现新发展，综合竞争力明显提升

前三季度，青岛县域四市生产总值实现2690.2亿元，占全市比重为37.6%；即墨、胶州、平度、莱西生产总值同比分别增长9%、8.6%、7.9%和7.7%；四市完成公共财政预算收入219.9亿元，占全市比重为26.8%；四市完成规模以上固定资产投资额2482.2亿元，占全市比重为45.9%；四市社会消费品零售总额实现1048.3亿元，占全市比重为36%。9月22日，中国社会科学院在北京发布了《中国县域经济发展报告（2016）》暨全国百强县案例报告，基于全国400强样本县（市）的县域经济竞争力评价指标体系，遴选出了2016年度全国县域经济竞争

力百强县(市)。其中,分列全国县域经济综合竞争力前10名的是:江苏昆山、江苏江阴、江苏张家港、江苏常熟、浙江义乌、浙江慈溪、浙江诸暨、江苏宜兴、山东即墨、江苏太仓。青岛市除即墨上榜外,胶州、平度、莱西也榜上有名,分列综合竞争力榜单的第21位、第41位、第46位。工信部所属的赛迪公司也于7月对全国将近3000个县(市)(不包括市辖区)进行综合评估,发布了“县域经济100强”,山东省共有22个县上榜,仅次于浙江省的26个,排名全国第二位。青岛4个县级市均上榜,其中,胶州市排第21位,即墨市第22位,莱西市第63位,平度市第65位。

2. 贫困镇村特色产业扶持力度加大,发展能力进一步增强

上半年,全市整合各类农业项目资金,向贫困地区倾斜,累计投入扶贫资金3577万元,重点用于经济薄弱镇(村)、贫困村(户)发展农业特色产业。同时,分别安排中央财政资金600万元和200万元支持平度市、莱西市在经济薄弱镇(村)开展粮油绿色高产高效创建。实施现代农业园区建设工程,依托农业科技园区、现代农业示范区、农业标准化示范园、农业观光采摘园等各种类型农业园区,支持经济薄弱镇(村)、贫困村(户)发展特色园艺产业,贫困人口实现农业园就业217人,示范带动贫困人口236人。因地制宜支持发展农业特色水果、高效蔬菜种植等,带动帮扶1627户、贫困人口3636人。进一步加大经济薄弱镇(村)、贫困村特色农产品品牌推介营销力度,上半年在经济薄弱镇(村)、贫困村遴选农产品品牌85个予以推介,推荐4个经济薄弱镇(村)、贫困村认定“一镇一业、一村一品”农产品品牌。发挥农民合作社和家庭示范农场的带动作用,通过结对帮扶、示范带动等活动,带动帮扶贫困户465户、870人。组织全市农业龙头企业参与农业行业脱贫攻坚,带动帮扶贫困户320户、470人,吸纳贫困人口就业220人次。围绕经济薄弱镇(村)、贫困村(户)农业产业发展实际,进一步加大农业科技服务和农业技术保障力度,开展科技联户(产业)。在每个贫困村建立1个村级农技推广服务站点,配备1～2名农民技术员,建立贫困村农技服务点500个,举办农业科技大讲堂20场、科技大集8场。强化农村贫困人员的创业就业技能和素质能力培训,上半年完成贫困人口培训2561人次;新建“益农信息社”274个,免费培训农业电商人员386人次,带动帮扶贫困人口560人。

3. 县域重点项目加快推进,产业支撑能力显著提高

2016年以来,县域四市紧紧抓住项目建设不动摇,推动项目早签约、早落地、早开工、早达产,为青岛市推进供给侧结构性改革和“三中心一基地”建设提供强大助力。截至8月底,即墨市承担青岛市市级重点项目40个,已开工在建项目31个,开工在建率77.5%,已竣工项目3个,共完成投资281.3亿元。重点建设项目开工和在建26个,其中,

2016 年 1～9 月青岛所辖 4 市经济发展情况

县域四市	GDP		规上工业增加值	三次产业比重	财政收入		固定资产投资		社会消费品总额	
	数值（亿元）	增长（%）	增长（%）	数值	数值（亿元）	增长（%）	数值（亿元）	增长（%）	数值（亿元）	增长（%）
即墨市	900.08	9	8.6	4.8∶54.6∶40.6	77.9	16.07	719.2	15.6	296.7	10.09
胶州市	775.05	8.6	8.1	4.8∶54.8∶40.4	68.4	15.33	705.5	15.8	267.8	13.45
平度市	623.89	7.9	8.9	12.1∶56.7∶31.2	37.6	15.79	569.1	11.2	269.2	10.31
莱西市	391.18	7.7	8.8	11.2∶47.1∶41.7	36.0	9.1	488.4	10.9	214.6	10.63
合计	2690.2	—	—	—	219.9	—	2482.2	—	1048.3	—
占全市比重	37.6%	—	—	—	26.8%	—	45.9%	—	36%	—

新开工项目23个、续建项目3个，完成投资258.3亿元。重点前期项目开工在建5个，其中新开工项目4个、续建项目1个，完成投资27亿元。胶州市新签约内资项目129个，总投资370.8亿元。从产业类别看，高端制造业类项目40个，总投资110.8亿元；战略新兴产业类项目42个，总投资112.9亿元；现代服务业类项目37个，总投资117.2亿元，三类项目总数119个，占新签约项目总数的92.2%。从投资规模看，新签约内资项目中，1亿元以上项目112个，占签约项目总数的86.8%，外资项目37个（含增资），合同利用外资4.7亿美元。平度市承担青岛市市级重点项目32个，截至8月底开工26个、开工率81.3%，完成投资110.5亿元、占年度投资计划的90.8%；98个平度市级重点工程项目开工75个、开工率76.5%，完成投资118.7亿元、占年度计划的73.8%。莱西市投资5000万元以上在建内资项目78个，投资总额565.1亿元。其中，投资1亿元以上在建项目74个，同比增加8个，投资总额562.8亿元。全市74个投资1亿元以上在建项目已完成到位资金81.9亿元，占总到位资金的76.8%。截至8月底，全市实际利用内资完成106.7亿元，同比增长7.9%。全市已签约投资5000万元以上内资项目44个，投资总额170.5亿元。签约投资1亿元以上项目40个，投资总额168.1亿元。

（七）扶持全市发展的能力不断提升，支撑体系初步建成

1.城市各项财政收入增长较快，融资规模不断扩大

前三季度，全市一般公共预算收入820.5亿元，增长10.3%。其中，税收收入574.4亿元，占一般公共预算收入的70%。从税种看，增值税140.2亿元，增长31.4%；企业所得税98.5亿元，增长8.4%；城市维护建设税37.3亿元，增长9.3%。上半年，青岛市荣获全国落实有关政策措施成效明显地区称号，受到国务院通报表扬，并争取中央财政"免督查"提前调度资金5亿元。争取国家将青岛市列入全国地下综合管廊示范、海绵城市建设试点和小微企业创业创新基地示范城市，成为副省级城市中唯一一个获得"三项试点"的城市，中央财政将连续3年、每年给予10亿元的补助。获准成为境外旅客购物离境退税政策试点城市。争取中央、省财政转移支付补助资金67.5亿元，比上年同期增长15.2%。争取中央下达青岛市地方政府债券发行额度415亿元，其中，新增债券113亿元，置换债券302亿元。争取国开行发放棚户区改造贷款162亿元，为青岛市棚户区改造提供了资金保障。截至9月末，青岛本外币各项存款余额14293.5亿元，新增存款1138亿元，余额同比增长11%，较上年同期提高3.1个百分点。前三季度，青岛市累计实现保费收入261.7亿元，超过上年全年水平，同比增长41%，在全

国5个计划单列市中，保费增速列第1位，保险业保费规模列第2位。2016年以来，青岛康普顿科技股份有限公司、青岛鼎信科技股份有限公司在上交所正式上市交易，全市境内外上市企业达到43家，数量在全省位列第一；新三板挂牌企业新增41家，总数达到98家；蓝海股权交易中心挂牌企业新增56家，总数达到374家。全市通过上市、新三板挂牌、发行债券等方式实现直接融资973.9亿元，是上年全年的2.1倍，实现翻番式增长。

2016年1～9月青岛市地方财政收入情况表

指标名称	数值(亿元)	增长(%)
财政总收入	2059.9	2.52
一般财政预算收入	820.5	10.3
税收收入	574.4	−1.82
增值税	140.2	31.4
营业税	102.1	−7.6
企业所得税	98.5	8.41
个人所得税	27.6	−25.64
城市维护建设税	37.3	9.28
房产税	19.5	3.47
非税收入	246.0	54.97
基金预算收入	277.6	−16.74

2.固定资产投资力度不断加大，金融机构全面支持实体经济发展

1～8月，青岛市固定资产投资项目总数为5614个，增长25.1%，投资额达4735.2亿元，增长13.4%。其中，1亿元以上项目(不含房地产)897个，增长7.4%；10亿元以上项目(不含房地产)85个，增长19.7%。前三季度全市完成固定资产投资5405.4亿元，增长13.1%。投资结构明显改善，第三产业投资步伐加快，成为带动投资增长的重要支撑，完成投资2732.9亿元，增长16.6%，增速高于第二产业7.4个百分点。其中，现代服务业投资1844.7亿元，增长31.3%。截至9月末，青岛本外币各项贷款余额12820.9亿元，新增贷款1244亿元，提前完成全年目标，总量超上年新增贷款200亿元，余额同比增长13.2%，较上年同期提高3.6个百分点。前三季度，青岛市小额贷款公司达到48家，注册资本84.7亿元，贷款余额72.3亿元，"涉农"和小微企业贷款余额占比93.2%。全市融资性担保公司有44家，注册资本共计74.1亿元，在保余额119.2亿元，融资性担保余额78亿元，"涉农"和小

微企业担保余额占比86%。全市民间资本管理公司共有30家，注册资本28.1亿元，当年投资额为16.7亿元。各金融机构积极为青岛市“一带一路”“走出去”企业提供融资和融智两套服务，全市新增境外贷款334.1亿元。发挥政策性出口信用保险作用，为资本和贸易出口提供保障，服务青岛企业“走出去”项目55个，涉及合同金额154.7亿美元。引导银行机构持续加大对创新、创业小微企业的金融支持力度，截至9月末，新增小微企业贷款229.1亿元，新增高新技术企业授信13.5亿元。截至9月末，涉农贷款新增245.3亿元，同比增长14.3%，高于贷款平均增速1.1个百分点。新型农村合作金融试点工作取得积极进展，全市农民信用互助专业合作社达到10家，互助社员373个，互助资金总额1216万元。

2016年1～9月份青岛市固定资产投资情况

	数值	同比增长(%)
1.投资项目数(个)	6180	25.5
2.固定资产投资(亿元)	5405.4	13.1
房地产开发投资(亿元)	969.4	25.4
住宅投资(亿元)	663.4	26.4
3.总投资过1亿元的项目数(个)(不含房地产)	866	3.7
投资总规模(亿元)	6660.1	21.5
本年完成投资(亿元)	1520.9	2.7
4.总投资过10亿元的项目数(个)(不含房地产)	82	22.4
投资总规模(亿元)	4281.9	46
本年完成投资(亿元)	710.3	13.3
5.第一产业投资(亿元)	100.9	27.7
6.第二产业投资(亿元)	2571.61	9.2
工业	2521.25	10.8
7.第三产业投资(亿元)	2732.91	16.6
8.建筑工程投资(亿元)	3137.08	5.3
9.安装工程投资(亿元)	418.33	21.8
10.民间投资(亿元)	3900.52	7.8

3.财政支出结构调整速度明显加快，保障和改善民生成支付重点

2016年市级当年预算安排的支出406亿元，加上上级提前告知的转移支付补助36.8亿元、上年结转资金22.4亿元(含转列一般公共预

算的部分政府性基金结转资金)后，市级一般公共预算支出共计465.2亿元。2016年，全市通过一般公共预算安排民生支出973亿元，资金重点投向了市民关心的教育、社会保障和医疗卫生等多个方面。在教育方面，2016年全市安排支出242亿元，占民生支出的24.9%，其中包括政府配置校车运营补贴、校舍维修、中小学食堂标准化建设及优质幼儿园办学补助、学前教育奖补等。在社会保障方面，2016年全市安排支出133亿元，占民生支出的13.7%，其中包括企事业单位养老保险补助、保障性住房建设、设立大众创业引导基金、残疾人事业和养老服务业补助等。在医疗卫生方面，2016年全市安排支出87亿元，占民生支出的8.9%，其中包括公立医院大型检查设备购置及修缮、重点学科建设、城乡居民医疗保险基金补助、城乡大病医疗救助及食品药品安全专项资金等。前三季度，全市一般公共预算支出957.4亿元，增长20.6%。其中，城乡社区事务支出205.9亿元，增长23.1%；社会保障和就业支出93.8亿元，增长18.9%；教育支出169.9亿元，增长16.7%。

2016年1～9月青岛市地方财政支出情况表

指标名称	数值(亿元)	增长(%)
一般财政预算支出	957.4	20.61
一般公共服务	103.3	14.07
公共安全	56.5	42.85
教育	169.9	16.65
科学技术	12.5	−28.89
文化体育与传媒	12.2	25.17
社会保障和就业	93.8	18.88
医疗卫生	64.0	36.57
城乡社区事务	205.9	23.14
农林水事务	58.0	33.01
基金预算支出	310.5	2.39

二、2017年青岛市经济发展预测

当前，我国经济正处在新旧动能转换的艰难进程中。旧动能的弱化加大了经济下行压力，但新动能也在加快成长，地区经济走势呈现分化。这就需要我们在2017年紧紧围绕国务院、省政府各项政策措施和市委、市政府总体部署，坚持以新理念引领新常态，继续坚定不移推进供给侧结构性改革，适度扩大总需求，科学统筹稳增长、促改革、调结构、惠民生、防风险，突出问题导向，加强精准施策，破解“短板”问题，推动经济继续平稳健康发展。

（一）继续实施创新驱动战略，全面推进国家东部沿海重要的创新中心建设

2017年，青岛市将立足青岛的基础和优势，聚焦实施创新驱动发展战略面临的突出问题，统筹产业链、创新链、资金链和政策链，开展系统性、整体性、协同性更强的全面创新，重点实施十大创新行动，加快创新型城市建设步伐。2017年将依靠创新驱动培育一批好项目、大项目，积极承接石墨烯、大洋钻探船等一批国家重大科技专项，加快推进海洋科学与技术国家实验室、高速列车全球科技创新中心、青岛国际创新园二期、海尔云谷等一批国家级创新平台项目。靶向产业发展，继续以“中科系、高校系、企业系、国际系”为主线，积极引进高端研发机构和人才团队，强化科技创新源头供给。建立更具竞争力的人才发展制度，构筑多层次、多元化的科技创新人才投入和保障体系，激发人才创新创业活力。推进国家创新人才培养示范基地建设，争取更多科技人才入选“千人计划”“万人计划”和科技部创新人才推进计划，提升人才培养质量。支持骨干企业、高校院所、新型研发机构等建设专业孵化器和众创空间，打造科技创业孵化链条。推进国家海洋技术转移中心和专利技术交易中心建设，加快科技成果转化。推动科技金融融合，扩大财政引导基金规模，健全股权投融资体系。提升科技综合服务能力，通过完善科技大数据平台建设，进一步实现资源共享。引导企业成为技术创新决策、投入、组织、人才引进和成果转化的主体，支持以企业为主导、联合高校院所组建产业技术创新联盟。支持大企业建设国家重点实验室、国家工程技术研究中心等创新平台，积极承担国家重大科技项目，突破关键核心技术。支持领军企业联合中小企业和科研单位系统布局创新链，提供产业技术创新整体解决方案。实施高新技术企业培育计划，壮大高新技术企业队伍，提升企业创新驱动发展能力。

（二）继续深化服务业综合改革，全面推进国家重要的区域服务中心建设

2017年，青岛市将加快发展金融、现代物流、现代商贸、现代旅游、科技服务、高端商务、文化创意、教育、健康养老、会展等十大现代服务产业，推动青岛西海岸新区和财富管理金融综合改革试验区等国家战略平台搭建，加快胶东临空经济区、邮轮母港城、金家岭金融聚集区、中信全国新财富总部、青岛环球金融中心、惠普软件全球大数据应用研究及产业示范基地等项目建设，突出服务高端化，促进服务业与制造业深度融合，尽力提升服务业辐射能力。2017年青岛市服务业改革的重点方向，一是创新服务业管理体制机制，建立和完善与市场经济发展相适应的服务业统筹协调管理体制，全面放宽市场准入。二是鼓励社会资本参与交通、通信等基础设施建设，进入城市供水、供气、供热等市政公用事业领域，推进教育、医疗、文化、科研、体育、规划、工程、质量等领域经营性事业单位转企改制，推进服务业行业协会、商会与行政机关脱钩。三是做好营业税改征增值税试点，并逐步推进金融、物流、旅游、商贸等重点产业的改革。2017年青岛将大力发展研发设计、第三方物流、产业金融、信息技术服务、电子商务、鉴证咨询、节能环保服务、人力资源服务和农业生产服务等9个生产性服务业重点领域，通过实施"互联网＋"引领、产业融合示范、平台经济开发、对外开放拓展、改革试点突破、载体建设支撑六大专项行动计划，推动生产性服务业加快创新发展，实现与先进制造业、现代农业在更高水平上有机融合；将重点发展居民和家庭服务、健康服务、养老服务、旅游服务、体育服务、文化服务、法律服务、批发零售、住宿餐饮、教育培训等10个贴近群众生活、需求潜力大、带动作用强的生活性服务业领域，积极培育新业态、新模式、新机制，提升发展质量和效益，推动全市生活性服务业总体规模持续扩大，消费环境明显改善，质量治理体系日益健全。

（三）继续实施海洋强市战略，全面推进国际先进的海洋发展中心建设

2017年，青岛市将以海洋科技创新为制高点，以海洋高端新兴产业发展为主线，强化"一谷两区"的空间支撑，重点打造国际海洋科技创新中心、国际海洋高端人才集聚中心、东北亚国际航运中心、东北亚海洋信息服务中心，着力推进国家海洋装备产业发展等七大工程，加快实施重点企业培育、特色园区发展、重大项目建设、生态环境提升行动，进一步夯实发展载体，拓展发展空间，厚植发展优势，彰显在全国海洋经济和科技发展中的领先地位，更好地服务和引领全国海洋经济发展。重点围绕海洋生物和海洋高端装备两大产业，推进产业链协同创新和产业孵化集聚创新，支持海洋企业开展技术创新、管理创新、商业模式创新，推动重点产业延伸链条、扩大规模，提高核心竞争力，形成一批具有国际竞争力的优势产品，培育一批海洋经济创新型的龙头骨干企业、中小型企业和产业聚集区，构建先进的产业体系，促进海洋经济向质量效益型转变，形成结构、速度、质量、效益协调统一的海洋经济良性发展格局。2017年将围绕海洋强国国家战略，加快项目引进建设，推动青岛在更高层面更高水平实现突破。加快推进深远海装备研发制造项目、万达游艇产业等重点项目，力争引入建设一批示范作用强、引领带

动大的项目。加快中国蓝谷、西海岸等重点区域基础设施完善配套，实施“海洋+”行动计划，加快建设深远海开发综合保障基地、古镇口军民融合创新示范区等重点区域。青岛高新区将发挥蓝色高新区特色，依托国家海洋领域工程技术研究中心、国家海洋技术转移中心、国家现代服务业产业化基地等涉海科技研发与转化平台，聚集国内外涉海科技资源，培育面向海洋科技创新的科技服务产业，打造海洋特色的区域创新创业中心，实施科技创新服务业区域试点和海洋新兴产业组织创新示范两项示范工程。

（四）继续加快工业转型升级，全面推进具有国际竞争力的先进制造业基地建设

2017年，青岛市将以促进制造业创新发展为主题，以提高制造业供给体系的质量和效益为中心，以发展互联网工业、高技术制造和装备制造业为主线，加快推进“海洋+”“互联网+”“标准化+”在制造业各领域的深度融合与创新应用，大力发展智能制造、绿色制造和服务型制造，进一步做强比较优势、补齐发展“短板”、夯实工业基础、延伸价值链条、优化产业生态、拓展发展空间，打造特色鲜明的蓝色制造高地、优势突出的高端制造高地、面向未来的新兴制造高地和率先发展的互联网工业融合创新中心，培育转型发展新动能，重塑经济增长新动力，增创产业竞争新优势。2017年将进一步壮大十条工业千亿元级产业链，培育十大战略性新兴产业，以智能制造为主攻方向，加快推进一汽-大众华东基地、海尔4.0示范基地、新能源汽车生产基地、新一代智能家电产业园等项目，突出信息化、服务化、融合化、绿色化，引领产业向中高端迈进。继续推进互联网、物联网、云计算、大数据等信息技术在工业领域深度应用，支持骨干企业搭建模块化、柔性化制造系统与价值交互平台，大力推广模块化、众创式、专属性等个性化定制业务。做大做强家电、橡胶、钢铁、食品饮料等优势产业，支持海尔、海信、青啤、软控等加快规模扩张和技术升级，提升自主知识产权和自主品牌竞争力，抢占行业制高点，持续推出国际一流的产品和服务，努力打造世界级的大企业；支持青钢、双星等加快搬迁改造和园区集聚，努力打造世界一流、特色鲜明的钢铁、橡胶等产业基地。改造提升机械装备、服装、船舶等传统制造业，引导其加快向附加值更高的产业领域延伸，通过产品升级形成新的增长点，加快转型再造，支持即发、红领、汉缆、捷能、武船、双瑞等重点企业提升技术和产品创新能力，加快西海岸新区、胶州、即墨等区（市）产业集聚，努力打造一批具备国际竞争力的龙头企业和拳头产品。

（五）继续加快消费转型升级，全面提升开放型经济水平

2017年青岛市将继续深入实施国际城市战略，推动传统对外贸易向现代国际贸易转变。支持出口企业建立国内销售网络和自有品牌，支持商贸企业承接转内销商品，打造外贸商品城、外贸商品特色街、韩国小商品城、内外贸融合市场等内销载体，畅通转内销双向对接渠道。打破内外贸企业经营在赢利模式、结算方式、风险机制等方面的差别和阻隔，打通内外贸商品流通的渠道。加快国家电子商务示范城市和国家跨境电子商务综合试验区建设，大力发展信息技术服务产业，逐步完善规范电子支付、信用服务、物流配送、市场监管、安全保障、统计监测等行业标准，规范管理电子商务经营主体、交易行为和交易信息。建立与电子商务交易信息、在线支付信息、物流配送信息相符的网络电子发票开具等相关管理制度，推广网络电子发票应用。支持企业开展电子商务以及咨询、法律、安全技术、人力资源、物流等电子商务专业服务。积极参与国家“一带一路”战略，以投资管理体制机制改革和服务业领域扩大开放为重点，试点国际船运服务业创新改革，进一步推进投资贸易便利化等制度创新，开展口岸监管“一次申报、一次检验、一次放行”，实现口岸监管部门“信息互换、监管互认、执法互助”，推动国际贸易“单一窗口”政策尽快落地，提升青岛市产业园区口岸便利化水平。推动境外产业合作园区产业合作由以加工制造环节为主向合作研发、联合设计、市场营销、品牌培育等高端环节延伸，延长加工贸易国内增加值链条。积极引导优势企业建设境外加工贸易、资源开发、农业合作和科技研发“四大基地”。支持企业“抱团”参与境外经贸合作区建设，搭建企业与境外经贸合作园区对接平台，实现企业在园区集聚发展，培育上下游完整产业链。

（六）继续加大统筹城乡力度，全面推进新型城镇化建设

2017年，青岛市将紧紧抓住国家新型城镇化综合试点和中小城市综合改革试点机遇，健全城乡发展一体化体制机制，促进城乡生产要素平等交换与合理配置、公共资源均衡配置、公共服务均等覆盖和城乡发展空间集约利用，逐步实现城乡规划、产业发展、基础设施、公共服务、社会治理和生态环保一体化，打造“以城带乡、产城融合”双轮驱动的全域统筹发展模式，构建城乡经济社会发展一体化新格局。建立区市协作机制，围绕产业转型升级，按照区域功能定位，抓住城区“退二进三”、结构调整机遇，引导城区制造业、农产品加工业、休闲旅游业和创意产业等向县域转移。大力实施精准扶贫、精准脱贫，因人因地施策，分类分层扶贫。对贫困地区、经济薄弱镇村实施特色产业培育工程，以产业

发展带动脱贫致富。统筹市域铁路、公路、轨道交通资源，推进城乡交通网络互联互通。推进农村公路连通建设和安全维修改造，提升现有公路技术等级，实现农村公路“技术达标、规模适度、布局成网、区域协调”。推进“互联网+特色农业”工程，积极培育农村电子商务主体，提升新型农业经营主体电子商务应用能力。建设农业电子商务公共服务系统，构建农产品冷链物流、信息流、资金流的网络化运营体系，形成电子商务示范村、农村电商龙头企业、农村电子商务创业带头人并举的农村电商发展格局。依托平度、莱西两个国家级现代农业示范区建设，积极引导支持各类社会资本投资农业产业开发，着力推进土地集中型、合作经营型、统一服务型农业适度规模经营。深入推进农村产权制度改革，实现农村土地所有权、承包权和经营权“三权”分离，引导土地经营权有序流转。健全市、区（市）、镇（街道）三级农村产权交易市场体系，规范农村产权流转管理规程，推动农村产权流转交易公开、公正、规范运行。稳步推进农房、集体建设用地、土地承包权、林权等抵押贷款工作，盘活农村资源。

（作者单位：青岛市社会科学院）

2016～2017年青岛市对外贸易发展形势分析与展望

毕监武

2016年以来，青岛市对外贸易发展顺利，呈现出许多创新性思路和工作成果，同时也存在突出问题。2017年，应以推进“国际化＋”行动计划和外向型经济发展规划为契机，提升青岛市对外贸易质量，增强城市开放实力。

一、2016年青岛市对外贸易发展形势分析

近年来，青岛市积极推进货物贸易和服务贸易协同发展，实现传统对外贸易向现代国际贸易转变。2016年上半年，全市货物贸易与服务贸易并重发展，推进货物出口实现正增长，服务进出口增长拉动作用更加突出。从总体看，青岛市对外贸易工作围绕保经济增长这条主线，各项措施落实较好，取得明显成效，相关经济活动走在全国同类城市前列。

（一）总量不断扩大

2015年，全市进出口额702亿美元，比“十一五”末净增140亿美元，年均增长4.6%；其中，出口额453亿美元，比“十一五”末净增120亿美元，年均增长6.3%；进口额累计1800亿美元，是“十一五”的1.7倍，大飞机、汽车整车进口实现零突破累计分别达到2.4亿美元和1.12亿美元，消费品进口额年均增长5%。2016年上半年，全市国际贸易总额2961.3亿元、增长2%左右，其中，货物进出口额达到1992.79亿元、占比67.3%，服务进出口额349.5亿元、占比11.8%，海外销售额619.1亿元、占比20.9%。货物出口额上半年达到1302.6亿元，增长0.2%，高于全国2.3个百分点，在全国占比达到2.03%，同比提高0.05个百分点，是全国5个计划单列市唯一实现出口正增长城市。

国际贸易经营主体壮大。2015年，全市有外贸实绩企业1.4万

家，比“十一五”末增加了4000余家，实施6000家“无进出口实绩外贸企业清零”行动计划新增出口额2亿美元。民营企业已成为出口的骨干力量，占全市出口比重达到54.2%，比“十一五”末提高16.9个百分点。青岛市企业海外投资设厂离岸贸易出口额45亿美元，增长20%。

(二)结构持续优化

产业转型升级贸易提升明显，机电产品连续5年保持第一大类出口商品地位，2015年机电产品出口占全市比重达到42.5%，比“十一五”末期提高3.6个百分点；高新技术产品出口额38.1亿美元，增长15%；一般贸易出口额288.4亿美元，增长5.3%，占全市出口比重达到63.6%，比“十一五”末期提高了15.5个百分点。

全市服务贸易年均增长37.6%，占全市对外贸易总额比重的10.7%，比“十一五”末提高6个百分点，服务进出口额占全国比重由1.05%提高到1.9%。以运输、旅游、对外承包工程为主的传统服务贸易巩固发展，贸易额66.12亿美元，占83.4%。以保险、通信、金融为代表的新兴服务贸易额达13.1亿美元，占服务贸易额16.6%，比“十一五”末提高了7.6个百分点。2016年上半年，服务进出口额52.7亿美元、增长39.8%，其中服务出口额24.2亿美元、增长48.1%，服务进口额28.5亿美元、增长33.9%。

(三)平台作用明显

特色产品出口基地形成规模，启动10个过亿美元外贸品牌小镇培育工程，培育形成国家船舶出口基地、国家科技兴贸创新基地和即墨服装基地等5个国家外贸转型升级示范基地和14个省级基地，以及黄岛、胶州、即墨、莱西、平度等5个国家出口食品农产品安全质量示范区。2012年青岛前湾保税港区被国家正式批复为汽车整车进口口岸，结束了山东长达18年没有汽车进口业务的历史，2015年到岸15512辆，同比增长157%，跃居全国19个汽车口岸第5位。

其中，海贸云商通过探索“互联网＋大外贸”新模式，以“集成、开放、透明、扁平化”方式打造“进出口贸易生态网”。截至2015年底，平台在线进出口额超过12亿元，企业客户遍及10多个省市、11个行业，注册用户5000多家。

积极推动境外经贸合作园区建设。2016年6月份，市政府印发实施了《加快实施“一带一路”战略推进境外经贸合作园区建设工作方案》，充分发挥青岛市区位优势、产业优势和开放优势，重点推动16个境外经贸合作园区建设，涉及家电、橡胶、纺织、资源、农业、建材等领域，预计投资总规模60亿美元。其中有6个境外园区已纳入商务部境外园区重点项目库。

启动欧亚经贸合作多式联运转口贸易综合枢纽建设。青岛海关和山东出入境检验检疫局先后于2015年5月1日启动实施了“丝绸之路经济带”通关和检验检疫沿黄河流域“9+1”一体化改革。企业出口通关效率提升30%～40%，通关成本降低20%～30%，惠及沿线9万家外贸企业，2016年1～5月份区域海关审核报关单225万票，其中跨关区通关占总单量的9.6%。以胶州多式联运海关监管中心为依托，以青岛港为中心拓展海铁、陆铁、陆海空联运，向西对接欧亚大陆桥、向南对接泛亚铁路大通道，发挥青岛市在国家“一带一路”战略中的双定位作用，吸引沿线贸易企业在青岛口岸集聚。

（四）新模式不断完善

青岛市获批国家跨境电子商务综合试验区，跨境电商零售出口额3000万美元在全国同类城市位居前列，海尔海贸云商平台、新华锦“锦贸通”等外贸综合服务企业模式2015年进出口额7.8亿美元，增长44%，其中出口额6.1亿美元，增长74%。

2016年，国务院批复在青岛等城市设立第二批跨境电商综试区后，青岛市迅速启动相关工作，制订了《中国（青岛）跨境电子商务综合试验区建设实施方案》。6月13日青岛市正式启动了线上“单一窗口”和线下“产业园区”两大平台，并首批确定了11个重点产业园和11家示范企业，按“统筹规划、分步实施”工作原则，探索跨境电商线上、线下联动发展的体制机制创新和政策环境优化，逐步形成可复制、可推广的经验措施，打造青岛跨境电商完整产业链和生态圈，促进新业态成长，支撑外贸优进优出、升级发展。

创新提升内外贸一体化现代市场体系。加快推进内外贸融合发展，建立了内外贸融合发展的现代消费市场模式，建设提升内外贸一体化现代商品物流市场体系，以即墨国际商贸城省级内外贸结合商品市场为依托，积极试行“市场采购”贸易出口监管方式等改革措施，国际商贸城全部建成后，年交易额可达到1000亿元，年客流量可突破6000万人次，将成为我国北方规模最大、档次最高、带动作用最强的国际商贸物流聚集区。

（五）“一带一路”内涵丰富

2015年，全市对沿线国家双向投资贸易增速均高于全市平均水平，其中与沿线国家进出口总额360.7亿美元，占全市外贸进出口总额的50%。2016年1～5月份，青岛市对沿线国家双向投资贸易额继续保持增长，其中对沿线国家外贸进出口额854.1亿元，占全市的

52.8%。“青建+”发展模式等“走出去”带动出口成倍增长，2015年青建集团出口增长7倍、恒顺电器出口增长12倍。2016年，青建集团与澳柯玛、饮料集团、利群集团等20多家企业签署了合作协议，在非洲科特迪瓦等国家设立了青岛名优商品展销中心。

金融支持有新手段。为支持青岛市企业“走出去”，2016年以来，市商务局、市发改委和外管局等有关部门实施了境外投资便利化改革，进一步简政放权，商务部门对境外投资实行了备案制为主的管理模式，备案办理期限压减到3个工作日以内。对境外大项目实行商务、发改、外管、银行等多方参与的协调沟通机制，会同毕马威、安永、普华永道等专业投资服务机构开展了海外投资政策宣讲和咨询服务活动。青岛市与进出口银行、出口信保签署了战略合作协议，成功举办了中国进出口银行股权投资基金推介暨融资对接会，先后组织了10余次与进出口银行、国开行、出口信保以及丝路基金、欧亚基金、东盟基金、中日节能基金、中拉基金、中东欧基金、中加自然资源投资合作基金等一批金融机构的项目对接活动。国开行支持海尔集团海外并购33亿美元，成为青岛市有史以来最大的外汇贷款项目。进出口银行截至2016年5月末贷款余额744.63亿元，较年初增加54.77亿元。山东信保2016年1～5月支持“一带一路”一般贸易出口6.91亿美元，为青岛市企业出具意向函合同总金额49.49亿美元。

（六）关键领域实现突破

青岛市自2006年开始申报“中国服务外包基地城市”，历经近10年的不懈努力，终于进入中国服务外包示范城市行列。“十二五”期间，青岛市服务外包产业持续倍增发展，执行额年均增长80%，服务外包企业主体拓展到900多家，培育打造了青岛软件园等12个服务外包重点园区和12个服务外包人才培训基地，2013～2015连续3年被评为全国服务外包最具潜力城市。朗讯、优创、海尔软件入选商务部重点联系100家企业。青软实训、东合信息入选商务部重点联系20家培训机构。青岛出版集团、广电中视入选国家重点文化出口企业。

全市对外承包工程累计完成营业额153.5亿美元，2.8倍完成“十二五”55亿美元总量目标，2015年完成36.4亿美元，比2010年的9.8亿美元增长271.4%，年均增长30%。电建三、青建连续4年入选对外承包工程企业前100强，青建连续10年跻身全球最大225强国际承包商行列。

（七）政府引导作用有优势

2013年，青岛市启动实施了《青岛市国际贸易中心城市建设纲要

(2013—2020年)》,全面推进电子商务引领发展、国际货物贸易提升发展、国际转口贸易突破发展、国际服务贸易跨越发展、国内外贸易融合发展"五大行动计划",推动传统对外贸易加快向现代国际贸易转变。2015年按照《青岛市推进国际城市战略实施纲要》,全面研究运行现代国际贸易指标体系。2016年,根据《青岛市落实开放发展理念推进国际城市战略实施纲要》中提出的重点任务,主要从按照国际标准建立城市规划建设标准体系、建设现代服务功能体系、提升现代产业综合实力、提升现代文明和国际交流水平等4个方面确定整体结构框架。

高度重视机制建设。面对严峻的外贸进出口形势,2016年,市委、市政府召开专题会研究部署全市外贸稳增长、调结构工作。市主要领导亲自到绮丽、凤凰印染、渤海农业等重点外贸企业调研,分析形势,查找问题,明确提出全市要切实增强责任感、紧迫感,促进对外贸易回稳向好。

二、青岛市对外贸易面临的形势和困难

"十三五"期间仍是我国开放型经济发展的重要战略机遇期,同时面临的形势更加严峻复杂,对外贸易保持平稳发展的难度增大,新技术手段广泛应用对贸易方式和新业态提出新要求。

(一)国内外形势变化带来不确定性,实现单项指标难度增大

总体看,世界经济复苏减缓,对外贸易和开放型经济发展进入结构调整提升新阶段。目前,世界经济仍处在国际金融危机后的深度调整期,全球总需求不振,大规模国际产业转移明显放缓,保护主义抬头,围绕市场、产业、科技、资源、人才的竞争更趋激烈,美国主导的太平洋伙伴关系协定(TPP)、跨大西洋与投资伙伴协定(TTIP),正在深刻改变全球经济贸易规则。新一轮科技革命和产业变革蓄势待发,战略性新兴产业是引导未来经济社会发展的重要力量,发展战略性新兴产业已成为世界主要国家和地区抢占新一轮经济与科技发展制高点的重大战略。全球治理体系深刻变革,发展中国家群体力量继续增强,国际力量对比逐步趋向平衡。

(二)国家开放战略实施和全面深化改革,对对外贸易产生双重影响

我国经济长期向好基本面没有改变,发展前景广阔,经济发展进入新常态,综合国力持续增强,已成为世界第二大经济体,外汇储备规模世界第一,人民币跃升为全球第二大贸易融资货币,纳入国际货币基金组织特别提款权货币篮子(SDR),为双向投资合作创造了更好条件。

随着我国改革红利加速释放，新型城镇化、工业化、信息化、农业现代化深入推进，将创造新的消费和投资需求，拓展更加广阔的市场发展空间。国家战略强劲推动长三角和京津冀等一体化以及自贸区战略实施，将为开放型经济发展增添强大的政策推动力。不断丰富对外开放内涵，提高对外开放水平，协同推进战略互信、经贸合作、人文交流，努力形成深度融合的互利合作格局。人民币加入SDR及相关改革对中国和世界都影响深远、意义重大。短期来看，人民币加入SDR会产生一些立竿见影的影响。但更深远的意义在于，对中国来说，这为人民币国际化注入了新的动力，并且有利于促进国内进一步的改革开放；对世界来说，这反映了国际金融体系正向更加合理、均衡和公平的方向发展，并将推动国际货币体系的进一步完善。由于基础条件好，人民币加入SDR为青岛市提供的主要是发展机遇。这是因为，人民币加入SDR及国际化进程加快，有利于青岛市企业"走出去"，降低对外经贸合作中的汇率风险和成本，推动对接国家"一带一路"战略的实施。对于外贸企业来说，进出口商品采用人民币计价，降低了企业的汇率风险和汇兑成本，为企业节省了相当资金，提高了进出口企业的效率。最近我们也了解到，对一些将产品销往越南等东盟国家的出口企业来说，人民币纳入SDR可以说是一件立竿见影的好事情，因为"在越南等东盟国家，人民币本身是硬通货"。同时，我国经济发展面临的不平衡、不协调、不可持续问题仍然突出，进出口转型升级任务更加艰巨。

（三）青岛市经济发展综合能力全面提升，为对外贸易和开放型经济发展构筑了新平台

"十二五"形成的一系列发展优势将在于2017年进一步释放，青岛市开启了全域统筹、创新驱动和城市国际化新时期。从区域作用看，青岛能够带动整个山东的发展，通过高端产业"走出去"，率先实现产业结构升级和发展方式转变，能为整个国家提供一种科学发展新模式。青岛市积极融入国家发展大战略，成为国家"一带一路"重要节点、战略支点城市和国家自主创新、新型城镇化、低碳发展、跨境贸易电子商务服务等试点城市。近年来先后承接的20多项省级经济管理权限、百余项国家级试点任务，成为青岛市更好适应经济新常态，稳定进出口的坚实保障。

（四）人民币国际化加快，银行业和服务贸易迎来大发展机遇

当前阶段，青岛大部分"走出去"企业仍处于国际化经营的初期，国外银行对其不熟悉、不了解，其从国外银行获得金融支持的难度比较大。中国银行业主动跟随和引领客户"走出去"，利用企业国内资产撬动海外金融杠杆，可以更好地满足企业海外经营的金融服务需求，支持企业发展壮大。人民币在海外的流通和使用以及一些离岸人民币中心的形成，为中资银行在海外建设海外人民币清算行，提供人民币支付、清算、现钞兑换等服务提供了业务机会。

服务贸易企业跨境结算更加便利，消除汇率风险。一方面，对青岛市从事国际服务贸易交易，以及劳务、技术进口等业务的企业，采用人民币结算比较有利，能减少因结汇、购汇等带来的交易成本，可降低结算时汇兑的风险和成本，为企业创造更好的发展条件，进一步推动青岛市服务贸易快速发展新动力。另一方面将提供一个新的业务空间，特别是在服务贸易领域，过去支付律师费、劳务费、咨询费都用美元，随着人民币在更多国家和地区使用，将提高便利程度。

(五)汇率波动大，出口面临继续下行的压力

从2016年10月中间价大幅下调看来，此次央行并没有沿用过去的过滤机制，明显是为了提升汇率波动性、市场的接受度以及市场化程度，其背后透露的政策新信号值得关注。若汇率出现短期贬值，以出口为主的企业将相对从中受益，以进口为主的企业相应地提高了换汇成本，一些重资产、美元负债高的企业也将受到一定影响。若汇率出现短期升值，则反之。目前，青岛市部分进出口企业还属于劳动密集型产业，同质化严重，在国际市场上面临新兴市场国家的激烈竞争，缺乏明显产品优势，直接影响了企业的议价和赢利能力。且国外企业与我国外贸企业之间的贸易通常以美元和欧元进行计价计算，目前很多外贸企业处于价值链底层，产品附加值低，由于报价时利润微薄，稍大的汇率变动就可能突破盈亏平衡点。用美元结汇，换汇时需以银行人民币买入价汇兑人民币，买入价通常比卖出价高出2～3个点，企业在结汇时实际承受了汇兑损失，将人民币汇率的浮动区间扩大至±3%，而部分行业赢利水平仅在5%左右维持，汇率短期变动幅度过大影响最直接。

更重要的是，实际交易中是否会以人民币作为结汇币种？谈判时如果是买方市场，主要由对方公司决定结汇币种。我们从企业了解到，跨境贸易以人民币结算的重要前提是进口企业愿意接受人民币作为结算货币，而人民币能否作为重要结算货币取决于中国在全球贸易中所处的地位，这不仅是指进出口总量，更主要是指出口产品的质量和差异化程度。

另据调查，2016年上半年，只有三成左右的企业出口增长，出口价格继续回落，大部分企业出口利润率继续下降。企业持有的出口订单同比减少，持有中单、长单的受访企业占比大幅下降。预计2016年全

年出口形势比上年更为严峻。国际市场需求减少、劳动力成本上升是制约2016年出口增长的主要因素，应出台稳定外贸的新政策、提高贸易便利化水平等措施。

三、2017年青岛市对外贸易发展展望

2017年，青岛市将加快推动由传统对外贸易向现代国际贸易的转变，实现由大进大出向优进优出的转变，尽快建立起现代国际贸易体系。

（一）以机制创新为手段，提高出口能力

2016年下半年和2017年青岛市将以提高出口能力作为创新的着力点和主要风险规避点，以扩大出口作为稳增长的主要动力，推动领军企业转型升级，进一步提升青岛品牌的世界影响力，成为全球通用语言和文化符号，甚至成为塑造国家软实力的重要推手、国家重要的品牌名片。

帮助企业提高利用外汇工具对冲风险能力。人民币纳入SDR以后，在一定程度上人民币的外部需求会上升，这使人民币有一定的升值倾向。通过金融创新推出更多的股市和债市的人民币产品，这是应对人民币贬值压力的最佳策略，也为青岛国际财富中心建设指出了明确的业务发展方向。

以海尔、海信为重点，支持发展跨国企业集团，通过培育自主品牌占领市场，以新品研发来拓展市场，进一步提高创造力和产品竞争力，掌握产业链高端，使青岛市企业在谈判贸易结算货币上居于主导地位。

（二）实施外贸产业全链条联动，实现贸易内涵新突破

2017年，青岛市将以货物贸易带动相关联服务贸易发展，以服务贸易促进货物贸易转型升级。产业链前端，推动外贸企业加强产品研发创新，引进海外高级专业人才，加强与高校、科研机构合作开展设计创意、产品创新等工作，逐步实现由单纯出口产品制造向产品集成技术服务转变；产业链中段，推广先进制造设备、生产线等跨境融资租赁服务，促进外贸企业利用国外先进设备和技术提高生产制造水平；产业链后端，引导外贸企业按照国际标准组织生产和质量检验，提高产品检验、售后服务及国外跟踪反馈全过程监管和服务链条。

加快发展服务贸易，重点发展服务外包、信息技术服务、金融及其他商业服务等新兴服务贸易，提升运输、旅游、建筑等传统服务贸易水平，促进文化、教育、体育、餐饮、中医药等特色服务贸易发展。以银行

业为重点，在传统国际业务品种的基础上，重点发展信用证、国际保理、人民币跨境融资通、结构性订单融资、流程化动产融资及保函等业务，全面打造国内一流的供应链融资平台。在建设国际贸易中心城市和中国服务中心城市中，应支持鼓励跨国并购，提升蓝海股权交易中心业务能力和规模，实现服务贸易新突破。适应人民币投资的金融产品的丰富程度和结算货币功能、储备货币功能和计价货币功能的跨国界拓展。此外，在“一带一路”战略下发展商品期货市场，推出更多以人民币计价的商品期货产品，强化离岸人民币市场的风险对冲功能、投资功能、融资功能等，从而支持我国国民财富多元化、全球化的投资配置，推动青岛市国际财富中心的真正形成。

（三）以“一带一路”沿线国家为重点，推动由货物对外贸易向投资与贸易互动并进转变

以“走出去”引领打破单纯以贸易方式来扩大出口的传统模式，通过资本输出主动创造外需，带动出口发展。与“一带一路”沿线国家深入合作，加快推进境外加工制造、资源利用、农业产业、商贸物流“四大基地”建设，推广“青建＋”发展模式，建立“青建＋”企业联盟，引导中小企业参与“青建＋”抱团“走出去”，促进对外承包工程带动设备、原材料、配套家电等消费品出口。大力开拓“一带一路”沿线市场，以组织企业参加中亚、中东欧、俄罗斯等沿线市场展会为基础搭建双向贸易促进平台，促进重点企业在相关市场投资设立贸易代表机构，以“走出去、融进去”方式在当地寻找长期战略合作伙伴，进入新市场。

（四）加快载体建设，推动外贸新模式和新业态发展

大力发展跨境电子商务，推进国家跨境电子商务综合试验区建设，打造跨境电商产业园区和创业园区，构建优良的跨境电子商务创业和发展环境。鼓励跨境电商企业“走出去”，在海外重点市场建设契合当地消费习惯的在线销售平台，集中建设一批跨境电子商务公共海外仓库，以海外电子商务销售平台、海外仓库组合在目标市场构建新兴零售网络，带动青岛市相关产品以整出零销方式直接进入当地零售市场。在保税港区建设跨境电商出口货物返修基地，建立跨境电商出口售后服务体系。推进内外贸结合市场建设，依托即墨国际商贸城市场集群大、经营客户多、商品品种齐全优势，探索“市场采购”新型贸易方式，支持在即墨国际商贸城简化货物报关报检手续，采取便捷化通关措施，发展“前店后仓”的保税展示交易业务。促进加工贸易创新发展，促进企业单纯从产品加工转向技术研发、产品售后服务、物流、营销等生产加工链条两端的价值增值环节综合加工服务。

以货币互换协议为线索，完善友好城市布局。按照我国与33家境外央行或货币当局签署货币互换协议的路线图，完善推进国际经济合作地方平台机制创新，将经济合作伙伴城市（省、州）关系的重点转向资本与金融服务领域，建立定期协调沟通联络机制，推动国际城市间的地方经贸合作。在全国率先建立境外“青岛工商中心”基础上，把推动青岛市投资贸易的人民币结算业务作为重要工作目标。德国工商中心加大对德国工业4.0、装备制造、医疗健康、节能环保、金融服务等领军企业和隐形冠军企业引进力度，美国工商中心突出与北美在高科技和先进制造业、风险投资、金融、贸易领域的合作。

（五）完善政策体系，强化政府导向功能

体制机制方面，适应商务发展新常态，推动实施国际城市战略，推行由货物进出口额、服务进出口额和海外销售额三项指标构成的现代国际贸易指标统计体系，催生更多新的增长点。试行GNP考核体系，强化“走出去”导向，树立国际化城市新形象。加大市级领导带团出访的区域和频率，择机调整机构，建立开放型经济促进局。

推进外汇储备多元化运用，发挥政策性银行等金融机构作用，吸收社会资本参与，采取债权、基金等形式，为“走出去”企业提供长期外汇资金支持。完善人民币跨境支付和清算体系。稳步放开短期出口信用保险市场，增加经营主体。创新出口信用保险产品，大力发展海外投资险，合理降低保险费率，扩大政策性保险覆盖面。做好信息、法律、领事等服务，加强协调，防止恶性竞争，强化风险防范。

（六）培育特色智库，及时对国内外形势变化和政策进行风险评估

学习深圳建设世贸组织事务中心经验，率先在国内建立SDR和人民币国际化研究服务中心。在运行成熟的基础上，争取商务部支持，争取引进国际著名投资银行、律师事务所、会计师事务所、评估机构等中介机构。发挥智力支持作用，加强对世界各国政治经济形势和资本市场变动等信息的收集、评估，根据青岛市企业现有出口产品情况，对重点海外市场需求前景、市场规模与结构变化等进行分析，帮助青岛市企业及时获得高质量的国别（地区）、行业、企业资信以及采购商等商业信息，为企业市场营销、产能扩张等决策提供安全指导。

（作者单位：青岛市社会科学院）

2016～2017年青岛市财富管理的发展分析与预测

刘志亭

青岛成为我国唯一以财富管理为主题的金融综合改革试验区已经过去两年多的时间了，先后有两批共50多项创新试点政策获得国家批准。2016年，青岛市围绕政策争取、制度制定、项目引进、交流合作、宣传推介等关键环节加大工作力度，取得了一系列实质性进展，引领青岛金融业发展打开了新局面，带动了全市现代服务业的转型升级。

一、2016年青岛市财富管理的发展分析

（一）2016年前三季度青岛市财富管理的发展状况

从全市来看，截至2016年9月末，全市本外币存款余额达到14293.5亿元，同比增长11.01%；新增存款1138亿元，同比多增143亿元。本外币贷款余额达到12820.9亿元，同比增长13.18%；新增贷款1244亿元，同比多增446亿元。金融业增加值435.15亿元，同比增长8.6%，占GDP比重为6.09%左右。保险资金运用余额达到173.5亿元，比年初增长13.8%，销售理财型保险产品60.9亿元。前三季度，累计实现保费收入261.7亿元，同比增长41%，在全国计划单列市中，增速排名第一，规模排名第二，是青岛金融业的一大亮点。

9月末，全市银行理财产品存续数量9737款，金额2980亿元，同比增33%；119家证券分支机构客户总资产2435.8亿元，35家期货经营机构期末客户权益33亿元；登记私募机构109家，管理规模242.6亿元，较年初增长44.3%。金融业实现全口径税收收入96.6亿元，同比增长2.1%；其中，国税收入45.1亿元，同比增长34.5%；地税收入51.4亿元，同比下降15.7%。

青岛康普顿科技股份有限公司、青岛鼎信科技股份有限公司先后在上交所正式上市交易，新增融资3.58亿元，全市境内外上市企业43

家。新增新三板挂牌企业 41 家，总数达到 98 家，融资 21 亿元。蓝海股权交易中心新增挂牌企业 56 家，挂牌企业总数达到 374 家，挂牌展示企业 1558 家。全市实现直接融资 973.9 亿元，其中，通过上市、新三板挂牌等融资 33.9 亿元，通过发行债券融资 940 亿元（含非金融企业债券融资 170.4 亿元），债券融资规模为上年全年的 2 倍。全市证券经营机构累计代理交易额 23380.41 亿元，下降 59.82%。

表 1　近年来青岛市金融业前三季度的相关对比数据

单位：亿元

	本外币存款余额	本外币贷款余额	金融业增加值	金融业增加值增速（%）	金融业增加值占 GDP 比重（%）	保险业保费收入	代理证券交易额
2013 年 1～9 月份	11193.4	9393.7	328.3	15.6	5.8	136.3	11533.8
2014 年 1～9 月份	11855.1	10331.5	353.8	9.7	5.9	156.4	11882.3
2015 年 1～9 月份	12876	11328	400.6	12.7	6.08	185.6	58157.35
2016 年 1～9 月份	14293.5	12820.9	435.15	8.6	6.09	261.7	23380.41

全市金融机构总数达到 230 家，其中，银行类机构 62 家（银行 52 家，非银行 10 家；含外资 17 家）；保险类机构 65 家（财险 34 家，寿险 31 家；含外资 17 家）；证券类机构 56 家；期货类机构 34 家；其他类 13 家。

（二）2016 年青岛市财富管理的发展分析

1.“试验田”功能初步显现，金融改革成效显著

2016 年，青岛市积极发挥试验区重要事项“一事一报”通道优势，加大财富管理创新试点政策争取和复制推广力度，多项全国“第一单”落地实施，“试验田”功能初步显现。2015 年底，青岛市出台了被称为“金改 20 条”的系列创新举措，以加快推进财富管理中心城市建设。跨境投资实现率先突破，出台合格境内有限合伙人（QDLP）、合格境外有限合伙人（QFLP）试点办法，国内首次将合格境内有限合伙人投资范围扩大到境外二级市场、境外一级市场投资并购业务、有监管的大宗商品交易市场业务及其他业务，7 只跨境基金进入注册程序；金融开放不断扩大，在 CEPA 等框架下，取得设立全牌照合资证券公司、外资控股

证券投资咨询公司和基金管理公司政策许可，具备了金融业进一步对外开放的基础和条件。国内首单中韩货币互换项下韩元贷款业务在青岛完成。青岛获批成为全国首个也是唯一一个允许境内企业从韩国银行机构贷入人民币资金的试点城市，并在全国首创前置美元保证金账户制度，在多地大宗商品交易市场推广复制。

青岛市首创“双型”（小型、新型）、多元化财富管理特色机构体系，坚持特色、错位发展导向，充分利用国内国外两个市场、两种资源，大力发展本地特色财富管理组织体系。进一步突出财富管理服务实体经济和增加居民财产性收入的功能定位，通过财富管理提高资源配置效率。跨国集团人民币集中运营管理、跨国公司外汇资金集中运营管理等各类财富管理创新政策的实施，直接为青岛带来融资380亿元，增加未来融资能力480亿元，为企业节约费用超过25亿元。探索普惠型财富管理新模式，贯彻落实共享经济发展理念，积极引导金融及财富管理机构提供多元化、个性化和差异化产品和服务。

2.法人金融机构发展壮大，特色空间布局初步形成

法人金融机构数量与发展状况，是衡量一个城市金融业发展水平的重要标志。目前，青岛市法人金融机构已达26家，金融机构总数达到230家。法人金融机构正成为助推财富型金融业形成的新动力，新业态、新层次、新规模成为其共同特点。除财务公司、资产管理公司及青岛银行、青岛农村商业银行以及陆家嘴信托外，还增加了法人保险公司、区域性股权交易中心、消费金融公司和专门服务于“三农”及小微企业的村镇银行等。区域性金融市场青岛蓝海股权交易中心搭建了互联网金融交易平台，推出了财富管理系列产品。财务公司、资产管理公司、消费金融公司等新型业态的不断涌现，增加了青岛资金流“洼地”效应。

2016年3月份，青岛市资产管理有限责任公司正式获得中国银监会公告核准，成为全国第一家拥有批量收购和处置金融机构不良资产的市级AMC（资产管理公司）；6月份，青建集团财务有限责任公司获中国银监会批筹，由此成为继海尔集团财务公司、海信集团财务公司、青岛啤酒财务公司、青岛港财务公司之后设立于青岛市的第五家财务公司，使全市拥有企业集团财务公司的数量约占全省的近1/3。7月份，青银融资租赁公司获中国银监会批筹，为青岛市首个融资租赁公司。9月份，意大利意才财富管理公司完成工商注册，注册资金1.5亿元人民币，标志着国内首家外商独资财富管理公司正式落户试验区。

两年多来，青岛市新增各类金融机构29家，与兴业银行、国家开发银行等10家金融机构总部达成战略合作意向。已有11家银行机构总部在青岛设立私人银行，管理资产超过700亿元。股权投资基金类企

业达到350家，消费金融公司、人民币国际投贷基金等新型机构相继落户，场外市场清算中心、海洋产权交易中心、信用资产交易中心、金融资产交易中心、艺术品交易中心等财富管理特色市场建设运营。规划建设资本大厦、基金园区等载体，为境内外基金加速聚集、集约发展提供基础保障。

在推进"千万平方米"金融中心建设和金融布局方面，金家岭金融聚集区累计竣工面积已达450万平方米，总建筑面积18000平方米的青岛PE·基金中心正式投入使用，青岛财富管理基金业协会、青岛非上市公众公司协会等已入驻办公。同时，在其他区域着力提升市南区传统金融聚集区品质，积极培育西海岸经济新区、红岛经济区、蓝色硅谷金融功能，吸引了众多优质金融和财富管理资源以试验区为平台在青岛聚集发展，特色空间布局初步形成。

3.品牌价值迅速提升，多层次合作继续扩大

全球金融中心指数(GFCI)指数涉及营商环境、人力资本、美誉度、基础设施、金融业发展水平等方面，全面反映着目标城市的综合发展实力和金融竞争力，具有较强的国际权威性。2016年9月26日，伦敦国际智库Z/Yen集团公布了最新的全球金融中心指数(GFCI)排名榜单，青岛由4月份的第79位大幅跃升至第46位，前进33位，首次超过大连，紧跟上海、北京、深圳，位列国内金融中心城市第4位，成为本次榜单全球金融中心中位次上升幅度最大的城市。这反映出青岛在城市总体发展水平以及金融业改革发展实力方面的大幅提升，也标志着建设面向国际的财富管理中心城市迈出了更为坚实的步伐，"财富青岛"的品牌影响力日益彰显。

通过以论坛为媒介搭建宣传推介和交流合作平台，成为国内财富管理专业化论坛举办最为密集的城市之一。2016年，先后举办了CF40金家岭首次闭门研讨会、青岛中国财富论坛、中国财富管理创新创客大赛、中国金融公司论坛、金家岭财富管理沙龙(每月一期)、青岛财富管理博览会等论坛会议。通过多种形式组织举办财富管理大讲堂、财富管理沙龙、财富管理知识普及等系列活动，营造了财富管理文化氛围。积极构建财富管理试验区全方位宣传体系，与众多境内外知名媒体建立长期合作关系，打造新媒体传播平台，面向境内外密集开展财富管理定向招商推介活动。

在此基础上，市政府与中信银行、建设银行、深圳证券交易所、中国人寿、光大银行、工商银行、招商银行等多家金融机构总部签署支持试验区建设战略合作协议，围绕财富管理资金、机构、市场等资源聚集达成近百项合作意向。境外与伦敦证券交易所、怡和保险、标准人寿、中欧国际交易所、澳新银行、麦格理集团等国际知名机构建立合作机制。

与友邦保险、万事达卡、丘博保险集团、摩根大通银行、瑞士银行、巴黎银行等全球性金融机构建立联系合作关系。与美国宾夕法尼亚大学沃顿商学院、美国加州大学伯克利分校、中国金融四十人论坛、上海财经大学、山东大学、青岛大学等机构和高校建立战略合作关系。上财(青岛)—伯克利(哈斯)国际人才培养基地落户金家岭，首期金融硕士班已开班授课；剑桥大学嘉治商学院中国培训中心项目以及英国特学证券投资协会培训中心项目都已初步达成意向，借助更高的国际平台吸引高端人才，标志着在引进世界一流大学来青开展国际合作办学方面迈出重要一步。

财富管理教育科研方面的合作成果不断涌现，成功引进中国金融四十人学院、研究院和基金会3个全国法人机构，与中国人民大学合作发布《中国财富管理发展报告》，与上海财经大学共建青岛财富管理研究院正式运营，并已开展国内外学历学位教学。先后成立了山东财富管理研究院、中国金融风险量化研究协同创新中心、青岛协同创新金融研究院、山东大学青岛金融与财富管理研究院，为青岛财富管理试验区高端金融及财富管理教育科研体系建设注入了新的生机和活力，为金融机构产品创新及企业投融资需求提供专业服务，在金融氛围、人才培养、风险防控等方面有了强大的智力支持和保障，对于促进青岛优质金融聚集发展具有重要意义。

4. 金家岭龙头带动强劲，全市财富数据大幅增长

凭借独特自然和区位优势，金家岭金融区成为试验区的龙头，承担着探索形成财富管理发展的新模式和新途径，构建具有中国特色的财富管理体系的重要使命。3年来，落户青岛金家岭金融区的金融机构及类金融企业从220家增加到482家，银行机构本外币存、贷款余额从1650亿元和1300亿元分别增加到3350亿元和2800亿元，保险业保费收入从13.5亿元增加到29亿元，证券交易额更是达到了2万亿元，各项指标均比3年前翻了一番。2016上半年，实现金融业增加值35.02亿元，同比增长16%，实现金融业税收23.57亿元，增长16.9%。

目前，金家岭金融区金融机构及类金融企业涵盖银行、证券、保险、基金、家族理财办公室、私人银行、互联网金融等20类金融业态。累计落户大型法人金融机构11家，占青岛市的3/4。青岛PE·基金中心形成区域基金发展高地，累计落户基金管理企业138家，管理基金122只，管理基金规模超过2000亿元。正在建设青岛互联网金融中心，协商引进北京中关村互联网金融服务中心，引导海尔消费金融、蓝海股权、红岭创投等一批新兴机构集聚。全市首批5家申请开展合格境内有限合伙人(QDLP)试点企业中，4家落户金家岭。办理了全国首批、山东省首笔地方法人机构直接与央行开展中韩货币互换项下韩元贷款

业务，开创出一条跨境融资新通道。中韩跨境人民币贷款试点业务，为本地企业借用境外低成本人民币资金打开了政策通道，形成了在全国具有复制推广意义的经验做法，青岛经验推广到山东全省。依靠政策创新这一核心竞争力，金家岭金融区被评为"2015 年全国金融改革创新示范区"。

5. 市场体系不够健全，金融人才数量不足

虽然青岛市财富管理取得了很大发展，但是总体来说还是刚刚起步，与较高的目标定位仍存在较大差距，与国内同类城市相比仍未突显出特色优势。具体表现在：财富管理总体规模还不够大，金融业增加值占全市生产总值比重与成为战略性支柱产业还存在一定差距；专业化财富管理机构缺乏，财富管理产品与服务的丰富程度有限，从业人员素质参差不齐；金融市场与资本市场体系尚不够健全，期货、寿险等法人机构尚处于空白；法人机构规模有待提升，尚没有在国际国内具有系统重要性的金融机构，金融发展重大支撑项目较少；金融支持实体经济和社会民生事业的渠道、方式等创新不足；保险资金运用程度偏低；金融业双向开放的广度和深度不够，外资金融机构层次、规模、数量有待提升，金融支持企业"走出去"的能力需要加强；金融人才特别是高端金融人才数量不足，创业创新环境还不完善；跟踪国内外金融前沿，深化重点金融课题研究，提出有针对性创新政策等方面工作还有待深化细化；应对经济下行压力、防控金融风险上升、强化金融监管的水平需进一步提高。

二、青岛市财富管理的发展预测及对策

（一）青岛市财富管理的发展预测

预计 2016 年末，在财富管理业务继续强劲增长的带动下，青岛市存、贷款余额将分别达到 14600 亿元和 13100 亿元，实现 11%和 13%的增长；全市证券经营机构累计代理交易额 32000 亿元，降低 45%左右。全年实现金融业增加值 645 亿元，增长 9%左右，金融业增加值占 GDP 比重将达到 6.2%左右。金融业贡献的税收将达到 134 亿元，增长 5%左右。

到 2017 年末，预计全市存、贷款余额将分别达到 16060 亿元和 14800 亿元，实现 12%和 13%的增长；实现金融业增加值 710 亿元，增长 10%左右，金融业增加值占 GDP 比重将达到 6.8%左右。金融业贡献的税收将达到 145 亿元，增长 8%左右。全市金融机构总数发展到 242 家左右，其中法人金融机构突破 30 家。

到2020年末，预计全市银行本外币存贷款余额将突破3.2万亿元，其中本外币存款余额超过1.7万亿元、本外币贷款余额超过1.5万亿元。金融业增加值将达到975亿元，占GDP比重为7.5%左右。金融机构总数达到270家，其中法人机构达到35家，股权投资基金公司达到600家，金融及财富管理机构托管资产规模达到3万亿元人民币以上，金融从业人员总量达到16万人左右，国际财富管理中心的框架基本形成。

(二)推动青岛市财富管理加快发展的对策与措施

1.积极融入“一带一路”战略，打造财富管理国际品牌

充分发挥青岛作为“一带一路”新亚欧大陆桥经济走廊主要节点城市和海上合作战略支点城市的区位优势，利用国家放宽外资金融机构准入的政策机遇，围绕深化财富管理试验区建设，推进金融政策、业态的国际化，更好地融入国家“一带一路”战略，拓展与“一带一路”沿线及相关国家(地区)的财富管理合作；推进财富管理跨境投融资业务，推动优质企业“走出去”并购境外财富管理机构，在“一带一路”沿线国家开展并购投资、证券投资和联合投资，探索设立海外并购基金等各类产业投资基金，延伸财富管理服务链条，拓展“一带一路”广阔的财富管理市场，参与沿线国家基础设施、资源开发等互联互通项目。发展海外保险、出口信用保险、海外租赁保险业务，为企业海外投资、产品技术输出、承接国家“一带一路”重大工程建设提供综合保险服务，将青岛打造成为“一带一路”上的重要财富管理节点城市。

打造外资项目“引进来”基地，探索外商投资负面清单管理机制，大力引进重点产业企业和优质金融资源。支持“一带一路”沿线国家重点产业的领军企业到青岛市设立区域总部，引进周边国家(地区)和“一带一路”沿线国家法人金融机构落户，为外资银行在区内设立分支机构提供便利，吸引境外优质财富管理资源聚集。

着眼于财富管理品牌的国际化，构筑“一带一路”国际交往平台，拓展与“一带一路”沿线国家的财富管理机构合作，提升试验区在国际财富管理中心城市中的地位和影响力。与境内外先进城市建立沟通合作机制，吸收引进美国华尔街、伦敦金融城、瑞士、新加坡、韩国、香港、北京金融街、陆家嘴金融贸易区、深圳前海等顶级金融区经验，在城市建设、金融市场体系、金融运行机制、金融运行管理等方面进行全面对接，打造金融生态建设示范区和国际著名财富管理品牌城市。

推动建立国际财富管理中心城市联盟，促进政府间、机构间的信息和经验互通，持续提升青岛在国际财富管理中心城市中的地位和影响力。建立官方和民间财富管理研究交流机制，通过举办高层论坛、国际

研讨会、学术会议，共同开展金融课题研究等形式，提升青岛财富管理国际化水平。

2. 加大金融创新力度，推动金融机构转型发展

构建以财富管理产品交易市场为核心的财富管理交易体系，以盘活巨量资产、优化资源配置、服务实体经济。综合落实创新试点优惠政策，大力促进消费金融、大数据金融、互联网金融、绿色金融等业态发展，积极服务大众财富管理和创业创新，增强试验区的综合优势和核心竞争力。

健全完善证券、期货、发债、信用评级、中介服务等市场体系，提升金融市场服务能力。加快企业运用主板、创业板、新三板、区域性股权市场、银行间市场等进行融资，做好企业上市、发债等辅导工作，推进企业股份制改造工作。完善蓝海股权交易中心等区域性市场的融资功能，发展其他准金融市场，形成较为完善的地方金融市场体系。把法人金融机构建设摆在突出位置，积极培育和打造与青岛经济金融发展相匹配的法人金融机构集群，争取在青岛橡胶谷设立法人的期货、现货及衍生品市场。引导现有地方法人金融机构向特色化财富管理机构转型，发挥示范引领作用。通过新设、引进、重组、整合等多种方式，引进培育新的法人金融机构，争取在法人寿险公司、法人期货公司、公募基金公司、金融租赁公司、全牌照合资法人证券公司、外资法人产险公司、民营银行等方面实现突破，完善财富管理基础业态。

加大与金融机构总部的沟通对接力度，大力引进商业银行机构的法人或非法人型私人银行、财富管理子公司或事业部。积极争取信托财富管理子公司、证券财富管理子公司、基金公司子公司、保险资产管理公司等专业化财富管理机构在青岛聚集发展。加大对独立财富管理机构的引进和培育力度，营造良好的发展环境，形成 2～3 家在业界具有系统重要性的独立财富管理机构，确立试验区在新兴财富管理行业发展中的核心和优势地位。

聚集发展公益慈善基金，实现财富管理与公益慈善的融合联动，培育国内公益慈善基金会高地。主动适应公众对跨境配置财富的需求，大力发展跨境基金，发挥合格境内有限合伙人、合格境外有限合伙人、人民币投贷基金等政策优势，提高基金跨境投资和全球配置的能力。

以国家出台互联网金融发展意见为契机，积极培育引进财富管理相关互联网支付、股权众筹、物联网金融业态。支持青岛市大型企业集团依托互联网平台构建财富管理业务板块，满足企业和大众的融资及财富管理需求。积极引进会计师、律师、资产评估、信用评级、保险经纪等专业中介服务机构，加快构建财富管理高端中介服务体系。打造中国北方的互联网金融中心，建设青岛金融配套服务中心，并以要素平台

为支撑，促进区域资金流通效率，引导民间资本进入金融领域。

3.优化人才发展环境，加强人才领域开放交流

解放思想，创新理念，优化环境促进金融机构集中、金融人才集聚、金融要素富集，打造形成财富管理综合生态圈。围绕财富管理行业发展的实际需求，构建财富管理专业人才培养体系，为财富管理中心建设提供多元化、专业化人才队伍支撑。

全面推进与中国金融四十人论坛、中国人民大学、山东大学、上海财经大学、北京大学、对外经贸大学等国内机构和高校的合作，开展财富管理系统化人才培养。引进境外高层次财富管理专业培训院校，推动与美国加州大学伯克利分校、新加坡国立大学等高校的合作，开发财富管理专业学历教育和课程体系。吸引各大金融机构总部在青岛设立专业人才培训机构，以专业化、复合型的财富管理人才培养为重点，着力打造面向全国的高端财富管理人才培养培训基地。

建立人尽其才、才尽其用的金融人才发展体制机制，完善财富管理人才引进、培养、使用、考核、评价、激励等政策服务体系。加快制定青岛市金融人才奖励办法，对符合条件的财富管理高层次人才，给予奖励补贴并纳入青岛市人才公寓入住范围，并在办理落户、医疗、配偶就业、子女教育、出入境等方面提供便利服务。

加强与境内外财富管理人才鉴定评级机构合作，研究构建中国财富管理从业人员权威认证体系。重点推动与香港、新加坡、德国、英国等地财富管理中心的人才交流，实现财富管理人才、资质及监管标准的互认。探索建设全国性金融人才交流市场，促进财富管理机构与专业人才双向互动交流，激发财富管理人力资源配置活力。

4.加强风险防控体系建设，保护投资者权益

根据国家推进金融综合监管的总体部署，在试验区框架下，探索构建涵盖地方政府部门、驻青金融监管机构和有关司法机关在内的财富管理综合监管体制机制，围绕财富管理各类机构准入、监测预警、风险防范、案件化解等环节建立信息共享、协调一致的监管体系，坚持风险防范和促进发展并重，提高社会公众财富管理意识和防范风险能力，将维护区域金融稳定贯穿于财富管理发展全过程。

顺应以互联网金融为代表的新兴财富管理机构迅猛发展的趋势，积极争取国家金融管理部门支持，针对独立财富管理机构等新兴财富管理业态建立监管体系，推动设立行业自律组织，明确底线，严格措施，防止发生区域性和系统性金融风险。

借鉴国际财富管理中心对财富管理机构监管的经验做法，针对不同机构采取不同的监管方法，采用不同的监管力度，实施分类监管。对于管理规范、经营相对成熟的机构把握监管重点，培育其做大做强；对

于刚刚起步及存在风险隐患的机构强化监管措施，确保其良性发展。

建立健全法律维权机制，发挥金融监管部门、金融法庭在维护金融消费者权益方面的作用，推动公安金融支队、金融仲裁院建设。对财富管理机构和人员有关经营和从业信息进行依法公开，强化财富管理产品信息披露，接受投资者和市场监督，提高财富管理机构信誉度和合法合规经营意识，营造健康、可持续发展的区域金融生态圈。

（作者单位：青岛市社会科学院）

2016～2017年青岛市商贸流通业发展形势分析与展望

赵明辉

2016年是"十三五"规划的开局之年，面对我国经济新常态，青岛市认真贯彻落实党中央、国务院关于扩大内需的一系列政策措施，充分发挥内需在拉动经济增长中的重要作用，加快商贸流通业的发展步伐。从整体看，全市商贸流通业运行总体平稳，内需拉动坚实有力；从趋势看，新型商贸流通经济的成长势头正在加快，对全市经济发展的拉动力和贡献度进一步提升。

一、2016年青岛市商贸流通业发展形势分析

2016年以来，青岛市深入推进商贸流通领域改革创新，全面探索建立流通业转型升级创新引领发展模式，商贸流通业保持良好发展态势，内需对经济增长的拉动作用坚实有力，消费成为经济增长的重要驱动力。据市统计局数据，上半年，青岛市实现社会消费品零售总额1892.9亿元，同比增长9.4%。从销售规模看，1～6月份，全市批发和零售业、住宿和餐饮业限额以上法人企业实现零售额617.2亿元，增长8.2%，与上年同期持平；限额以下企业实现零售额1275.7亿元，增长10.0%。从行业看，批发和零售业实现零售额1663.0亿元，同比增长9.7%；住宿和餐饮业实现零售额229.9亿元，同比增长7.7%。从城乡结构看，全市城镇市场实现零售额1585.6亿元，同比增长9.3%；乡村市场实现零售额307.3亿元，同比增长10.2%。消费品市场总体运行平稳。

前三季度，青岛市社会消费品零售总额2911.6亿元，增长9.9%。电子商务成为全市消费市场的重要增长点，前三季度全市限上法人企业通过互联网实现的商品零售额增长71.7%，对全市限上企业零售额增长的贡献率达45%，拉动全市限上企业零售额增长6个百分点。

(一)以国内贸易流通体制改革发展综合试点为契机，商贸流通领域改革创新深入推进

2016年，青岛市全面启动国内贸易流通体制改革发展综合试点，创新形成了以建设法治化营商环境为主线、以商贸流通地方立法和内外贸融合发展为重点的改革发展思路，国内贸易流通体制改革发展综合试点工作进展顺利，全面启动了15项重点改革任务，形成5项试点推广经验。一是率先完成商贸流通地方立法试点工作。制定出台了全国首部《商品流通市场建设和管理条例》，并于3月1日正式发布实施。二是探索提升内外贸一体化现代市场体系。建立了内外贸融合发展的现代消费市场模式，在跨境电商服务试点、建立口岸进口商品集聚区等8个方面实现新突破；在即墨国际商贸城积极试行"市场采购"贸易出口监管方式等改革措施；培育形成国际化、法治化的"青岛市场标准"体系。目前16家农产品出口企业在15家生鲜超市开设45处出口农产品销售专柜，青岛"菜篮子"国际标准提升示范作用进一步显现。三是创新实施电子商务引领发展工程成效显著。全面实施"互联网＋商务"行动计划。推动农村新型互联网商业模式，在城市推动实施"互联网＋便利店"和社区便民服务中心；培育以县(市)农业合作社为目标的农产品电子商务市场主体。四是实施城市"菜篮子"工程国际标准提升计划。利用物联网等信息技术，完善产地准出和市场准入衔接机制，发布国内首个《城市鲜活农产品生产流通管理规范》。五是肉菜流通追溯体系建设走在全国前列。目前，追溯体系已在全市375个流通节点贯通运行，累计追溯数据达3000万条。

(二)依托"互联网＋"，实施电子商务引领发展工程，促进商贸流通业转型发展

2016年，青岛市不断提高商贸流通信息化、标准化、集约化水平，促进传统商贸流通转型发展。创新实施电子商务引领发展工程方面，启动实施"互联网＋"商务行动计划，制定出台《"互联网＋商务"行动计划(2015—2016)》和《农村电子商务"515＋X"工程实施意见》；着力推进大数据、云计算、地理信息服务等技术在电子商务领域的应用，鼓励建设电子商务公共服务云平台；积极探索线上、线下企业融合发展，利用生鲜超市网点在城市推动实施O2O模式"互联网＋便利店"和社区便民服务中心，大力发展社区商业，将"8分钟居民消费圈"覆盖率提升至90%以上，推进"网购店取"、"网购店送"，打造商品产销流通新模式；在5个市(区)、100个镇、500个村，实施了"515＋X"农村电商推进体系，搭建起农村电子商务公共服务体系，推动农产品线上营销与线下流通融合发展。以红领、海尔、利群等为代表的优势传统制造企业和商贸流通领域骨干企业，借力电子商务，实现了线上、线下融合创新发展和初步转型升级。目前，海尔商城、利群网上商城、微品网上商城、红领集团等8家企业成为国家级电商示范企业。随着“互联网＋”的推进，网络销售成为全市经济增长的新力量。2016年1～6月份，网上零售额继续保持较快增长，全市限上法人企业通过互联网实现的商品零售额增长26.4%，拉动全市限上企业零售额增长3.6个百分点。

（三）内外贸融合发展不断深入，新消费引领带动作用加强，推动消费扩大和升级

2016年，青岛市出台了《积极发挥新消费引领作用 加快培育形成新供给新动力实施方案》。通过继续举办“青岛城市购物节”，围绕商旅文体多产业互动发展、内外贸有机融合、网络线上线下消费相互促进；通过举办“进口商品展销会”和“进口商品采购洽谈会”，扩大牛羊肉、奶制品、酒类等国外安全优质消费品进口规模；通过加快城市共同配送体系建设，提高城市农产品、冷链、快销品等日常生活消费品的共同配送比例；促进品牌连锁企业发展，支持利群、维客、利客来等企业不断扩大连锁规模；进一步规范典当行业的设立、变更、运营、监管等项工作。制定促进融资租赁行业、直销经营发展意见；加快推进汽车流通体系建设，引导和促进新能源汽车消费，推动二手车流通行业加快转型升级，大力发展汽车装饰、租赁等汽车后市场，扩大汽车流通产业消费规模。

消费升级有新的进展，与居民消费质量提升和品质改善相关的行业销售额都保持较快增长。2016年上半年，全市限上企业汽车销售量21.4万辆，同比下降31.0%。在销售量同比下降的情况下，汽车销售额却呈增长趋势，同期全市限上企业汽车类销售额181.2亿元，同比增长10.8%。这说明消费者不再一味地追求对汽车的“保有量”，汽车的软硬件配置和安全性与舒适度的提升成为新的消费引领。与此同时，与消费升级相关的书报刊类、中西药品类、家具类、通信器材类销售额累计增速均在10%以上，消费升级趋势明显。

（四）重要商品追溯保障体系不断完善，商贸流通领域的国际标准建设步伐加快

建立并完善重要商品追溯保障体系是2016年青岛市全面探索建立流通业转型升级创新引领发展模式的重要举措之一。通过制定重要商品追溯保障体系规划，以农产品、食品、药品为重点，逐步增加可追溯商品品种，利用物联网等信息技术，完善产地准出和市场准入衔接机制。完善重要商品追溯管理体制，整合全市现有资源，按照统一规划、统一标准、分级建设、属地管理的原则，建设统一的重要商品追溯信息服务体系，推进体系对接和信息互通共享。这一做法走在全国前列，已经形成"青岛特色"。

2016年青岛市创新内外贸融合发展运行模式的另一个重要行动是启动实施菜篮子"国际标准＋"行动计划，切实加强农产品消费安全保障。目前，青岛有60处农贸市场完成标准化建设，依托已启用的"肉类蔬菜流通追溯体系运行指挥中心"，实现了肉菜流通运行监测、实名登记、质量检测、视频监控和流通追溯。通过实施产地准出和市场准入制度，对商品生产质量进行全程管控。

（五）节日市场继续呈现繁荣兴旺态势，节日消费对零售业的拉动作用增强

传统节日一直倍受市民青睐，节日气氛浓郁；商家创意不断，商场人气聚集，2016年青岛市节日市场消费继续呈现繁荣兴旺态势。在春节假期的7天时间里，青岛全市10家重点商贸企业实现销售额5.06亿元，同比上涨了3.26％。国庆小长假期间，岛城消费市场一片火热。全市10家重点商贸企业实现销售额13.9亿元，同比增长2.7％，10家重点餐饮企业实现营业额5142万元，同比增长4.6％。

青岛市商务局监测数据显示，国庆黄金周期间，青岛市消费市场呈现节日消费特色和整体增长态势。一是重点企业销售整体增长。利客来集团、海信广场、家佳源集团、维客集团通过一系列促销活动，刺激企业整体销售分别增长11.1％、19.5％、8.0％、5.0％。二是热点商品销售火爆。节日期间，通信器材类商品销售同比增长18.2％；金银珠宝类同比增长5.3％；电脑、智能电视、绿色家电实现销售额3.2亿元，同比增长5.1％；休闲食品和饮料类同比增长5.1％；针织品类商品实现消费增长44.3％，成为国庆消费一大亮点。三是餐饮市场增长在10％以上。

（六）传统商业不断调整自身业态和经营方式，向综合型购物中心转型，商业综合体发展迅速，城市新兴商圈迅速崛起

近年来，随着传统产业结构调整，资源不断优化，一部分商业企业因经营模式单一、互联网电商发展滞后等，无法适应现代商业快速发展形势。2016年，青岛商业无论是业态还是商圈都发生了巨大的变化。一是传统企业转型升级加快。传统商业企业通过不断调整自身业态和经营方式，改变了传统百货经营结构较为单一的问题，向综合型购物中心转型，走出了一条升级发展的新路径。10月21日刚刚开业的利群金鼎广场，为消费者提供了更加个性化、人性化和现代化的消费体验。利群的华丽转身是当前百货行业集体转型的一个缩影。二是线上、线下融合走出新模式。商场不仅开展实体店经营，同时借力"互联网＋"大力开展线上经营、线下体验，线上、线下互相补充促进企业发展。由

传统租赁房屋开店发展到自己建设、租赁和自营混合、开展配送服务等，谋求企业发展。万象城、海信广场都发布了与商场无缝对接的APP软件，消费者通过软件可以完成餐厅取号、找车位、购物等各项服务。目前，青岛网络购物已占全市社会消费品零售额的10%左右。三是新型业态发展迅速，特别是集娱乐、购物、休闲、餐饮于一体的商业综合体发展迅速。2015年以来，新型商业综合体营业面积超过180万平方米。2016年仅崂山区就有金狮广场、利群金鼎广场两大购物中心相继开业。四是新兴商圈迅速崛起。伴随着综合性购物中心的崛起，新型的商业中心正在形成，新都心、崂山、西海岸新兴商圈迅速崛起。新都心商圈已经汇集了麦凯乐、凯德MALL、居然之家等多家大型购物中心。崂山商圈汇集了2016年开业的金狮广场、利群金鼎广场两大购物中心，以及丽达购物中心、大拇指广场。

(七)率先启动商品流通地方立法试点，法治化营商环境建设加快推进

近年来，青岛市围绕推进商贸地方立法进行先行先试。2013年以来，在商务部的指导下，青岛市围绕建设国际化法治化营商环境，率先启动商品流通地方立法试点，形成了《青岛市商品流通市场建设和管理条例(草案)》；2015年12月25日，经市人大常委会第三十二次会议审议通过；2016年1月22日，山东省第十二届人大常委会第十八次会议审议批准，《条例》于3月1日正式实施。《青岛市商品流通市场建设和管理条例》主要在商品流通市场建设、规划与管理等方面依法立规。一是依法解决内贸流通管理体制问题，形成既适应国际发展要求、又具有中国特色的行业监管新模式；二是依法完善流通基础设施规划与管理制度；三是依法加强食用农产品安全追溯管理，推行绿色环保商品流通发展模式。《条例》的出台标志着青岛市法治化营商环境建设取得新突破。

二、2017年青岛市商贸流通业发展展望

伴随着国家、省、市一系列扩大内需政策的落地，特别是青岛市商贸流通体制改革发展综合试点任务的全面完成，以及商贸流通业发展政策体系的进一步完善，2016年青岛市商贸流通业健康稳定发展。2017年，随着党的十九大的召开，国家宏观调控政策将更加关注民生，这为青岛市商贸流通业带来发展机遇。但是2016年我国经济社会发展的外部环境比较复杂，面对经济发展新常态，经济运行中还存在一些问题和困难，将对2016年第四季度及2017年青岛市商贸流通业的发展产生影响。

综合来看，在多种因素影响下，预计2016年青岛市商贸流通业将保持平稳增长态势，全年社会消费品零售总额将保持9.9%左右的增长。2017年，青岛市商贸流通业将持续呈现良好发展趋势，消费总量将继续居于全国5个计划单列市、15个副省级城市前列，商贸流通业增加值保持全市支柱产业地位，成为拉动经济发展的重要力量。

（一）商贸流通业将面临更加有利的发展环境

1.国家战略的实施为青岛商贸流通业发展带来了新的机遇

一系列国家战略规划实施为青岛商贸流通业发展带来了新的机遇。国家实施的“一带一路”战略、自贸区建设，有利于充分发挥青岛“一带一部”的区位优势，在更大范围、更宽领域、更高平台上加快发展开放型经济，青岛对外开放新优势为青岛商贸流通业发展提供了新的机遇。

2.宏观政策支持将推动商贸流通业更快发展

供给侧结构性改革是2016年及今后一个时期我国经济工作的主线，随着消费领域供给侧结构性改革的不断深入，将不断破除消费领域的体制机制障碍，引导和支持社会资本更多投向消费的“短板”领域，增加产品的有效供给，释放更多潜在消费能力。10月17日国务院常务会议要求进一步扩大国内消费政策措施，促进服务业发展和经济转型升级。2016年4月15日，国家发改委等24部委印发《关于促进消费带动转型升级行动方案》，主要围绕10个主攻方向，出台实施“十大扩消费行动”，带动产业结构调整升级，加快培育发展新动力。国家一系列政策措施的目的是刺激消费和改善消费环境，长期来看，市场秩序的稳定和消费环境的改善，将成为继续支撑我国消费潜力会进一步释放、消费持续增长的有利因素。

3.“海陆空”互联互通的国际物流大通道为商贸流通业带来更大发展空间

2016年6月，以青岛港和中铁联集青岛中心站为枢纽节点的青岛“一带一路”跨境集装箱多式联运工程获批国家首批、山东省唯一多式联运示范工程项目，成为青岛融入“一带一路”战略的新亮点。7月，董家口港口岸对外开放获国务院批复同意，标志着董家口港拿到了走向世界的“国际通行证”，也为青岛融入“一带一路”战略开启了又一条全新通道。

（二）内外贸融合发展的现代流通新体系建设将全面升级

2017年，青岛市在全面完成国家商贸流通体制改革发展综合试点工作任务的基础上，继续深化内外贸融合发展，进一步完善国家商贸流通体制改革发展任务。“十三五”时期，青岛市要建立内外贸融合发展的现代流通新体系。

1. 建立扩大进口与促进消费相结合的政策机制

2017年，青岛商贸流通领域将认真落实“国际化＋”城市发展战略，通过城市购物节、国际消费电子博览会等，不断打造多层次消费平台。发挥青岛口岸城市的优势，建立扩大进口与促进消费相结合的政策机制，使一些进口的消费品能够在青岛的市场上进行销售。近年来通过适当扩大消费品的进口，积极有效地促进活跃了国内消费市场，不仅提升了人们的消费档次，而且对国内产业的转型升级产生了积极作用，通过竞争使国内的一些消费品轻工行业能够直接与国际市场相对接。2017年，青岛市将继续实施扩大进口和促进消费相结合战略，促进内外贸融合发展，以此来拉动青岛的经济增长。

2. 内外贸融合大市场的辐射带动力增强

依托“一带一路”战略，2017年青岛市将形成一批辐射国内外市场的国际化大型商品集散中心，进一步增强青岛多式联运海关监管中心、青岛即墨国际商贸城、东方鼎信国际农产品交易中心、中国北方（青岛）国际水产品交易中心等内外贸融合大市场的辐射带动力。

（三）城乡商贸流通一体化的现代商品市场体系将更加完善

1. 建立城乡统筹基础上的完善的现代流通网络体系

截至2016年第三季度，全市共有各类商业网点51.7万处，其中批发业14.2万处、零售业32.6万处、餐饮业4万处、住宿业0.9万处。市区形成了以5处市级商业中心、9处区级商业中心、6处商贸集聚区、35条商业街为空间载体，30.6万处各类网点、122处大中型网点为基础的市场网点网络体系。2017年，青岛市在进一步完善提升传统商圈的现代流通体系建设水平的同时，重点打造区（市）的现代商品市场体系。将在西海岸规划建设1处标准化、现代化、外贸型大型水产品批发市场，在北岸建设一处大型国际化农副产品批发市场，推动抚顺路等城区老市场向城郊搬迁建设；在胶州、平度、莱西各规划建设1处产地型大型农产品批发市场。同时，在五大市级商业中心（中山路、香港中路、台东、李村、西海岸香江路）的基础上，加快建设以金家岭时尚消费圈为引领的市级商业中心，以及西海岸核心区的现代商贸服务集聚区。“十三五”时期青岛市将培育七大市级商业中心、12个区级商业中心和9处商贸集聚区。

2. 推进“农网对接”工作，完善农产品产销对接体系

商贸流通业是城乡发展的先导性产业，通过商贸流通产业的统筹发展带动城乡相关产业的发展，从而促进城乡商贸一体化发展步伐。

在城乡商贸流通体系中，商品流通主要由农业生产资料、农产品、基本生活用品等组成，城乡商贸流通一体化发展不仅能降低农产品流通成本，也能改善农村发展状况，对提升农民经济收入产生重要影响。2016年以来，市商务局积极推进“农网对接”工作，完善“菜篮子”产销对接体系，促进鲜活农产品线上、线下融合互动，丰富居民“菜篮子”，提升农民经济收入，取得良好的效果。一是推动农产品“生产基地＋社区直配”。青岛海红网等5家农产品电商平台运营商和20家农村合作社与30个城市社区进行对接合作，在社区开办了放心农产品社区直销店，采取网订店取的模式，将新鲜农产品直送社区居民，推动农产品线上营销与线下流通融合发展。二是运用“互联网＋电动冷链车”进驻社区。20辆绿色电动冷链车，即将进驻20个“偏散远”和新建社区，常态化运行，方便市民购菜，提升完善社区电商直供配送新模式与原传统的车载蔬菜进社区有机融合。三是促进电商平台建设。完善了青岛市“农超对接”三级公共服务平台建设和有效运行，市级平台已与即墨、平度等4市的子平台完成对接。2017年青岛市将按照运用互联网思维，继续抓好“农网对接”工作，推动“互联网＋菜篮子”在更广范围内深入发展，推进城乡商贸流通一体化建设走向深入。

3. 商贸流通领域的国际标准和农产品市场保障体系建设将得到提升

2017年及“十三五”期间，青岛将推进实施城市“菜篮子”工程国际标准提升计划，制定发布《鲜活农产品生产流通管理规范》青岛地方标准，加快建立标准化生产、现代化流通、网格化监管的新型鲜活农产品市场保障体系。创新打造鲜活农产品流通和质量追溯保障体系，完善源头可追溯、流向可追踪、信息可查询、产品可召回的“菜篮子”商品全程可追溯体系，实现市区农产品批发市场、农贸市场和生鲜商场超市90%以上的上市农副产品附带产地标识。

（四）“新方式”“新业态”“新供给”将成为消费市场的新亮点、推动商贸流通业发展的新动力

1. 普及“新方式”，促进实体店与网店协同发展，实现优势叠加

随着互联网发展，网购成为人们的主要购物的新方式，并对实体店产生了前所未有的冲击，“互联网＋消费”成为现阶段实体商业的新出路。在加大“老字号”企业宣传推广力度的同时，应继续鼓励企业发展“互联网＋老字号”强强联合新模式，促进企业以销售模式的创新来增强活力和竞争力。但同时，网购的发展并不能完全取代实体店，网购和实体店的融合发展将会是2017年及今后消费零售市场的一个必然趋势。青岛市将大力促进实体店与网店协同发展，一是推进实体店向体验店转型，尽可能减少库存，增加产品类型，增设体验区等；二是加强生

产商与网店的认证联系，积极与各大电商合作，加强认证与责任分配，让消费者在网店上可以信得过；三是网店与实体店的功能交互，如在实体店中摆设电脑，方便顾客查询、比较、选择，实体店可以为网店订单提供门店提货服务以及体验试用服务等；四是鼓励大市场、大企业与优秀第三方公共服务平台合作，推动青岛“老字号”和地方特色产品进入有实力的电商平台销售，在推进“虚实两大平台”融合发展中实现优势叠加。

2. 扶持“新业态”，促进消费市场健康发展

2017年，青岛商贸流通领域将在开放中推进消费业态和消费方式创新，调整传统消费业态布局，注重实物消费与服务消费相结合，实施跨界融合，创造和扶持集购物、休闲、餐饮、娱乐、培训、文化创意等多业态于一体的“体验式消费”环境。与此同时，在消费市场基本平稳的情况下，合理规划商业综合体网点建设，既防止出现由于网点的密集度过高造成的不正当竞争，也避免新区等购物中心建设不足对消费市场健康发展的影响。

3. 满足新供给，商贸流通领域品牌建设力度加大

我国经济发展的引擎已经进入由投资驱动转变为消费拉动的战略转换期，商贸流通业在促进消费、引导生产方面发挥着越来越重要的作用。为更好地满足消费者对商品质量及品牌的需求，瞄准消费结构升级，发挥商贸流通业拉动经济增长的作用，2017年，青岛将支持出口企业建立国内销售网络和自有品牌，支持商贸企业承接转内销商品，打造外贸商品城、外贸商品特色街、韩国小商品城、内外贸融合市场等内销载体，畅通转内销双向对接渠道。商贸流通领域品牌建设力度将进一步加大，将引导国内外品牌商业企业进入西海岸新区、红岛经济区、蓝色硅谷核心区等新兴经济区，将从政府、社会、企业角度提出了一系列培育和提升零售企业品牌竞争力的对策和思路。

（作者单位：青岛市社会科学院）

2016～2017年青岛市科技创新形势分析与预测

吴　净

“科技兴则民族兴，科技强则民族强。”走过30多年改革开放历程，跻身世界第二大经济体的中国正迈入向创新驱动发展转变的关键时期。习近平总书记在2016年5月30日召开的全国科技创新大会上强调，在当前发展新的历史起点上，要着力将科技创新摆在更加重要的位置，吹响建设世界科技强国的号角。作为国家创新型试点城市，青岛市全面贯彻落实中央、省关于实施创新驱动发展战略的系列决策部署，2016年9月21日正式发布了《关于深入推进科技创新发展的意见》，全面开启迎接“创”时代、搭建“创”平台、构筑“创”体系、营造“创”生态的新征程，突出“放权”、“提效”、“硬碰”三大特点，加快推进以科技创新为核心的全面创新，全力打造创新之城、创业之都、创客之岛。

一、2016年青岛市科技创新形势分析

2016年以来，青岛市坚定不移实施创新驱动发展战略，科技改革继续破浪前行，先后获批山东半岛国家自主创新示范区、国家小微企业创业创新基地城市示范、国家首批重点产业知识产权运营服务试点城市，获批开展橡胶轮胎和智能交通国家科技服务业行业试点等，以科技创新为引领开拓发展新境界。

(一)基础研究水平和前沿探索能力不断提升，进一步激发青岛市原始创新潜能

基础研究、前沿探索是提升一个国家或地区原始创新能力的关键。2016年以来，青岛市支持基础研究的体制机制不断完善。《关于深入推进科技创新发展的意见》，着力为人才松绑，为高校院所赋权，同时提升政府的管理服务效能及全社会的创新协同放大效能；强化科技创新源头支撑，建设更加高效的科研体系；构建更加符合创新规律的科技管

理机制等，为全市基础研究顺利开展保驾护航。

聚焦经济社会发展重大需求，以及关系产业核心竞争力、整体自主创新能力的重大共性关键技术和产品，加强基础项目研究。2016年度国家自然科学基金项目中，青岛市18个科研机构共计625个项目获得资助，支持经费达到2.6亿元。2016年度国家重点研发计划重点专项清单中，青岛市围绕“先进轨道交通”、“精准医学”、“高性能计算”、“新能源汽车”、“深海关键技术与装备”等领域有14个项目入围，共获得6.1亿元经费支持，助力全市战略性新兴产业发展。

“千帆计划”企业研发费用实现翻番增长。“千帆计划”是青岛市全面推进科技型中小企业发展的重要抓手。截止到2016年8月底，全市享受研发费用加计扣除政策的“千帆计划”企业达330余家，同比增长69%，占所有享受该政策企业的70%，其中高新技术企业307家，同比增长60%；研发费用共计超过24亿元，同比增长103%，占全市加计扣除研发总费用的49%。企业创新活力的竞相迸发主要得益于青岛市创新驱动政策红利的快速释放，以及科技中小企业自身创新观念的转变，他们正在逐步意识到原创能力的提升需要依靠基础研究的持续投入。

基础研究基地建设进一步加强。截止到2016年8月底，青岛市共拥有国家实验室1家，国家重点实验室8家，省重点实验室43家，市重点实验室66家，各级重点实验室在创新研究、人才培养、成果转化、交流合作等方面发挥了重要作用，成为全市实施创新驱动发展战略的重要创新源头。

(二)企业创新主体地位不断强化，推动全市产业优化升级

2016年以来，青岛市企业技术创新重点向十条千亿元级工业产业链和战略性新兴产业领域倾斜。截至8月底，全市围绕家电、机械装备、橡胶、轨道交通、船舶海工、电子信息等产业，已组织382家企业、立项实施技术创新重点项目1161个。与上年同期相比，立项企业数和项目数分别增长15.1%和18.9%。其中，预算额在100万～500万元区间的项目634个，占总数的54.6%；预算在500万元以上的项目149个，占总数的12.8%。全市规模以上工业企业共申请专利5045件，同比增长7.7%，其中，发明专利增长27.9%。

民营企业的创新能力不断增强。截至2016年6月底，青岛市民营主体达到97.31万家，同比增长16.92%，占全市市场主体总量的96.99%；2016年新登记民营企业注册资本(金)达2496.01亿元，同比增长85.61%。全市964家高新技术企业中，95%以上为民营企业，中小高新技术企业达到850家，占比88.17%，同比增长35.14%。全市

民营工业企业投入研发经费29.47亿元，占全部规上企业投入研发经费比重达到24.41%，较上年同期提高了3.21%。

技术创新示范企业引领作用显现。国家技术创新示范企业是国家制造业创新体系的重要组成部分，也是青岛市加快"三中心一基地"的重要支撑。2016年，全市新增双星集团、青岛蔚蓝生物集团两家国家技术创新示范企业。截至9月底，青岛市已拥有海尔集团、海信集团、青岛啤酒股份有限公司、青特集团、中车青岛四方机车车辆股份有限公司、青岛明月海藻集团、青岛汉缆股份有限公司、青岛即发集团、软控股份有限公司、青岛琅琊台集团等12家国家技术创新示范企业，占全国认定总数的2.9%，示范引领作用逐步显现。

（三）作为全市集技术创新和新兴产业培育于一体的创新核心区，"一谷两区"全力打造"科技创新高地"

高等院校和涉海大院大所项目的引入是2016年青岛蓝谷的主攻方向。截至2016年8月底，青岛蓝谷新引进四川大学、同济大学、华中师范大学、吉林大学等4所大学设立研究院，累计已经有山东大学、中央美术学院、天津大学、哈工大等16所高校在蓝谷设立校区、研究院或创新园；累计引进了海洋科学与技术国家实验室、国家深海基地、国家海洋设备质检中心等15个"国字号"重大科研平台；新签约引进各类科技型企业40余家、累计250余家，项目开工面积达到700万平方米。公共孵化平台建设也在快速推进，蓝谷创业中心一期——海创中心8.3万平方米公共孵化平台已全部投入使用，二期7.5万平方米室内装修已接近尾声，入驻企业累计达到65家。

2016年是西海岸新区的"项目建设攻坚年"。截至8月底，西海岸新区共确定产业类项目260个，投资3062亿元；开工在建项目213个，已完成投资497亿元。其中，市级重点项目开工在建39个，完成投资300亿元，半年综合考核全市第一，区级重点项目开工在建174个，完成投资197亿元。截至8月底，西海岸新区备案技改项目54个、投资额38亿元，同比增长13%，项目个数、投资额均居全市首位。中德生态园、海洋高新区、董家口经济区等九大功能区齐头并进，生机勃勃。西海岸新区9月还出台了43条新政促进科技创新，努力构筑省内乃至国内改革力度最大、精准程度最高和创新生态最优的科技创新政策体系，推动创新驱动发展。

2016年5月，山东半岛国家自主创新示范区获国务院批复；9月，山东省委、省政府发布了《关于加快山东半岛国家自主创新示范区建设发展的实施意见》。2016年以来，青岛高新区以打造具有全球影响力的海洋科学中心为目标，坚持以项目落地、经济发展为重要指标，优化科技创新资源布局，构筑园区、企业、机构、众创等多层次全要素创新平台，高起点推动创新发展实现新突破。截至2016年8月底，高新区已累计建设各类孵化载体1200多万平方米，众创空间项目82个，孵化创客企业和团队2200多个，初步形成了创新创业创客集聚发展的良性众创生态环境。

（四）科技产业与金融产业不断融合，助力全市创新驱动发展

科技金融体系为企业融资提供更多便利。截止到2016年8月底，债权融资方面，科技信贷风险准备金池和青岛高创科技融资担保公司累计新增担保金额26700万元，支持企业82家，其中，初创期企业15家，首贷企业19家，高新技术企业43家；股权融资方面，科技股权投融资体系基金合计17只，政府引导资金出资1.42亿元，拉动社会资本约12亿元，基金总规模约13.5亿元，累计投资项目113个，投资金额4.8亿元；科技支行方面，累计新增授信3.8亿元，支持企业65家，“千帆计划”企业37家，授信金额1.98亿元。

知识产权与金融资源进一步融合。2016年8月，青岛市被列为国家专利质押融资试点城市，为进一步优化知识产权金融发展环境提供了契机。6月，青岛市出台了《科技型中小微企业专利权质押贷款资助实施细则》，创立了专利质押保证保险贷款的新模式。截至8月底，全市共有29家科技型中小企业通过专利权质押保险贷款审贷程序，授信金额达到1.051亿元，获得银行实际发放贷款1.011亿元，保险承保金额1.086亿元。

科技资金投入方式不断创新。2016年青岛市组建了首批孵化器种子基金，主要引导社会资金投资种子期、初创期科技企业，同时鼓励孵化器强化持股孵化功能，定向解决孵化器内早期创业企业融资难问题。目前已有两只孵化器种子基金正式运行，两只种子基金规模均为人民币1000万元，由孵化器出资60％、高创资本出资40％共同组成。高创资本2016年度将再设立6个孵化器种子基金项目，总出资3000万元引导4500万元社会资金，形成总规模7500万元的8只孵化器种子基金。

（五）科技成果转化意识不断增强，科技成果转化步伐明显加快

2016年6月，青岛市出台了《促进科技成果转化股权和分红激励实施办法（试行）》（以下简称《实施办法》），这是青岛市出台的首个促进科技成果转化股权和分红激励方面的政策。《实施办法》中的“股权激励＋分红激励”，将为高校院所科研人员“合理合法富起来”提供渠道。高校院所利用职务科技成果作价投资的，将从该项科技成果形成的股

份或者出资中提取不低于50%实施入股奖励，其中对研发和成果转化作出主要贡献人员的奖励份额不低于奖励总额的50%。《实施办法》还从税收、科技成果的处置和收益、“双肩挑”人员的激励等方面，为股权和分红激励政策实施保驾护航，扫除制约高校院所发展的体制障碍，破除阻碍产学研结合的机制性束缚，加快科技成果转化。

技术转移服务进一步完善。建设国家专利技术（青岛）交易中心，2016年上半年实现专利技术交易额1.44亿元。海洋技术转移公共服务平台上线试运行，8个专业分中心投入运营。截止到2016年6月底，全市技术转移机构116家、技术经纪人405名，进一步服务青岛产业发展规划，加强服务品牌建设，提升与高校院所、企业、机构等协同创新能级，助推全市科技成果转化。

知识产权创造运用与保护进一步强化。2016年1～6月，全市发明专利申请11824件，同比增长30.3%；发明专利授权3335件，同比增长58.6%；PCT国际专利申请量为301件，同比增长77.1%；全市技术合同登记2457项，成交额31.42亿元，服务企业1870家。青岛市获批国家重点产业知识产权运营服务试点城市，中央财政给予4000万元资金支持。崂山区国家知识产权服务业集聚发展试验区揭牌，全省首个“知识产权港”投入运行。即墨市以第一名成绩获批国家知识产权示范城市，成为山东省唯一入选县级市。

（六）创新热情持续高涨，全社会创新创业蔚然成风

创新创业热情得到了充分释放，特别是在稳增长、促就业方面发挥了很大作用。2016年1～6月份，青岛市政策性扶持创业1.9万人，同比增长76%；发放创业担保贷款规模4.7亿元，创业扶持类补贴资金发放1.5亿元，同比增长153%。截止到2016年7月底，青岛市新登记市场主体10.47万家，平均每月有1.5万家市场主体诞生，同比增长11.26%，市场主体总量达到99.86万家。大学生自主创业人数、海外留学归国人员创业数量，以及返乡农民工开展创业总量也在持续上升。

创新创业平台遍地开花，创业服务体系逐步完善。截至2016年8月底，青岛市孵化器建设新开工83.89万平方米，完成年度计划目标的71.56%；全市孵化器累计建设1203.15万平方米，竣工1114.93万平方米，投入使用727.14万平方米；累计在孵企业3106家，毕业企业589家。创业街区建设加速推进，其中西海岸创新创业中心、盘谷创客空间、五四创客城、招商公社等7个创业街区已建成并投入运营。截至2016年8月底，创业街区已累计引进各类服务机构100家，入驻企业1310家；全市建成并投入运营的众创空间达123家，其中国家专业化众创空间2家，纳入国家级科技企业孵化器管理服务体系的众创空间

66 家，总数比深圳仅少 1 家，居副省级城市第二位。

截至 2016 年 6 月底，各众创空间、孵化器组织开展项目路演、创业培训、创业大赛、论坛等各类创新创业活动达 1593 场，聚集和服务创客 3.47 万人次。创新创业街区和众创空间建设的顺利推进，吸引和积聚更多社会资源为创新、创业和创客服务，推动全市创新创业生态环境建设更加完善，更加有利于科技型小微企业的健康成长和生存发展。

（七）科技人才队伍建设不断加快，为创新提供智力支撑

积极创新引才方式。“百所高校千名博士青岛行”以“请进来”的方式邀请国内外博士及以上高层次人才来青岛洽谈考察，是青岛市创新引才方式的一项重要举措。“2016 年百所高校千名博士青岛行”共吸引了 66 所国内外重点知名高校的 560 名博士生和教师参加，经过现场对接洽谈，来青博士共投递简历 1090 份，参会博士现场与用人单位达成初步就业、项目合作意向 365 个。

高端创业平台聚集人才效应明显。青岛博士创业园入驻企业主要集中在新一代信息技术、海洋产业、生物技术、生态环保、新能源、新医药、新材料、高端装备制造等领域。截止到 2016 年 8 月底，园区入驻博士企业 145 家，在孵企业 123 家，含 11 家上市企业；集聚博士 223 人，其中，外籍博士 9 人，博士后 22 人；创业博士中包括“国务院特贴”、国家级“突贡”、“千人计划”、“长江学者”、“泰山学者”等称号获得者近 20 人。

高等教育资源日渐丰富。2016 年 2 月，《青岛市人民政府关于加快引进优质高等教育资源的意见》正式出台，力求把青岛打造成人才高地。2016 年以来，青岛市已与北京大学、复旦大学、北京航空航天大学、中国科学院青岛科教园、同济大学青岛高等研究院、山东中医药大学青岛中医药科学院等国内外 20 所名校正式签约，加快筑“巢”引“凤”步伐，广纳人才、培育英才，为创新发展提供人才支撑。

二、2017 年青岛市科技创新发展预测

2017 年，青岛市将继续统筹推进高端要素集聚、高效服务提升、高端产业培育等重点工作，促进创新要素数量和质量提升，进一步增强市场配置创新资源的决定性作用，完善创新创业生态环境，站在更高的视角，加快国家东部沿海重要的创新中心建设，担当起引领东部沿海乃至全国科技创新的责任与使命。

(一)企业创新主体地位将持续增强

企业不仅是市场需求最敏锐的“捕捉者”，更是促进科研成果向市场价值转化的直接推动者。只有企业创新主体地位得到强化，创新的内生动力才会更加强劲。2017年，伴随着制约企业创新的体制机制障碍的进一步破解，资金、技术、市场等各个环节的进一步疏通，青岛市企业的创新意愿将会进一步增强，创新能力将进一步提升，从而推动青岛制造向青岛创造转变、青岛速度向青岛质量转型、青岛产品向青岛品牌飞跃。

一是创新观念将进一步变革，创新意识将进一步增强，从“要我创新”逐步向“我要创新”转变。企业不敢、不愿创新的一个重要原因是担心创新遭遇风险，而充分发挥市场对企业技术创新的导向作用，则是释减这种压力的最有效的途径。当前青岛市出台的各种支持企业创新的政策，将有助于进一步完善企业的创新决策机制、组织方式和激励机制，促使企业真正成为创新决策、创新投入、创新活动和创新收益的主体。

二是继续加快培育领军企业，夯实创新中坚力量。大型企业具有较雄厚的经济实力、通畅的融资能力以及大量高素质技术创新人才和先进装备，在技术创新方面具有明显优势。发挥好这种优势，让龙头企业成为创新的孵化器，创新主引擎的动力才会更加强劲。青岛市将聚焦“一谷两区”、海洋经济和重点产业，对接国家重大科技专项和未来战略性重大科技项目，加快实施创新型领军企业培育计划，争取培育更多的国家技术创新示范企业，推动关键技术产业化，激励更多的大企业成为自主研发和技术创新的中坚力量。

三是继续加快培育“小巨人”企业，激发创新潜力。创新需要依靠“顶天立地”的大企业，也需要“铺天盖地”的中小微企业。这些创新型中小微企业，是创新活动中十分活跃和极为重要的力量。青岛市“千帆计划”扶持政策及股权投资等专业服务将进一步激发这些“小而美”企业的创新潜力，引导它们向“专精特新”方向发展，让更多“小巨人”企业蓬勃成长起来。

(二)科技创新体系将进一步完善

2017年，青岛市将继续统筹推进高效协同的科技创新体系建设，促进各类创新主体协同互动，保障创新要素的顺畅流动和高效配置，深入实施创新驱动发展战略，支撑全市供给侧结构性改革。

一是创新治理结构将更加合理。2017年，青岛市将继续推进简政放权、放管结合、优化服务改革，推动政府职能从研发管理向创新服务转变，提高资源配置效率，形成政府引导作用与市场决定性作用有机结合的创新驱动制度安排。《青岛市关于深入推进科技创新发展的意见》中提出，要“改革科技项目管理方式，从对具体项目、具体企业的支持转变为对创新过程的全链条设计和一体化实施”，“逐步将项目遴选、绩效评估、管理验收等职能转移给第三方专业机构”，“围绕十大科技创新中心建设，试点将项目立项权和资金分配权下放给相应产业技术创新战略联盟或产业技术研究院等组织，政府部门加强事中事后监管”，将更进一步提升政府管理服务效能，创新治理结构也将更加合理。

二是将继续构建开放协同的创新网络。2017年，青岛市将进一步明确科研机构、企业、高等院校等创新主体的功能定位，鼓励和引导新型研发机构等发展，充分发挥科技类社会组织的作用，激发各类创新主体活力。将继续围绕打通科技与经济的通道，依产业链部署创新链，依创新链完善资金链，以技术市场、资本市场、人才市场为纽带，以学研平台、产研平台和产学研联盟等为载体，加强各类创新主体间合作，探索建立各类创新主体参与协同创新的信用机制、责任机制、统筹协调机制，促进产学研用紧密结合，健全创新创业服务体系，构建多主体协同互动与大众创新创业有机结合的开放高效创新网络。

三是将继续打造高端引领的创新增长极。2017年，青岛市将继续遵循创新区域高度聚集规律，结合蓝谷、西新区、高新区等区域创新发展需求，引导高端创新要素围绕区域生产力布局加速流动和聚集，推动“一谷两区”打造具有重大引领作用和全球影响力的创新高地，形成青岛市创新发展梯次布局，带动全市创新水平整体提升。

（三）创新创业生态环境将进一步优化

2017年，青岛市将继续坚持以合力营造良好的创新生态环境，支持全市创新创业发展。

一是将继续坚持以问题导向破难题、增活力、创优势、促发展，形成有利于创新发展的市场环境、产权制度、投融资体制、分配制度和人才环境。完善公开公平公正的市场规则，建立现代市场体系，发挥市场配置资源的决定性作用；深化市场配置要素改革，优化创新要素的供给，高效配置技术、人才、资本等创新要素，有效支撑创新创业活动蓬勃发展。尊重人才发展规律，完善各类创新人才发现与成长机制，支持高等院校、科研院所和企业建立符合人才特点和市场规律的科技创新人才评价、激励机制和薪酬体系；鼓励企业培育创新创业领军人才，培育扶持一批具有全球视野的高水平科技创新和创新服务人才。充分发挥金融对科技创新创业的助推作用，形成社会资本投入多元化、创业投资集聚活跃、商业银行信贷支撑有力的投融资体系。

二是将继续建立和完善科技成果转化激励机制，激发企业、高等院校、科研院所的创新活力，强化知识产权保护运用，依法保护创新收益。积极落实《青岛市关于深入推进科技创新发展的意见》，探索建立符合科技成果转化规律的市场评价定价机制，允许通过拍卖、技术市场挂牌交易、协议定价等市场化定价方式确定科技成果价格，收益分配向发明人和转移转化人员倾斜。发挥各类科技成果转化服务机构的作用，强化科技成果转移转化机制和服务能力建设，畅通科技成果转移转化链，吸引高水平科技成果在青岛市落地转化，促进本地优秀科技成果向外溢出，实现创新价值。

三是将继续营造崇尚创新创业的文化环境。以提升市民科学素质为宗旨，以服务科技创新、服务人的全面发展为导向，加强科学普及，使市民切身感受"科技在我身边，我和科技同进步"。继续围绕大众创业、万众创新，发现和挖掘优秀科学家、企业家和创新型企业等典型案例，依托国家、省、市级各类媒体，宣讲创新创业故事，引导全社会更多地关注创新、理解创新、参与创新。依托"千帆汇"创新创业大赛、千帆峰会论坛、创新创业成果展等形式，在全市营造敢为人先、包容多元、宽容失败的创新文化氛围，倡导创新创业基因植入城市文化，加快打造"创新之城、创业之都、创客之岛"。

（作者单位：青岛市社会科学院）

2016～2017年青岛市港口经济发展形势分析与展望

李勇军

2016年，面对世界经济整体低迷、中国经济的下行压力仍然较大、外贸出口增长疲软、整个港口行业增速下滑的严峻形势，青岛市未雨绸缪，把握国家"一带一路"战略机遇，以市场和创新为驱动的发展动力，在立足主业、延长产业链同时，加强现代物流、金融服务等行业的谋求多元发展，推进金融、国际化、互联网"三大战略"，尽管大环境没有回暖，青岛港口经济却实现了逆势上涨。

一、2016年青岛港口经济发展形势分析

（一）货物、集装箱吞吐量稳步增长，增速居全国第3位

数据显示，1～9月份全国规模以上港口完成货物吞吐量879381万吨，同比增长2.2%，增速较上年同期放缓0.6个百分点。其中，沿海港口完成605426万吨，增长2.1%。青岛港完成货物吞吐量3.76亿吨，居全国第6位，同比增长2.7%，增速居全国前七大沿海港口第3位（表1）。

表1 2016年1～9月部分港口货物吞吐量

	港口	货物吞吐量		外贸货物吞吐量	
		自年初累计（万吨）	累计为上年同期（%）	自年初累计（万吨）	累计为上年同期（%）
1	宁波-舟山	69386	101.1	32355	99.6
2	上海	47909	97.7	28450	99.8
3	天津	41290	103.1	21942	98.1
4	广州	38261	103.0	9378	106.8

（续表）

	港口	货物吞吐量		外贸货物吞吐量	
		自年初累计（万吨）	累计为上年同期（%）	自年初累计（万吨）	累计为上年同期（%）
5	唐山	37995	103.3	21907	106.0
6	青岛	37620	102.7	25375	104.0
7	大连	33575	101.8	10344	105.8
8	营口	27722	102.3	5945	97.9
9	日照	26413	104.5	17589	111.8

1～9月份全国规模以上港口完成外贸货物吞吐量282077万吨，同比增长3.6%，增速较上年同期加快1.9个百分点。其中，沿海港口完成252920万吨，增长3.1%。青岛港完成外贸吞吐量2.54亿吨，同比增长4.0%，增速居全国前七大沿海港口第3位（表1）。

1～9月份全国规模以上港口完成集装箱吞吐量16215.07万标准箱，同比增长3.5%，增速较上年同期放缓1.5个百分点。其中，沿海港口完成14492.89万标准箱，增长3.3%。青岛港完成集装箱吞吐量1348.67万标准箱，同比增长4.0%，增速居全国前七大沿海港口第3位（表2）。

表2　2016年9月部分港口集装箱吞吐量

	港口	自年初累计（万标准箱）	累计为上年同期（%）
1	上海	2760.99	100.8
2	深圳	1794.02	98.9
3	宁波-舟山	1641.64	103.7
4	青岛	1348.67	104.0
5	广州	1332.13	106.2
6	天津	1095.35	106.0
7	大连	760.65	101.5
8	厦门	703.12	103.6
9	营口	457.55	101.4
10	连云港	356.89	96.2

（二）发展“邮轮＋旅游”新业态，增强港口创新活力

近几年，随着邮轮产业迅速发展、市场日益扩大，亚洲逐渐成为邮

轮中心。据国际邮轮协会(CLIA)研究,到2020年世界利用邮轮的旅客数量将达到3000万人,亚洲邮轮市场的年增长率平均将达到8%～9%,高于7%的世界平均增长率,邮轮市场的重心将逐渐由欧美地区向亚洲地区转移。

青岛市抓住机遇,大力发展邮轮经济。为了进一步打造邮轮母港高端服务品牌,青岛港创新邮轮作业通关模式,施行"零散验放、快速通关"、"四位一体"查验工作法,成功实现七次三船同靠、一天靠四船,每次邮轮作业都保证在1.5小时内完成,优质的服务、快速的通关模式赢得了邮轮公司、旅行社的高度赞誉。

自2015年开港以来,青岛港共运营108个邮轮母港航次、接待邮轮旅客9.7万人次,成为国内邮轮母港开港首年靠泊邮轮最多的港口。

为了进一步提升邮轮旅游的品质,青岛国际邮轮母港客运中心还为旅客提供进出关快速联检、铁路与航空客票代理、货币兑换、旅游度假产品销售等全方位便捷服务。同时,免税品店、便利店、咖啡店、餐饮店等一系列配套设施也为到港停留的旅客提供了全方位的增值服务。

未来在旅游业务销售、服务、推广等工作中,青岛港将继续强化邮轮母港的影响力和邮轮旅行的知名度,从而进一步深化邮轮母港"邮轮＋旅游"的新业态发展,这将成为青岛港智慧经济的又一个主要组成部分,在该港保持港口行业的竞争力和创新活力方面,起到至关重要的作用。

通过发展智能经济和"邮轮＋旅游"经济,增强了港口的创新活力与集港效率。

(三)实行三大战略,谋求多元化发展

2016年青岛港继续推进港口装卸、现代物流、资本运营、邮轮经济和港航服务"五大板块"建设,实行金融、互联网、国际化"三大战略",并积极拓展新业态,完善现代物流产业链,做强临港产业,扩大金融服务门类,保持公司持续稳健发展。

在金融战略方面,发挥港口作为物流、资金流、信息流中心的优势,深化产业金融结合,提升公司金融服务和赢利能力。

在互联网战略方面,深化互联网技术与码头装卸操作、港口物流、内控管理等深层次融合,建设智慧港口,并加快建设码头智能操作系统。力争两个世界一流的自动化集装箱泊位,2016年底达到试运行条件。同时,推动其他码头生产管理系统信息化升级,提高效率、降低成本。加快物流电商网络服务系统建设,进一步加快推动物流服务由线下转为线上,方便客户,创造价值。

在国际化战略方面,抓住"一带一路"国家战略机遇,联手国内外大

船公司、国际码头运营商等战略合作伙伴，优势互补，拓展海外发展空间。一方面，加强信息、技术、管理等方面的交流沟通。另一方面，稳妥推进管理和资本输出，寻求并实施在海外开展港口码头、物流园区等项目投资和运营管理。

在现代物流方面，打造全程物流产业链，整合上下游资源，降低物流成本。

在临港产业方面，吸引众多公司入驻，不仅降低了入驻商家生产成本，也壮大了港口实力。

在金融服务方面，扩大金融服务门类，做大金融板块，搭建“银港通贸易融资信息平台”。

（四）发展多式联运，拓展港口腹地

面对各地口岸竞争激烈的新常态，青岛市着力发展多式联运，融合海运、陆运等多种运输方式，让港口的腹地向内陆延伸，有效降低运输成本、提高运输效率，业务量高速增长。

中铁联集青岛中心站是青岛口岸多式联运的枢纽，也是我国沿海地区首个海关多式联运监管中心所在地。在“一带一路”相关政策支持下，青岛中心站建立起一个庞大的铁路货运网络，连接西安、郑州、洛阳、武汉、成都等国内重要城市，以及阿拉山口、霍尔果斯、满洲里、二连浩特等边境口岸，并开通了直达中亚的国际货运班列。

日益完善的铁路货运网络，带动了青岛口岸多式联运业务高速增长，1～7月份多式联运集装箱量已经达到17.4万标准箱，同比增长190%。

多式联运的发展，让内陆与青岛的货运通道更加顺畅、成本进一步下降，青岛港得以凭借高效优质的服务，吸引更多内陆货源，3000多千米外的新疆，就成为青岛港多式联运箱量增长最快的地区，2016年集装箱量比上年同比翻了两番。

（五）收益通关一体化，搭建“通关高速路”

2015年5月，青岛海关在海关总署授权下，牵头开展丝绸之路经济带海关区域通关一体化改革。改革紧随国家《“一带一路”愿景与行动》公布而落地，铺设了贯穿“丝路”经济带的通关高速路，形成了东联日韩、西至欧洲的国际物流大通道。来自日韩的货物入境后直达中亚，内陆出口的产品也可以直通海外，促进了“一带一路”大发展。

“丝绸之路经济带”沿线海关包括青岛、济南、郑州、太原、西安、银川、兰州、西宁、乌鲁木齐和拉萨10个海关，涉及9个省、自治区。“丝路”沿线九省（区）十海关联手构建起“十关如一关”的通关新格局，服务效能大大提升。受惠企业9万余家，区域海关进口通关时间缩短3.9%，出口通关时间缩短7.1%，通关成本降低近三成，企业充分享受到"一带一路"国家战略的红利。

受益于"丝绸之路"经济带海关通关一体化改革，青岛口岸实现了与"丝绸之路"沿线九省（区）的无缝对接，多式联运手续极大简化，实现了"一单到底、一次查验、一次放行"，这让青岛地处沿黄流域主要出海口、毗邻东北亚经济发达地区的区位优势得以充分发挥。

二、2017年青岛港口经济发展趋势展望

2017年及今后一个时期，青岛港将立足于发展一种以港口为中心，港口城市为载体，综合运输体系为动脉，港口相关产业为支撑，海陆腹地为依托的开放型经济。青岛港口目前有生产性泊位121个，海上航线有160多条。青岛港已经与180多个国家和地区的700多个港口有着贸易往来，基本形成了"远近洋兼备、干支线配套"的服务网络，培育了"日韩、东南亚、中东/西亚、欧地、美洲"五大精品航线组群，为"海上丝绸之路"战略实施提供了有力支撑。按照青岛西海岸新区总体规划，到2020年，青岛前湾港区、董家口港区的总吞吐能力将位居世界前三，成为世界超级大港。

（一）港口发展进入新常态

全球经济在深度调整中曲折复苏，增长乏力，全球贸易持续低迷。经过几十年的高速发展，我国进入了"调结构""转方式"的发展阶段，经济发展已从高速增长转为中高速的新常态。在国内外宏观经济影响下，2017年及今后一个时期，煤炭、矿石等大宗散货运输需求下降，港口吞吐量将由高速增长转入中低速平稳增长的新常态。

（二）"一带一路"等国家战略将对港口发展产生重大影响

"一带一路"国家战略的实施，是青岛港发展的重大机遇。交通运输部制订了《落实"一带一路"战略规划实施方案》，出台了加快交通基础设施互联互通、促进国际运输便利化、推动交通运输企业"走出去"等一系列措施。青岛港将一方面积极"走出去"，扩大对外贸易、参与国外港口的建设与运营；另一方面将会把腹地向西部延伸，加快国际国内"无水港"的建设。"无水港"的合理规划布局和东西部海铁联运大通道的规划建设愈加重要。

（三）董家口港口岸开放获批，助推青岛港国际化进程

在董家口港口岸尚未正式开放、部分码头泊位相继建成具备作业条件的情况下，为确保已建成泊位尽早发挥效益，青岛市协调口岸各查验单位给予支持，2013 年 1 月 25 日先期实现了青岛港 40 万吨矿石码头等 5 个泊位临时开放，2016 年 4 月实现了海湾液化码头等 9 个新建码头泊位一次性临时开放，2016 年港区外贸运量预计达 5300 万吨左右，对于董家口港区已建成码头资源尽快发挥经济、社会效益提供了有力支持。

随着港区设施的逐步完善，董家口在全球产业体系和资源配置中的作用日渐凸显，并且不断促进规模型、基地型、外向型、临港型产业的快速集聚。2017 年董家口港区将凭借着其超级规模、超前定位、超越功能，与前湾港互为补充、协同联动，近期以杂货、大宗干散货、液体散货等的运输和促进临港工业发展为主，随着港口设施的逐步完善和腹地运输需求的增长，董家口港将逐步拓展服务范围，全面发展港口综合物流、专项物流、商贸、信息、综合服务等功能，成为青岛港南翼新的大型综合性港区和大宗干散货运输基地。

（四）青岛被确定为全国性综合交通物流枢纽，开放共享的交通物流体系初步形成

2016 年 7 月，国务院办公厅转发国家发展改革委《营造良好市场环境 推动交通物流融合发展实施方案》，提出到 2018 年初步形成开放共享的交通物流体系。在这一实施方案中，青岛被确定为全国性综合交通物流枢纽；在国家交通物流枢纽集疏运系统工程（铁路引入港口工程）中，青岛港榜上有名。

全国性综合交通物流枢纽应具备如下功能要求：国家交通物流网络的核心节点，应有三种以上运输方式衔接，跨境、跨区域运输流转功能突出，辐射范围广，集散规模大，综合服务能力强，对交通运输顺畅衔接和物流高效运行具有全局性作用。除青岛外，其他入选城市还有北京-天津、大连、上海-苏州、宁波-舟山、厦门、深圳、重庆、成都、兰州、乌鲁木齐等。

该方案提出，到 2018 年全国 80%左右的主要港口和大型物流园区将引入铁路。交通运输部、中国铁路总公司加快制订港口集疏运铁路建设方案，实施大连港、天津港、青岛港、宁波-舟山港、广州港、重庆港、武汉港、南京港等港口的集疏运系统建设项目。

2016 年 6 月，青岛港董家口港区疏港铁路暨董家口港—潍坊—鲁中鲁北输油管道两大工程同时启动建设，标志着青岛港董家口港区集疏运体系进一步完善，有利于释放码头能力，构建低成本、高效率的矿煤、原油疏运物流通道，对促进国家能源基地建设具有重要意义。

（五）港口向智能化方向转变

沿海港口作为物流供应链中的核心枢纽，汇聚着巨大的物流、信息流和资金流。当今的港口功能与过去相比，已发生了巨大变化。现代港口的竞争正在演变为港口所参与的供应链之间的全方位竞争，互联网、跨境电商、现代物流已成为港口转型升级、提高竞争力的手段。未来，在云计算、大数据、物联网等新一代信息技术不断创新应用下，以现代信息技术为依托，打造智慧型港口，将成为沿海各大港口抢占新一轮港口发展制高点的战略选择。

基于劳动力成本上升、节能减排及提高安全性和可靠性考虑，沿海港口作业自动化智能化步伐加快。尤其在集装箱、散货专业化码头作业中智能技术应用已取得较多的成果。青岛港的自动化码头建设项目正在加速推进，这将是中国自主打造的全球第四代全自动码头装卸系统，也是亚洲首个真正意义上的集装箱全自动化码头。2016年底、将有两个世界级水平的集装箱自动化泊位投入运营，届时年吞吐量将达300万标准箱，节省人力50%～60%，效率提高30%，经济性、装卸效率、自动化程度均将全球领先。

三、促进青岛市港口经济发展的对策建议

（一）探索政策与制度创新

加快国际航运税制改革，降低企业税负。在港口发展过程中，政府应给予最大限度的政策和资金支持。可借鉴天津港集团和东疆保税港区的经验，在财税、土地使用等政策上予以优惠。建议在保税区内注册的，免征国际海运企业的增值税，免征仓储、装卸等物流类企业的增值税（或即征即返）；为鼓励和提升环境，建议对在青登记的船舶评估、鉴定、抵押担保、投融资服务，以及航运保险和船员管理类的航运服务业企业，减免征收所得税，同时，对在青工作的船员给予个人所得税等减免特惠。

争取启运港退税制度。启运港退税制度，是指被确立为启运港的母港与各支线港的出口货物一经离港立即退税。实施起运港退税制度，可大幅降低各支线港口出口退税时间，提升母港和支线港口的货物承揽能力，特别对外贸内支线海运货源的吸引，意义深远。建议由省向国家申请，并延伸至青岛港的内陆港。

(二)集聚航运要素资源,打造互联网航运交易和服务平台

应参照天津国际贸易与航运服务中心模式,在现有口岸服务和航运资源基础上,建立枢纽港服务机构,形成口岸、金融、贸易、保险、法律、中介、人才等较为完善的"一站式"服务机构。提高社会对口岸软环境满意率。另外,可借助该服务机构完善航运市场交易功能,使海关、检验检疫、海事、边检等口岸查验单位和银行、海港、船公司及船代企业、专业外贸公司、国际货代等单位进驻航运交易市场,实行集中办公。

利用互联网思维,政府引导"港航业＋互联网"发展,采取政府前期引导、政策支持,由本市龙头港航、金融和 IT 等企业共同建设的模式,着力打造港航各个子行业的互联网航运交易和服务平台,并逐步探索打造网上高端航运服务集聚区,建立集港口、航运、物流、金融、管理、法律、咨询、登记、衍生服务和大数据信息服务等航运要素的一体化、一站式、综合性航运交易和服务平台。

(三)多式联运促进枢纽功能

发挥海铁联运优势,突出大宗国际商品中转。应在海铁联运良好基础上,加快建设集装箱海铁联运体系。大力发展疏港铁路,增加铁路集装箱班列和运力,解决目前港口运输与铁路运力之间矛盾突出、公路运输成本偏高,制约港口发展的状况。为打造便捷物流通道,重点抓住设备、管理、信息三个技术系统,对海关、铁路、港口、货主四个组织系统进行试点研究开发,形成一条便捷、高效、安全的物流黄金通道,联通青岛口岸和各内陆港。

增强国际中转业务。充分发挥青岛港国际中转优势,发展日韩地区的国际中转业务,鼓励这些地区改变传统的全程海运方式,在到达青岛港后通过青新欧集装箱班列转运中亚和欧洲地区,以此拓展青新欧集装箱班列的业务范围,建立海外腹地。

(四)推动港口区域一体化发展

在经济下行、资源环境压力下,沿海港口群各港口将注重分工协作、优势互补,避免港口腹地货源重叠、重复建设、同质化竞争。例如,借助京津冀一体化战略,津冀港口寻求合作共赢,河北港口集团与天津港集团合资成立了渤海津冀港口投资发展有限公司,双方将着力打造定位清晰、布局合理、分工明确、错位互补、竞争有序的带状港口群。福建省提出全力打造"两集两散两液"核心港区,即打破行政区域限制,突出核心,带动其他港区发展。浙江、广东、辽宁等省在港口区域经济一体化方面也进行了有益尝试。由于相关政策措施尚未落实到位,合作

方式和经验还需研究总结。

可参考采用“宁波-舟山”模式，实现港口运营上的全方位合作，通过战略联盟使优势得到充分发挥，劣势得到弥补，利用联合运营的优势不断扩大市场份额，准确确定包括集装箱在内的各个货种中的港口地位，共同制定竞争策略，不搞恶性竞争，利用国际金融危机造成的生产淡季，加强合作建设运营，带头促进山东港口群协同发展。

（五）建设国际功能平台

抓住国际功能平台在中国开拓业务的战略机遇，积极引进国际功能平台设立分支机构，引进和培育政府组织类、市场交易类国际航运功能平台。例如，与波罗的海航交所联合编制海丝航运指数，与世界海事大学在青岛开展合作办学，设立海丝国际港口合作服务组织，设立港航信息交互平台等。

（六）提升港口发展的质量与效益

“高质量”与“高效益”是港口发展的重要保障，应逐步由单纯依靠粗放型发展和大投入推动向创新驱动转型升级，达到港口业务市场化、管理精细化和品牌化。

港口业务市场化强调制定经营战略以市场变化为依据，保障相关政策和发展战略科学性；运营管理精细化，降低成本，确保资本的高效利用和风险的有效控制，提升港口管理能力、风控能力和创新能力；港口品牌强调打造港口成为中国北方乃至国际上的知名大港，依靠品牌优势在市场竞争中占据优势，逐步提升港口的国际竞争力和影响力。

（作者单位：青岛市社会科学院）

2016～2017 年青岛市证券业发展形势分析与预测

周建宁

在经历了 2015 年证券市场的剧烈震荡下挫后，2016 年以来国内证券市场的政策重点集中在防范金融风险、保障金融安全上，以服从于中国金融安全的全局。为防范市场再现 2015 年的剧烈波动的情形，2016 年初监管部门曾在交易制度创新方面进行尝试，引入熔断机制，但试行效果不佳，未达预期。2015 年 12 月 4 日，上交所、深交所、中金所正式发布指数熔断相关规定，熔断基准指数为沪深 300 指数，采用 5%和 7%两档阈值，于 2016 年 1 月 1 日起正式实施。但实施以后，2016 年 1 月 4 日和 7 日市场经历 4 次熔断，在实施熔断机制的 4 个交易日内，市场指数大幅下挫，成交量显著波动，上证指数由 3536 点暴跌至 3115 点，累计跌幅达 11.70%，深圳成指由 12650 点暴跌至 10760 点，累计跌幅达 15.04%，市场重现千股跌停现象。政策出台初衷并未实现。1 月 8 日上交所、深交所、中金所联合发布紧急通知，为维护市场稳定运行，经证监会同意，自即日起暂停实施指数熔断机制。

在直接融资方面，债券刚性兑付逐步打破，信用风险成为关注的重点。2016 年 3 月开始，债券市场的信用风险的集中爆发，风险暴露呈现出从私募债向公募债、从低评级向高评级、从民营企业向地方国企甚至央企蔓延的趋势。以“东北特钢”曝出连环违约事件为首例，国内债券违约规模预计达 1000 亿元。债市违约事件背后反映的是实体企业债务杠杆过高、赢利状况堪忧的问题。

在此状况下，中国证券市场以稳定为基调，依然呈现规范健康发展的格局。新股首发（IPO）发行工作稳步推进；而新三板市场（全国中小企业股份转让系统）挂牌公司家数发展迅猛，已经突破 9000 家，年底有望突破 10000 家；而各地各类区域股权交易中心、产权交易所、要素交易平台以及互联网金融平台层出不穷，良莠不齐的金融乱象也得到初步治理。2016 年青岛市证券市场发展态势良好。

一、2016年青岛市证券市场发展状况分析

(一)2016年青岛辖区发行上市继续稳步推进,成果可喜

2016年以来,IPO(新股发行上市)工作步入了正轨。经过多年的培育与发掘工作,青岛市的发行与上市工作呈现出厚积薄发之势。尤其是青岛康普顿科技股份有限公司、青岛鼎信通讯股份有限公司的成功发行;青岛银行股份有限公司(03866)启动了回归A股市场的步伐,标志着青岛市证券市场发行工作呈现新突破。截至2016年10月底,青岛市境内外上市公司已达到43家,累计融资额超过540亿元,数量跃居山东省第一。

青岛康普顿科技股份有限公司2016年4月6日(代码603798)在上海证券交易所正式上市交易,募集资金3.58亿元。康普顿是专业的润滑油和汽车养护用品生产商和服务商,主营业务系为车辆、工业设备提供润滑和养护的系列产品,主要包括车用润滑油、工业润滑油、汽车化学品及汽车养护品的研发、生产与销售。公司此次在上交所成功发行上市,发行2500万新股,发行后总股本不超过10000万股,募投项目分别为年产4万吨润滑油建设项目、自动仓储中心建设项目、研发中心建设项目、润滑油区域营销中心建设项目。

继康普顿后,2016年10月青岛鼎信通讯股份有限公司(603431)在上交所成功发行,发行股份总数4340万股,募集资金6.084亿元,成为青岛辖区第43家上市公司。

青岛鼎信通讯股份有限公司成立于2008年4月,注册资本3.9亿元。公司主营业务为低压电力线载波通信产品研发、生产、销售及服务,其产品和服务面向国内电力系统,以电力、消防等智能产品的设计、研发、生产为龙头,融入公司自主研发、生产的载波及总线通信芯片成果为基础,成为一个有扎实基础理论与系统技术的高新技术企业。公司以稳定的技术支撑和良好的市场服务意识,稳居电力载波行业第一。公司在青岛软件园拥有13000平方米的研发中心,并按照ISO/IEC 17025标准建立检测中心一个,在高新区产业园拟建330000平方米的生产基地。公司从专业技术公司向拥有自主知识产权的现场通信、电子技术、专用集成电路及系统电子产品开发、生产、服务为一体的高科技公司发展。2014年被评为“国家火炬计划重点高新技术企业”。通过了双软认证、系统集成认证、CCC认证、测量管理体系认证、ISO9001:2008认证、ISO14001:2008认证、OHSAS18001:2007认证等。拥有自主知识产权近100项。

(二)新三板挂牌企业突破百家，新经济类企业超九成

继新三板市场试点扩大至全国以来，青岛市政府全面加大政策扶持力度，开辟绿色服务通道，加大后备资源储备，做好企业培育工作，经过持续努力推进，青岛市企业新三板挂牌工作实现重要突破。截至2016年9月，青岛市新三板挂牌企业已达到103家，2016年新增挂牌企业46家，提前3个月完成全年新增40家新三板企业的目标任务。除已成功挂牌的103家企业外，青岛市尚有15家企业正在股转系统排队等待挂牌。

在青岛的103家挂牌企业中，有48家次企业通过发行股份或发行债券实现直接融资共计29.2亿元，平均每家次企业融资6083万元，特别是青岛市支持挂牌企业融资有关优惠政策出台以后，导向效果明显，企业反应积极。2016年以来，青岛市挂牌企业已实现新增融资22亿元，其他挂牌企业正在积极准备通过三板市场融资发展；有16家企业已采用做市商交易制度；有海容冷链、东亚装饰、亿联科技、青鸟软通、国林环保、三祥科技、亨达股份、中科盛创等8家企业进入新三板创新层；有多家挂牌企业已启动IPO转板上市工作，有1家挂牌企业已向中国证监会上报IPO首发材料，有望成为新三板市场做市企业中全国首家转板上市企业。

青岛市新三板挂牌企业广泛分布在蓝色经济、互联网+、高端制造、工业4.0、生物医药、新能源、新材料、节能环保、教育医疗、文化传媒、航空通信、现代农业等战略性新兴产业领域，成为推动全市经济转型升级和结构优化的重要力量。据统计，青岛市新经济类挂牌企业数量占全市挂牌企业总数的93.2%，其中，蓝色经济类企业占13.6%，高端(智能)制造类企业占17.5%。

(三)青岛蓝海股权交易中心继续稳步健康发展，各类金融要素市场逐步完善

继2014年4月18日青岛蓝海股权交易中心有限公司开业后，2016年继续完善自身功能，提速发展。2016年前9个月，蓝海股权交易中心新增挂牌企业35家，挂牌企业总数达到353家，挂牌展示企业达到1530家，累计实现股权、债权等多元化融资34.92亿元。尤其是蓝海财富管理产品交易板块已发行288期，销售金额已达到139.9亿元，业务量在全国同类机构中位居前列。

在青岛市的金融要素市场建设方面：青岛场外市场清算中心开业运营；青岛联合信用资产交易中心、青岛艺海文化艺术品交易中心、青岛文化产权交易中心、青岛软交所软件和信息服务交易中心等4家交

易中心已完成筹建，将于2016年内开业。截至目前，青岛市各类金融要素市场达到11家，数量在山东省内居首位。

（四）上市公司积极实施推进收购兼并、产业整合，以实现上市公司的可持续发展

2016年以来，青岛辖区的上市公司继续加大资本运作、产业整合及收购兼并中的工作力度，进行产业结构的调整与布局，以转型发展，收购兼并来打造公司的核心竞争力。

青岛金王(002094)快马加鞭整合渠道，化妆品全产业链布局雏形显现。青岛金王成立于1997年，起家于蜡烛生产和销售，是全球最大的蜡烛制造商之一。2013年9月公司开始切入化妆品领域，相继收购杭州悠可（化妆品线上代运营）、广州栋方（研发/自主品牌）、上海月沣（线下直营运营商）以及12家区域渠道代理商等，围绕研发生产、渠道运营、品牌运营等环节布局化妆品行业。至此，公司初步实现了涵盖研发生产、品牌、渠道的化妆品全产业链布局，未来2年将持续完成全国布局，依托庞大的终端入口和会员体系，向品牌集团、医美、专业美容等方向延伸。

从渠道到品牌，青岛金王熟谙国内化妆品“渠道为王”的商业本质。目前国内化妆品市场的发展趋势是：从渠道来看，电商保持高增长，专营店进入整合期；从品牌来看，国产和韩系化妆品势头迅猛，市场从集中走向分散；从品类来看，护肤仍占半壁江山，彩妆、婴童、男士快速放量。青岛金王紧紧抓住电商和专营店两大渠道红利，借力资本市场快速实现全渠道布局。而品牌和研发生产的布局，则前瞻性地为下一阶段品牌集团转型奠定基础。

2016年11月4日，青岛金王发布公告，拟以股份＋现金方式收购杭州悠可剩余63％的股权，作价6.8亿元。交易完成后，杭州悠可将成为上市公司全资子公司。此外，青岛金王于2016年6月完成规模1亿的员工持股计划，持股价为25元，锁定一年，股权激励充分。

青岛城市传媒股份有限公司(600229)通过借壳上市，继续在细分领域强延展竞争力。城市传媒前身是青岛市出版传媒集团，2015年9月借壳青岛碱业(600229)上市，当年实现净利润2.33亿元，同比增长19.66％，完成了业绩承诺。不同于其他国有出版集团，公司发迹于市场竞争激烈的一般性图书市场，在美食图书、女性阅读、围棋图书等领域取得市场领先的地位。上市一年以来，公司快速补充影视、IP、新媒体能力，探索IP转影视、版权转服务、版权转教育等模式，逐渐成为不断进化的“小而美”传媒公司。

特锐德(300001)牵手长安汽车发力新能源汽车。2016年以来，特锐德(300001)继续发力新能源汽车领域，公司通过全资子公司青岛特来电新能源有限公司与长安汽车签署了《战略合作协议》，双方将在新能源汽车推广、充电服务等方面开展全面合作，依托双方产品和基础设施网络的优势，共建和加深双方在新能源汽车推广领域的战略合作关系，最终实现车充联动的协同发展。特锐德表示：此次合作引入行业龙头企业作为战略合作伙伴，双方在技术、管理和市场终端等方面实现优势互补、强强联合，有利于加快双方在充电领域的发展，实现共赢。

澳柯玛(600336)启动了"互联网＋全冷链"战略。2000年底上市的老牌上市公司澳柯玛股份主业一直是制冷产品、洗衣机、日用家电。2016年9月28日，澳柯玛发布"互联网＋全冷链"战略。公司董事长李蔚表示：澳柯玛的"互联网＋全冷链"系统解决方案，在打通端到端全冷链通路基础上，积极运用互联网信息技术推出了"ICM智慧全冷链管理系统"。作为一家在制冷领域深耕近30年的制冷装备企业，澳柯玛在冷库系统建设和冷藏运输设备等方面优势明显。目前，我国初级农产品在产地收获后，由于缺乏预冷而造成高达20%～30%的腐损率，产地预冷保鲜市场空间巨大。公司根据该市场需求推出的小型果蔬预冷冷库，采用标准化、模块化设计，易于安装和移动。通过接入公司独创的"ICM智慧全冷链管理系统"，用户通过智能APP客户端即可实现冷库的位置、温度、湿度、气体成分、故障诊断、远程智能监控和控制，并能实时在线管理冷库库存、查询订单信息、进行智能配货等。在打通生鲜全冷链系统解决方案基础上，澳柯玛在商用冷链、医用冷链、超低温等领域进行了积极的布局。

华仁药业公布未来五年计划公布，企业发展势头强劲。2016年9月6日，华仁药业(300110)举行了2016年第三次临时股东大会及第五届董事会第二十次(临时)会议。华仁药业披露的2016年半年度报告显示：公司实现营业收入58224.10万元，同比增长16.14%，归属母公司所有者的净利润306.13万元，比上年同期减少85.28%。但公司腹透产品销量和销售收入分别较上年同期增长53.37%和44.06%，接受腹膜透析的患者数量较上年同期增长133.37%。截至报告期末，公司已中标20个区域。业内人士也表示，华仁药业当前在腹膜透析领域的发展空间不容小觑。

华仁药业目前正处于调整和大发展的战略机遇期。面向2016～2020年，以国家"十三五"发展纲要和《中国制造2025》纲要为指引，以"大健康"概念为主线，快速推动主营业务发展，不断完善产业链延伸和布局，通过3～5年，逐步发展形成集团化、规模化的大健康产业集团公司。快速提升主营的大输液和腹膜透析液销售业绩，充分释放产能，严格控制经营风险和费用支出，确保公司进一步发展的利润基础。

(五)直接融资继续取得新突破,其中绿色债券融资成为新亮点

绿色债券是近年来新兴的一种以绿色节能减排企业作为信贷方向的融资品种。而具体到地方的绿色事业建设上,城商行发挥着更积极的作用。

2016年2月22日,青岛银行(03866-HK)发布公告:该行已获准在全国银行间债券市场公开发行不超过80亿元人民币的绿色金融债券,募集资金专项用于绿色产业项目贷款,从而成为国内首批通过人民银行审批的3家绿色债券试点行之一,青岛银行也成为国内第一家获得绿色债券发行资格的城商行;青岛银行本次绿色金融债券发行额为80亿元,主要用于节能、污染防治、资源节约与循环利用、清洁交通、清洁能源,生态保护和适应气候变化等环保项目。目前,青岛银行已建立合格绿色项目清单,初步确定的绿色产业项目为26个。

此后,青岛银行成功完成发行2016年第一期绿色金融债券,共两个品种,总发行额为40亿元,其中:35亿元是3年期,到期日为2019年3月14日,票面利率为3.25厘;五年期债券发行额为5亿元,到期日为2021年3月14日。绿色金融债券发行后,将根据监管部门有关规定在全国银行间债券市场交易流通。

青岛银行在信贷投放中,坚持对绿色节能企业实施“区别对待”,采取信贷鼓励政策,通过产品创新、政策扶持,给予此类企业最大程度的信贷支持。截至2015年12月末,青岛银行累计表内外投放绿色信贷26亿元,集中投放在资源循环利用工程、城市公共汽电车客运、小型农田水利设施建设、垃圾处理及污染防治、工业节能节水环保等项目上。由于青岛银行在绿色产业服务方面的表现,而迅速获得监管部门批复,成为国内首批3家绿色金融债券试点行之一、国内城商行中第一家获批银行。

此外,2016年10月17日由华福证券主承销的青岛建设投资(集团)有限责任公司非公开发行债券取得成功,募集资金30亿元,债券期限为5+3年,票面利率仅为3.68%,创下了青岛市债券非公开发行的最低成本。

二、2017年青岛证券市场发展形势预测

(一)深港通的推出将会丰富青岛地区投资者投资的品种

继2014年11月17日沪港通推出后,“深港通”的推出也在紧锣密鼓地推进中。深港通的全球路演已于2016年10月底结束;深港通业

务11月5～6日进行全网测试、会员培训等正稳步推进……种种迹象显示，深港通正式开通已进入到最后的筹备阶段。

2016年10月下旬，深交所联合港交所、中国结算开展深港通全球路演，介绍深市特色和深港通交易机制。路演活动覆盖伦敦、巴黎、法兰克福、多伦多、纽约、旧金山等主要金融城市，共举行活动50余场，覆盖100余家当地主要金融机构。根据路演的反馈情况，深交所将进一步健全境外服务体系，鼓励引导上市公司加强境外投资者关系管理，为境外投资者参与深圳市场营造更为便利的环境。据了解，为确保深港通业务顺利推出，深交所联合中国证券登记结算有限责任公司深圳分公司、香港联交所、香港中央结算有限公司于11月5～6日组织进行全网测试。此前10月22～23日、10月29～30日，深港通业务已进行了两场市场全网测试。10月28日，深港交易所、中国结算在上海举办了第三期深港通投教讲师培训会。至此，深交所已完成深圳、北京、上海三期深港通投教讲师培训会，合计培训97家会员单位约1000名投教工作人员，为深港通投资者教育培育了一批中坚力量。据深交所相关人士透露，在深港通启动时间宣布后，深交所将发布投资者如何参与操作等方面规则内容。

与沪港通相比，深港通是沪港通的升级版。沪港通仅提供882只股票，而深港通将带来约1100只深港两地股票。首批深港通的标的将是深证成指500只成分股，港股的相应标的与沪港通相同，为恒生综合大型股指数、恒生综合中型股指数的成分股和同时在香港联合交易所、深圳证券交易所上市的A＋H股公司股票。相较于沪港通，深市有中小板和创业板，深市的成长股是沪港通和港股市场的补充。深港通的标的不局限于A＋H股同时上市，还包含深市成分股，这将丰富香港投资者的投资范围，

深、沪交易所上市公司股票在风格上存在天然的差异，沪港通和深港通在影响及作用机理上会有些许不同。与上交所股票相比，深交所股票平均市值更小，换手率、交易及活跃度水平更高；自2009年之后深市股票估值水平大幅超越沪市股票，当前深市股票平均市盈率约为沪市两倍。

在未来扩容后，深港通与沪港通的交易特征可能会出现显著分化，二者将形成优势互补的格局。

深港通的临近已经引来各路嗅觉灵敏的资金布局。私募方面，一些大中型私募基金开始布局沪港深产品，重阳投资、弘尚资产、巨杉资产等纷纷发行可投资港股的产品。格上理财数据显示，目前共有3517只私募产品可投资港股，其中3329只正在运行，占私募所有权益类产品的13%。与A股的估值水平相比，港股市场绝对是价值洼地，未来

一段时间，深港通的种种利好，落在港股上的可能更多，而对于青岛地区证券市场的投资者而言，借助于深港通的推出，投资布局于港股市场，是一个良好的契机。

(二)发行上市工作继续呈现良好发展态势

经过近年来的不懈努力，青岛市已经储备了一大批优质的上市资源。继康普顿、鼎信科技成功上市后，青岛汇金通电力设备股份有限公司又顺利通过了中国证监会的首发核准，发行在即。其后尚有利群股份、海利尔药业等10家企业在中国证监会排队待审，而英派斯健康、国林环保等5家企业在青岛证监局辅导备案，中创物流、征和股份分别上报中国证监会IPO申请材料，尚客优连锁酒店向香港联交所提交首发上市申请材料。数量为青岛市历年之最。至今青岛市境内外上市公司达到43家，数量列全省首位。

2016年10月19日，中国证监会发审会通过了青岛汇金通电力设备股份有限公司首发申请。汇金通此次拟发行股票2918万股，其中股东拟公开发售股份不超过1400万股，发行后总股本不超过11668万股；公司拟募集资金3.48亿元，分别投向年产3.2万吨输电线路钢管塔项目，年产1万吨角钢塔技改项目和补充流动资金及偿还银行贷款。

青岛汇金通电力设备股份有限公司是生产1000千伏特高压及以下各电压等级输电线路角钢塔、钢管塔、变电构架和广播电视塔、通讯塔、电气化铁路构架等各种镀锌钢结构的专业厂家。公司总部在胶州市。公司东临同三高速公路，南依济青高速公路，地理位置优越，交通顺捷便利。公司生产设备齐全，生产工艺先进可靠。

而业已在港交所挂牌上市的青岛银行股份有限公司(03866)发布公告称：拟申请回归A股市场上市，计划发行数量不超过10亿股，所募资金净额全部用于补充核心资本。2016年8月22日，青岛银行(03866.HK)在中期业绩记者会上，对回归A股上市一事予以了回应。青岛银行董事长兼执行董事郭少泉表示：未来会以A＋H股状况经营，并没有退出H股市场计划。而香港与内地是不同市场，青岛银行在香港的上市有助提升国际形象，并有助了解国际金融市场规则，相信A＋H股形式对青岛银行内地发展有推动作用。暂时未有回归A股上市实际时间表，但强调会尽快回归A股市场。

青岛国信、城投等政府平台公司涉及资本市场，成为青岛证券市场的一大特色。其中，成立于2014年底的青岛城投金融控股集团有限公司为青岛城投集团的全资子公司，注册资本25亿元，自成立以来，涉足资本市场，先后三次举牌恒顺众昇(300208)，恒顺众昇也发布公告，与青岛城投金控建立了战略合作关系，其中青岛城投金融控股有限公司在2016年1月21日至8月3日期间，通过深交所的交易系统累计增持公司股份3832.65万股，占公司总股本5%。此次增持后，城投金控累计持有公司股份1.15亿股，占公司总股本的15%。至于增持目的，公告披露：城投金控认可并看好恒顺众昇的业务发展模式及未来发展前景，希望通过股权增持，获取上市公司股权增值带来的收益。除本次股份增持外，城投金控不排除未来12个月继续增持公司股份的可能性。

（四）新三板市场厚积而薄发，面临更大的突破

新三板分层制度落地，差异化制度安排助推市场配置效率提升。2016年5月27日，全国中小企业股份转让系统正式颁布了分层管理办法，就明确创新层准入和维持标准、层级划分和调整等内容进行规范。2015年年末，国务院常务会议审议通过了《关于进一步显著提高直接融资比重，优化金融结构的实施意见》，将"积极培育公开透明、健康发展的多层次资本市场"放在重要位置，新三板分层制度的推出是资本市场迈向多层次化的重要举措。我们认为，新三板分层的初衷在于为处于不同发展阶段和具有不同市场需求的挂牌公司提供与其相适应的资本市场平台，从而更有针对性地提出监管要求和提供差异化服务，合理分配监管资源，提高监管的有效性。对于创新层而言，着力点在于推动创新层挂牌公司进一步规范公司治理，切实加强信息披露、发行融资和并购重组的监管，提升创新层挂牌公司整体规范化水平，在此基础上为市场的后续制度创新和服务创新打开空间。对于基础层而言，着力点在于加强对基础层公司的服务和引导，针对基础层挂牌公司大部分处于初创期、股权集中、融资交易不活跃的特点，引导基础层挂牌公司主动规范公司治理，优化基础层挂牌公司信息披露制度，加强基础层挂牌公司资本市场监管规则的培训，提供针对性培育孵化和融资对接、并购服务。

青岛市的新三板挂牌企业已经积蓄了资源与力量，厚积而薄发。除已成功挂牌的103家企业外，青岛市尚有15家企业正在股转系统排队等待挂牌。而在青岛已经实现挂牌的新三板企业中，海容冷链、昌盛日电、山东海运是青岛市企业利用新三板市场加速发展的缩影。其中海容冷链挂牌新三板后持续规范发展，现已上报IPO首发材料；挂牌企业昌盛日电通过新三板市场连续定增融资实现加速发展，其"造血式扶贫"工作获习近平总书记点赞；挂牌企业山东海运获国家发改委批复发行1.5亿美元全国首例新三板市场境外私募永续债。

(五)区域性交易中心将会迎来发展的新契机

青岛蓝海股权交易中心一直致力于挂牌企业的规范化治理和上市孵化培育，继续完善平台的生态功能，提升其功能与作用。

2016年10月28日，青岛蓝海股权交易中心财富管理特色"基金板"全面启航。国内最大的产业基金蓝色经济区产业投资基金、青岛城投集团与青岛二十二世纪集团联袂打造的城高世纪基金和专注于中前期中小微企业股权投资的知灼创投、中科清晨、元邦开来、科高创投等12只基金首批集中登陆蓝海"基金板"，而12只基金总规模突破500亿元，已经到位并即将完成投资近40亿元。迄今为止，蓝海股权交易中心在洽谈基金超过30亿元，基金总规模近100亿元。

青岛蓝海股权交易中心此次推出"基金板"，旨在进一步完善平台的生态系统，其功能主要体现在三个方面：一是将股交中心通过金融产品、股权交易和互联网私募股权融资及产品众筹业务聚拢的高净值客户由"基金板"实现与私募投资机构的共享，提升私募基金募集的效率，同时也为平台上的高净值客户提供更多的投资标的；二是将股交中心的挂牌企业和优质项目与私募基金对接，让蓝海挂牌企业可以通过"基金板"接触到适合自己需求的股权投资基金，提高挂牌企业的融资效率；三是为私募基金份额提供登记与报价转让服务，满足部分LP低频份额转让需求，适度提高私募基金份额的流动性。此外，蓝海股权还在继续探索基金投资项目的股权转让和基金到期整体报价转让服务，在进一步完善中心股权交易市场功能的同时，适度解决基金"退出难"的问题。

(六)在政策利好的推动下，青岛的股权投资基金和私募市场呈现良好发展态势

2016年6月17日证监会发布《公开募集证券投资基金运作指引第2号——基金中基金指引》，意味着公募FOF产品正式破冰。目前我国已有公募基金产品3000余只，截至5月底，公募管理的资产规模约8万亿元，券商、私募及第三方机构运作的FOF产品规模约为400亿元。随着公募FOF产品的推出，预计FOF产品的规模至少可能达到8000亿元。无独有偶，随着FOF产品的快速发展，预计下半年MOM产品发展也将提速，也将成为产品创新的重要方向。

在政策利好推动下，青岛市的股权投资基金和私募市场发展迅速。截至2016年10月底，青岛市在中国基金业协会登记的私募基金管理人为134人，较2014年底增长232.5%；管理基金规模达到163.54亿元，较2014年底增加111.34亿元，较2015年底增长166.28%。深圳

交易所、中国农业发展产业基金、山东省蓝色产业发展基金等机构加盟青岛财富管理基金业协会，使得青岛市私募市场影响力大大提升。管理基金规模达到163.54亿元。

（作者单位：中信证券（山东）有限责任公司）

青岛全要素生产率测度、评价与提升路径

——基于推进供给侧结构性改革视角

马秀贞　孙习武

推进供给侧结构性改革，是适应和引领经济发展新常态的重大举措，是破解当前青岛经济素质性、结构性、体制性矛盾，加快经济转型升级的关键之举。中央从宏观的角度提出的思路，对全国具有普遍的引领和指导意义，青岛版的供给侧结构性改革要在国家战略框架下找准方向，立足青岛问题，发出青岛声音，形成青岛样板。青岛市"十三五"规划从聚力增强发展新动力的角度，提出加强供给侧结构性改革，优化劳动力、资本、土地、技术、管理等生产要素配置，依靠创新、改革、开放等提升全要素生产率，激发创新创业活力，加快发展动力转换，大力推动新技术、新模式、新业态发展。适应需求结构变化，不断创造新供给，释放新需求。特别是市委、市政府已出台的《关于深入推进供给侧结构性改革的意见》，为深入推进供给侧结构性改革，促进经济结构优化和产业转型升级，提高经济发展质量和效益勾画了路线图。近期，又把建好"三中心一基地"，作为青岛供给侧结构性改革的主打战役。

提升全要素生产率是推动供给侧结构性改革的重点，本文对青岛全要素生产率进行测度、评价，从全要素生产率提升路径角度探讨青岛供给侧结构性改革问题。

一、提升全要素生产率与推动供给侧结构性改革的关系

全要素生产率是经济增长领域中的一个重要概念。一般来说，生产率是指生产活动在某一特定时间内的效率，全要素生产率是指生产活动在某一特定时间内所有要素投入的生产效率，可以用总产量与全部要素投入量之比来表示。在新古典经济增长理论中，全要素生产率是指产出增长率超出要素投入增长率的部分，体现的是要素投入对产出增长贡献以外的、不能被要素投入解释的那部分产出的增长。在这

个意义上说，全要素生产率是指在各种生产要素的投入水平既定的条件下，所达到的额外生产效率。全要素生产率是用来衡量生产效率的指标，它有三个来源：一是效率的改善；二是技术进步；三是规模效应。在计算上它是除去劳动、资本、土地等要素投入之后的“余值”，由于“余值”还包括没有识别带来增长的因素和概念上的差异以及度量上的误差，它只能相对衡量效益改善技术进步的程度。全要素生产率的增长率常常被视为科技进步的指标，主要有技术进步、组织创新、专业化和生产创新等途径，是衡量一个国家或地区经济增长质量和技术进步、管理效率水平的重要标志。

经济学中的供给是指某一时间内和一定的价格水平下，生产者愿意并可能为市场提供商品或服务的数量。市场供给是所有生产者供给的总和。供给侧是与供给有关的经济活动，指的是生产要素的供给和有效利用。要素既包括劳动力、土地和自然资源、资本、科技等生产要素，也包括创新、制度（政策）、教育、培训等管理要素，创新、制度等管理要素是影响全要素生产率的要素，因而也是提升全要素生产率的重点。供给侧结构性改革包含“供给侧”、“结构性”、“改革”三个关键词，“供给侧”是改革切入的方向，“结构性”则是对改革方式的要求，“改革”是核心命题。三者之间相互联系、互为一体，共同构成了新常态下未来中国经济改革和发展的大逻辑。中央对供给侧结构性改革内涵的诠释是：解放和发展社会生产力，用改革的办法推进结构调整，减少无效和低端供给，扩大有效和中高端供给，增强供给结构对需求变化的适应性和灵活性，提高全要素生产率。

从供给侧来看，经济增长来源于生产要素投入的增加和全要素生产率的提高。我国新常态下“三期叠加”的形势下，结构性、体制性和素质性矛盾和问题突出，表现为经济增速下降、工业品价格下降、实体企业利润下降、财政收入增幅下降、经济风险发生概率上升。靠增加要素投入已不能支撑我国经济可持续发展，提升全要素生产率是推动供给侧结构性改革的重点。正如习近平总书记深刻指出的，从发展上看，主导国家发展命运的决定性因素是社会生产力发展和劳动生产率提高，只有不断推进科技创新，不断解放和发展社会生产力，不断提高劳动生产率，才能实现经济社会持续健康发展。强调既要注重追求速度、质量、效益相统一的发展，又要注重追求生产、生态、生活相协调的发展。而生产率水平是经济发展质量的核心表现。因此，继续深化改革，加大创新驱动力度，提高全要素生产率是实现这些目标的重要途径和战略手段。可见，提高全要素生产率是供给侧结构性改革的重点。

从工业化发展一般规律看，工业化中后期阶段，经济增长主要靠创新驱动推进。诺贝尔经济学奖获得者、美国著名经济学家库兹涅茨对主要工业化国家长期经验数据分析的结果表明，其早期增长主要依靠要素投入特别是资本投入，进入发展中后期阶段以后，要素投入的贡献在达到一个高点后开始下降，全要素生产率对经济增长的贡献逐步提高。以美国和日本为例，在初级工业化时期，经济增长主要依靠劳动力投入增加；工业化早期，经济增长主要依靠资本深化的贡献，全要素生产率的贡献分别仅占 36%和 11%；工业化中后期，经济增长转向主要依靠全要素生产率的贡献，全要素生产率的贡献分别上升到 70%和 50%以上。综合来看，我国已进入工业化的中后期，而全要素生产率却很低。中国社科院在北京第七届中国经济前瞻论坛研判，中国的全要素生产率从 1995～2009 年间每年 3.9%下降为 2011～2015 年间每年 3.1%。再往前预测，“十三五”的时期，即 2016～2020 年，全要素的生产率会下降到 2.7%。为此，必须大力提升全要素生产率，推动经济由投入型增长向效率型增长转变。

“十二五”以来，我国经济总体增长速度放缓，进入了高速增长向中高速增长的转换期。进入增长阶段转换期后，增长动力和机制必然转换，经济发展方式要从规模速度型粗放增长转向质量效率型集约增长，从过去过度依赖自然资源、劳动力和资本投入的增加，转向更多地依靠质量和效益提升，其核心是全面持续地提高全要素生产率。

提高全要素生产率，是实施创新驱动发展的重要抓手。创新、协调、绿色、开放、共享五大发展理念，排在第一位的就是创新发展。创新是引领发展的第一动力。而坚持创新发展的一个重要抓手和衡量标准，就是努力提高全要素生产率及其对经济增长的贡献率，培育发展新动力，拓展发展新空间，完善发展新机制。只有不断提高全要素生产率，才能加快形成以创新为引领和支撑的经济体系和发展模式，引领经济社会又好又快发展。

二、青岛全要素生产率测度与评价

（一）测度方法

采用传统的最常见的索罗剩余值法对青岛全要素生产率进行估算。在定量研究中，索洛将人均产出增长扣除资本集约程度增长后的未被解释部分归为技术进步的结果，称其为技术进步率，这些未被解释的部分后来被称为“增长余值”（或“索洛余值”）。索洛改进的 C-D 生产函数模型为

$$Y_t = Ae^{\lambda t}K_t^{\alpha}L_t^{\beta} \tag{1}$$

式中，Y_t 为实际产出，L_t 为劳动投入，K_t 为资本投入，α、β 为平均资本

产出份额和平均劳动力产出份额，$\alpha+\beta=1$。

对方程(1)两边同时取对数得

$$\ln Y_t=\ln A+\lambda t+\alpha\ln K_t+\beta\ln L_t \tag{2}$$

由 $\alpha+\beta=1$，对方程(2)进行整理得

$$\ln(Y_t/L_t)=\ln A+\lambda t+\alpha\ln(K_t/L_t) \tag{3}$$

利用最小二乘法对方程进行回归分析，得到 α、β 的值，进而计算出全要素生产率的值。

(二)数据

选用索洛剩余值法估算青岛市全要素生产率，所涉及的变量为总产出 Y_t、劳动投入 L_t 和资本投入 K_t，所选择的时间区间为 1980～2013 年，其中各个变量的来源和处理方法如下：

(1)总产出 Y_t。采用按不变价格计算的国内生产总值(GDP)作为衡量经济增长的基本指标。以 1980 年不变价为基期，对 1980～2013 年的数据进行调整。

(2)劳动投入 L_t。采用历年社会从业人数作为历年劳动投入指标。

(3)资本投入 K_t。采用的是资本存量的概念并按永续盘存法测算，基本公式为

$$K_t=I_t/P_t+(1-\delta)K_{t-1} \tag{4}$$

式中，K_t 为 t 年的实际资本存量，K_{t-1} 为 $t-1$ 年的实际资本存量，P_t 为 t 年的价格指数，I_t 为以当期价格计价的固定资产投资额，δ 为折旧率。由于缺乏完整的固定资产投资价格指数序列，基于 GDP 平减指数与固定资产投资价格指数具有较强的相关性和趋同性，本文采用 GDP 平减指数表示 P_t；对于折旧率，目前尚不具备对全社会固定资产进行重估价的基础，只能按照规定的固定资产折旧率的方法来提取固定资产折旧。参照相关研究，采用 10%的综合折旧率。由于缺乏 1980 年青岛市资本存量的数据，本文通过全国 1980 年资本存量数据进行推算：

基年青岛资本存量＝基年青岛固定资产投资/基年全国固定资产投资×基年全国资本存量

基年青岛资本存量＝基年青岛 GDP/基年全国 GDP×基年全国资本存量

对上述结果求平均值，得到 1980 年青岛市资本存量为 53.92 亿元，通过公式(4)求得各年不变价格的资本存量。

由于数据都是时间序列数据，为了避免“伪回归”，取一阶差分后进行最小二乘法估计，得出如下结果：

$$\ln(Y_t/L_t)-\ln(Y_{t-1}/L_{t-1})=0.0526+0.3424\times(\ln(K_t/L_t)-\ln(K_{t-1}/L_{t-1})) \quad (5)$$

(4.679799)　　　　(4.344679)

$R^2=0.3785$　　　　$DW=1.181194$

回归结果显著，因此得到平均资本产出份额 $\alpha=0.3424$，平均劳动力产出份额 $\beta=0.6576$。将 α、β、实际产出增长率、劳动增长率和资本存量增长率带入公式(6)，得到青岛 1981～2015 年 *TFP* 增长率(见表1)。

$$\ln TFP_t=\ln Y_t-0.3424\times\ln(K_t)-0.6576\times\ln(L_t) \quad (6)$$

表 1　1981～2015 年青岛市全要素生产率增长率

年份	GDP(1980 年价格，亿元)	社会从业人数(万人)	资本存量(1980 年价格，折旧率 10%，亿元)	GDP 增长率(%)	*L* 增长率(%)	*K* 增长率(%)	*TFP* 增长率(%)
1980	48.65	270.1	53.92	10.40			
1981	47.68	278.9	52.35	−2.00	3.26	−2.92	−3.14
1982	49.63	282.7	52.14	4.10	1.36	−0.39	3.34
1983	58.02	289.6	51.55	16.90	2.44	−1.13	15.68
1984	65.56	304.2	52.33	13.00	5.04	1.50	9.17
1985	72.05	315.3	56.50	9.90	3.65	7.98	4.77
1986	78.68	326.4	63.47	9.20	3.52	12.34	2.66
1987	88.12	334.8	70.89	12.00	2.57	11.69	6.30
1988	100.28	336.5	82.13	13.80	0.51	15.85	8.04
1989	105.40	344.2	91.22	5.10	2.29	11.07	−0.20
1990	115.20	352.8	100.24	9.30	2.50	9.88	4.27
1991	127.46	361.2	111.85	10.64	2.38	11.58	5.11
1992	150.59	370.3	134.26	18.15	2.52	20.04	9.63
1993	184.30	365.7	168.07	22.38	−1.24	25.19	14.57
1994	210.80	367.6	206.14	14.38	0.52	22.65	6.28
1995	236.11	374.2	247.16	12.01	1.80	19.90	4.01
1996	253.16	381.5	279.58	7.22	1.95	13.12	1.45

（续表）

年份	GDP（1980年价格，亿元）	社会从业人数（万人）	资本存量（1980年价格，折旧率10%，亿元）	GDP增长率（%）	*L*增长率（%）	*K*增长率（%）	*TFP*增长率（%）
1997	282.24	388.7	308.30	11.49	1.89	10.27	6.73
1998	318.55	393.1	344.98	12.87	1.13	11.90	8.05
1999	362.71	396.1	389.00	13.86	0.76	12.76	8.99
2000	417.68	397.6	435.19	15.15	0.38	11.87	10.84
2001	475.06	400.5	493.54	13.74	0.73	13.41	8.67
2002	543.88	413.31	570.71	14.49	3.20	15.63	7.03
2003	632.33	438.96	698.84	16.26	6.21	22.45	4.49
2004	737.90	458.81	948.99	16.70	4.52	35.79	1.47
2005	860.10	471.03	1303.20	16.56	2.66	37.33	2.03
2006	991.99	490.1	1635.88	15.33	4.05	25.53	3.93
2007	1145.81	505.8	1971.95	15.51	3.20	20.54	6.37
2008	1296.97	513.8	2369.68	13.19	1.58	20.17	5.25
2009	1455.14	525.71	2869.86	12.20	2.32	21.11	3.44
2010	1643.35	540.34	3459.48	12.93	2.78	20.55	4.07
2011	1834.86	551.18	4084.97	11.65	2.01	18.08	4.14
2012	2030.16	559.88	4831.35	10.64	1.58	18.27	3.35
2013	2233.18	571.47	5750.57	10.00	2.07	19.03	2.12
2014	2411.83	588.97	6775.43	8.00	3.06	17.82	−0.12
2015	2607.19	600.15	7935.71	8.10	1.90	17.12	0.99

（三）结论与评价

以1981～2015年为区间，划分4个阶段进行对比分析。可以看出，青岛经济持续高速增长的主要动力在不同的阶段表现不同，就全部时间段而言，总体上还是来自要素投入的增加，如图1、图2和表2所示。

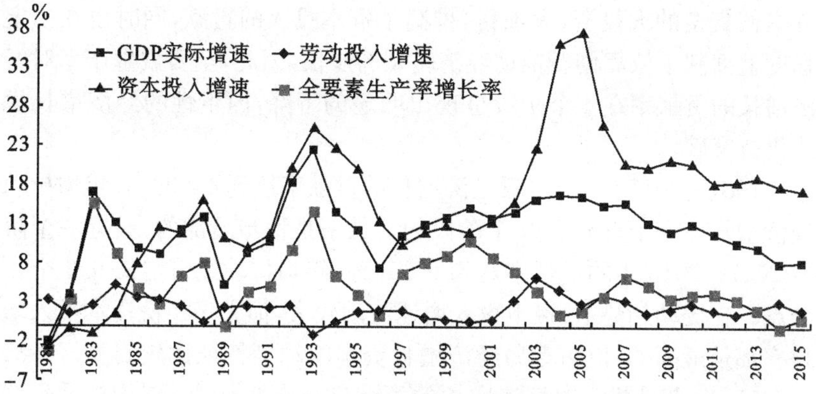

图 1 经济增长率、资本、劳动及全要素生产率增长率轨迹

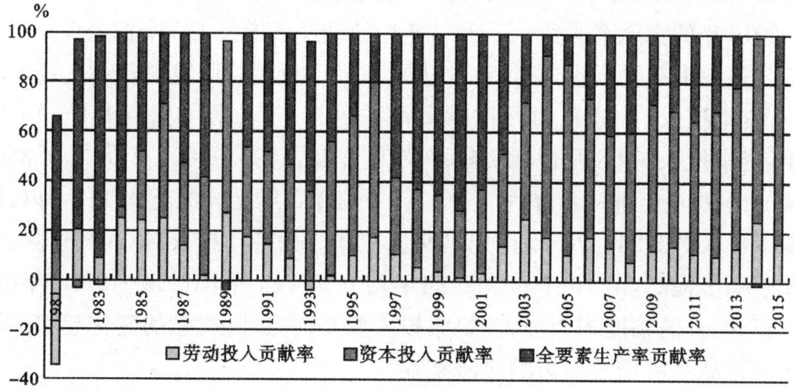

图 2 各因素对经济增长的贡献率

表 2 1981～2015 年不同阶段各要素对经济增长的贡献率

阶段	劳动投入贡献率(%)	资本投入贡献率(%)	全要素生产率贡献率(%)	经济增长率(%)
1981～1990	6.27	30.53	63.20	9.13
1991～2000	7.20	40.71	52.09	13.81
2001～2010	13.70	53.66	32.64	14.69
2011～2015	15.05	65.14	19.80	9.68
1981～2015	9.91	44.99	45.10	12.14

1981～2015 年，全要素生产率对经济增长的贡献率达 45.1%，年均拉动经济增长 5.5 个百分点，为第一大贡献因素，但 4 个阶段的贡献率是逐步下降的，其中 2011～2015 年的贡献率为 19.80%，为 4 个阶段中的最低值，年均拉动经济增长 1.9 个百分点，集中体现了结构变动、制度变迁、人力资本效率、技术进步等因素的共同作用。结合过去青岛产业结构变化看，从偏轻工业走向偏重化工，经济中更加注重的是

资本密集型的大投资、大项目，推高了资本投入的贡献，同时也在一定程度上抑制了依靠创新推动经济转型的步伐，因此，全要素生产率对经济增长的贡献率在4个阶段呈现出明显的下降，内生性的经济增长模式仍待突破。

1981～2015年，资本对经济增长的贡献率达到44.99%，年均拉动经济增长5.5个百分点；4个阶段的贡献率是稳步增加的，最近一个阶段2011～2015年的贡献率达到65.14%，年均拉动经济增长6.3个百分点。在变动趋势上，资本投入增速波动较大，但大多年份资本投入增长率都是最高的，说明青岛经济增长资本驱动型特征比较明显。1981～2015年，劳动投入对经济增长的贡献率只有9.91%，年均拉动经济增长1.2个百分点；4个阶段的贡献率是稳步增加的，最近一个阶段2011～2015年的贡献率达到15.05%，年均拉动经济增长1.5个百分点。

进一步对要素投入对GDP边际贡献进行测算后发现，1981～2015年，资本投入对GDP边际贡献呈高位回落趋势（图3）。1981～1990年，资本投入对GDP边际贡献平均为0.38，1991～2000年降为0.35，2001～2010年进一步降为0.26，2011～2015年已经低至0.14，可以说资本投入对GDP的拉动作用已明显减弱。而劳动投入对GDP边际贡献则稳步提高，由1981～1990的年均0.15，提高至2011～2015年的2.37，提升的幅度相当惊人，要素投入对GDP边际贡献的变化趋势，反映出青岛经济增长动力的缓慢切换。

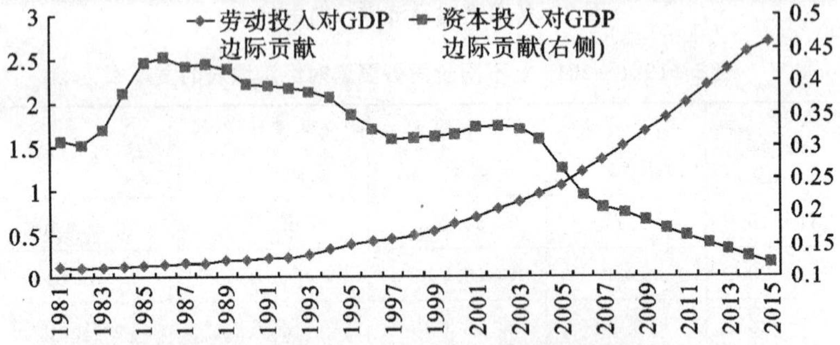

图3 1981～2015年劳动、资本对经济增长边际贡献率

三、提升全要素生产率的思考

提升全要素生产率是供给侧结构性改革框架下重构未来经济增长新动力最重要的一环。创新（特别是科技创新）、制度、管理等是影响全要素生产率的要素，全要素生产率来源于创新、创意带来的效率改进，来源于制度改革红利的释放，来源于管理带来的成本降低，来源于教育、培训带来的劳动者素质提高和技能提升，来源于规模报酬提升带来

的成本摊低，等等。这为提升全要素生产率推进供给侧结构性改革提供了思考的方向。提高全要素生产率主要应在创新、制度、管理等方面做文章。同时，供给侧结构性改革首先要处理好过去几年经济发展的存量问题，把创新驱动发展战略作为推进供给侧结构性改革的关键支撑，着力培育新主体、新产业、新动力，以形成新老交替的崭新局面。

（一）调整存量，处理好历史遗留问题

主要通过“做减法”，淘汰化解过剩产能和落后产能，妥善处置各类“僵尸企业”，有效防范和化解金融风险，清除全要素生产率提升的“拦路虎”。一是淘汰化解过剩和落后产能。严格执行国家产业政策，严禁违规建设钢铁、水泥、平板玻璃、船舶等行业新增产能项目，对此类项目不办理土地供应、能评、环评审批和新增授信支持等业务，在水泥等行业积极探索产能置换指标交易。全面完成淘汰化解过剩和落后产能任务。二是分类妥善处置工业“僵尸企业”。严格认定和精准识别“僵尸企业”，按照“企业主体、政府推动、市场引导、依法处置”的原则，采取资产重组、产权转让、关闭破产、清算注销等方式进行分类处置。三是积极化解房地产库存。和全国相比，和部分二、三线城市相比，青岛的房地产库存存在阶段性、区域性、结构性过剩。短期看，可以从保障房供应、基础设施建设和城市改造拆迁、发展租赁市场等方面化解库存压力；从中期看，积极引导房地产市场供需结构调整，促进市场出清；从长远看，与城镇化发展、产城融合相结合，建立房地产可持续发展的长效机制。

（二）培育全要素生产率提升的新市场主体

做好“加法”，如形成和培育新主体、提高主体的素质和能力、激发主体的积极性和创造性等。一是在高级创新层面上，推动海尔为代表的老名牌企业和近几年崛起的红领、特锐德等为代表的新名牌企业，形成一批有国际竞争力的创新型领军企业，激励企业投入前沿性创新研究，激励科研院所突破颠覆性技术创新。在大众创新层面，通过大众创业、万众创新，激发全社会创新活力，扶植科技型中小企业健康发展。二是培育新经济业态和新商业模式。运用信息网络等现代技术，推动生产、管理和营销模式变革，重塑产业链、供应链、价值链，改造提升传统动能，使之焕发新的生机与活力。三是以消费者为中心推动产品经济向服务经济、体验经济升级，推动新技术、新产业、新业态加快成长，以体制机制创新促进分享经济发展，建设共享平台，打造动力强劲的新引擎。

（三）推进制度变革

制度变革是提高全要素生产率的最重要途径。推进制度变革从供

给侧来说，关键是要做好“减法”和“除法”，采取减管制、减垄断、减税收等行动。在政府和企业两个层面推进降成本、减负担，清除旧的发展理念、发展模式，以创新的视角、创业的思维对待发展，激发微观经济活力。政府通过简政放权，最大限度减少政府对微观经济事务的管理，为经济松绑减负；通过创造良好发展环境，降低企业交易成本、各种税费、融资成本、社会保障成本等，给企业松绑减负。

（四）突出科技创新、人才引进与培育，促进要素升级

要素升级不同于要素投入，要素升级代表着生产要素“质的提高”，可以直接促进全要素生产率的提高。一是要以科技创新激发新动力，聚焦实施创新驱动发展面临的突出问题，统筹产业链、创新链、资金链和政策链，以科技创新为核心，统筹推进产业创新、业态和商业模式创新、开放创新、文化创新、金融创新、质量和品牌创新、军民融合创新、体制机制创新、行政管理与服务创新十大创新行动，加快打造国家东部沿海重要的创新中心。二是要加快引进集聚高端创业创新人才及团队，实施青岛创新创业领军人才工程。

（五）推进结构优化

以“三中心一基地”作为“十三五”时期青岛转型发展、超越发展的重要抓手和供给侧结构性改革的主打战役，推进“三中心一基地”成为引领青岛发展的“新高地”、推动青岛发展的“新动力”、衡量青岛发展的“新标杆”。一是加快区域性服务中心建设。坚持以金融、信息服务为核心，以全面提升现代服务业高端化能力建设为主导，以业态模式创新、形成辐射带动竞争优势为主线，加快建设国内重要的区域性服务中心。二是加快先进制造业创新提升。坚持以蓝色、高端、新兴为导向，以发展互联网工业、高技术制造和装备制造业为主线，加快建设具有国际竞争力的先进制造业基地。打造率先发展的互联网工业融合创新中心，突出生产智能改造、产品智能升级、业态模式创新、产业生态构建。三是搭好载体，依托“一谷两区”等平台，抓好高端产业集聚、创新资源集聚、环境优势集聚。四是实施“海洋＋”行动计划。坚持以海洋科技创新为制高点，以实施“一带一路”战略为主导，以海洋高端新兴产业发展为主线，加快建设国际先进的海洋发展中心。

（作者单位：马秀贞，中共青岛市委党校；孙习武，青岛市发改委经济研究院）

青岛市社区银行发展研究

蔡苏文　岳　艳

社区银行由"community bank"翻译而来,兴起于美国等西方金融比较发达的国家,在我国起步较晚。2013 年 12 月 13 日银监会下发了《关于中小商业银行设立社区支行、小微支行有关事项的通知》后,各大银行开始发展社区银行。2014 年 9 月青岛市首次批准设立 15 家社区银行,目前社区银行发展较快。当前中小企业的发展、农村特定区域的金融、个性化金融服务离不开社区银行的相关支持,同时,在互联网金融发展迅猛的形势下,保持青岛市社区银行的优化、持续、特色发展具有重要的意义。

一、社区银行的界定与特点

(一)社区银行的界定

1. 国外对于社区银行的定义

社区银行是由德国的社会学家 F·滕尼斯首次提出,但是国外学术界至今对于社区银行没有统一的界定。如美国联邦储备局将资产规模在 100 亿美元以下的银行归类为社区银行。美国独立社区银行协会把社区银行定义为由地方自主设立和自主经营的,资产规模在 10 亿美元以下的,独立的小商业银行或储蓄机构。日本的社区银行主要指在中小型城市设立总行,营业区域主要分布在总行周边的 1～3 县级城市以内,服务对象以本地区的中小城市为主,具有地域特色的银行。孟加拉国乡村银行也是社区银行范畴,是一个发行微型贷款的机构,业务以农村贫困者的为主要客户对象,乡村银行针对的是其他银行不愿意涉及和不屑涉足的领域。

2. 我国对于社区银行的定义

我国对于社区银行的定义也没有完全统一,主要观点有:社区银行是在一定的社区范围内按照市场化原则独立设立经营并且主要服务于个人客户和中小企业的中小型银行;社区银行是指位于城市社区的资产规模较小的银行，主要服务于该地区的中小企业和家庭；社区银行的资产规模应在20亿元人民币以下，以股份制或股份合作制模式建立，以赢利为主要经营目标，经营范围局限于一定区域，服务于当地社区经济的现代商业银行。

综合国内外关于社区银行的界定，本文将青岛市社区银行概述为在青岛市各社区内注册，按照市场化原则经营，并且所有的经营活动都在当地社区进行，仅为社区居民和中小企业提供各类金融服务的小型商业银行。

（二）社区银行的特点

社区银行与其他银行相比最显著的特点是“小”、“灵活”、“亲民”。

1. 社区银行的“小”体现在资产规模、组织机构、经营区域三方面

社区银行虽然对于规模没有严格的界定，但是资本总额都比较少。社区银行属于中小型商业银行，一般不设立分支机构和银行网点，组织结构简单，实行单一制，分支机构少，有些银行甚至只有一个营业网点。同时，依据社区银行的服务宗旨，其经营区域主要是社区范围内，这是与大型银行最明显的区别。社区银行资金来源于当地并运用于当地，以促进当地经济的发展，是社区银行最基本的特征。

2. 社区银行的“灵活”体现在可以根据经济环境和机遇变换经营模式

社区银行的经营方式和贷款模式都相对较为灵活。经营方式分为“有人”和“无人”模式，贷款模式较大型银行相对宽松灵活，对于社区居民的贷款和抵押条件适当放宽，贷款流程缩减，周期大大缩短，为中小企业的融资提供了较为便捷的渠道。

3. 社区银行的“亲民”体现在提供差异化和人性化的服务

社区银行植根于社区，贴近社区居民，吸收存款、发放贷款等主要金融业务都是面向社区居民，能及时掌握业务需求变化，适时推出符合社区居民要求的差异化服务。社区银行能提供代收快递、理发、建立棋牌室、组织社区运动会等社区特色化活动，并将营业时间延长至晚上8时甚至于10时，提供的服务更加人性化。

二、青岛市社区银行发展的成就与问题

2013年我国社区银行开始建立，其中江苏、上海、福建、深圳等地发展较快，现在全国已有1万多家社区银行。社区银行发展中也形成了以龙江银行、民生银行社区银行、上海农商银行等模式。2014年，青岛市的社区银行迈开了建设的步伐。

(一)青岛市社区银行发展的成就

青岛市各家社区银行建立后,坚持推行规范化、个性化、创新型的模式,通过延时服务、上门服务、远程服务,更好地融入社区、惠及百姓,取得了较好的成就。

1. 社区银行发展较快

青岛市目前的社区银行主要是各家银行设立的社区支行。第一家社区银行华夏银行青岛劲松一路社区支行于 2014 年 8 月 29 日开业,随后各家银行大力发展社区银行。截至 2016 年 9 月青岛已经有近 90 家社区银行。其中股份制商业银行是社区银行的设立主体,国有商业银行设置较少。主要商业银行设立社区银行的情况见表 1。

表 1 青岛市主要商业银行社区银行设立概况

银行名称	数量	设立位置
光大银行	15	寿张路社区支行、乐客城社区支行、银都社区支行、合肥路社区支行、金水路社区支行、伟东幸福之城社区银行、嘉定路社区支行、清江路社区支行、卓越大厦社区支行、万科城市花园社区支行、水岸府邸社区支行、辽宁路社区支行、西韩社区支行、沙子口社区支行、即墨小商品市场社区支行
兴业银行	7	湖光山色社区银行、劲松一路社区支行、百通花园社区支行、香港花园社区支行、金水路社区支行、胶州市常州路南坦社区银行、即墨市曼谷阳光服装市场支行
民生银行	7	浮山后四小区社区支行、崂山区书香门第社区支行、山水名园社区支行、金岭新村社区支行、永合花苑社区支行、颐中高山社区支行、即墨马山新城社区支行
交通银行	13	静湖琅园社区支行、绿城社区支行、北京中路社区支行、福临万家社区支行、淮安郡社区支行、隐珠社区支行、台东一路社区支行、维客商城社区支行、海创一号社区支行、黄岛区北京中路社区支行、崂山区同兴路静湖琅园社区支行、东城国际社区支行、鲁信长春社区支行
青岛银行	4	延吉路社区支行、齐东路社区支行、北仲路社区支行、红岛路社区支行
华夏银行	8	杭州路社区支行、劲松一路社区支行、洛阳路社区支行、延安三路社区支行、错埠岭三路社区支行、逍遥二路社区银行、芙蓉路社区银行、唐山路社区支行

（续表）

银行名称	数量	设立位置
平安银行	7	灵山路社区银行、十五大街社区银行、西吴路社区支行、深圳路社区支行、宁化路社区支行、合肥路社区支行、标山路社区银行
上海浦东发展银行	4	官厅社区支行、滨县路社区支行、郑州路社区支行、瞿塘峡路社区支行
招商银行	4	延安三路社区支行、书院路社区支行、李沧万达广场社区银行、劲松六路社区支行
青岛农商银行	8	海尔路社区支行、绍兴路社区支行、宁国二路社区支行、晓港名城社区支行、警苑新居社区支行、虎山花苑社区支行、清江华府社区支行、九水路佛耳崖社区支行
共计	77	

（资料来源：根据相关资料整理）

2. 社区银行的金融服务水平不断提高

青岛市社区银行现行网点由柜台、自动存款机、网上银行体验区三部分组成，形成了人工服务、自助银行、电子银行“三位一体”的立体服务优势。社区银行为社区居民提供存取款、缴费、转账、理财、电子银行等业务。除了传统的金融服务，各家社区银行还根据当地居民的个性化需求，推出了个性化、收益高的社区理财产品。浦发银行面向社区居民的主题卡——易卡、青岛农商银行“金融通”业务、民生银行“智家贷”业务、华夏银行“一行一政策”等，都秉承了以客户为中心，服务融入社区的理念，让社区居民体会到了社区银行的不同，享受了实惠的金融服务。与此同时，有些社区银行还为贵宾级客户提供类似私人银行业务。

3. 社区银行提供了非金融增值服务业务

青岛市社区银行最大的特点就是其增值化服务。青岛市农商银行实现了为社区居民提供购买飞机票火车票、免费寄存快件等便民服务；交通银行以社区银行为支点，在社区内举办了少儿才艺大赛、运动会、合唱节、斯诺克大赛等文体活动；华夏银行在营业网点二楼开设棋牌室，陪居民打麻将；兴业银行提供免费量血压、免费理发、参与社区共建，等等。“暖民心”的特色服务给居民带来看得见的便利，青岛市社区银行靠贴心的服务正逐渐融入社区。

（二）青岛市社区银行发展存在的问题

青岛市社区银行发展势头较好，特色化的金融服务在逐步完善，暖心的增值服务也深入民心，但是在发展中还存在一些问题。

1. 市场定位不够明确

社区银行主要服务于社区内居民和中小企业，但是青岛市现有的社区银行，大多是在小区内新建的经营机构，目的只是为了抢占社区市场，定位还不够明确，与大银行的经营模式类似。业务主要还是看重大客户，其目光更多关注大城市、大企业、大项目，这种不可遏制的"做大做强"的冲动，使社区银行逐渐背离了服务社区的设立宗旨，不自觉地陷入和大型银行的同业竞争。这不仅不利于社区银行的生存和发展，也使得金融结构失衡以及由此带来的资金供求矛盾更加突出。

2. 处于发展初期，竞争力薄弱

根据企业生命周期理论可知，企业在初创期、成长期、成熟期、衰退期的竞争力是不相同的。企业在初创期，呈现出的特征是规模比较小，资本实力非常弱，赢利水平低，经营风险高，企业的形象暂未树立。青岛市社区银行刚刚起步，正处于企业发展的初创期，与国有银行和股份制银行相比较，客户累积的时间短，资金筹集的范围小，银行自有业务还处于探索期，竞争力较弱。另外，可能处于发展初期，贷款的审批程序也未发生实质性改变，"软信息"优势不明显。

3. 信用体系不完善，社区银行业务风险较高

我国整体的社会信用环境并不乐观，征信的信息质量严重不足，虽然近些年加强了信用体系建设，但征信信息深度指数低于世界发达国家水平。青岛市的信用评级实施时间较短，个人和企业的征信体系建设还不完善，社会信用评级指标体系建设尚不健全，从而使得青岛市社区银行发展所必需的信用资料不一定真实，一方面影响了社区银行信贷业务的发展，另一方面也使得社区银行业务风险较高。

4. 社区银行缺乏配套的制度建设

社区银行的健康发展，需要完备的法律法规和高效的金融监管保驾护航。然而，青岛市现有的金融法律法规对各种银行机构采取一般化的统一规范，并没有专门针对社区银行的建立、经营管理和退出等作出详细的规定。国外社区银行的成功经验表明，如果没有必要的金融法律法规的约束，社区银行很难实现服务社区的设立宗旨，并且很容易走上与大银行趋同的信贷高度集中的老路。

三、青岛市社区银行发展的必要性及影响因素分析

(一)加快青岛市社区银行发展的必要性

1. 有利于解决中小企业融资难问题

针对中小企业融资问题，青岛市近年来也推出扶持中小企业发展

相关金融服务，但是近八成的中小企业还是不满足基本的贷款条件，贷款难、融资贵仍是青岛市中小企业融资面临的现状。而社区银行扎根社区，和当地企业、居民之间联系密切，能充分了解企业和家庭的金融需求，和社区居民融为一体，保证信息的准确性。这样一来可简化贷款流程，根据社区企业运营的相关情况对于收费项目标准化，同时可以尝试实现无抵押贷款模式，有效缓解中小企业贷款难、融资贵的现状。

2. 有利于完善青岛市金融机构体系

青岛市金融业发展势头迅猛，截至 2015 年金融机构总数达到 229 家，法人金融机构达到 25 家。在商业银行体系中，本地银行青岛银行和青岛农村商业银行发展迅速，市场占有率高。社区银行虽是这些银行建立的新型金融组织，但又不完全等同于这些银行。因此，发展社区银行有利于进一步完善青岛市的银行业结构，促进金融市场的进一步发展。而且在利率市场化和互联网金融双双威胁到银行传统经营模式的大背景下，发展社区金融，作为银行传统物理网点渠道的延伸，实属可行之策。

3. 有利于促进青岛市区域经济的发展

《青岛市重点经济功能区发展规划(2012—2020)》强调实施“一带展开，三轴辐射”经济功能区布局，不同产业的产业扶持政策不一致，对本地区的差异化金融服务也提出了更高要求。社区银行的经营范围较小，地域优势明显，信息的来源和反馈准确迅速，具备由于地缘优势条件带来的信息优势，能为特定区域的企业和居民定制金融服务，满足特色化要求，因此，让社区银行成为推动青岛市区域经济发展必不可少的因素之一。

4. 有利于满足目标客户群的各种个性化需求

社区银行植根社区，客户定位于所在地区中小企业和社区居民，具有规模小、机构组织层级结构相对简单、管理半径较短、交易成本较低的优势，更具有组织优势，决策更加高效，条件更加灵活，手续更加简化，更加适应中小企业经营快速多变等特点。能够克服规模局限性，将有限的资源集中于特定的目标市场，不断深化产品线的广度和深度。提供那些最能体现小微企业需求的金融服务，更加细致地满足目标客户群的各种个性化需求，也能进一步激发居民的消费潜能。

(二)影响青岛市社区银行持续健康发展的因素

1. 良好的经济金融发展环境

良好的外部经济环境是银行业务发展的重要前提。2015 年青岛市生产总值 9300.07 亿元，按可比价格计算，增长 8.1%。人均 GDP 达到 102519 元。青岛市金融业健康发展，金融产业增加值取得了近

19%的增长，这为社区银行发展提供了良好的环境，也加快了对社区银行的需求。在这样的良好环境下，由于社区银行投入比较小，且运营成本低，能够帮助银行实现新的利润增长点，所以社区银行发展将是一个趋势。

2.完善的评估和监督体制

由于社区银行处于起步阶段，中国人民银行和青岛银监局网站有一些关于社区银行的新闻报道，但是信息量比较少，同时没有单独统计社区银行的相关信息，信息披露体系不完善；整体的监督体系和其他类银行类似，受到总行和银监局的监管，从最初的无秩序抢地建网点到现在下发许可证规范经营，社区银行规范化程度提高，而且社区银行的申请手续已经简化，主要是由当地银监局上报银监会，然后获取指标，获得《金融许可证》，相关的准入细则也逐步推行，监督体系较为单一。而社区银行面临的风险也比较大，需要更加完善的评估和监督体制保证其健康发展。

3.准确的市场定位

青岛市的社区银行刚刚起步，模式主要是社区支行，然而从严格意义上说，这种模式并不算真正的社区银行，它只能算是传统银行的服务走进社区。真正的社区银行不仅是定位于社区，还要为社区客户开发专门的金融产品。因此，青岛的社区银行要针对中小企业和社区居民设计专门的个性化产品或金融服务，避免出现和一般银行雷同的情况，要因地制宜，走特色化的道路，真正服务社区企业和居民，成为土生土长的“草根”银行，形成“地利”、“人和”方面的优势，才能保持其长久健康发展。

4.良好的基础设施与服务

青岛市社区银行要成功发展，必须具有良好的基础设置，不断提升自身的服务能力来吸引客户。社区银行的基础设施是其硬实力，基础服务是其软实力。温馨布置好网点、ATM 机等，做好各种暖心服务如微型超市、代收快递、量血压、理发、棋牌室等“亲情化”的服务是其实力的重要保障，社区银行自身的实力是社区银行立足的根基。

四、加快青岛市社区银行发展的对策

(一)加强对社区银行的监管引导

青岛市银监会、金融办等政府职能部门要加强对社区银行的监管，防范金融风险。要建立社区银行信息统计和信息披露专门网页与信息平台，将评价的结果及时在网络上或者报纸上进行披露，让信息有地可查。此外，社区银行主要定位于社区，服务社区居民、中小企业，承担了部分社区融资功能，享受了相关的优惠政策，监管部门要加强对于其合规运营的监管，可以综合各个方面因素对社区银行的服务进行评级，并以此为依据对社区银行的政策优惠和市场准入实行差别对待。

（二）完善社区银行经营管理

青岛市社区银行应该借鉴上海农商银行模式设立内部制度，如《质量监督管理办法》、《员工手册》、《绩效考核管理办法》等，严格按照规章制度办事，不能随意更改，将每项业务的风险有效地控制在合理范围内。同时，在社区银行审批成立后，各个社区银行总部应该派遣相关人员每隔一段时间抽查审核社区银行的运行情况，如制度是否完善，是否按照制度履行职责，避免违章经营。

（三）提供优惠政策提升社区银行赢利空间

为了让社区银行更好更快的发展，政府的相关优惠政策至关重要。青岛市可以借鉴发达国家的经验，在税收方面适当降低或者免征社区银行的所得税、营业税；在资金融通方面，降低存款准备金率；在社区银行资金周转困难时期加大对社区银行的贷款额度。利率方面，利率市场化逐步推进，青岛市政府可以给予社区银行利率浮动方面较大的自主权，方便其提供更优惠的金融产品。另外，青岛市各级政府在社区的公共基础设施建设资金可以选择社区银行为其服务。

（四）加大对社区银行的宣传

各家社区银行要扩大知名度，让中小企业和居民信任，就要做好社区银行的宣传。通过与社区居委会建立联系，与其共同举办宣传活动，定期开展社区金融知识讲座、社区金融产品推介、社区理财知识宣传、社区反假币路演等活动，围绕防范金融案件主题，剖析各种金融电信诈骗案例，传授居民基本技能，帮助他们进一步增强自我防范意识和能力，充分展示银行的企业形象和社会责任，树立良好口碑，赢得客户认可。

（五）找准目标市场精准服务

从国际社区银行的发展经验来看，准确的市场定位是社区银行发展的重要前提。首先，青岛市发展社区银行，客户服务对象应该以社区内的居民、中小企业为主体，以所在区域为服务范围，满足社区群体的个性化金融需求，推动社区内中小企业发展。其次，社区银行的所有存款贷款等主要业务都必须在社区范围内完成，在本社区吸收的存款应该投放到社区内，最大程度避免“金融虹吸”现象的出现，推动本社区经济发展。第三，青岛市社区银行的选址应该首选金融机构较少的地方，应该多向即墨、胶州、城阳、莱西铺设网点，填补区域金融空白，让“金融最后一公里”落到实处。

（六）创新社区银行经营模式

社区银行要创新自己的经营模式，除最大限度地提供金融服务外，要将金融服务、社区服务、便民服务三者有机整合在一起，将社区银行覆盖小区打造成精品小区。借鉴上海农商行“金融便利店”，“您下班，我营业”的社区经营模式以及龙江银行的“36588 延时服务”，即全年365 天营业时间为早 8 点至晚 8 点，“因为您休息，所以我上班”的社区经营模式。青岛社区银行可以试点开展与周边商家合作，银行＋各种外卖服务、银行＋商家打折卡等，与社区物业服务站点合作，为其安装 POS 机，并实现在社区物业服务站点通过刷银行 POS 机交纳物业费、水费、电费、幼儿园入托费等费用，为客户提供交费便利。

（作者单位：青岛科技大学）

青岛市海洋经济发展状况分析及对策研究

刘俐娜

一、青岛海洋经济发展状况分析

近年来，青岛海洋经济保持了强劲发展势头，引领作用日益突出，成为拉动青岛经济增长的生力军。

（一）海洋经济产业强度持续上升

青岛海洋经济的产业强度呈现持续上升态势并达到近年来的最高点。2015 年青岛市实现海洋生产总值 2093.4 亿元，比 2011 年增加 981 亿元，“十二五”期间年均增速为 17.2%，高于 GDP 年均增速 7.5 个百分点。海洋生产总值占 GDP 比重达到 22.5%，较“十一五”末提高 6.4 个百分点。海洋经济对 GDP 增长的贡献率不断上升，全年贡献率达到 45.2%，拉动 GDP 增长 3.2 个百分点。

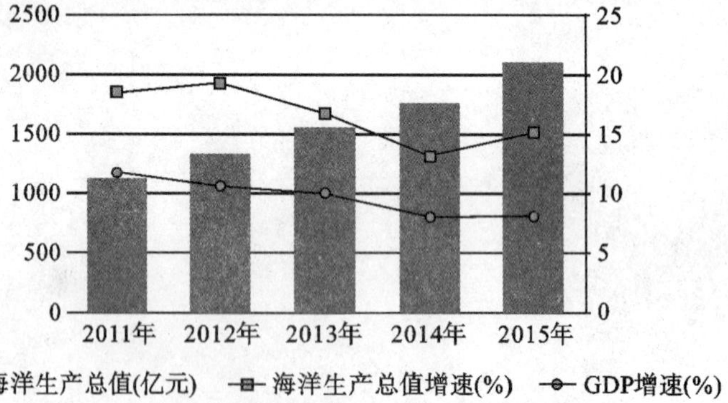

图 1 “十二五”时期青岛海洋生产总值及增速

（二）海洋经济产业结构不断优化

海洋经济对产业结构转型升级的贡献有明显的展现。据统计，2015 年海洋第一产业实现增加值 96.7 亿元，同比增长 2.8%；海洋第二产业实现增加值1031.7亿元，同比增长19.2%；海洋第三产业实现增加值965亿元，同比增长12.3%。海洋三次产业比例由"十一五"末的7.8∶42.3∶49.9调整到2015年的4.6∶49.3∶46.1。海洋第二、三产业仍是主导，海洋第一产业比重较2011年降低3.2个百分点。结构的优化在经济的动态发展中得以持续。

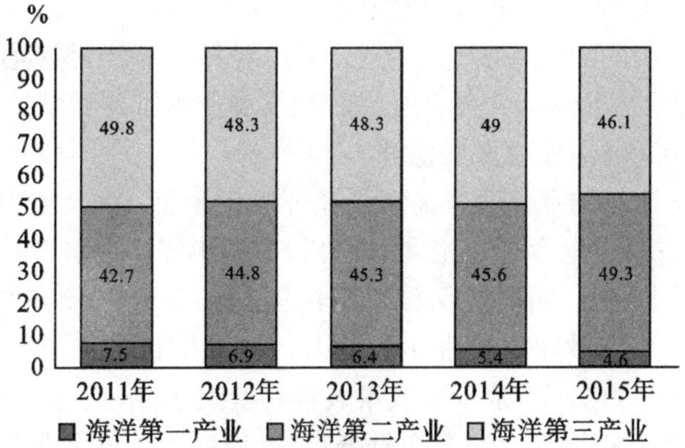

图2 "十二五"时期青岛海洋三次产业占比

(三)海洋经济主导产业稳步增长

"十二五"期间以滨海旅游业、海洋设备制造业、海洋交通运输业、涉海产品及材料制造业为主的四大主导产业发展迅速，2015年末增加值达到1305亿元，占海洋经济比重为62.4%，产业综合竞争力日益增强。

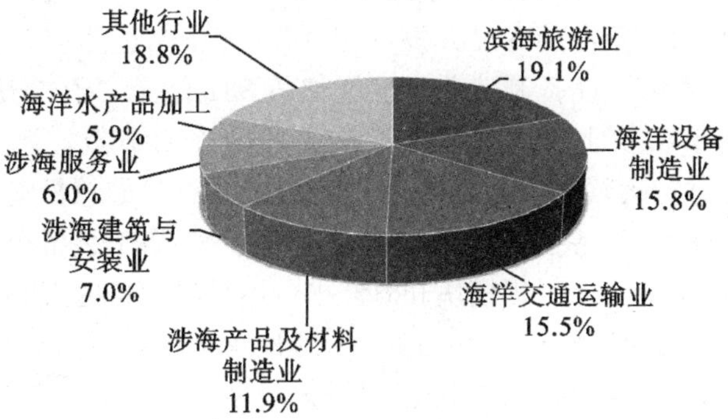

图3 2015年青岛海洋生产总值分行业占比

1. 滨海旅游业继续保持"领头羊"位置

滨海旅游业是青岛市海洋经济的主导产业之一。"十二五"期间，青岛市加快推进"三城两线"旅游产业总体规划及邮轮经济发展规划等旅游发展规划，全力服务总投资3000亿元的80个旅游大项目建设，重点培育东、西两大旅游度假集群，支持推进邮轮母港城、万达东方影都等大项目，全力引进国际品牌级文化旅游项目。2016 年 58 个项目已开工建设，总投资 1628 亿元，旅游市场规模进一步扩大。据统计，2015 年全年接待国内外游客 7200 万人次，实现旅游总收入 1200 亿元，同比分别增长 7%、13%；滨海旅游业实现增加值 399 亿元，在总量上继续保持“领头羊”的位置，占海洋生产总值的比重为 19.1%，位居各行业首位，“十二五”期间年均增速为 14.8%，对整个海洋经济增长的贡献率为 17.8%，为全市海洋经济平稳较快发展作出重要贡献。

2. 海洋交通运输业发展稳健

海洋交通运输业作为青岛海洋经济优势产业，2015 年实现增加值 325 亿元，占海洋生产总值比重 15.5%，对全市海洋经济增长的贡献率为 9.3%；“十二五”期间行业增加值年均增长 17.1%。港口方面，2015 年青岛市各港口累计完成港口吞吐量 5 亿吨，同比增长 4.3%，较年初增速提高 4 个百分点，全年完成集装箱吞吐量 1743 万标准箱，同比增长 5.1%，较年初增速提高 5 个百分点，这得益于港口企业不断拓宽港口货源，加强港口通关物流服务，实现海铁联运线路的新扩容，获得了客户的认可。水运方面，2015 年青岛市累计完成水上货运周转量 555.7亿吨千米，同比增长 30.2%，创“十二五”以来最高增速，平均运距 3955 千米，同比增长 28.4%，显示青岛市水运生产正快速由沿海迈向远洋。

3. 海洋设备制造业保持高速增长

海洋设备制造业是海洋相关产业中的重要行业，2015 年总量跃居海洋生产总值第二位，占到全市的 15.8%。占比比上年提升 0.3 个百分点。随着海洋资源的深度开发利用，海洋设备制造业前景看好。据统计，2015 年海洋设备制造业实现增加值 331 亿元，“十二五”期间年均增长 28.3%，快于海洋生产总值增速 10.2 个百分点。海洋工程装备项目的投产、运营也将有力推动产业的快速发展，如总投资 1.6 亿元美元的奥德隆石油装备项目 2016 年 8 月份投产；海工装备产业园内主要生产海洋石油平台工程模块和海洋平台用吊机设备的天时石油海洋装备有限公司已建成试运营；北船重工首次承接海洋石油平台订单等。

4. 涉海产品及材料制造业逐步回暖

以海洋石油加工产品制造业为主的涉海产品及材料制造业增加值在青岛市海洋经济中居第四位，占到全市的 11.9%。受原油价格下降、青岛炼化停产检修等因素影响，该行业发展一直处于低迷状态，随着第四季度青岛炼化恢复正常生产，产值降幅逐月缩小，行业逐步回暖。

(四)新兴海洋产业发展迅速

以海洋生物医药、海水利用、海洋科研教育和海洋金融服务业等为主的新兴海洋产业增加值达到257亿元,“十二五”期间年均增长23.8%,较全市海洋经济增速快5.7个百分点;占海洋经济比重达到12.3%,较2011年提高2.5个百分点。

1.海洋生物医药业发展活力增强

海洋生物医药业作为青岛市蓝色经济发展热点,在海洋经济发展中扮演着愈来愈重要的角色。2015年全市加快推进海洋生物医药产业高端优质项目的培育和集聚,全年实现增加值38.7亿元,高于海洋生产总值增速5个百分点;“十二五”期间年均增长17.2%,对GDP的贡献率达到1.1%,比“十一五”末提高0.8个百分点。以海洋生物医药及制品为主的现代生物医药产业园2016年上半年基本建成,预计年实现产值120亿元。同时,随着明月海藻国家级研发中心的建成启用,琅琊台集团与华东理工大学共建的青岛产学研中试基地,以及海洋微藻DHA等项目的投产运营,将有力带动相关产业的发展。

2.海洋金融服务业发展提档加速

近年来,青岛加大金融对蓝色经济全方位的服务支持力度,在多个方面取得积极进展。2015年海洋金融服务业完成增加值68.7亿元,“十二五”期间年均增长16.1%。2015年,国内首家海洋经济专营机构——浦发银行蓝色经济金融服务中心5月份落户青岛,总投资470亿元西海岸蓝色金融中心、青岛国际财富港等涉海金融项目相继落户,为青岛海洋经济发展提供了金融支持。

3.海洋科研教育业高端要素集聚效应初显

青岛拥有十分丰富的海洋科技资源,聚集了全国30%以上的海洋教学、科研机构。2015年,在中科院海洋研究所、中国海洋大学等一批科研单位的项目、资金投入以及科研成果转化等促进因素的带动下增长优势明显,全年完成增加值62.7亿元,同比增长15.3%。作为全国第五个科技兴海产业示范基地,青岛蓝色硅谷核心区建设取得重大突破。先后引进建设海洋科学与技术国家实验室、国家深海基地等20余所“国字号”科研机构和高等院校,伟东教育云研发基地等130余个企业研发中心,高端要素集聚效应初步显现,对全市海洋科研教育业发展奠定坚实基础。

二、重点载体“一谷两区”齐头并进

市第十一次党代会后,在新的城市空间布局战略下,青岛确定了蓝色硅谷、西海岸新区、红岛经济区构成的蓝色经济“一谷两区”三大板块战略格局，并进入快速建设阶段。三年来重点区域建设展现新形象，“一谷两区”支撑引领作用进一步凸显。

(一)蓝色硅谷海洋科技资源集聚加速

青岛蓝色硅谷围绕打造“海洋科技新城”的发展定位，不断集聚各类涉蓝高端要素，丰富海洋科技新城内涵，成立三年来已累计投入建设资金200亿元、开工面积590万平方米，累计引进重大科研、产业及创新创业项目210余个，其中“国字号”科研机构14个，高等院校设立校区或研究院12个；累计引进两院院士、国家千人计划等高层次人才300余人。加快蓝色重点项目建设，国家深海基地、天津大学青岛海洋工程研究院、罗博飞水下机器人等项目正式投入运营，国家海洋设备质检中心、国家水下文化遗产保护基地等40余个项目加快建设。不断完善交通路网、景观建设等基础设施配套，蓝谷城际轨道交通土建工点接近完工，温泉河、南泊河景观整治工程已竣工并正式对外开放。全年实现地区生产总值63.2亿元、增长15.2%，完成固定资产投资226.8亿元、增长51%，蓝谷建设呈现良好发展态势。

(二)西海岸海洋经济发展迈出新步伐

青岛西海岸新区聚集了中船重工等科研机构180余家；拥有前湾港和董家口港等国际性深水大港；形成了航运物流、船舶重工、家电电子、汽车制造、石油化工、机械装备六大千亿元级产业集群；聚集了经济技术开发区、前湾保税区、西海岸出口加工区、新技术产业开发试验区、中德生态园等5个国家级园区和5个省级园区，园区集聚、政策叠加，创新开放优势突出。西海岸新区区位条件优越，以海洋石油加工、海洋交通、船舶海工为主的西海岸新区海洋经济增加值稳居全市首位，2015年占全市比重达38.2%，海洋生产总值三年年均增长21.8%，海洋经济成为新区经济发展新动力。海西湾船舶与海洋工程产业基地、前湾国际物流园区和海洋生物产业园3个省级海洋特色产业园区2015年实现产值323.6亿元，同比增长15.7%。海洋科技研发教育基地等3个市级园区实现营业收入99.2亿元，增长18.3%。截止到2015年末，新区共有蓝色经济产业项目236个，总投资达到2800多亿元，其中，102个项目在建，33个项目竣工投产。

(三)红岛经济区做高做新培育新经济引擎

红岛经济区以争创国家自主创新示范区为契机，突出产城融合发展，加快建设科技人文新城。2015年获批“国家海洋装备高新技术产业化基地”，重点发展的“1＋5”产业全部进入国家产业布局，2015 年完成海洋生产总值 28.8 亿元，增长 8%。全面启动国家新兴产业组织创新示范工程，创新能力显著增强，新认定青岛市创新型企业 14 家、高新技术企业 34 家，高新技术产业产值达到 90 亿元，占规模以上工业总产值比重 60%。蓝色生物医药、海工装备研发产业快速集聚。新引进黄海制药研发产业园、国际干细胞谷等 26 个项目，累计引进项目 68 个，总投资近 100 亿元。其中，青岛市生物医学工程与技术公共研发服务平台一期建成运营，易邦生物医药产业园一期竣工投产，并获批建设国家重点实验室和省级重点实验室。海工装备研发产业累计引进项目 59 个，总投资 130 亿元。其中，中船重工青岛国际海洋装备科技城、710 所青岛海洋装备研发及产业化基地加快推进，费米海洋新材料、沃赛海水淡化两项目获批蓝色领军人才基金 5200 万元。

(四)营造海洋经济发展良好氛围

青岛是“一带一路”战略规划中的新亚欧大陆桥经济走廊主要节点城市和海上合作战略支点城市，拥有全国 30%以上的海洋科研和教学机构，集聚了 40%的高层次海洋科研人员，承担着 50%的国家重点海洋科研项目。青岛正在大力实施国际城市战略，着力提升对外开放水平。以“互联互通、共享共赢”为主题的东亚海洋合作平台黄岛论坛 7 月在青岛西海岸新区盛大启幕，标志着东亚海洋合作平台建设正式启动，开启东盟 10 国与中、日、韩海上互联互通新时代。作为国家批复的第九个国家级新区，以海洋经济为主题让青岛的西海岸肩负了更大的使命。

2012 年，蓝谷发展规划获得国务院 5 部委联合批复，正式进入国家战略层面。蓝谷定位于打造中国唯一以海洋为主要特色的高科技研发及高科技产业集聚区。2016 年 9 月 19 日在海洋科学与技术国家实验室举办了有气候科学“奥林匹克盛会”之称的 CLIVAR 开放科学大会，学术会每五年举办一次，迄今举办了三届，前两届均在美国举行，这是我国首次举办世界最高水平的海洋与气候研究国际会议。26 日，2016 中国・青岛海洋国际高峰论坛在蓝色硅谷举行，300 余位国内外海洋领域专家、涉海企业和国家相关部委负责人齐聚于此，共同探讨海洋科技如何推进海洋强国和“一带一路”战略实施，同时举行全球海洋院所领导人论坛和 2016 中国(青岛)国际海洋科技展览会。蓝谷在“2016 中国(青岛)国际海洋科技展览会”、“2016 中国・青岛海洋国际高峰论坛”两大活动上共签约引进重点项目 40 余个，总投资超过 200 亿元。

青岛在挖掘海洋科技创新原动力，促进海洋科技创新成果转化方面优势明显。2016 年 9 月 26 日，在 2016 中国·青岛海洋国际高峰论坛上，中国经济信息社发布了《中国主要沿海城市海洋科技创新评价(2016)》，从创新投入、创新产出、创新应用与创新环境 4 个维度，对青岛、上海、广州、天津、大连等 20 个沿海城市海洋科技创新成效作出系统评估。

评估结果显示，在海洋科研经费投入方面，青岛、上海、大连排在前三位，广州和天津分别列第四和第五位。其中，青岛、上海在涉海科研机构及高校数量方面优势明显。在课题数量方面，青岛以 216 项课题遥遥领先，广州、上海、厦门分别居第二、第三、第四位。此外，青岛在专利总量上也明显领先，其后是上海、广州、天津、大连等城市。在创新环境方面，20 个沿海城市的整体评价差距并不明显，深圳在经济环境方面较为突出，青岛则在政策环境方面具有相对优势。

三、海洋经济发展中存在的主要问题

（一）海洋新兴产业尚处于发展初期

海洋新兴产业是处于海洋产业链高端，引领海洋经济发展方向，具有全局性、长远性和导向性作用的产业。主要包括海洋生物医药、海水利用业、海洋电力业、海洋科研教育管理、海洋金融服务业等。目前，青岛市海洋新兴产业尚处于发展初期，仍受发展实力、客观条件等因素制约，总量较其他海洋产业仍有差距。据统计，2015 年海洋新兴产业实现增加值 257 亿元，其中，海洋生物医药业、海水利用业、海洋电力业分别为 38.7 亿、5.5 亿、1.4 亿元，总量规模较小，发展还比较薄弱，缺乏规模化、旗舰型高端技术企业，产业结构优化升级的空间较大。

（二）产业技术层次与科研力量匹配度不够

青岛虽然聚集了大量的海洋专业人才，拥有完善的科研条件和雄厚的科研实力，但各科研机构独立并存，游离于大学和企业、政府之外，横向与纵向的合作与协作较少，难以形成科研合力，也会造成研究方向和成果相近的重复性研究，造成资源浪费。同时，青岛的海洋科研侧重于基础研究，缺乏应用型技术和人才，加之科研与市场脱节，企业科研投入及实力不足，造成海洋科研优势未能有效转化为海洋产业优势，在科技中介、资本运作缺失的情况下，科技成果的商业化、产业化进程受阻，一些市场前景较好的项目产业化速度较慢。

(三)海洋经济产业发展面临激烈的外部竞争

随着沿海地区新一轮大发展的启动,中国沿海一批新的增长极正在崛起,长三角、珠三角、海峡西岸等政策板块的发展相继上升为国家战略。青岛的发展面临其他沿海城市和地区在海洋资源、内陆市场、国际产业转移承接机遇、能源、人才、资本等方面的激烈竞争。与此同时,青岛还肩负着与日本东京、大阪和韩国仁川、釜山等海湾型城市争夺东北亚经济中心的重任。

四、促进青岛海洋经济发展的对策

(一)重点培育海洋新兴产业

以推进产业结构转型升级为主线,重点围绕构建现代海洋产业体系,运用“互联网+”理念,加快(加大)海洋经济各产业“接网触网”速度和力度,大力发展“海洋+”经济,统筹陆海资源,创新发展模式,促进产业融合,培育新兴业态,推动海洋制造走向海洋智造;围绕海洋生物医药、海洋新材料等战略性海洋新兴产业加快布局大项目、培育具有核心竞争力的行业领军企业,拓展新兴海洋产业链,形成海洋新兴产业集群。

(二)坚持创新驱动,促进海洋经济产学研协同发展

依托青岛现有海洋科教优势,抓住青西新区和蓝色硅谷获批战略机遇,加强以市场为主导、以企业为主体、以科技创新为核心的宽领域合作,实现政、产、学、研、资、介“六位一体”协同创新,撬动蓝色经济突破发展。一是深化科技体制改革,简化科技成果转化审批程序,改革科研机构管理制度,增加应用成果比重,释放海洋科技创新活力。二是强化企业主体地位,发挥企业在产学研合作过程中的主力作用,积极引进和培育涉海龙头企业,让企业整合带动产学研合作。三是加强中介服务,加快引进、培育专业的海洋技术经纪人才队伍,引导民间资本进入海洋科技孵化器建设,推动海洋成果和技术的转移扩散。

(三)借助“一带一路”战略,拓展海洋经济发展格局

借助国家将青岛定位为新亚欧大陆桥经济走廊主要节点城市和海上合作战略支点城市的战略机遇,加强与“一带一路”沿线国家在海洋经济方面开展交流合作,与沿线 12 个国家城市及 15 个海上合作重点港口城市开展务实性合作,在基础设施、外事外宣、经贸合作、金融服

务、人文交流、海洋科技、旅游会展等方面展开合作，助推青岛海洋经济发展驶入快车道。

（四）完善海洋管理体制，加强部门间统筹协调

完善海洋管理体制，建立健全海洋经济综合管理与协调机制。创新陆海统筹综合管理模式，统筹推进集监管立体化、执法规范化、管理信息化、反应快速化于一体的现代海洋管理体系建设。加大对海洋经济管理的统筹协调，明确工作分工，落实工作责任。加强涉海管理部门之间的统筹协调和沟通配合，建立联席会议工作机制，加强对海洋经济的指导与调节。

（作者单位：青岛市统计局）

青岛市国税收入形势分析及对策研究

青岛市国家税务局课题组

近年来，面对严峻复杂的经济税收形势，全市国税系统在青岛市委、市政府的正确领导下，坚持以组织收入工作为中心，积极应对经济新常态，克服结构性减税的不利影响，强化依法治税，加强征收管理，落实优惠政策，优化税收服务，保持了税收收入稳定增长。

一、2015 年青岛市国税收入总体完成情况

2015 年全市国税系统累计组织税收收入 1200.09 亿元，同比下降 10.4%。剔除海关代征税款，国内税收完成 722.59 亿元，同比增长 4.5%。其中，中央级收入完成 543.99 亿元，同比增长 4.7%；地方级收入完成 178.6 亿元，同比增长 4%，减除上划成品油消费税留成收入后，地方级收入(财政口径)完成 176.63 亿元，同比增长 4.8%。

2015 年，结构性减税和两大石化企业停产检修对全市税收增长带来较大影响。其中，对丽东化工增值税留抵税额进行退税，减收 10.93 亿元；落实国际货代行业全环节免征增值税，同比减收 6.75 亿元，为海信等家电企业办理嵌入式软件退税 6.4 亿元；大炼油和李沧石化两大石化企业下半年先后停产检修减收 27 亿元。上述不可比因素合计减少国内税收 51 亿元，拉低全市国内税收增幅 7.4 个百分点。扣除上述因素影响，全市国内税收同比增长 11.9%，地方级收入同比增长 10.6%，保持较好增长态势。

2015 年全市办理出口退(免)税 296.14 亿元，同比增长 9.9%。其中，办理外贸退税 220.75 亿元，同比增长 11.8%；办理免抵调库 75.39 亿元，同比增长 4.9%。

总体看，2015 年国税收入主要有以下几个特点。

(一)国内税收累计增幅整体呈现平稳增长态势

从收入走势看，上半年国内税收增速基本呈现逐月回升的趋势。其中第一季度，国内税收增速基本在 2%以下徘徊。2015 年 4 月份起，

受成品油消费税税率调整拉动，增幅逐月走高，7 月份达到全年最高点 8.2%。8 月起，受两大石化企业相继停产检修影响，国内税收走势有所趋缓。

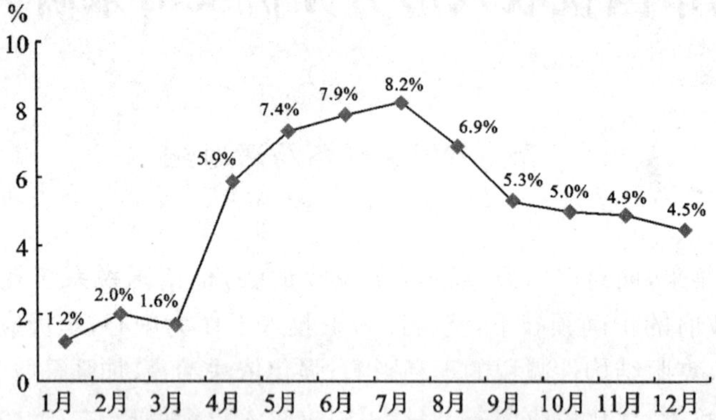

图 1　2015 年国内税收累计增幅走势图

(二)主体税种三增一降，车辆购置税增幅同比下降

分税种看，增值税完成 343.03 亿元，同比增长 2.3%；消费税完成 173.98 亿元，同比增长 7.7%；企业所得税完成 176.04 亿元，同比增长 8%；车辆购置税完成 29.54 亿元，同比下降 5.9%。除车辆购置税外，其他主体税种均保持稳定增长。总体看，消费税和企业所得税增长相对较快，是拉动税收增长的主体力量，而权重最大的增值税增幅偏低，对整体税收增幅有较大影响。

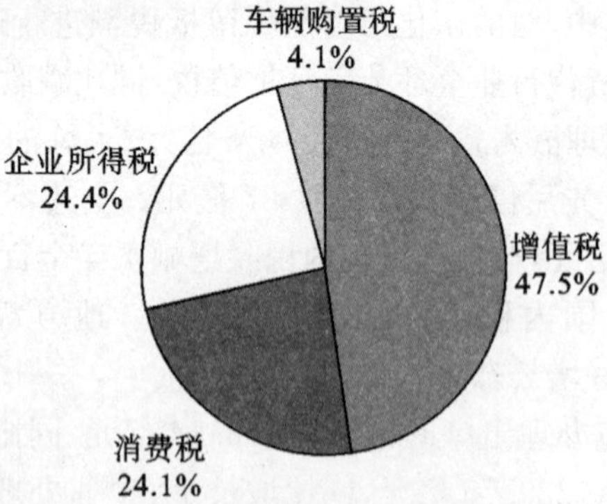

图 2　2015 年主体税种构成占比情况

(三)中小企业稳定增长，重点税源增幅减慢

从分规模国内税收收入(不含车辆购置税)看，890 家重点税源企业(年纳税 500 万元以上企业)完成国内税收 515.89 亿元，同比增长 4.7%；中小企业完成国内税收 176.74 亿元，同比增长 7.2%。与 2014

年同期相比，重点税源企业税收增幅同比回落 2.9 个百分点。

（四）重点区域税收增幅较低，区（市）间增幅差异显著

分征收单位看，青岛市税收比重最大的两大区域开发区和崂山区，受石化企业停产和卷烟税收贡献减弱影响，税收分别增长 5.5%和 0.5%；市南区（－0.9%）和部分老城区受“营改增”政策减收以及企业搬迁影响增幅回落较大；城阳区（14.6%）、高新区（16.8%）和保税区（19.2%）等新兴功能区受益于高端装备制造业和现代服务业的拉动，增长相对较好。县域经济中，平度市（13%）和莱西市（12.7%）受大企业增收带动税收较快增长，而即墨市（5.7%）、胶州市（0.6%）受纺织服装、金属制品业和电力设备制造业需求减少影响，收入增长相对较慢。

（五）税收增长动力转换，行业增长分化明显

2015 年，全市国税系统第二产业实现税收 479.71 亿元，同比增长 2.9%；第三产业实现税收 242.26 亿元，同比增长 7.8%。分行业看，通用设备制造业、烟草制品业、纺织服装和服饰业税收出现下降，同比分别下降 4.4%、6.1%和 16.1%；先进制造业和现代服务业表现出比较强的增长态势，其中专用设备制造业、铁路船舶航空航天制造业和金融业同比分别增长 15.1%、38.5%和 25.8%。

二、2016 年国税收入形势分析

（一）2016 年税收形势分析

当前我国经济总体平稳，结构性转型和供给侧改革对总体经济包括税收起到了较强的推进作用，但由于各种有利因素和不利因素同时并存，未来或将对组织收入工作产生难以预料的影响。

1. 有利因素

在供给侧改革的推动下，青岛市助力创新型企业发展，淘汰落后产能，以汽车制造、交通运输设备制造、医药制造等为代表的先进制造业，以交通运输仓储及邮政、信息传输计算机服务、租赁和商务服务业等为代表的优质服务型行业，现代金融业和房地产等行业发展较快。供给端优质的创新型产品的生产投资，刺激了消费，促进了外贸出口，实现了投资、消费和出口共同发展，经济走势稳中向好。数据显示，近几年先进制造业、优质服务型行业、现代金融业和房地产业呈现出向好态势，所占税收比重逐年扩大。从 2007 年的 27.2%扩大到了 2015 年的 42.7%，上升了 15.5 个百分点，增收 597.35 亿元，四类行业税收比重

均有不同程度提高。

(1)制造业的求变创新助推经济快速增长。制造业是经济发展的支柱产业，是供给侧经济结构转型调整中的重点领域。为清晰地展示制造业内在发展变化，我们从税收角度将制造业划分为先进制造业、传统制造业和其他制造业三个类别进行比较。2007～2015 年间，整体制造业的年均增幅是 13.8%，先进制造业的年均增幅是 14.5%，比传统制造业高出 0.4 个百分点，比整体制造业高出 0.7 个百分点。

(2)优质服务型行业的创新拉动经济高速发展。在服务业中年均增速最快的行业是信息和计算机、交通运输仓储及邮政、租赁、卫生和社会工作、教育、文体等 7 类，年均增速均在 15%以上。2010 年青岛市高新区成为国家创新科技园区，带动电子信息和计算机产业取得了长足发展，西海岸新区、崂山区、高新区三区联动，使得物联网产业、虚拟现实及人工智能产业、集成电路设计制造产业快速发展。2007～2015 年，信息和计算机服务业年均增速 28.6%，第三产业的税收年均增速 16.1%，信息和计算机服务业高于第三产业 12.5 个百分点。

(3)房地产业的蓬勃兴起促进高端业态形成。青岛市作为区域经济发展中心，优越的自然环境和人文氛围使其成为一个十分适合居住的城市，近年来旅游经济也带动了大量的外地人才涌入青岛，青岛的经济发展潜力吸引众多开发商选择在青岛进行房地产开发，由此青岛的房地产业逐渐变得火热。青岛市的房地产市场近年来经历了一个波动式、渐进式的增长过程。从 2007 年的 59.19 亿元发展到 2015 年的 224.95 亿元，税收突破 200 亿元，实现增加额 165.76 亿元，税收规模增长了 2.8 倍。据统计，2015 年青岛市新建商品房成交量达到 139262 套，同比增长 43.5%，商品住宅成交总量为 121648 套。2016 年商品住宅成交量继续保持较好增长。

(4)现代金融业助推经济较好发展。“十二五”时期，青岛加快服务蓝色经济为特色的区域性金融中心建设，抓住国家财富管理金融综合改革试验区战略机遇，实现金融业稳步发展。2015 年实现税收 120.06 亿元，比 2010 年增加了 77.82 亿元，是 2010 年的 2.84 倍，税收呈持续上升发展态势。2007～2015 税收年均增幅 23.4%，高于第三产业 16.1%的年均增速 7.3 个百分点。青岛市金融业新型业态不断涌现，机构数量增加，2015 年末全市金融业单位 394 家，比 2011 年增加 74 家。新增货币兑换、股权交易中心等新型金融业态企业 21 家。金融对外开放持续扩大，国际化程度稳步提高。截至 2015 年末，外资金融机构总数达 49 家，比 2010 年末增加 20 家，占全市金融机构总数的 12.4%，比 2010 年提高 1.1 个百分点。2016 年现代金融业继续为全市经济增长保驾护航。

2.不利因素

国际上周期性和结构性矛盾的交织短期内不易破解，世界经济和全球市场需求仍然低迷，国际环境中新的不确定性因素仍在增加。从国内看，经济下行压力还在持续，自然灾害等也给经济税收带来较大影响。

(1)主要经济指标呈现回落态势。目前工业税收占青岛市国税收入66%左右，受投资信心不足、投资领域受限、房地产“挤出效应”等综合影响，分别占工业投资47.7%和26.7%的装备制造业和战略性新兴产业投资增幅减弱，投资后劲总体不强，全市投资1000万元以上新开工项目2223个，完成投资开始出现下降。各项经济指标特别是工业指标回落，显示经济面对税收的支撑作用有所减弱。

(2)实体经济生存压力依旧较大。工业企业生产经营成本持续上升，全市规上工业销售费用、管理费用和财务费用在较长时间内两位数以上增长，每百元主营业务成本较上年末出现增加，而同期主营业务收入利润率呈现下降；受综合成本上升影响，纺织服装、轮胎等劳动密集型企业加快向东南亚转移。市场形势依然严峻。工业生产者出厂价格指数连续几十个月下降，工业出口交货值增速同比出现回落；受进口下滑影响，61家限上批发企业关停，108家限上批发企业营业额下降。

(3)传统支柱产业持续承压。烟草、石化是全市的支柱产业，占国税税收收入近30%。2016年以来，受需求下滑、市场竞争加剧等因素影响，石油加工、烟草制品业和酒饮料行业税收出现下降。青岛市大炼油、李沧石化两大石化企业受市场柴油需求减弱和地炼企业低价竞争影响，增加了产品来料加工出口比重，柴油产品销量同比出现较大幅度下降；消费税下降幅度在两位数以上。山东中烟公司卷烟由于中高档烟销量持续下滑，税收降幅较大。青岛啤酒集团受啤酒市场整体消费下滑影响，税收走势持续低迷。石化企业受上年同期停产检修基数较小影响，全年较同期有所增收，但如果扣除停产检修增收因素，税收增幅不容乐观。另外，作为青岛市大力发展的蓝色经济重要组成——船舶海工行业，受国际贸易不振影响持续整体下滑；扬帆造船继续处于停产状态；海洋工程青岛公司因国际油价持续低位，石油工程项目暂停或延缓数量增多。

(4)新增税源拉动作用有限。2015年青岛市开工投资过亿元的产业类项目545个，同比减少172个，完成投资同比下降13.9%；批准的规划许可建筑面积、环评投资额、施工许可新开工面积均出现下降。从税收数据看，2016年青岛市增值税一般纳税人申报抵扣固定资产设备进项税金同比下降幅度接近两位数。“十二五”期间，青岛市启动了历史上最大规模的企业搬迁计划，涉及老城区企业120家，目前98%的企业实现了关停、搬迁和转型升级。搬迁重点项目中，青钢、海晶化工等项目投产时间延后，尚未能形成新的增量。

(5)金融风险不容忽视。尽管青岛市不良贷款率持续下降，但潜在的金融风险仍需高度关注。目前，制造业、房地产、个人贷款等领域信用风险出现上升势头，失信情况逐渐由“被动逃债”蔓延为“主动逃债”，从“问题企业”传染至“正常企业”。近期国内非法集资风险持续暴露，国家不断加大互联网金融等重点领域管控，将挤压大量问题机构生存空间，非法集资风险可能继续释放传导，加大了“营改增”后国税部门对金融业的征管压力和难度。

(二)2016 年全年税收测算

全面实行“营改增”后，国税部门控管的纳税人数量增大，行业结构也更加复杂，2016 年全年税收调查测算的难度也随之加大。为了更好把握全年税收走势，青岛市国税局从主要行业经济税收变动趋势分析、重点税源企业税收走势、整体经济税源回归分析等多个维度进行了测算，再综合考虑“营改增”对下半年收入的影响来调研分析 2016 年整体税收收入情况。

1. 重点税源抽样调查

根据多年来重点税源税收走势看，重点税源企业占青岛市国内税收权重 71%左右，我们采用抽样调查的方式，对 1000 家重点税源企业经营以及“营改增”后税收完成情况，进行了深入的调查和分析。通过掌握重点税源这个“关键少数”的税收情况，做好对全市整体收入形势的研判，进一步增强组织收入工作的主动权。

通过调查，1000 家重点税源企业中有半数企业税收将实现增长，其中中国石化青岛炼油化工有限责任公司、青岛海信电器营销股份有限公司、青岛绿城华川置业有限公司和青岛银行股份有限公司等重点税源企业增收额在 1 亿元以上，少量企业税收持平，剩余部分企业税收下滑。

结合税收走势情况来看，青岛市重点税源企业 2016 年全年完成国内税收直接收入 539.57 亿元，依据重点税源直接收入占全市直接收入权重 71.3%推算，2016 年全市不含车购税的国内税收直接收入完成 756.53 亿元，再考虑免抵调库和车购税，2016 年全市国内税收完成 832.18 亿元。

2. 主要行业收入趋势

为了更清楚地了解各个行业经济税收运行的情况，我们对青岛市主要的 50 个行业(税收权重约占 99%)2015 年以来的国内税收情况进行了统计。税收收入最大的是石油加工、炼焦和核燃料加工业，其余权重较大的行业有批发业、烟草制品业、铁路、船舶、航空航天和其他运输设备制造业与货币金融服务业。在添加了趋势线后，除烟草制品业外，其他权重较大的行业基本呈现震荡上行的趋势。

剔除了权重较大的前5个行业后，其他45个主要行业运行轨迹各有不同，有增有减。添加趋势线后，发现趋势向上、趋势向下和趋势平稳的各占1/3，但趋势向下的主要集中在税收规模相对略高的行业，而趋势平稳和趋势向上的主要集中在税收规模略低的行业。

从税收趋势看，近年来石化、烟草、机车等支柱行业成为拉动青岛市税收上涨的主要力量，未来全市的税收趋势将很大程度取决于上述支柱行业的税收走势。我们运用时间序列分析对50个行业的2016年全年税收情况进行了预判，综合考虑“营改增”对部分行业的影响，预计50个行业2016年合计完成国内税收836.51亿元，考虑到50个行业的税收权重约为99%，倒算2016年青岛市国内税收预计完成845亿元左右。

表1　2016年青岛市二十大行业国内税收预计完成情况表

单位:万元

序号	项目	2016年全年预计
1	石油加工、炼焦和核燃料加工业	1524708
2	批发业	959368
3	烟草制品业	590863
4	房地产开发经营业	478852
5	货币金融服务	462671
6	铁路、船舶、航空航天和其他运输设备制造业	451967
7	零售业	312990
8	电气机械和器材制造业	291356
9	交通运输业	263169
10	金属制品业	221031
11	汽车制造业	189798
12	电力、热力生产和供应业	175012
13	通用设备制造业	174331
14	专用设备制造业	164568
15	计算机、通信和其他电子设备制造业	137319
16	橡胶和塑料制品业	136785
17	酒、饮料和精制茶制造业	117355
18	商务服务业	116331
19	化学原料和化学制品制造业	113475
20	农副食品加工业	104830

3. 应用回归分析技术研判税收完成总量

根据经济和税收的相关关系，我们拟对 1994 年以来的 GDP 和国内税收数据运用回归分析的技术进行研判。

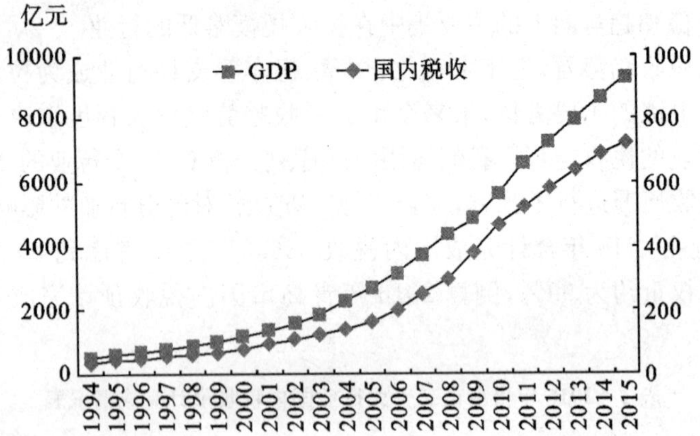

图 3　1994～2015 年 GDP 与国内税收走势图

首先对 1994 年以来国内生产总值和国内税收进行相关性检验，两者相关系数为 99.6%，具有较高的相关性，直接进行回归分析，得到回归方程 tax＝0.0808gdp－21.2951（tax 表示国内税收，gdp 表示国内生产总值）。根据 2016 年青岛市国内生产总值的目标值 9997 亿元测算出国内税收预期完成数额为 786.92 亿元，但这是不考虑四大行业"营改增"的数据。根据重点企业调查情况，综合征收数据初步测算，2016 年下半年全市四大行业"营改增"税收将完成 65 亿元。再考虑"营改增"带来的 65 亿元增收，测算国内税收将完成 851.92 亿元。该测算值较之前的重点税源和分行业时间序列分析的测算结果高，通过检验发现国内生产总值和国内税收两组序列不是平稳序列，之前进行的回归是"伪回归"，需要对数据进行差分处理。

在对 1994 年以来的国内生产总值和国内税收进行二阶差分后，经检验两者是平稳序列，再对差分后的序列进行回归分析，得到差分后的回归方程为 Dtax2f＝－0.0376×Dgdp2f＋2.0858（Dtax2f 表示国内税收的二阶差分，Dgdp2f 表示国内生产总值的二阶差分），还原后国内税收约为 777.57 亿元，再考虑下半年四大行业"营改增"税收完成 65 亿元，测算出 2016 年全市国内税收将完成 842.57 亿元。

我们通过重点税源调查、分行业时间序列预测、整体回归分析技术等多种方法，再综合考虑"营改增"对收入的影响，主观和客观相结合对 2016 年全年国内税收完成情况进行了科学的研判，测算出 2016 年全年青岛市国内税收完成数额在 830 亿～845 亿元的区间。对三类测算结果取算术平均值,2016 年青岛市国内税收将完成 839.92 亿元,同比增长 14%。

三、2017 年税收形势展望及对策

展望 2017 年,不利因素与有利因素并存。从有利方面看,国家统计局发布的全国制造业采购经理指数(制造业 PMI)和非制造业商务活动指数(非制造业 PMI)9 月份呈现“一平一升”。其中,制造业 PMI 为 50.4%,继续高于临界点;非制造业商务活动指数为 53.7%,连续 7 个月保持在 53.0%以上的景气区间,关键数据稳中有好。国内生产保持平稳增长,生产指数连续两个月上升。在生产回暖的带动下,原材料购进价格指数连续多个月份回升。市场需求仍延续扩张态势,新订单指数连续多月处于扩张区间。高技术制造业和装备制造业继续保持较快增长,PMI 分别高于制造业总体 2.0 和 1.5 个百分点。其中,医药制造业,汽车制造业,铁路、船舶、航空航天设备制造业,计算机通信及其他电子设备制造业等行业 PMI 均在 52.0%以上。同时,高技术制造业和装备制造业新订单指数也较为充裕。进出口指标双双回升,重回扩张区间,新出口订单指数重新升至临界点以上。

从青岛市情况看,随着“营改增”税收政策的逐步推开,税收减负效应逐渐显现。2016 年房地产税收保持了较高的税收增长,对与之相关的诸多行业都会产生较好的拉动作用。制造业持续回暖态势有望得以保持。特别是轨道交通、汽车制造、医药制造、新兴海洋产业等现代制造业保持平稳较好发展,对整体制造业起到重要的拉动作用。金融业、现代服务业等第三产业受实体经济需求拉动,也会随之产生较好的经济效益。加上市委、市政府对全市城市功能定位的重新规划调整,“腾笼换鸟”产业转型升级战略的逐步实施,经济质量将得以不断提升,经济保持向好的根基越来越稳固,对周边区域将产生较好的吸引和辐射作用,生产力也将得到进一步加强,全市经济税收有望保持持续向好的增长态势。

从不利因素看,国际市场回暖缓慢,外部需求疲软态势持续。国内市场需求小幅波动但尚未产生强有力的拉动作用、消费增速总体还是处于平稳小幅下滑趋势。民间资本投资大幅下滑,外商投资持续低迷。过快增长的购房贷款将对整体消费产生不利影响。

从青岛市看,传统产业产能过剩,高档消费品销售持续走低,卷烟、啤酒等重点行业税收下滑严重,电器机械及器材重点企业税收大幅回落,对全市经济税收带来较大影响。部分产业产能饱和或过剩,用工成本提高,青岛市新上增量大项目特别是工业项目拉动力不足等因素仍

会对经济税收增长带来一定的制约。

总体看，2017 年，青岛国税将按照总局《深化国税、地税征管体制改革方案》的要求，深化国地税合作，做好纳税人期盼的民心工程，推进国家治理体系和治理能力现代化，围绕着适应经济增长新常态，科学谋划布局国税工作。重点抓好以下 5 个方面工作。

（一）进一步强化税源分析监控管理，掌握组织收入主动权

一是按照依法治税的要求，加强组织收入工作督导，不折不扣地落实国家各项税收政策，充分发挥税收对经济的调节作用，增强经济活力；二是加强税收收入形势预测，实施收入目标动态管理，注重收入增长质量；三是深化税收分析，从税收视角看经济、看社会、看发展，积极为各级地方党委、政府建言献策。

（二）落实税制改革措施，服务经济发展

近年来，国家税制改革的力度大，新出台的税收政策多，随着宏观调控的进一步深入，2016 年刺激经济的结构性税制改革陆续出台。如生活性服务业、房地产业、建筑业、金融业“营改增”政策全面推行，支持产业结构性调整和促进高新技术发展政策仍将不断出台和完善。我们将认真贯彻落实用足用好这些税收政策，通过深入落实税收政策措施，充分发挥税收对经济的调节作用，促进青岛市产业结构调整和发展方式转变，努力服务改善民生，支持企业渡过难关，促进科学发展和社会和谐。

（三）强化税收征管，努力减少税收流失

积极运用市政府财源建设平台，加强第三方信息交流，完善协税护税机制；加大国际反避税工作力度，加强非居民企业税收管理；实施重点项目股权转让监控，抓好大项目税源建设；完善对跨地区经营汇总纳税企业所得税征管；深化出口退税预警分析。

（四）强化税务稽查，严厉打击税收违法行为

积极开展专项检查，严厉查处重大税收违法案件，继续组织重点税源企业轮查工作，特别是对近几年未检查过的重点税源企业，以及 2015 年税收下降幅度较大、税负率偏低的重点企业，列入检查重点，努力实现堵漏增收。

（五）增强服务理念，进一步优化纳税服务

继续落实优化纳税服务相关要求，在全市深入开展以税收服务经

济、服务民生、服务纳税人为主要内容的活动。采取有效措施，切实增强广大国税干部的服务意识、规范国税干部的执法行为，进一步巩固“服务优质高效、执法公正严明”的良好国税形象，全面完成国税系统各项税收工作目标。

（作者单位：青岛市国家税务局）

2017

社会篇

2016～2017年青岛市社会发展形势分析与预测

于淑娥

2016年是"十三五"开局之年，面对错综复杂的国际形势和国内经济下行压力加大的困难局面，青岛市认真贯彻落实中央和全省的决策部署，坚持系统谋划与精准施策相结合，政府引导与市场主导相协调，优化存量与引导增量相呼应，供给侧改革与需求侧创新相促进，全面推进经济社会发展，经济社会发展总体保持了总体平稳、稳中有进的态势。居民收入稳步增长，社会民生持续改善。前三季度，全市实现生产总值(GDP)7150.95亿元，按可比价格计算，增长7.7%；全市实现一般公共预算收入820.5亿元，同比增长10.3%；全市一般公共预算支出957.4亿元，同比增长20.6%。10件36项市政府市办实事总体进展顺利。

一、2016年青岛市社会建设取得显著成效

(一)城乡居民收入水平稳步提高，消费能力同比提升，消费价格温和上涨

前三季度，城乡居民人均可支配收入27213元，同比增长8%。其中，城镇居民人均可支配收入32598元，同比增长7.9%；农村居民人均纯收入15480元，同比增长8.2%。分别高出GDP增长0.2和0.5个百分点。

前三季度，全市实现社会消费品零售总额2911.6亿元，同比增长9.9%。电子商务成为青岛市消费市场的重要增长点，前三季度全市线上法人企业通过互联网实现的商品零售额增长71.7%，对全市线上企业零售额增长的贡献率达45%，拉动全市线上企业零售额增长6个百分点。

前三季度，居民消费价格上涨2.4%。八大类商品价格同比"七升一降"，医疗保健类价格涨幅最大，同比上涨8.7%。食品烟酒类价格

同比上涨4.3%，涨幅在八大类商品中居第二位。交通和通信类价格同比下降1.1%，是八大类商品中唯一同比下降的类别。

(二)社会事业投入持续增加，公共服务能力不断增强

前三季度，青岛市一般公共预算支出中，城乡社区事务支出205.9亿元，同比增长23.1%；社会保障和就业支出93.8亿元，增长18.9%；教育支出169.9亿元，增长16.7%。

2016年，用于支持教育、宣传文化、体育、医疗卫生、社会保障和公共安全等社会事业发展专项资金83.1亿元，比上年的58.9亿元增加24.2亿元，增长41.1%。其中，教育专项资金24.9亿元，占30.0%；体育发展专项资金2.7亿元，占3.2%；宣传文化专项资金2.9亿元，占3.5%；医疗卫生专项资金7.4亿元，占8.9%；就业社会保障专项资金32.3亿元，占38.9%；公共安全专项资金3.8亿元，占4.6%；其他资金9.1亿元，占10.9%

1.落实就业优先战略，新增就业保持稳定

2016年，青岛市促进以高校毕业生为重点的青年就业和城镇困难人员、残疾人就业，加强对灵活就业和新就业形态的扶持；推进大众创业和返乡创业工程，实施高校毕业生创业引领计划；每月举办多场高校毕业生大型专场招聘会；推行终身职业技能培训制度，城乡就业整体向好。

(1)政府重视，以政策推进城乡劳动者充分就业。1月25日，以市政府1号文件名义下发《关于实施就业优先战略行动 进一步做好新形势下就业创业工作的实施意见》(以下简称“就业优先意见”)和以市政府办公厅名义下发《关于实施返乡创业工程 促进农村增收致富的实施意见》(以下简称“返乡创业意见”)。“就业优先意见”提出，到2018年年底，全市累计城镇新增就业100万人，扶持创业10万人，城镇登记失业率控制在4%以内，就业局势保持总体稳定。“返乡创业意见”系列政策措施，鼓励扶持返乡农民工、大学生、退役士兵以及农村青年等人员(以下简称农民工等人员)返乡创业。将返乡创业纳入创业政策扶持范围，对返乡创业从事个体经营或创办企业的，视情况给予1万元、最高2万元补贴。到2018年底，全市将扶持农民工等人员返乡创业1万人，组织农民工等人员技能培训1万人、创业培训1万人，培育100名左右到农村创业的领军型创业者。

(2)新增就业保持稳定。前三季度，城镇新增就业52万人，同比增长3.3%，占年计划的173.3%。其中，本市城镇劳动者就业14.8万人，本市农村劳动者就业14.5万人，外来劳动者来青就业22.7万人。

(3)“创新、创业、创客”持续释放发展红利。2016年2月，青岛市科技局发布了首批51家“创客护照”试点单位名单，包括发放“创客护照”的24家孵化器和众创空间，以及为创客提供优惠服务的27家服务机构，构建起开放式的创业服务生态体系。“创新、创业、创客”持续释放发展红利。全市孵化器在孵企业3133家，毕业企业589家，全市经国家备案的众创空间达66家。青岛创客大街、西海岸创新创业中心、五四创客城、招商公社、盘谷创客空间等7个创业街区建成并投入运营，占年计划的70%；建成众创空间121家，占年计划的121%；聚集和服务创客7.98万人次，占年计划的159.6%。前三季度，政策性扶持创业2.2万人，同比增长26.7%，占年计划的223%，发放创业类补贴2.8亿元、创业担保贷款5.2亿元；完成技能培训帮扶9325人，占年计划的93.3%；通过发放就业补贴和社保补贴等措施帮扶城乡困难人员就业1.8万人，占年计划的90%。

青岛市2016年重点打造的十大创业街区之一西海岸新区首个创业街区“西海岸创新创业中心”5月正式启用，这是山东省首个区域高校联合创新创业基地。该中心依托同济大学设计创意学院在创意设计和创业孵化方面的雄厚实力，将Fab Lab开放创新实验室、021科技孵化器的运作经验融入中心建设，集聚“智造”时代创新所需的所有要素，全面综合地为创客提供孵化服务。截至第三季度末，已建有黑马创客空间、“1号平台”、“千人计划”人才孵化基地等特色众创空间，进驻创业企业和创客团队120家，初步形成了创新创业资源集聚发展的良好态势。

(4)青岛市跨境电商人才培养暨创新创业基地揭牌。7月28日，由青岛创业大学和山东恒邦教育信息有限公司共同成立的“青岛市跨境电商人才培养暨创新创业基地”揭牌，标志着“校企合作基地”在创业大学的发展史上迈出了创新性的一步。创新创业基地以跨境电商专业方向和人才培养为基础，发挥示范引领作用，大力研发、创新、推广新型高科技产品，广泛开展跨境电商各级各层次培训，服务社会，为青岛市经济的发展提供新助力。

(5)青岛市创业者协会启动了“微商创业平台”、“创视客”两个重点服务项目。“微商创业平台”以大学生、失业人员、转业军人等群体为重点服务对象，通过微商培训、项目对接、目标激励等方式培养微商人才，带动更多创业与就业；“创视客”通过多媒体运营包装推广创业项目，帮助项目多维度宣传、拓宽项目融资渠道，以满足不同创业企业需求。

另外，启动大学生农村电商创业工程。2016年在各基层村镇建设“农村电商”运营中心、服务站、培训中心200个以上，面对返乡创业大学生，招募和培养“农村电商”创业者200人以上。

2. 教育综合改革稳步推进，义务教育均衡发展

(1)《关于开展青岛市教育信息化应用创新示范学校创建活动的通知》(青教办字〔2016〕88 号)发布。该通知按照"以评促建、以建促用、注重过程、典型引领、示范推广"的原则，在全市中小学开展教育信息化应用创新示范学校创建活动，以此培育树立一批基础环境建设良好、应用特色鲜明的学校典型，构建引领全市教育信息化发展的骨干体系，带动广大中小学加快信息化进程，为青岛市建设成为全国教育信息化示范区打好坚实基础。

(2)青岛市第四届中小学生戏剧节举办。以"人人有戏，圆梦成长"为主题的"青岛市第四届中小学生戏剧节"，全面贯彻国务院和省政府有关精神，以立德树人为根本任务，进一步改进学校美育工作，引领学生树立正确的审美观念，激发想象力和创新意识，培养学生德智体美全面发展。

(3)中国海洋大学发起成立涉海高校海洋课程联盟。该联盟旨在汇聚全国一流涉海高校资源，分享优质海洋教育课程，为涉海人才提供范围更广、专业性更强的课程学习平台，目前共有 21 所涉海高校成为联盟成员。该联盟依托互联网计算机技术，通过课程联盟机制，汇聚联盟成员高校资源，推动课程教学改革，共建共享优质海洋教育课程。此外，联盟的成立也有利于完善海洋教育课程体系，为全国涉海高校学生提供更多的课程学习选择机会，提供更好的海洋课程服务。

(4)教育设施标准化建设取得新进展。截止到 9 月底，100 所农村义务教育薄弱学校改造全部开工建设。其中，75 所已主体完工，占年计划的 75%。161 所中小学标准化食堂建设已完工，占年计划的 80.5%。计划开工的 10 所中小学和幼儿园中，5 所已开工建设；计划竣工的 8 所已竣工 7 所，1 所已完成工程量的 85%。

(5)现代职教体系建设有新举措。2016 年，《关于成立青岛市职业教育交通运输类等 10 个专业建设指导委员会的通知》(青教办字〔2016〕87 号)发布。各专业指导委员会的主要职责是，研究职业院校相关专业门类发展及支持政策并提出建议，指导专业设置、社会培训，承担专业教师培训，开展国际国内交流与合作等。

3. 社会保障制度更加完善

(1)完善居民医疗保险筹资机制。9 月，《关于完善居民社会医疗保险筹资机制有关问题的通知》(青人社字〔2016〕46 号)发布，提出居民社会医疗保险费按照以收定支、收支平衡、略有结余的原则筹集；建立合理、稳定、动态增长的筹集机制，筹资标准与社会经济发展、城乡居民收入相联系，促进居民医疗保险制度健康可持续发展。合理划分政府与个人的筹资责任，在提高政府财政补贴标准的同时，适当提高个人

缴费比重；逐步缩小各类参保居民之间的筹资差距，到“十三五”末实现居民医保并档运行，建立居民社会医疗保险个人缴费标准与全市居民人均可支配收入相衔接的机制，各级政府根据地方财力情况和国家政策，对居民社会医疗保险给予合理财政补贴。

(2)青岛入选人力资源和社会保障部长期护理险制度首批试点城市。根据人社部《关于开展长期护理保险制度试点的指导意见》，利用1～2年试点时间，探索建立以社会互助共济方式筹集资金、为长期失能人员的基本生活照料和与基本生活密切相关的医疗护理提供资金或服务保障的社会保险制度。

(3)居民医保待遇提高。自2016年1月1日起，城乡居民医疗保险参保人员按照新政策享受大病医保待遇。增加免费接种疫苗种类剂次方面，已完成脊灰灭活疫苗免费接种54533剂次，水痘疫苗免费接种68791剂次。

(4)养老助困措施进一步完善。2016年，《青岛市促进医养结合服务发展若干政策》出台30条措施，从资金、土地、人才等方面对医养结合机构发展予以扶持。支持养老机构办医疗机构，推广“各类社区和居家养老机构＋医务室或护理站”服务模式。结合基本公共卫生服务的开展为老年人建立健康档案，并为65岁以上老年人提供健康管理服务。设立“即时照护、远程监管”试点。推进全市养老服务信息平台和老年人健康数据库、健康云平台建设，加快信息互联互通。支持开展各类基于互联网的医养结合服务。2016年1～9月份，全市新增社会办医疗机构393个，增加床位1700张。其中，市卫生计生委新增医疗机构11个，基本形成“大专科、小综合”的社会办医格局。

(5)敬老助老设施和政策更加到位。2016年5月1日起全市范围内正式实施60～64周岁老年人半价乘坐市内公共交通工具政策，日均刷卡约12万笔。老年人意外伤害保险已进入招标采购程序。30处社区小型养老机构已全部开工改造。其中，4处建成并投入运营或试运营，占年计划的13.3%；13处装修完工或具备运营条件，正在办理登记手续；13处正在装修改造。

提高城乡低保标准。自4月1日起，城市低保标准由每人每月620元提高到650元，农村低保标准由每人每月420元提高到470元。医疗救助方面，1月1日起正式实施新的城乡居民医疗救助制度。

4.便民利民工程进展顺利，城乡居住环境进一步改善

2016年，新增集中供热方面，已开工315万平方米。其中，280.2万平方米已完工，占年计划的70.1%。前三季度，启动棚户区改造5.52万户，占年计划的92%。住房保障方面，通过实物保障和新增租赁补贴完成住房保障6165套(户)，占年计划的77.1%。既有居住建

筑节能改造方面，开工225.9万平方米。其中，102.2万平方米已完工，占年计划的51.1%。农村危房改造方面，开工5832户。其中，5445户已基本完工，占年计划的90.8%。

5.健康青岛建设稳步推进

(1)医疗改革迈出新步伐。7月1日，青岛市公立医院综合改革启动。全市32所二级以上城市公立医院将全部取消药品价格加成(中药饮片除外)，实行零差率销售。实施综合改革的公立医院累计达到57所。《青岛市进一步深化医药卫生体制改革实施方案》发布，规划到2020年，建成覆盖城乡所有村(社区)的公共卫生服务体系、医疗服务体系、资金保障体系、药品安全供应体系、行业监督执法体系，形成五位一体的基本医疗卫生制度。强化卫生保健机构的公益属性，落实各种医疗实体的社会责任，破除公立医院以药补医机制，基本形成维护公益性、调动积极性、保障可持续的运行机制，建立现代医院管理制度。9月，《青岛市分级诊疗制度建设实施方案》(青政办发〔2016〕27号)发布，标志着分级诊疗制度建设启动。

(2)中医药综合改革试验区建设启动。发布《关于印发青岛市推进国家中医药综合改革试验区建设实施方案》(青政办字〔2016〕107号)，提出发挥青岛市海洋、旅游等特色优势，以建立政府引导、市场驱动的中医药健康服务业发展协调机制，构建政府引领统筹、卫生计生部门与其他部门双边协作、社会力量广泛参与的“1+2+X”模式，全面深化中医药综合改革。

(三)重点领域专项治理稳步推进，城乡环境有效改进

在上年开展“六项治理”的基础上，2016年青岛市全面开展安全生产、食品药品安全、大气和水污染、交通拥堵、市容环境、社会治安以及消费市场秩序等七大重点领域专项治理，营造和谐有序的城市环境，让城市更美、更洁净。七大领域专项治理总指挥部还在7月份开展了2016年七大领域专项治理工作第三方中期评估，根据评估结果对下半年工作进行督导，确保完成全年治理目标。

1.环境整治

1～9月份，华电青岛发电有限公司、高新热电等11台燃煤机组(锅炉)超低排放改造已完成，占年计划的110%。农村卫生厕所改造已完成218750座，占年计划的72.9%。发布《关于实施市区生活垃圾异地处置环境补偿的通知》(青政办字〔2016〕115号)，对市区生活垃圾异地处置实施环境补偿。环境补偿资金主要用于包括当地街道社区环境美化整治、周边市政基础设施建设维护、垃圾终端处理设施所在区域道路(包括进出场专用路等)维护、绿化提升、路灯和排水设施维护等垃

圾终端处理设施周边环境质量提升。

2. 交通拥堵治理

以解决"停车难、行车难、乘车难、行路难"问题为突破口，推进路网建设和停车场建设，推进病害市政道路整修，加快交通智能化、信息化，严肃查处违法违规行车、停车等行为，提高道路通行能力。1～9月份，已完成农村公路隐患整治2302千米，占年计划的230.2%。累计开通调整村村通公交（客车）线路54条，建设公交场站14处，实现285个行政村通公交（客车），占年计划的87.4%。5月1日起公共交通一小时换乘优惠政策正式实施，日均换乘优惠约30万笔。

3. 大气和水污染治理

全市出台了一系列政策、法规、制度，包括继续从严新建燃煤锅炉审批；制定了《青岛市关于加快推进燃煤锅炉超低排放的实施意见》、《青岛市清洁能源供热专项规划》、《青岛市民用散煤清洁化治理工作方案》、《青岛市建筑废弃物管理办法》、《2016年夏季挥发性有机物及燃煤污染控制工作方案》与《2016年机动车污染防治夏季专项整治工作方案》等，从重点行业VOCs污染防治、餐饮业油烟污染专项治理、燃煤锅炉超低排放改造、机动车污染物排放控制、油气污染治理设施检查等多方面入手，严防大气污染。2016年生态补偿金系数由上年的10万元/（微克/立方米）增加到40万元/（微克/立方米），并首次将秸秆禁烧考核纳入生态补偿办法；开展《青岛市大气污染防治条例》修订工作等。

2015年以来，全市累计完成17台燃煤锅炉超低排放改造，淘汰分散小燃煤锅炉65台，完成锅炉废气治理项目137个，工业VOC治理项目28个，工业扬尘治理项目23个，汽修喷漆废气治理项目43个；新增清洁能源供热面积210万平方米；新增燃气管道139.28千米，天然气使用量由2014年的8亿立方米增加到2015年的9亿立方米；淘汰全部黄标车10.8万辆，全面启用"国五"车用燃油；推广新能源汽车10846辆，新建充电终端9000余个。严厉打击大气污染环境违法行为，2016年1～9月份，查处各类环境违法行为689起，罚款2440万元，有力震慑了环境违法行为。

在环保部发布的2016年8月重点区域和74个城市空气质量状况报告中，青岛市位列第七，成为山东省首个空气质量状况进入全国前十的城市，同时也是前十名中唯一的一个北方城市。连续2个月实现各项污染物月均浓度达标，其中PM2.5、PM10、SO_2、NO_2、CO均为2013年以来的同期最好水平。另外，市内六区已连续2个月实现颗粒物浓度全部达标，四市为首次实现颗粒物浓度全部达标。

4. 消费市场秩序专项整治

2016年，围绕"吃住行游娱购"重点领域、"三点一带、一区多街"重点区域，突出市场顽疾，集中开展整治。实行侵权行为有奖举报、应急性消费纠纷先行赔付，构建起完整的消费市场监管链条。围绕反映集中的农贸市场短斤少两、欺诈宰客等问题开展专项整治，1～9月份，查处“鬼秤”案件62件，均按照法律上限予以2万元处罚，有力震慑了市场违法行为。借鉴中消协“国内部分旅游线路体验式调查”做法，组织开展海上观光、“一日游”等消费体验活动，消费市场秩序明显改观。加强“12315”建设，实行24小时人工值守，上半年共受理来电9.19万件，为消费者挽回经济损失1550余万元。提高消费教育引导水平，组织开展“3·15国际消费者权益日”、“新消费、我做主”万人消费体验活动，增强消费者维权意识。实施“红盾质量维权行动”，完成流通领域商品质量抽检450批次，进一步推动维权关口前移。

5.社会治安综合治理

2016年，继续深化平安青岛建设，完善社会治安立体防控体系，健全社会矛盾排查预警和调处化解综合机制，严密防范、依法严惩违法犯罪活动。出台《关于加强社会治安问题有奖举报工作的意见》，拓宽群众参与平安青岛建设的渠道。进一步提升区域社会治安防范。建成了“纵向贯通、横向集成、覆盖面广、实战性强”的视频监控“天网”，并组织街道联防队伍加强重点区域和重点部位巡防。强化校园安全管理、海上治安综合治理和地下空间安全管控。开展矛盾纠纷大排查大调处专项活动和工程建设领域治安整治专项活动等，不断强化城市安全管理水平。

6.安全生产治理

试行“1＋N”（对试行企业实施1次专家驻企检查，告知检查时间，对预设检查内容一项不漏地进行全面检查；同时采取不打招呼随机抽检等方式对部分检查项实施N次抽查检查），监管检查模式推动安全生产检查由“保姆式”变为“执法式”。1～9月份，全市安监系统共实施安全生产行政处罚728起，行政罚款3171.76万元，执行到位罚款2052.55万元，同比分别提升105.65％、43.74％和25.38％。其中检查处罚678起、罚款1602.54万元，分别占总起数的93.13％、总金额的50.53％；事故处罚50起、罚款1569.22万元，分别占总起数的6.87％、总金额的49.47％。

7.食品药品安全治理

1～9月份，全市完成食品安全定性定量检测62854批次，完成年度计划的96.70％，已出具数据合格率为96.68％；在生产加工环节、流通环节、餐饮环节共抽检13085批次，已出数据合格率为96.65％；开展食用农产品定性定量检测1100批次，合格率为98.55％；抽检海产品648批次，抽检合格率为100％；开展畜产品质量安全监督监测5306

批次，抽检合格率为100％；检测粮油样品4750份，合格率为88.59％；完成食品安全风险监测1813批次。各区（市）按计划组织开展了抽检工作，共抽检36078批次，合格率均在96％以上。总体来看，在种植养殖环节食品合格率在98％以上，生产加工环节食品合格率在97％以上，批发流通环节食品合格率在95％以上，餐饮消费环节食品合格率在95％以上，表明全市各领域各环节食品检测合格率整体较高，食品安全形势稳定可控。

（四）加大政策和资金扶持，文化产业发展成效明显

2016年，继续实施大项目带动战略，出台多项政策，抓好文化产业"千万平方米"文化创意产业园区建设，推动文化大发展。

1. 政策扶持文艺门类繁荣发展

为更好地服务于推进文化青岛建设、打造文化强市战略，2016年出台《中共青岛市委关于繁荣发展社会主义文艺的意见》，全面推进各个文艺门类繁荣发展。健全多出精品的体制机制，进一步提升文艺创作活力，逐步形成覆盖城乡、发展均衡、服务便捷、保障充分、统筹有力、充满活力的现代公共文化服务体系。发挥青岛市开放经济的优势，文艺对外交流合作走在全国同类城市前列。

2. 各区（市）文化活动丰富多彩

崂山非物质文化遗产节，民间艺术会演、第五届民间舞蹈大赛、元宵节猜灯谜、新春民俗文化摄影大赛等活动次第展开，串联起一幅具有浓郁生活气息的崂山民俗风情画卷。2016年青岛萝卜·元宵·糖球会，各种各样的民俗文化表演精彩纷呈，萝卜、糖球展销品种繁多；中华美食街区500多个小吃摊位都在此集结，并首次举行《印象海云庵》主题演出。

3. 中国教育电视台山东省记者站落户青岛

2016年3月，中国教育电视台山东省记者站正式落户青岛。中国教育电视台作为"中央四大台"之一，是中国最大的公益性教育服务平台，在《国家"十二五"时期文化改革发展规划纲要》中被确定为国家"十二五"时期重点支持的十大中央重点媒体之一。中国教育电视台山东省记者站落户青岛，对宣传和提高青岛教育在全国及全省的知名度和影响力起到积极推动作用。

（五）人才建设多措并举，结构进一步优化

近年来，青岛市根据产业转型升级的需要，通过采取创新人才引进政策、优化人才引进流程、畅通人才引进渠道等措施，不断优化引才环境，吸引更多人才来青创业就业。

1. 人才总量不断攀升

2016年1～9月份，青岛全市接收非师范类高校毕业生59080人，比上年同期增长4.77%。其中，博士364人，硕士6178人，本科28384人，专科24154人。民营企业接收人数占总人数的78.14%，黄岛区、市南区、市北区三区接收人数占总人数的68.03%，驻青高校毕业生占总人数的61.81%。

2. 西海岸成省人才成长基地和人才改革"试验田"

2016年，青岛西海岸新区出台《关于加快引进优质高等教育资源的实施意见》，规划到2020年，西海岸新区高等教育机构增至14所以上，成为最具活力的创新高地和人才高地。对引进的高等教育机构给予用地、建设、运行资金补助、配套服务方面的四大支持。

2016年，西海岸新区"人才改革试验区建设试点工作实施方案"正式获得山东省人才工作领导小组批复，该区成为全省3个试点地区之一，重点在人才股权期权及分红激励机制、科学化社会化专业化人才评价机制、国内外高层次人才引进政策等方面开展创新实践，建成国际高端海洋人才特区。此后，青西新区出台《青岛西海岸新区人才股权期权及分红激励试点工作实施意见》，规划在2年内培育20家以上试点单位，采取股权期权、股权出售、股权奖励、无形资产入股、分红激励5种方式给予激励。

3. 以"蓝色"为核心的人才引进和培养成为青岛特色

2016年，青岛市国家海洋技术转移中心获批建设国家技术转移人才培养基地，为促进科技成果转化和技术转移提供人才保障。2016年，青岛蓝谷新签约引进高等院校设立校区或研究院累计达到16个，累计引进"国字号"重大科研平台15个，签约引进各类科技型企业累计达到250余家。新建成各类科技孵化器累计达到165万平方米，62.5万平方米投入运营。同时，中国海洋人才市场蓝谷分部、中国海洋人才创业中心蓝谷基地新引进各类人才130余人，其中院士、千人计划专家、泰山学者等高层次人才15人；引进全职与柔性人才累计达到3300余人，其中院士、国家千人计划专家、长江学者、泰山学者等高层次人才300余人，海外人才52人。海洋人才创业中心启动系列专项服务，海洋技术人才培养基地拓展提升技术经纪人高端培训，开启了技术培训高端模式。

4. 青岛6人入选国家百千万人才工程，被授予"有突出贡献中青年专家"荣誉称号

人力资源社会保障部公布的2015年国家百千万人才工程入选人员名单中，青岛海尔特种电器有限公司刘占杰等6人入选，并被授予"有突出贡献中青年专家"荣誉称号，当选人员数量居全省首位。截止

到2016年9月底，青岛市国家百千万人才工程人选已达58人。

(六)城市交通补“短板”，大项目推力显著

1. 持续推进城市交通补“短板”

前三季度，在“胶东国际机场”、“地铁1～3号线”和疏港高速连接线等重大交通项目的强力助推下，青岛市交通运输业投资349.4亿元，增长25.9%，快于全市投资增速12.8个百分点；占全市投资的比重为6.5%，提升0.7个百分点，为加快补齐城市建设“短板”和提升城市服务功能发挥了积极作用。

2. 鼓励社会力量建停车场

2016年，《青岛市机动车停车场建设和管理暂行办法》出台，鼓励社会力量投资建设公共停车场，按不超过其建安成本的25%给予资金补助。

3. 成为全国首批交通一卡通互联互通城市

2016年，青岛市正式发行交通运输部标准琴岛通卡，成为全国首批交通一卡通互联互通城市。

4. 青岛轨道交通产业区再添两个大项目

2016年，青岛轨道交通产业区的重点项目——高速动车组检修产业化项目和铁路试验线项目均在进行主体建设，总体进展按计划推进。这两个项目的达产将进一步丰富青岛轨道交通产业区产业业态，青岛重点打造的千亿元级轨道交通产业链更趋完善。

5. 农村隐患公路整治有新成效

截止到2016年9月底，整治农村隐患公路2302千米，占年计划的230.2%。

(六)社会管理创新改革有新举措

1. 青岛市民政局成立“四社联动”工作领导小组

社区是社会的基本单元，是加强和创新社会治理的基础平台。社区、社区社会组织、社会工作专业人才、社区志愿者是“四社联动”主体。2016年，根据《山东省民政厅关于推进“四社联动”创新社区治理和服务的意见》精神，切实推动青岛市“四社联动”工作，加强和创新社会治理的基础平台，成立青岛市民政局“四社联动”工作领导小组，以此加强和推进青岛市社会治理创新。

2. 信用体系建设迈出新步伐

(1)2016年，“信用青岛”官网上线试运行。该网站提供信用信息发布与查询、异议投诉受理等服务，覆盖全市34万家企业法人信息、民非社团类非企业法人基础信息、律师等重点人群执业资格信息，失信被

执行人信息、行政处罚信息等。

(2)各区(市)信用体系取得新业绩。市北区经营者信用平台上线运行，消费者可点评11万业户。青岛西海岸新区开通了“信用西海岸”微信公众号，建设以信用信息公示为核心的新型监管体系，制定下发了《公共资源交易投标主体信用考评办法》等。2016年前三季度，先后对2位评审专家、6家投标企业、1个代理机构失信行为进行相应处理，有效净化了交易环境。胶州市大力推进全国小微企业信用体系试验区建设，制订了《中小企业信用体系试验区建设工作方案》，出台实施了《胶州市小微企业信用体系试验区建设信息采集与共享办法》，通过大数据分析提供市场主体登记数据34.78万条，其他部门监管数据3.28万条，互联网搜索数据17.12万条，为政府、企业制定发展政策提供了有力数据保障。

(3)行业企业信用体系建设迈出新步伐。青岛检验检疫局努力打造进境水产优质口岸。将信用管理与把关服务紧密结合，先后创建“青水蓝盾——青岛水产之家”公共服务平台、163法规资料网盘及企业信用管理微信群，畅通检企沟通渠道。市城乡建设委以信用考核促行业发展，构建工程建设市场监管与信用信息综合平台和市级信用平台数据互联共享，形成行业、企业、社会高度联动的守信激励、失信惩戒机制，树立“青岛信用建设”品牌。市环保局发布《青岛市企业环境信用评价年度报告(2015年)》，对全市10个区(市)、10多个行业的654家参评企业进行“环保诚信榜”评价，其结果将纳入全市社会信用体系建设，以此建立环境保护“守信激励”、“失信惩戒”机制，构建“政府、企业、社会”三位一体的多维环境监管模式。

(4)公民个人信用建设大幅提升。2016年，《青岛市文明行为促进条例(征求意见稿)》，对公共场所文明行为基本规范提出了要求，对8种不文明行为将从重处罚，并将处罚决定录入青岛市公共信用信息平台；青岛市公务员诚信档案系统上线使用，按照职责履行失信记录、社会生活失信记录、考核奖励惩戒记录三大类别设置了18项公务员诚信事项，并将其记入青岛市公务员诚信档案系统，作为公务员考核、任用和奖惩的重要依据。

二、2017年青岛社会发展形势展望

2016年第四季度和2017年，青岛市将贯彻落实中央十八届三中、四中、五中、六中全会精神，继续推进全面深化改革，在稳中求进的工作总基调下，稳步推进民生事业的发展，促进社会保障及公共服务能力的提高，使社会形势向着和谐积极的方向发展。

(一)居民收入将继续稳步提高,物价水平保持在可控范围

2016年,全体居民人均可支配收入将延续前三季度增长态势,同比增长8%左右,全市实现社会消费品零售总额同比将增长10%左右。《中共青岛市委 青岛市人民政府关于推进价格机制改革的意见》(以下简称《意见》)发布实施,青岛供热供水等七大重点领域将推进价格机制,11月10日起化肥用气价格全面放开、11月1日起市内三区再生水价格等数项调价政策纷纷出台,2016年全年物价增长将超过前三季度,但有望控制在3.5%以内。

2017年,青岛市社会发展将继续在社会体制改革和民生改善方面出台新政策,居民收入继续随经济发展水平提高而不断增长,预计城乡居民人均可支配收入同比将增长8%以上,全市实现社会消费品零售总额同比增长将超过10%。同时,价格改革《意见》提出:"到2017年,各项价格改革任务取得重要成果,竞争性领域和环节价格基本放开,促进转型升级、节能环保和兜民生底线的价格政策体系基本建立,政府定价范围主要限定在重要公用事业、公益性服务、网络型自然垄断环节。到2020年,最大限度发挥市场作用的价格形成机制基本完善,更好发挥政府作用的价格调控机制基本健全,维护市场公平竞争的价格监管制度和反垄断执法体系基本建立,多维全面、优质高效的价格服务机制基本形成。"2017年是实施价格体制机制改革的重要一年,物价增长速度将在规范中超过2016年水平,但仍会保持在可控范围之内。

(二)社会各项事业将稳步发展,公共服务能力和水平进一步提升

1.将继续实施稳健的就业创业政策,城乡就业形势稳中向好

2016年第四季度和2017年,青岛市人才市场将继续办好针对各类人员的不同类型的就业招聘会(据了解,仅2016年10月、11月2个月就有24场之多),促进全市就业。继续开展城乡就业创业指导和培训,提高就业者的水平,促进城乡就业人员数量和质量双提高。创业街区创建和帮扶城乡困难人员就业年度目标将全面完成。

2.继续推进教育改革,义务教育均衡发展将迈出新步伐

(1)出台《青岛市教育综合改革方案(2016～2020年)》。2016年第四季度,青岛市将贯彻落实山东省"3+1"教育综合改革(即基础教育综合改革、高等教育重点改革,构建现代职业教育体系和高等学校招生制度改革)有关精神,出台《青岛市教育综合改革方案(2016～2020年)》,统筹谋划好"十三五"期间青岛市教育改革工作,力争到2020年,将青岛市建设成为全国一流的教育综合改革先行区。

(2)市区最大九年一贯制学校欢乐滨海城学校2017年7月底验收

后投入使用。根据设计规划，校区规划中小学共72个班，是目前市区占地面积与办学规模最大的新建九年一贯制学校。

(3)将继续对平度等区(市)薄弱学校进行改造，改善办学条件。支持优质义务教育学校、优质幼儿园对口送教等，进一步推动全市基础教育均衡发展。

3.社会保障政策更加完善，民生质量进一步提高

社会保障将继续以保障民生、改善民生为主线，继续出台相应政策。《关于提高居民医疗保险待遇有关问题的通知》(青人社字〔2016〕55号)自2017年1月1日起实施，将提高居民社会医疗保险有关待遇。

4.交通发展将提速，居民出行将更加方便快捷

(1)青岛有轨电车将投入运营。2016年3月5日，青岛有轨电车示范线开始载客试运营，日均载客2000人次左右。预计11月，青岛有轨电车将投入正式运营。

(2)地铁8号线已通过环保评审，2016年底开工。8号线起自胶州市胶州北站，经红岛经济区、李沧区、市北区，止于市南区五四广场。项目总投资约321.51亿元，其中环保投资约1.6亿元。项目计划2016年底开工，2021年竣工。

(3)青荣城际铁路11月16日全线开通，开通青烟威动车组。

5.健康青岛建设将迈出实质性步伐，分级诊疗制度建设将有序推进

《青岛市分级诊疗制度建设实施方案》(青政办发〔2016〕27号)围绕保基本、强基层、建机制的总体要求，逐步建立基层首诊、双向转诊、急慢分治、上下联动的分级诊疗模式，构建以协同服务为导向的医疗服务体系。2016年开始在黄岛区、即墨市作为省级分级诊疗试点区(市)，到2016年底，试点区(市)县域就诊率将达到90%。其他区(市)结合实际积极推进，2017年上半年全面实施。2017年，分级诊疗服务体系和体制机制初步形成，居民患病2周内就医首选基层医疗卫生机构比例达到70%以上。2020年，建立健全符合青岛市实际的分级诊疗制度。

(三)重点领域和行业治理

2016年第四季度和2017年，青岛市将继续加大包括生产安全、交通拥堵、环境和大气污染、社会治安、公共安全、食品药品安全等方面治理，给居民造就一个良好的生产生活环境。如将启动《山东省大气污染防治条例》执法宣传周。2016年11月1日，被称为山东省史上“最严”环境地方性法规——《山东省大气污染防治条例》正式实施。青岛市环保局将在全市开展“执法到位，送法上门”集中执法宣传周活动。要求相关行业工业企业自2017年1月1日起全面执行《山东省区域性大气

污染物综合排放标准》(DB37/2376—2013)中第三时段的排放限值要求。此外,还将要求列入超低排放改造范围内的企业加快进度,确保完成改造任务。

(四)创新人才培养和引进思路和模式,人才数量和质量将进一步提高

2016第四季度和2017年,将在人才培养和引进模式上开拓新思路,使人才数量和质量在上年基础上有新突破。

1.外国人来华工作将实施"两证合一"

按照国家和山东省外国专家局有关文件要求,青岛市自2016年11月1日起不再发放外国专家工作证件、外国人就业证件,正式启用《外国人工作许可通知》和《外国人工作许可证》。

2.青岛市将与中国人民大学进行全面战略合作

双方将本着"平等互利、互惠共赢、项目推动、务求实效"的原则,充分发挥中国人民大学的人才、学科与科研等优势,结合青岛市区域、产业优势和经济社会发展需求,建立全面合作关系和长效合作机制,促进合作共赢。根据签订的协议,双方主要将深化四方面合作。一是深化决策咨询合作,二是加强科技交流合作,三是加强高端人才培养交流,四是开展创新创业合作。

(五)将继续推动社会管理创新

2016年第四季度和2017年,青岛市将推出新举措,深化和推进社会管理改革创新。

1.将对社会组织开展等级评估

2016年第四季度,为进一步推进社会组织规范化建设,促进社会组织健康有序发展,根据国家民政部《社会组织评估管理办法》,青岛市将对符合条件的社会组织开展等级评估。社会组织评估结果设置1A、2A、3A、4A和5A等5个等级。获得3A及以上评估等级的社会组织,在评估等级有效期内,可以优先接受政府职能转移、购买服务和承接政府委托项目,按照规定享受税收优惠,优先获得政府表彰奖励。

2.平度、即墨两市将作为山东省试点示范县(市、区)在创建社会信用体系建设方面开展综合性试点

两市将认真贯彻落实国家、省、市有关要求,结合实际探索创新,开展以健全守信激励和失信惩戒机制、推动信用信息应用、培育发展信用服务市场为重点的综合性信用建设试点示范,为地方经济社会发展构建良好的信用环境,为全省社会信用体系建设探索经验、做出示范。

3.公民个人信用建设将取得新成效

将公民个人处罚决定录入信用信息平台、对公民8种不文明行为

从重处罚、对 18 项公务员诚信事项记入青岛市公务员诚信档案系统等规定实施效果将在 2017 年有所检验。随着城市信用体系建设的推进、征信机制的健全完善、大数据分析等技术手段的发展应用，“信用青岛”建设必将取得更大进步。

（作者单位：青岛市社会科学院）

2016～2017 年青岛市农业供给侧结构性改革形势分析与预测

沙剑林

农业是国民经济的基础产业，农业供给侧结构性改革是我国供给侧结构性改革的重要组成部分。2016 年全国“两会”期间，习近平总书记在参加湖南代表团审议时强调，新形势下农业的主要矛盾已经由总量不足转变为结构性矛盾，推进农业供给侧结构性改革，是当前和今后一个时期我国农业政策改革和完善的主要方向。推进农业供给侧结构性改革，要以市场需求为导向调整完善农业生产结构和产品结构，以科技为支撑走内涵式现代农业发展道路，以健全市场机制为目标改革完善农业支持保护政策，以家庭农场和农民合作社为抓手发展农业适度规模经营。青岛市深入学习贯彻习近平总书记重要讲话精神，坚持以新发展理念为引领，把握总体要求和重点任务，着力推进农业供给侧结构性改革，农业质量、效益和竞争力实现了加速提升。

一、2016 年青岛市农业供给侧结构性改革形势分析

（一）取得的成绩

2016 年，青岛市深入贯彻落实中央和省委、省政府战略部署，以“创新、协调、绿色、开放、共享”五大发展新理念为引领，全面深化农业供给侧结构性改革，走出了一条“产城一体、产管结合、集约高效、开放融合、环境友好”的发展新路，被评为国家现代农业示范区、全国农业农村信息化示范基地、国家新型职业农民培育示范市，入选整建制创建国家农产品质量安全县（市）试点城市。1～9 月，全市实现农业增加值 271.27 亿元，同比增长 3%，农村居民人均可支配收入 15480 元，同比增长 8.2%；预计全年可实现农业增加值 391 亿元，同比增长 3.2%，农村居民人均可支配收入 18202 元，同比增长 8.8%。在农业部最新公布的评价报告中，青岛都市现代农业发展综合水平跃居全国第八。

1. 发布《青岛市都市现代农业发展规划》，绘就了深化农业供给侧结构性改革的蓝图

青岛市农委聘请中国农科院，高标准编制了《青岛都市现代农业发展规划(2016～2020年)》，2016年10月发布。规划的突出亮点是进一步优化了青岛都市现代农业发展布局，勾勒出"一轴三片、四区多点"的发展框架："一轴"指的是大沽河生态中轴；"三片"指的是东部崂山、北部大泽山和南部大小珠山三大生态间隔片区；"四区"指的是粮油生产功能区、高效设施农业功能区和重点农产品生产保护区、高端畜牧业发展区，以及蓝色渔业发展区；"多点"指的是建设1000个现代农业示范园、标准园。相关涉农区(市)立足地域实际、发展优势农业，实现以点带面、全面提升。《规划》明确了青岛都市现代农业的十大发展重点，即粮油产业、园艺农业、现代畜牧业、现代渔业、现代林业、现代种业、农产品加工业、休闲观光农业、智慧农业、生态节水农业，为深化农业供给侧结构性改革指明了方向和路径。

2. 瞄准市场需求，农业生产结构进一步优化

深化农业供给侧结构性改革，关键要瞄准市场需求，使农业供给有效益、有利润、有增长。为有效应对"粮贱伤农、菜贱伤农"局面，2016年，青岛围绕市场需求推进农业产业结构调整，因地制宜培育特色产业，取得明显成效，全市主要农产品供给保持自给有余。在大沽河流域和其他水浇条件较好的区域发展蔬菜产业，全年蔬菜总产预计857万吨，比2015年增长3.3%。在丘陵地区积极发展果茶花卉产业，全市果品种植面积达109万亩，预计全年果品总产120万吨；茶叶种植面积10.9万亩，毛茶总产量达3167吨；花卉种植面积达1.1万亩。在粮食主产区积极发展高端畜牧养殖业，在沿海地区大力发展远洋捕捞业、规划建设"蓝色粮仓"，畜牧业和渔业产值占农业总产值的比重达2/3。在人多地少的区域积极发展高效设施农业，高标准设施农业面积已达80余万亩。

3. 守护"舌尖安全"，农产品品质不断提高

深化农业供给侧结构性改革，本质是为了满足人们消费品质不断提高的需求，实现从"吃饱"向"吃好、吃的安全、吃的营养健康"转变。2016年，青岛市政府出台《青岛市禁止销售和使用高毒高残留农药规定》，自5月1日起在青岛全域禁止销售和使用高毒高残留农药；市农委建成全市统一的农药监管平台，对"谁在卖药、卖什么药、卖给了谁"实施可追溯管理。农产品质量安全监管体系实现全覆盖，93个镇(街道)均设有农产品质量安全监管中心，76个涉农镇(街道)和300个村(合作社)设立了农产品检测室，全年开展农产品定性定量检测2500批次、快速检测20万批次；415家"三品一标"基地、农民专业合作社和现

代农业园区内2600多个产品被纳入农产品质量安全追溯系统，农业部、省农业厅和青岛市三级抽检地产农产品平均合格率稳定在98%以上，居全国副省级城市前列。农业标准化生产扎实推进，全市农业地方标准达166项，主要地产农产品实现全覆盖，农业标准化生产比例达到73%；品牌农业建设成果丰硕，全市农业商标达到1.7万个，著名农业品牌166个、中国驰名商标10个、国家级名牌13个，"三品一标"农产品发展到887个，国家地理标志保护农产品46个，数量居副省级城市首位，胶州大白菜获山东省首批全省知名农产品区域公共品牌。

4. 强化科技支撑，农业发展方式进一步转变

坚持以创新推动农业供给侧结构性改革，坚决摒弃"拼资源、拼投入、拼生态环境"的传统模式，转为向优质土地要质量、向机械普及要效率、向技术推广要产能。认真落实《青岛市耕地质量提升规划》，实施土壤改良修复、农药残留治理等6项工程，累计完成深松整地110万亩，推广测土配方施肥600万亩，农作物病虫害统防统治325万亩，绿色防控150万亩，农作物秸秆综合利用率达到90%。加快建设高标准农田，全市建成粮油高产创建万亩示范方100个，农田有效灌溉面积达478.5万亩、节水灌溉面积达210万亩。加快推进农业机械化，全市农机总动力达到854万千瓦，农业机械化综合水平达到90.2%，高出全国平均水平27个百分点。深入推进农业科技创新，全市农业产业技术创新战略联盟成员达到8家，国家级重点实验机构达11家，农业科技贡献率达到67%，高出全国平均水平11个百分点。实施种业振兴工程，引进了登海、瑞克斯旺、先正达、绿色硅谷等大型农业集团，同时培育壮大本土种业企业，其中6家注册资本在3000万元以上，2家入围全国蔬菜种业骨干企业15强，高端大白菜种子占全国市场份额的40%以上，佳沃蓝莓种苗占全国供应量50%以上，北方设施辣椒种子市场份额全国第一，全市建成优质良种繁育基地20万亩，主要农作物良种覆盖率达到99%。建成畜禽标准化规模养殖场1038个，主要畜禽品种规模化养殖比重超过85%。渔业工厂化养殖面积110万平方米，池塘标准化养殖超过70%。

5. 立足农民增收，农村三次产业融合发展成效显著

充分发挥青岛产业吸引力大、聚集力强等优势，深入推进产城一体、融合发展，培育农业农村新产业、新业态。农产品精深加工业发展提速，建立起花生、蔬菜、粮食、饲料、果品、茶叶、乳品、肉类、水产品等九大农产品加工和流通产业链条，全市规模以上农产品加工企业436家、其中1亿元以上90家，年加工能力1300万吨，总产值1383亿元、利润63亿元，居全国副省级城市首位。直接从事农产品加工出口的企业1418多家，出口额过1000万美元的企业达121家，年农产品出口额

达310亿元以上，占全省32.6%、全国7.4%，在全国大、中城市中排位第一。深入实施农业“走出去”战略，推动农业对外投资向多行业和领域进军，在更广阔的空间进行产业结构调整和资源优化配置，全市共有规模较大、经营较好的对外农业投资项目13个，分布于亚、非、北美、南美和大洋洲五大洲，瑞昌棉业马拉维棉花合作项目被列入国家农业“走出去”探索试点项目，中央电视台把青岛瑞昌棉业有限公司作为非洲农业投资的典范企业进行了专题报道。休闲观光农业和乡村旅游业蓬勃发展，出台了《青岛市乡村旅游特色村、特色点以奖代补扶持办法（暂行）》，鼓励发展本地特色品牌，先后扶持建立全国休闲农业与乡村旅游示范点、示范村等18处，省级旅游特色村50处；规模以上休闲农业经营主体达700余家。全市休闲农业经营主体年接待游客270万人次，营业收入5.2亿元，实现利润1.4亿元。加快发展园区农业，推动实体经济集约发展，累计投资89亿元、建成现代农业园区800余个，其中国家级园艺标准园、示范园和示范养殖场等202个。依托现代农业园区发展镇域特色产业，太阳能小镇、玫瑰小镇、茶叶小镇、葡萄小镇、蓝莓小镇等特色小镇达20余个。积极推进信息化与现代农业融合发展，实施《“互联网＋现代农业”行动计划》，开展“互联网＋生产＋经营＋服务＋管理＋创业”五大行动，全市已建成社区农业信息服务站266余处，发展农产品电子商务平台500多家，年交易额达到51亿元。

6.深化农村改革，农业经营体系更加完善

坚持以产权制度改革为突破口，不断推动农村改革向深水区迈进，增强农业农村发展内生动力。确权颁证工作基本完成，全市农村土地承包经营权确权颁证农户93.68万个，涉及承包耕地面积487.1万亩，承包经营权登记完成率达96.2%，承包合同、土地承包经营权证到户率达100%。农村集体产权制度改革稳步推进，在2015年887个村庄完成集体产权制度改革的基础上，2016年新落实1522个村，界定集体经济组织成员52.3万人，成立社区经济（股份）合作社或股份制公司657个，量化集体资产达到57.6亿元，农民累计分红达到8.5亿元。金融支农体制更加健全，在全国率先开展农村土地承包经营权、集体建设用地使用权、房屋所有权和林权“四权”抵押贷款，累计发放贷款8.7亿元。建立了“青岛市现代农业产业引导基金”，支持农业产业化发展，助推转型升级，涉农贷款余额年均增长16.2%，高于全市各项贷款增速3.5个百分点。农村产权交易平台有效搭建，形成市、区（市）、镇农村产权交易系统，农村产权交易突破4亿元。适度规模经营稳妥推进，通过土地入股、土地托管和社会化服务等方式，广泛发展多种形式适度规模经营，全市土地股份合作社达170多家，百亩以上家庭农场、种植大户达6100多家，农民合作社8200多家，农业适度规模经营比重达

60%以上，农户入社率达到49%。

（二）存在的问题

虽然青岛市深化农业供给侧结构性改革取得了明显成效，但仍存在一些问题，主要表现为以下几方面。

1. 农业供给侧结构性改革的内生动力不足，农业适应市场的节奏滞后

在供给侧结构性改革过程中，农业作为基础产业，结构调整和转型升级时间紧、任务重，承受压力较大，需要进一步加强政策引导和财政支持。

2. 宏观经济下行压力较大，外部环境不容乐观

2016年旱情发展对农业生产造成不利影响，影响了农民家庭经营性收入增长；宏观经济下行压力增大，制约农民工资性收入提高；国内农业生产成本持续较快上涨、国际农产品价格持续下跌，迫切需要加快推进三次产业融合发展，助推农业转型升级，提升农产品生产的附加值和效益。

3. 工农、城乡差距依然较大，制约要素充分流动和功能有机融合

农业和农村发展基础依然薄弱，城乡居民收入、城乡公共服务差距依然较大，传统农业作为弱质产业的状况仍未从根本上改变，对农业和农村经济持续健康发展构成一定制约。许多农民不想、不敢、不能离开土地，大市场与小农业的矛盾依然突出，迫切需要强化大流通、大供给、大平衡理念，深入推进城乡要素充分流动，功能有机融合。

4. 支持政策集成不够，目标与路径衔接有待加强

推进农业供给侧结构性改革是一项系统工程，目前在规划引领、要素投入和项目支撑等各方面都有待加强，支持农业供给侧结构性改革的财政补贴、信贷担保和风险防控政策体系有待进一步健全。

二、2017年青岛市农业供给侧结构性改革趋势预测

2017年，青岛市将紧紧扭住发展现代农业、增加农民收入这个中心任务，深入贯彻落实习近平总书记系列重要讲话精神，按照中央和省委决策部署，以转变农业发展方式为主线，深入推进农业供给侧结构性改革，大力发展都市现代农业，促进农业和农村经济持续健康发展。

（一）瞄准市场调结构，农业产业布局和产品结构将更加优化

认真落实《青岛都市现代农业发展规划（2016～2020年）》，扎实推进农业功能区和现代农业示范园区建设，整体提升都市现代农业发展

水平。农业生产功能区建设将加快推进，按照“一轴三片、四区多点”布局框架，加快推进粮油生产功能区、高效设施农业生产功能区、现代畜牧业发展区和现代海洋渔业发展区建设，优化农业产业布局，在全域培育高端农业精品园、示范园、标准园和农产品加工企业。突出发展农产品精深加工业，加快培育一批国际知名、国内领先、具有强大市场竞争力的“航母型”农业龙头企业，建立从种植、养殖到加工、物流、营销的完整产业链，重点打造面粉、花生、蔬菜、饲料、肉类、乳品、禽类、海产品等8条百亿元级农业产业链。在稳定粮食产能的基础上，厚植蔬菜、蓝莓、远洋渔业、高端肉牛、茶叶、现代种业等新兴特色产业发展优势，推动提档升级，培育国家级“一镇一业、一村一品”示范镇、村，助推区域特色经济发展。

（二）适应消费提品质，农产品质量安全水平将持续稳定向好

以整建制创建国家农产品质量安全市为目标，落实“最严谨的标准、最严格的监管、最严厉的处罚、最严肃的问责”，建立健全农产品质量全域全程监管体系和全产业全过程生产标准体系，确保城乡居民吃上安全放心的农产品。完善投入品监管、产地准出、市场准入、质量追溯、退市销毁等监管制度，实现从生产到餐桌全程质量控制，农产品质量安全监测合格率稳定在98%以上。加强风险控制，完善风险清单，加强农产品质量检测，建成国家级农产品质量安全风险评估实验室。深入实施品牌发展战略，健全农业品牌支持、保护体系，制订农业品牌整体标识，打造青岛农业品牌系列，培育一批在全国具有知名度和市场竞争力的农产品品牌，提升农产品附加值。2017年将新培育10个区域共用品牌和30个特色品牌；支持新型农业经营主体开展产品认证，建设标准化生产基地，新发展“三品一标”农产品50个以上。

（三）立足增收促融合，农村新产业新业态发展将更加活跃

加快发展以乡村旅游和“互联网＋”为重点的“新六产”，推动三次产业深度融合发展，让农民更多分享产业链延伸增值收益。注重依托特色农业，培育发展农业节会，打造农业旅游精品线路，开辟“春夏秋冬”系列农业游活动，拓展农业旅游观光、休闲度假、农事体验等功能，2017年，全市农业节会活动将达到100个以上，农业旅游收入达到150亿元以上。深入实施“互联网＋农业生产、加工、服务、管理、创业”行动，建设300个农业信息化村级服务站，加快农业信息进村入户；加快发展农业大数据，完善提升农业科技信息“110”服务体系，通过手机短信、青岛农经网、微信客户端等，为农民提供全方位、多元化服务。大力发展现代农业示范园区，新建、改建100个现代农业示范园区，以园区

为载体，加快三次产业融合发展。

（四）依靠科技降成本，农业节本增效措施将进一步强化

按照服务城市发展理念和循环高效原则，大力发展绿色农业、循环农业、低碳农业，推动产前投入品安全、产中农业废弃物收集处理与产后的资源化利用，实施耕地质量提升行动计划，推进土壤改良修复、农药残留治理、地膜污染防治等工程，打好农业面源污染治理攻坚战，全市实施测土配方施肥600万亩以上，农作物秸秆综合利用率达到95%。建立现代农业产业技术体系和创新团队，促进农机农艺结合、良种良法配套。继续大力发展现代种业，组建青岛现代种业联盟，培育10家规模以上种业企业。强化农机装备建设，按照全面、全程机械化的要求，发挥农机补贴效应，加快先进适用农机装备推广应用，建设一批机械化、设施化、智能化程度突出的示范基地，耕种收综合机械化水平进一步提升，走在全省乃至全国前列。大力培育新型职业农民，创建国家新型职业农民培育工程示范市，出台新型职业农民培育管理办法，完善资格认定、教育培训、规范管理和政策扶持"三位一体"培育制度，2017年培育新型职业农民2万人。

（五）深化改革增活力，现代农业经营体系将更加健全

大力发展农业多种形式规模经营，深入推进"三权分置"改革，出台农村土地所有权、承包权、经营权分置办法；出台工商资本进入农业风险防控制度，建立风险基金，防止损害农民合法权益；支持发展土地集中型、生产服务型、产业带动型等多形式规模经营。培育壮大新型农业经营主体，重点培育发展规范化家庭农场和农民合作社；发展农村合作经济，推行"新型经营主体＋基地＋农户"、"农业园区＋新型经营主体＋农户"等模式，通过股份合作等形式，培育农业经营共同体。鼓励发展"家庭农场＋社会化服务"的经营模式，加快发展社会化服务。全面推进农村集体产权制度改革，积极发展农民股份合作，以保护农民集体经济组织成员权利和收益分配权利为核心，以明晰农村集体产权归属、赋予农民更多财产权利为重点，实现"资源变资产、资金变股金、农民变股东"。推进金融支农机制创新，用好现代农业产业发展引导基金，运用担保贴息、PPP、政府购买服务、以奖代补、风险补偿、投资基金等措施，鼓励涉农信贷投放。

（六）补齐"短板"强基础，支持农业供给侧结构性改革的政策体系将日臻完善

完善规划引领、要素投入和项目支撑政策，以美丽乡村为载体，推

动更多的资源要素投入实现由城到乡、由点到面、由物到人的转变，助推城乡和工农协调发展，增强农业供给侧结构性改革的内生动力。加快实施美丽乡村建设提升行动计划，以实现农村宜居、农民幸福为目标，按照生态美、生活美、生产美、服务美、人文美的“五美”要求，着力推进农村生态保护修复、宜居建设、强农富民、公共服务、乡风文明建设行动，提高美丽乡村建设标准化水平。2017 年，重点建设 10 个集聚类农村新型示范社区、100 个美丽乡村示范村和 1000 个美丽乡村达标村。

（作者单位：青岛市农业委员会）

2016～2017年青岛市市政公用事业发展状况分析与预测

柳　宾

2016年，青岛市以深入贯彻中央城市工作会议精神和中共中央、国务院《关于深入推进城市执法体制改革 改进城市管理工作的指导意见》为主线，不断提升市政公用事业的建设和管理水平，推动了市政公用事业的快速发展。

一、2015年青岛市市政公用事业发展概况

（一）供电

发电设备总容量425.97万千瓦，全年发电量170.41亿千瓦时；全年实际用电量342.29亿千瓦时，其中工业用电201.34亿千瓦时、农业用电6.19亿千瓦时、生活用电64.71亿千瓦时，平均每日用电量9378万千瓦时。

（二）供水

年末自来水供水管道长度6143千米，复合生产能力183.8万立方米/日；全年供水总量46203万立方米，平均每日供水量110.1万立方米。新增再生水利用量1300万立方米，城市再生水利用率达到33%；水质检测能力提高到201项以上，城市饮用水水质达标率100%。

（三）燃气

全市新建天然气管网162.1千米，新增用户7.9万户，乡镇天然气覆盖率达到92%；城市使用液化气、煤制气、天然气的总户数达到161.6万户，市区天然气管网基本实现全覆盖。全年供应液化石油气35255吨，供应天然气总量7.9亿立方米，城市气化率达到100%。

（四）供热

建成清洁能源供热项目 210 万平方米；对 7 处热源推进实施联网环网，在不新建热源的条件下新增供热能力 710 万平方米，节省热源建设投资 2 亿元，年节省标煤 2.1 万吨；实施山东路热网改造工程。全年新增供热面积 560 万平方米，年末供热面积达到 1.2 亿平方米，市区集中供热普及率达到 82%。

（五）垃圾和污水处理

组织动员 40 万人（次）整治市容环境卫生，清理卫生死角 9 万处，清除积存多年的各类垃圾 25 万吨，更新更换垃圾桶等环卫设施 5 万个。3 座污水处理厂扩建工程完工，新增污水处理能力 15 万吨/日，污水集中处理率达到 98%以上，在住建部组织的“36 个大中城市污水处理情况考核”中名列前茅。

（六）园林环卫

全市增设绿篱 7.6 万延长米，完成桥下空间绿化面积 4.1 万平方米；实施裸露土地绿化 91 处、绿化面积 139 公顷，栽植乔灌木 258.24 万株，地被 53.62 万平方米；绿化覆盖面积 30201 公顷，公园绿地面积 4802 公顷；完成 260 条（段）道路、9.2 万株行道树生长期修剪，清理死树枯枝 9 万处，补栽灌乔木 19.2 万株，市区主要道路绿地“空池”现象基本消除，顺利通过国家园林城市复审。市区主次干道机扫率达到 96%、冲洗率达到 92%，全省领先；市容环卫专用车辆 3184 辆，生活垃圾清运量 185 万吨；创建生活垃圾分类示范小区 16 个，市区餐厨垃圾收运协议签约率超过 86%，日收运量达到 115 吨；新建改建公厕 220 座，改造城中村、城乡接合部旱厕 1541 座，改造农村无害卫生厕所 7800 座。

（七）城市道路

重庆路改造工程完工，并获得中国建筑工程鲁班奖；福州路打通工程（黑龙江路—台柳路）、新疆路高架快速路工程实现通车；实施道路微改工程 13 处。年末城市道路总长度 4601 千米，城市下水道总长度 6992 千米。

（八）公共交通

开辟调整 47 条公交线路，施划 40 千米公交专用道；迁改 30 处拥堵公交站点，公交站点 500 米覆盖率达到 90%。年末市区公共汽、电车线路417条、增长7.5%，线路网长度2106千米，共有营运的公交汽、电车6748辆，全年客运量102402万人次，平均每日客运量281万人次，公交机动化出行分担率达到48%；共有出租汽车10033辆，市区95%的出租汽车安装车载终端，出租汽车管理信息化建设基本完成。

(九)生态环境

市区空气中主要污染物PM2.5浓度同比改善13.6%；PM10、二氧化硫、二氧化氮浓度同比分别改善12.1%、24.3%和23.3%；市区空气优良天数同比增加31天，达到293天，优良率80.3%。全市主要河流污染物化学需氧量和氨氮浓度同比分别改善15.5%和11.2%；胶州湾优良水域比例提高到65%；近岸海域功能区达标率84.4%。市区区域环境噪声平均等效声级56.7分贝(A)；市区道路交通噪声平均等效声级为68.4分贝(A)。

二、2016年青岛市市政公用事业发展状况分析

(一)供电

为了确保安全可靠供电，青岛市一方面积极做好地方电厂满出力运行工作，密切监视高荷设备、电网运行状况，针对高荷设备及时优化运行方式，做好薄弱环节分析和事故预想，缓解电力供应紧张局面。同时加强与政府部门、用电企业的沟通，安排有序用电方案，倡导错峰用电，确保重要客户和居民生活可靠用电。另一方面，加强电网调度，科学编制有序用电方案；并针对用电重过载区域，积极争取资金，加快推进输变电设施建设与改造。此外，不断加强安全用电、节约用电的宣传，共同营造良好的社会供用电环境。

夏季用电高峰期来临前，青岛供电公司结合“三查三强化”安全大检查活动，提前对各变电站和重要输电线路、设备进行特巡和红外测温工作，及时消除电网设备缺陷，提前完成179个重要台区红外测温工作和县域上划变电站特巡工作；完成220千伏黄埠站、水清沟站、南京路站等多个重要变电站的特巡工作；完成变电站及电网设备防洪防涝工作，全力保障全市广大客户安全可靠用电。7月25日11时07分，全市用电负荷达到714.5万千瓦，创历史新高。

(二)供水

一是积极推进水务企业重组，大供水格局初步形成。在供水范围方面，形成了以中心城区为基础，向东、北、西三个方向辐射发展的格

局，并通过专业企业生产确保水质达标、水量稳定；在管网建设方面，全市先后建设、改造800多千米优质管道，完善了“四纵三横”的大供水输送系统，有力提高了城市供水安全保障率；在终端输送方面，全面推进居民楼院供水管道、水表等设施更新改造工作，对管理不到位、运行不正常、设备陈旧老化的二次供水设施进行彻底改造，并取消了二次供水收费，实现了同城、同网、同质、同价、同服务的“五统一”供水服务体系。7月24日，供水量达到81.62万立方米，这是岛城自供水117年以来的历史最高值。

二是开源节流，提高水资源利用率。拓展大沽河挖潜的深度和广度，采取将零星水源串联、加装临时泵、二级提等措施，开挖河中河、塘中塘，延长供水区域，加大挖潜深度，覆盖供水广度，使有限的水源得以最大限度利用；严格落实巡检制度，加强对供水设施特别是大沽河、引黄暗渠的巡检，关键时期增加巡检频次，确保渠道安全运行。加大管网配套，落实节水措施，提高再生水利用；积极推进节水和非常规水源替代工作，加强企业对非常规水源的开发利用，通过创建节水型企业、采用节水设备，加强淡化海水、再生水等利用，提高水资源利用率。加强节水执法检查，严厉查处浪费用水行为，组织各用水单位开展用水节水情况检查，对不符合国家规定的用水设施、器具立即更换，对存在浪费水现象立即整改；对在城市集中再生水供水区域范围内的景观环境、公厕冲洗、道路清洁、车辆冲洗、建设施工、工业生产等用水，必须使用再生水。加大对用水单位的节水检查力度，对节水措施落实不到位的，限期整改，并压减用水计划指标；对浪费水、违章用水等违法行为依法予以处罚。

三是加强水质监测体系建设，确保供水安全。提升引黄保供的优质度，加强水质特别是pH值、硫酸盐、耗氧量等关键指标的监测，掌握入库、出库和大渠道水质动态，在渠首管理站安装净水剂投加设备，在洪江河老渠投加粉末活性炭改善水质，确保水质安全。目前，青岛城市供水水质监测能力达到200项以上，全市水厂全部满足10项日检指标的检测能力，出厂水的浊度、pH、余氯（二氧化氯）实现在线监测。为进一步提高水安全，还投资4000多万元建成供水水质预警系统，达到国内先进水平。此外，9月1日，《青岛市生活饮用水卫生监督管理办法》正式施行，这一办法填补了小区现制现供水管理空白，增强了城市饮用水卫生安全管理，破解了农村饮用水监管难题。

（三）燃气

一是加大天然气市场发展力度，天然气消费量稳步上升。2016年上半年，全市管道天然气消费总量为4.29亿立方米，比上年同期上升

9.44%。

二是加强行业安全生产督查，确保燃气安全。加强安全用气常识宣传，组织燃气企业开展“燃气安全宣传进社区”活动，设置八大峡广场等活动点，通过实物、展板、视频、现场咨询等形式宣传燃气安全常识，提高居民燃气使用安全意识；同时，专门定制燃气安全宣传车进行宣传，使“燃气安全宣传进社区”活动常态化。强化液化气市场监管，加大执法处罚力度，严厉打击液化气储存、充装、运输、销售和使用环节的违法行为，消除安全隐患，确保燃气安全运行。做好液化气企业安全检查，对市内三区7座液化气充装站的设备设施、日常维护、安全教育、持证上岗、规范化经营、隐患排查整改等进行检查，并下达《安全生产现场监督检查记录》，通过检查依法履行行业管理部门安全生产监管职责，严格落实企业安全生产主体责任，提高企业安全管理水平。做好各区(市)行业督查工作，组成督查组，对各区(市)燃气行业进行安全生产督查，加大燃气入户检查工作力度，重点检查燃气用户安全管理、安全用气常识宣传、液化气安全隐患整治等方面内容，压实企业安全生产主体责任，促进安全生产工作落实，确保燃气行业安全生产和稳定供应。

(四)供热

一是集中供热面积持续增加。到9月底，集中供热改造已开工315万平方米，其中280.2万平方米已完工，占年计划的70.1%。

二是扎实推进多热源环网联网工作。为减少燃煤热源污染排放，提高热网运行效率，青岛市扎实推进多热源环网联网工作，对福利院供热站、徐家东山供热站、错埠岭热电厂、浮山三小区供热站、浮新供热站、开源东部供热区域及泰能区域制订环网联网实施方案，实现各热源间联网运行。至9月底，该方案涉及的浮山段、福州路(江西路以北)段、古田路段、逍遥二路段、大尧三路段、江西路段、闽江一路段、闽江路段已全部完成，福州南路(江西路至闽江路段)管网工程初步完成。该项目实施后，预计各热源平均运行效率将由73.9%提高至82%，年平均标煤消耗将由45.6千克/吉焦降低至41.6千克/吉焦，单位面积节省标煤1.2千克，年节省标煤2.1万吨。

三是供热行业燃煤锅炉超清洁排放改造工作进展顺利。在2015年成功推进后海热电超洁排放基础上，继续对20台燃煤锅炉实施超洁排放改造建设，其中市区改造15台。改造完成后，燃煤锅炉的排放标准将达到天然气机组排放标准，烟尘、二氧化硫、氮氧化物排放将在现行基础上分别减排67%、75%、67%，预计一个供热季的污染物减排量相当于每年拆除一个100米高的烟囱。至10月份，改造工作已全部完成。

(五)垃圾和污水处理

一是不断提升垃圾中转管理水平。提高生产作业效率，持续优化改进现场作业人员操作规程，确保生活垃圾及时接收、快捷转运；更换转运车间液压锤液压油、维修污水厂生物滤池喷淋系统、疏通清理临时堆放场内的污水下水，提升垃圾转运效率；狠抓现场作业规范，规范进站垃圾车辆作业秩序，加强生产区域现场管理；挖掘管理潜能，强化协作意识，做到日常管理层层落实，级级规范；严格作业规范，杜绝安全事故；开展生产设备设施技术革新，提高工作效率，降低运行成本。

二是进一步加强餐厨废弃物监管工作。为促进餐厨废弃物规范化收运、无害化处置，青岛市启动专项整治，全面加强餐厨废弃物管理，维护城市环境卫生整洁有序。一方面，加强收运在线监控，借助环卫数字信息平台，对餐厨废弃物收运车辆运行轨迹进行在线监控。另一方面，加大处理设施监管，采取日常检查、在线监控、月度考核等监管措施，定期对餐厨垃圾处理厂运行作业进行检查评价，对发现的问题，跟踪督导企业落实整改。2016 年 6 月，青岛市顺利通过餐厨废弃物资源化利用和无害化处理试点城市终期验收，成为全国首批 6 个通过验收的城市之一，也是唯一一个副省级城市，并争取到国家补助资金 704 万元。9 月底，青岛市餐厨废弃物处理能力为 200 吨/日，设备正常运转率达到 100%。

三是污水集中处理率稳步提高。推进张村河、麦岛污水厂新建、升级改造工程，截止到 9 月底，全市已经建成并运行城市污水处理厂 23 座，总建成规模 181 万立方米/日，基本完成了污水处理网络构筑；其中有 19 座已达到一级 A 排放标准，有力地保证了胶州湾的水环境。

(六)园林环卫

一是推行市容环境卫生管理网格化巡检。为提升环卫监管水平，以街道办事处为管理单位、以数字化城管网格为基本巡检单位，按照“一级政府、两级管理、三级网格”的思路，梳理完成市内三区 40 个街道、156 个网格，并对以上网格进行“全覆盖、无死角”的网格化巡检。巡检员每天以步行的方式，对各自负责街道内的巡检网格进行细致的筛查，不放过巡检路线上的每一个道路保洁、垃圾清运、公厕卫生、占路经营等环境卫生和市容秩序问题，发现问题第一时间通过手机终端上传至市环境卫生数字化监管平台，后勤人员将上报问题汇编整理后，利用微信平台发布至各区环卫部门和街道办工作群，并及时督促整改，建立“发现—转办—处理—反馈”的市容环卫问题快速处理机制。

二是实施道路分级保洁，提升环卫管理精细化水平。为全面提升道路保洁作业精细化水平和城市洁净度，在市区范围内开展“深度保洁示范路”创建活动，出台《青岛市道路保洁精细化工作标准（试行）》，实施道路分级保洁。一方面，将全市2488条道路分为示范路、特级保洁、一级保洁、二级保洁、三级保洁、四级保洁6个级别，重点提升示范路和特级保洁路的“洗扫一体”作业模式，同时对各级道路保洁时间、保洁方式、保洁人员、保洁频次、保洁规范等均提出了具体要求，为实际作业提供科学的、具体的、可操作性强的指导性标准。另一方面，不断加大道路机械化保洁力度，示范路及主、次干道每日机械化清扫2次，示范路、重点区域及环湾大道等易污染道路每天进行高压冲洗，其他主次干道每周冲洗1～3次。2016年1～7月，新增机械化清扫、洒水和高压冲洗车55辆；手推式人行道保洁车250余辆。至8月初，全市机械化保洁车辆达到609辆，新型电动快速保洁车1685辆；市区主干道机扫率达到100%、面积达到859万平方米，次干道机械化清扫率已达到96%、面积964万平方米，主干道冲洗率100%、面积808万平方米，次干道冲洗率77%、面积703万平方米。

三是开展全市环境卫生大提升行动。从第三季度开始，结合环境卫生考核工作开展“环境卫生大提升行动”，每月确定一个主题，有针对、有重点、有亮点的提高环境卫生管理水平。主要包括三个方面：精细化作业大提升，要求各区提高道路保洁的精细化作业水平，重点考核道路的保洁质量、作业规范、巡回保洁、果皮箱及垃圾桶等环卫设施的设置管理等，并对机械化作业规范及作业质量进行现场检查；规范化服务大提升，从环卫形象、缓解如厕压力、保证保洁质量、及时维修等4个方面提升公厕管理服务水平，同时加强对垃圾收运车辆扰民问题的专项检查，对“作业时间、车容车貌、车辆撒漏”等进行重点监督；全覆盖管理大提升行动，督促各区加强管理，采取“切块”方式（每个区选取相同面积的区域，区域内全覆盖检查），重点检查背街小巷、沿街小路及楼院内、商业网点较少路段等容易产生卫生死角区域，确保环卫作业不留死角，实现全域覆盖。

四是加快农村无害化卫生厕所改造。2016年，市政府将改造30万座农村无害化卫生厕所列为市办实事，其中崂山区5000座、城阳区1万座、黄岛区2万座、高新区5000座、胶州市12万座、即墨市7万座、莱西市5万座、平度市2万座。截止到9月底，已完成卫生厕所改造218750座，占年计划的72.9%。

（七）城市道路

一是重点道路集中整治工作稳步实施。截止到9月底，2016年列入集中整治的39条道路中已完成18条、正在施工7条，其中市南区完成1条、市北区完成5条、正在施工3条，崂山区完成4条、正在施工1条，黄岛区完成4条、正在施工2条，城阳区完成4条、正在施工1条，李沧区正在进行预算评审工作。

二是断头路打通工程进展顺利。根据计划，2016年青岛市将进行唐河路、深圳路、安顺路（沔阳路—衡阳路）、开平路、东宁路、蓝海新港城（二期）配套规划东西路、宜昌路18号保障房配套道路、万科蓝山配套道路、中海临安府配套路、同德路（劲松一路—劲松三路段）、四方东部规划一号线、生物技术研发中心配套路等12条未贯通道路的打通工程。截止到9月底，深圳路打通工程的李沧区段已完成桥梁工程70%，道路工程正在组织石方爆破和管线施工；崂山区段已完成苗木迁移及房屋腾空工作。安顺路打通工程的沔阳路至汾阳路段完成道路管线施工及路基施工；汾阳路至衡阳路段道路完成立项、环评批复，综合管廊正在推进可研审批。开平路已完成项目代建单位招标工作，唐河路正在组织代建单位招标；保利双峰配套工程配套管线及车行道已竣工，正在实施人行道等收尾工程；蓝海新港城（二期）配套工程等4条道路正在施工。

（八）公共交通

一是持续调整优化公交线路。2016年前三季度，根据地铁开通与常规公交衔接等实际情况，适时开辟643路等4条公交线路，调整16路、25路等16条公交线路；累计迁改李村车站等17处拥堵节点公交站点。

二是中心城区公共交通一小时换乘优惠自5月1日起正式实施。根据《关于实施中心城区公共交通一小时换乘优惠的通知》，市南区、市北区、李沧区、崂山区、城阳区、黄岛区范围内以及延伸至其他区（市）的公共汽（电）车线路和城市轨道交通线路全部纳入换乘优惠范围；实施优惠对象为持有琴岛通卡并采取电子钱包支付方式的乘客（包括中小学生及60～64周岁老年人享受半价优惠的乘客）。换乘优惠对降低市民公共交通出行成本、增加公共交通出行吸引力和竞争力起到了积极作用。

三是公交快车迅速增加。6月23日，公交集团在5路、7路、21路、32路、206路、232路、303路、308路、362路、368路共10条公交线路上开通"互联网＋公交快车"，每日发快车16个车次，为市民早、晚高峰时间出行提供便利。至此，青岛公交开通的"快车"线路达到46条，每日发"快车"93个车次。

四是出租车更新力度进一步加大。青岛市原有出租车基本为2006～2008年期间引进上路的，大多数车辆已达到更新标准。2015

年，青岛市区更新出租车达到3112辆，2016年第一季度又更新3400余辆；至4月底，市区90%以上的出租车已经更新完毕。更新之后，原来起步价为12元的红旗车将不再存在，市区车型主要分为9元起步价（桑塔纳、捷达、朗逸）和12元起步价（斯柯达、雪铁龙C5、帕萨特）两种；车体颜色将继续保持8种，主要有益青公司的回忆红、中青公司的薄荷青、交运出租的交运绿、迪生出租的金黄色、华青出租的天空蓝、海博出租的深蓝色，1000辆以下的其他公司出租车都是富贵绿，12元起步费的礼宾出租车选用黑色。

（九）生态环境

全面落实国务院《大气污染防治行动计划》，突出抓好燃煤、扬尘、机动车和有机废气污染治理，生态环境持续向好。上半年，市区空气质量优良率为77.3%，同比上升12.1个百分点；其中，一级22天、二级118天、三级及以下41天，与上年同期相比一级增加15天、三级及以下减少22天，PM2.5和PM10为首要污染物的天数下降，臭氧和二氧化氮天数增加。1～6月份，青岛市空气质量综合指数在4.56～7.40之间，在全国空气质量排名中分别为第38、49、39、39、29、37名。

7～8月，连续2个月实现各项污染物月均浓度达标，其中PM2.5、PM10、SO_2、NO_2、CO均为2013年以来的同期最好水平。根据环保部公布的全国重点区域和74个城市空气质量状况，8月份青岛市位列全国第七，成为山东省首个空气质量状况进入全国前十的城市，同时也是前十名中唯一的一个北方城市。第三季度，青岛市获得山东省生态补偿金471万元，占8.44%。

三、青岛市公用事业发展趋势预测

“十三五”时期，随着国民经济持续增长、居民收入不断增加和城镇化进程的加快推进，市政公用事业面临着良好的发展空间。《青岛国民经济和社会发展第十三个五年规划纲要》（以下简称“十三五”规划）确定了“十三五”时期市政公用事业发展的总体方向和具体目标。2017年及今后一个时期，青岛市市政公用事业必将进入一个快速发展期。

（一）供电

一是供电网络将更加完善、更加智能。“十三五”规划明确了“加强外受电力通道、变电设施建设，完善高压环网，环湾三城、次中心城市、重点组团和重点功能区供电可靠性接近99.999%”的电力发展目标。“十三五”时期，青岛市将确保供电与城市发展和土地整体利用有效衔接：一方面，将全面推进智能电网建设，加快提升青岛电网智能化水平，建成智能电网技术支持系统，推广智能变电站、城区智能配网等项目建设，推广电力光纤到户，科学有序接纳新能源并网，加快用电信息采集系统建设。另一方面，将进一步加强城农网建设，加快实施农村电网改造升级工程，解决农村电网供电能力不足和低电压等问题，不断提高农网供电能力和供电质量，建成安全可靠、节能环保、技术先进、管理规范的新型农村电网，逐步实现城乡供电服务"一体化"。

二是风力、光伏等非化石能源发电比重将不断增大。从全国发展趋势看，风电、光伏、水电、核电将是今后能源发展的重点。在青岛，风力发电已经具备了比较好的基础，光伏发电也已经起步。在风力发电方面，青岛属于季风气候，有得天独厚的风能资源，每年春季、秋季和冬季风力一般都在 3 级以上，十分适合风力发电。近年来，平度、即墨、莱西、西海岸新区等地的风力发电均得到了较快发展，黄金发电期全市一天的风力发电量已超过 100 万千瓦时。随着风电产业集群的日益壮大，青岛风电能量将越来越强。在光伏发电方面，中国是世界上最大的光伏市场，也连续 8 年成为全球最大的光伏电池生产国，2015 年光伏发电量已经达到 400 亿千瓦时左右，差不多相当于半个三峡。近年来，青岛的光伏发电已经起步。比如青岛昌盛日电在即墨市大信镇建设的光伏农业园项目，全部装机并网发电后，每年的总发电量将达到 2.2 亿千瓦时，按照一般家庭每年消耗 3000 千瓦时电来计算，可供 7 万多个家庭一年使用。有专家指出，随着光伏电价的降低，我国光伏发电量在总发电量中的比例可以提升到 10%左右。"十三五"时期，随着技术的进步，青岛的光伏发电量将持续增加。

(二)供水

一是供水保障水平将进一步提高。根据规划，"十三五"时期，一方面，青岛市将新建沐官岛水库，改建泉心河水库等水源工程，复建官路水库等调蓄水库；实施高格庄—产芝水库、北墅—产芝水库、黄同水库—云山段青岛供水接管点—平度城区、黄山—尹府水库、潮河甜水河调水、棘洪滩—董家口引水等水源输配工程；保护大沽河地下水环境，涵养水源地，作为极端情况下城市供水应急备用水源，从而构建起蓄引结合、主客联调、海淡互补的城市水源配置工程网络体系。另一方面，将进一步推进城市供水管网建设和改造，建设中心水厂、泉心河水厂、红石崖水厂二期和董家口海水淡化、鳌山卫海水淡化工程，升级改造现有水厂，配套建设改造输配水管网。到 2020 年，全市水源供水能力将达到 19.46 亿立方米，城区水源供水能力将达到 9.36 亿立方米。

二是二次供水服务效能将稳步提升。近年来，二次供水加压设施的管理问题日益突出。2016年9月，西海岸公用事业集团水务有限公司运用“互联网＋”思维启动二次供水信息管理系统建设工作。建成后，该系统将通过互联网对区内具备条件的二次供水设施实施监控、报警、调度等自动化管理，而系统内置的专业分析及统计报表能够确保供水企业更加高效、快速、准确地做出决策，最大限度地保障城市供水安全和降低供水事故损失，提升二次供水服务效能。随着信息管理系统的完善和推广，全市的二次供水服务效能将得到有力提升。

三是农村饮水将更加安全。“十三五”规划提出“加强农村规模化供水水源地保护，保障农村饮水安全”的要求。今后几年，青岛市将在全面完成农村规模化集中供水工程的基础上，通过实施农村供水巩固提升工程保障农村供水安全。

（三）供气

一是天然气供应保障能力将进一步加强。“十三五”规划提出，“十三五”时期青岛市将建成山东LNG工程、胶州湾海底天然气管线工程、城阳至即墨东部等次高压管网，推进新城区和乡镇燃气管线建设，实现燃气管道化。另据燃气“十三五”规划，到2017年底，青岛市将实现县城以上管道燃气普及率75％、小城镇（乡镇驻地）管道燃气普及率60％、全社会燃气普及率97％；到2020年，实现县城以上管道燃气普及率80％、小城镇（乡镇驻地）管道燃气普及率70％、全社会燃气普及率98％。

二是天然气使用量将进一步增加。随着国家天然气体制改革和青岛市清洁能源供热政策的实施，青岛市将大力鼓励扶持天然气在工业、商业餐饮、供热、交通运输等领域的使用，全市天然气需求量将大幅度提高。

（四）供热

“十三五”规划设定了今后5年的供热发展方向和具体指标：推进华能董家口热电联产、大唐青岛天然气热电联产、华电青岛天然气热电联产、华能即墨天然气热电联产等工程，推广污水源、海水源等可再生能源供热方式，在市南、市北和李沧三区开展利用热电联产热源替代区域供热锅炉房工作。2020年，全市供热面积达到3亿平方米，清洁能源供热面积比重达到57％。

为完成上述目标，今后市域原则上将不再新建传统燃煤供热项目；同时将积极实施燃煤锅炉超低排放改造，加快淘汰中小燃煤锅炉，目前全市共有供热锅炉127台（其中市内三区有61台），在2016年改造20台的基础上，今后两年将对剩余锅炉进行改造，2018年前将全部达到超洁排放标准。

（五）垃圾与污水处理

一是垃圾分类处理将深入发展。“十三五”规划提出：“十三五”时期，青岛市将建立生活垃圾分类投放、收集、转运、处置体系，实现生活垃圾源头减量；建成小涧西、西海岸等5个垃圾处理园区，新设一批小型垃圾处理设施，垃圾转运站和收集站服务全域，生活垃圾收运处理实现市级统筹；规范工业固废、餐厨废弃物资源化利用和无害化处置，实现收集处理产业化；推进污水处理厂污泥无害化和资源化处置利用；市区生活垃圾无害化处理与资源化利用率、污水处理厂污泥无害化处置率均达到100%。推进农业生产废弃物分类回收与综合利用，实行农村医疗废物集中收集；统筹规划建设农村生活垃圾无害化处理场、垃圾中转站、垃圾收运设施，完善市区统筹、镇街监管、村级保洁、市场化作业的生活垃圾收运处理体系。

二是污水集中处理能力进一步提高。依据《青岛市落实水污染防治行动计划实施方案》，到2017年，全市建成区污水集中处理率不低于98%，市区建成区基本消除黑臭水体。

（六）园林绿化

“十三五”规划提出“开展国土绿化行动”的要求和到2020年的具体指标：林木绿化率稳定在40%以上；建成区绿化覆盖率达到40%，人均公园面积达到11平方米，林荫路推广率达到85%。为完成这一目标，今后几年青岛市将采取一系列提高建成区绿化水平的措施。一是加大综合公园、街头游园、山头公园和道路带状公园规划建设力度，建好小珠山、浮山、金岭山、虎山、双峰山等城市生态公园。二是推广海绵型绿地，建设雨水花园、下凹式绿地、人工湿地，增强公园和绿地系统的城市海绵体功能。三是优化行道树种结构，增加乔灌木种植比例。四是推进城市立体绿化，实施拆违增绿和见缝插绿，完善李村河、大村河、滨海大道、重庆路、黑龙江路等过城河流和道路绿化。

（七）城市道路

根据《青岛市城市综合交通规划》，到2020年，青岛市的城市路网总长度将达到4460千米，路网密度达到8.9千米/平方千米，道路等级结构快、主、次、支比例为1∶2.9∶3.1∶7.3；路网总容量为1218万标准车千米/小时，正常情况下能容纳约120万辆机动车出行，并能满足高态势下日交通量6000万标准车千米的交通需求；交通需求在正常发展态势下，路网平均饱和度为0.44，平均行程车速为29千米/小时，高峰时段车速中心区不低于20千米/小时、外围区不低于35千米/小时；青黄跨海两通道与拓宽的胶州湾高速公路可提供3万～3.5万标准车/小时的通行能力，可满足远期两者间的交通需求（包含青岛城区对外交通需求以及环湾区域的部分交通需求）；联系红岛（城阳）城区与青岛城区间的胶州湾高速公路、重庆路快速路、青银高速公路、308国道可提供4.5万～5万标准车/小时的通行能力，可满足远期两者间的交通需求（包含青岛城区的对外交通需求）。

（八）公共交通

一是公交都市初步建成。按照《青岛市公交都市创建工作实施方案》提出的目标，2018年，青岛市公共交通机动化出行分担率将从现在的37%提高到60%，公共交通站点500米覆盖率达到100%，公共交通乘车一卡通使用率达到80%，公交车辆中纯电动车比例达到28.5%，公交专用单行线道路设置率达到35%，建成国内领先的国家公交都市示范城市。基于此，今后两年青岛市将加快构建以轨道交通为骨干、常规公交为主体、慢行交通为补充、特色公交为亮点的公交发展体系，实现全域公交统筹。

二是公交车状况将全面提高。根据《青岛市城市综合交通规划》，到2020年，青岛市地面公交车辆规模为1.2万～1.3万标台；单机公交车辆选用大容量、低污染、低能耗的车辆，并全部实现智能化收费；公交车辆和车内设施配置需满足人性化要求，并满足特殊人群的出行需要。

三是出租车将实现快速发展。《青岛市城市综合交通规划》设定的目标是到2020年出租车拥有量控制在1.75万辆，出租车万人拥有量约35辆；出租车空驶率保持在25%～30%，全日里程利用率达到70%；在对外交通衔接枢纽、公交换乘枢纽等客流量较大的地点，配套相应级别的营业站和停车泊位场地；大型商业、公共服务和娱乐活动中心及居民密集住宅区，必须规划配套的出租车泊位，建设出租车营业站，方便乘客租车；采用先进的GPS、无线通信等技术，实施出租车IC卡结算，提高预约出租车服务比例，提高经营效益和服务水平。

（九）生态环境

一是空气质量将持续优化。“十三五”规划提出“节能减排目标提前完成，市区环境空气中细颗粒物（PM2.5）浓度持续下降，蓝天白云天数稳居全省前列，成为国家环保模范城市”的发展要求。今后，主要污染物排放总量将大幅减少，空气环境质量将持续优化。

二是水环境进一步改善。《青岛市落实水污染防治行动计划实施方案》明确了到2020年的水环境发展目标:“全市水环境质量实现阶段性改善,省控重点河流基本恢复水环境功能,全市建成区基本消除污水直排现象。全市重要饮用水水源地水质安全得到有效保障。地下水污染防控有所增强。黄海近岸海域水质保持优良,胶州湾水质优良比例稳步提高。水资源节约和再生水循环利用体系逐步完善,水生态系统功能逐渐恢复,重点河流生态流量基本保障。”在此基础上设定了具体指标:到2020年,全市地表水水质优良(Ⅲ类以上)比例达到60%、丧失使用功能(劣Ⅴ类)比例控制在10%以内;省控重点河流水质基本达到水环境功能区要求,重点入海河流消除劣Ⅴ类水质,全市建成区消除黑臭水体;全市集中式饮用水水源地水质达标率100%,地下水质量考核点位水质级别稳中趋好;黄海近岸海域水质优良(一、二类)比例稳定保持在95%以上,胶州湾水质优良比例不低于70%。

(作者单位:青岛市社会科学院)

2016～2017年青岛市文化产业发展形势分析与展望

郑　国

多年来，青岛市文化产业工作在国家、省、市鼓励政策引导下，紧紧围绕市委、市政府建设文化青岛、打造文化强市的总目标，出台了一系列政策措施，有力地推动了全市文化产业快速发展，产业实力整体提升，支柱产业地位进一步巩固。

一、2016年青岛市文化产业发展状况分析

2016年，青岛市加快构建现代文化产业服务体系，文化产业发展提质增效，成果显著。

（一）完善宏观设计，加强政策体系建设

启动青岛市"十三五"文化产业发展规划编制工作。根据国家、省、市"十三五"规划纲要，参考文化部《文化产业振兴规划》、《文化部关于贯彻落实〈国务院关于推进文化创意和设计服务与相关产业融合发展的若干意见〉的实施意见》、《山东省人民政府关于加快发展文化产业的意见》和北京、上海、深圳、杭州、宁波等地相关规划、行动计划，结合青岛实际，研究起草了《青岛市"十三五"文化产业发展规划概要》，联系国务院发展研究中心、中国人民大学国家文化产业研究中心等专业团队，做好编制规划文本的准备工作。

深度推进"文化＋"工作，加大文化与金融等产业的融合力度。推动青岛市文化产业投资基金设立工作，规范文化产业投资基金的管理和运作，会同基金托管机构，起草了《青岛市文化产业投资引导基金派出董事和监事的管理暂行办法》和《青岛市文化产业投资基金设立方案（征求意见稿）》，并在征求宣传、财政、金融等相关部门意见的基础上，进一步进行了修改完善。下一步，将正式印发这两个文件，并向市引导基金推进工作组提报有关材料，完成基金设立和注册工作。

推进一业一策制度发展。出台《青岛东方影都影视产业发展专项资金优秀影视作品制作成本补贴细则》，明晰补贴标准和程序，规范补贴管理工作。在10月份洛杉矶举办的中美电影产业峰会上，青岛市与万达集团向世界共同推介青岛良好的影视产业发展环境，青岛东方影都与9家好莱坞企业签约。同时，青岛市还向美国传奇影业《长城》制片方发放了首笔电影补贴，标志着青岛市影视产业发展基金正式落地实施。

（二）产业规模不断做大做强，提质增效成果显著

继续推进“千万平方米”文化创意产业园区工程。2016年全市“千万平方米”文化创意产业园区工程第一批支撑项目42个，计划总投资184亿元，竣工面积125万平方米，投入运营面积61万平方米。截止到9月底，全市“千万平方米”文化创意产业园区工程共计完成投资149.5亿元，施工382.5万平方米，竣工157.94万平方米，建成投入运营面积为109万平方米，自工程开始建设累计竣工860.61万平方米。在此基础上，通过摸底统计，2016年前三季度，全市实施文化创意产业项目96个，其中过亿元项目47个，10亿元以上项目18个，总投资额619.64亿元，已完成投资111.6亿元。融资需求79.67亿元。

优质项目不断涌出，行业高度不断改写。根据《文化部办公厅关于做好2016年度中央财政文化产业发展专项资金重大项目申报工作》的通知要求，文化部组织申报的重点项目有三类，分别是文化金融扶持计划、支持特色文化产业发展和促进文化创意和设计服务与相关产业融合。青岛市推荐上报文化部文化金融扶持计划项目4个，支持特色文化产业发展项目6个、促进文化创意和设计服务与相关产业融合发展项目6个，最终有4个项目入选2016年度中央财政文化产业发展专项资金重大项目扶持计划。在第八届全国“文化企业30强”评选工作中，青岛出版集团获得提名，这是青岛市文化企业首次入围提名企业。《青岛大侦探》、《崂山传奇》等4部作品参加全国2016年“原动力”中国原创动漫出版扶持计划项目申报评审。青岛新旋律传媒有限公司创作的《C9回家》等5个项目、青岛棕格小马动漫文化有限公司创作的漫画青岛老城故事《一回忆，就幸福》等2个项目参加文化部2016年度弘扬社会主义核心价值观动漫扶持计划申报评审。

（三）完成国家文化消费试点城市申报工作

2016年，文化部、财政部将在全国启动扩大文化消费试点工作，试点时间2年。文化部对纳入试点工作的城市确定为“国家文化消费试点城市”，同时中央财政将给予专项资金补助。青岛市组织编写了《青岛市引导城乡居民扩大文化消费试点工作方案》，以市政府名义向省文

化厅上报了《青岛市人民政府关于申报国家文化消费试点城市的函》。目前，已经省文化厅、财政厅审核，上报文化部。文化部评审通过后，将尽快成立由市政府主要领导牵头，由财政、税务、发改、商务、经信、旅游、统计等部门参与的工作小组，落实试点资金，以市政府文件印发试点工作方案，启动试点工作。

（四）推进文化体制改革，培育完善的现代文化产业市场体系

积极复制上海自贸区试点改革经验，取消文化市场相关行业限制，促进市场繁荣发展。落实“先照后证”，取消文化市场相关准入限制，促进行业健康发展。对互联网上网服务营业场所经营单位、营业性演出经营主体、娱乐场所准入审批实施“先照后证”，14 项文化市场经营主体前置审批全部改为后置。依法限时办结行政审批事项，规范行政审批事项的审批条件及申请材料，共依法限时办结行政审批事项 128 项。通过积极争取，允许内外资企业从事游戏游艺设备生产和销售政策落地，相关生产企业可以申请进行审核后报省文化厅核准下发批准文书。下发互联网上网服务行业转型升级方案、进一步加强游戏游艺场所监管促进行业健康发展的通知等，取消对含有电子游戏机的游艺娱乐场所、互联网上网服务营业场所总量和布局规划的要求，取消最低注册资本限制等，不再要求申请人提供相关验资报告或者资金证明及设立章程、合同、企业管理制度等材料，国家对外商投资有明确规定的除外。

组织开展全市艺术品行业普查备案工作，依法调整了艺术品经营单位备案管理的审批条件及审批时限。截至 2016 年 6 月，全市共有 235 家艺术品经营单位到所属文化行政部门进行备案，合计营业面积 44888 平方米。

（五）强化服务，注重监管，文化市场管理规范有序

做好信息公开工作，继续推行实施“公信文化”品牌，加强文化市场行政审批规范化建设。建立便民服务规范，编制 20 项行政审批事项业务手册、服务指南、批后监管办法，在政府网站向社会公开。运用技术监管手段规范行政审批事项办理。文化市场经营主体办理行政审批事项 100％通过文化市场技术监管与服务平台办理，截止到 6 月 14 日，通过平台办理行政审批事项共 3724 项。

开展年度监管服务，坚持“三个 100％”，文化市场经营主体有序发展。2016 年，全市娱乐场所、互联网上网服务营业场所、营业性演出经营主体、艺术品经营单位共有 2363 家参加年度换发许可证。通过年度核验换发许可证 2097 家，其中，网吧 1418 家、娱乐场所 338 家、营业性演出经营主体 106 家、艺术品经营单位 235 家；暂缓换发许可证 235 家

(网吧 181 家、娱乐场所 53 家、演出经营主体 1 家)；依法注销 31 家。

加强新闻出版印刷行业管理。组织完成了青岛市 16 家全国号报纸、48 家期刊、40 家记者站、62 家内部资料的年度核验工作。组织完成全市 1600 名新闻采编人员记者证核验工作。完成近百名新闻采编人员资格培训考试工作。完成 2016 年度 1417 家印刷企业、824 家发行单位的年度核验工作。

加强广播电影电视行业管理。完成对全市 7 家广播电视站、全市 54 家广播电视节目制作经营机构、66 家星级宾馆酒店内的境外卫星电视接收设施的年审工作，完成对全市 6 家广播电视播出机构的频道频率许可证换证工作。截止到 6 月底，青岛市有城市影院 48 家，电影票房为 2.71 亿元。

二、2017 年青岛市文化产业发展展望

目前，全市共有市级以上文化产业园区、基地 22 个，文化创意企业 4.2 万家。2015 年全市产业增加值 557.30 亿元，同比增长 0.41%，占地区生产总值的比重达 5.99%，文化产业已成为青岛市国民经济的支柱性产业，并正在成为经济发展新的增长点，但与同类城市相比仍有一定差距，与自身优势资源相比仍有巨大提升空间。例如，2015 年杭州文化创意产业增加值突破 2000 亿元大关，达到 2232.14 亿元，占 GDP 比重达 22.2%。

(一)打造全国文化产业中心城市，在全国影响力不断增强

围绕城市战略和最新规划定位，打造全国文化产业中心城市。当前，文化产业虽然已经成为青岛市的支柱性产业之一，但要清醒地认识到，在产业规模“硬指标”之外，更要看产业集中度和产业关联度这样相对较“软”的指标，特别要在“软”指标的塑造上发力。要借供给侧改革之际，提高产业集中度，突出特色，体现差异，加快调整文化产业布局。文化产业要提升产业关联度，不仅要提升文化产业本身的原创能力，更要增强文化产业对相关产业的辐射性和渗透力，把外溢效益发挥到最大。要建立以原创内容带动文化产业价值链循环增值的文化产业生产模式，建立鼓励创新、保护原创的文化产业发展环境，增强企业聚合文化资源、培育原创资源的信心与能力。要优化文化产业发展方式，依托内容创意，提升文化科技含量，推动文化产业从数量型增长转向质量型增长，由粗放型增长转化为集约型增长，扩大文化生产服务业对经济的带动作用。在具体努力方向上，要与“大众创业，万众创新”紧密结合，与“一带一路”建设紧密结合，与不断扩大的文化市场消费紧密结合，与

不断创新发展的新技术紧密结合，引导文化产业创新发展，培育文化创意产业和新型文化业态，推进文化产品供给侧结构性改革。

（二）加快构建现代文化产业体系

坚持科学发展，提升存量和扩大增量并进，坚持发展产业和繁荣市场并举，加快文化产业带、产业基地和产业园区建设，推动规模化、集约化、专业化发展，培育产业优势。继续做大做强重点产业和骨干文化企业，培育有竞争优势的特色产业，大力推进重点文化产业项目建设，充分发挥示范效应和拉动作用。进一步加大民营文化企业扶持力度，完善支持民营文化企业政策体系，推动中小文化企业加快发展壮大，逐步形成骨干文化企业和中小企业互补互促的产业格局。

加快“千万平方米”文化创意产业园区工程建设，科学规划园区布局，加大招商引资力度，把园区建设作为文化产业增量发展的重要载体，加快形成文化产业集群和文化旅游产业集聚区。推动文化与其他产业融合发展，延伸文化产业链，增加相关产业的文化附加值。推动文化资本聚集和科技创新，加快投融资平台建设，促进金融资本、社会资本向文化产业聚集。以科技创新推动传统文化产业改造升级，培育新兴业态，健全文化技术创新体系，增强文化产业核心竞争力。

（三）建立完善青岛影视产业服务机制，打造文化发展核心优势

做好青岛国际电影节申办工作，融汇国内国际电影资源，搭建展示交流交易平台。设立青岛市影视产业发展基金，通过建立投资引导基金的方式吸引社会资本投入，扩大基金规模。以东方影都影视产业园区为龙头，吸引集聚优势产业资源，不断拓展完善影视产业链。以中科院青岛科学艺术研究院为依托，着力建设以仿真影视为核心的视觉工业特色产业园区。以央视微电影基地为依托，打造国际化的微电影高端制作基地。通过实施优秀影视作品制作成本补贴，支持“青岛表达”影视剧创作力攀高峰，打造具有国际领先水平的影视制作青岛基地。

（四）从相加到相融，以创新、跨界、融合思维激活文化要素

结合创新之城建设，大力推进文化与科技、金融、旅游等融合发展。积极扶持引导和推动“文化＋”的文化产业新模式，更加注重基于网络的新产品的创意研发。推动“文化产业＋金融”，引导投资机构和社会资本进入文化领域，通过贷款贴息方式，建立金融支持文化产业发展机制。推动“文化产业＋科技创新”，引导文化科技创新发展。推动“文化产业＋文化消费”。不断以创新性产品引领消费需求、拓展市场空间。推动“文化＋旅游”，在充分挖掘青岛旅游资源的同时，促进和扶持青岛

文化旅游，促进青岛的旅游业向纵深发展。

以供给侧改革为契机，建设演艺区。在文化领域，供给侧改革是推动文化大繁荣大发展的新动力，建设演艺区是有效增加文艺供给，撬动文化消费，繁荣文化经济，打造文化旅游制高点的有效方式，有利于繁荣发展青岛文化经济，满足群众文化需求，尽快形成与青岛城市地位相匹配的演艺经济。要高水平规划建设青岛市演艺区，将其打造成为国家沿海重要演艺中心，成为艺术发展、艺术消费、文化活动的风向标，能够吸引全国乃至全世界的团体、作品和观众来青岛，提升城市国际化水准和城市文化品质，繁荣发展文化经济，助推经济转型升级发展。

（五）以人兴业，人才培育和引进机制不断创新完善

高度重视人才在文化建设中的作用，既充分发掘、汇集、调动本地各类人才的积极性能动性，又积极面向海内外发现人才，为我所用。创新人才发现、使用机制，实施重大人才工程。开展具有国际影响的文化项目，筑巢引凤。

加强“引智”力度，探索与中国科学院、中国社会科学院、中国艺术研究院、北京大学等共建青岛文化研究院的模式和路径，在决策咨询工作上求新、求准、求特，切实做好新常态下重大文化发展战略问题的研究，努力建成国内一流文化发展智库。打造艺术家与企业家交流互动新机制。探索建立文化产业智库俱乐部，广邀国际国内知名艺术家和青岛本土文化艺术名家与企业对接，搭建文化创新创意展示交流、碰撞提升的平台，使文化艺术创新和企业发展相融共生，相互促进，共同发展。打造“文化创客”集群。完善文化创新创业的政策支持、金融服务等环境要素，建立健全文化创新人才集聚和成长的综合生态圈。依托文化产业园区、公共文化机构打造文化创新园区和创业孵化器，打造国际国内一流的文化“众创空间”。鼓励大型文化创意企业建立服务文化创新创业的开放创新平台。建立健全文化创新创业辅导制度，培育一批文化创新创业辅导师。培育文化创新创业新生力量。依托青岛文化研究院实施“青年文艺家发现计划”、“文化创意人才成长计划”、“城市文化学者培育计划”等一系列人才培养项目，继续实施文化产业千人培训工程，多层次、多领域培育文化创新创业的新生力量，为青岛文化的可持续发展提供人才支撑。重视文化行业协会的作用，建立系统的社会支撑体系。发挥文化行业组织的作用，要加强对文化行业组织的指导，充分发挥各类文化艺术社会团体、行业协会在团结、联系、教育从业人员方面的作用。

（作者单位：青岛市社会科学院）

2016～2017年青岛市旅游业发展形势分析与预测

丁金胜

旅游业是一种集多种功能于一体的综合产业，有着"一业兴、百业旺"的带动作用。对青岛来说，旅游业有着得天独厚的资源，也是重要的本土优势。借改革开放之力，经过30多年发展，旅游业已成为青岛经济最有活力、最具潜力的经济增长点，有效地发挥了窗口、辐射和带动作用。2016年，青岛市旅游系统按照市委、市政府部署要求，围绕国际化旅游目的地城市发展目标，不断深化旅游改革创新，加快推动转型升级，全面优化旅游环境秩序，较好地完成了全年工作任务，实现了旅游业的科学健康发展。

一、2016年青岛市旅游业发展的基本状况分析

（一）2016年青岛市旅游业发展的基本状况

2016年青岛市旅游业发展态势良好，1～10月共接待游客7978万人次，同比增长7%，实现旅游消费总额1435亿元，同比增长13%。其中，节事旅游对青岛市旅游业的持续发展起着重要的拉动作用。2016年2月16日至2月23日，青岛市举办了以"相约底蕴市北、共享民俗民艺"为主题的萝卜·元宵·糖球会。历时8天，设立1个主会场和4个文化活动分会场，共举办各类文体、经贸活动43项。据统计，节会期间累计参会人数达266万人次，销售额5730余万元。其中，开幕当天的参会人数即达32万人次，美食销售额640余万元。而人流量的最高峰出现在2月21日，单天参会人数达45万人，销售额1100万元。2016年8月，青岛市迎来了一年一度的青岛啤酒节，本届啤酒节是西海岸历史上承办的规模最大、参与人数最多、影响力最强、拉动作用最明显的节庆活动。本届啤酒节的成功举办，有力拉动了青岛夏日经济的快速增长，青岛国际啤酒节已成为青岛走向世界的一张靓丽名片，成

为青岛经济社会发展和对外交流的城市客厅，成为青岛热情好客、文明诚信等市民风貌的展示平台。本届啤酒节历时23天，实现旅游业总收入13.1亿元，同比分别增长68.5%和32.6%。另外，旅游部门对36家旅行社8月份的经营情况调查显示，营业收入达到7457万元，同比增长15.65%；28家酒店的客房平均出租率为80.46%，同比增长2.2%；10家景区接待游客400多万人次，实现营业收入1000多万元，分别比上年同期增长53%和34.5%，长三角、京津冀地区游客同比增长24%；自驾游游客同比有明显增长，省内自驾游游客同比增长35%；商务、会展游客明显增加，同比增长20%。

（二）强化改革创新，全面激发旅游发展动力

青岛市抓住获批国家级旅游业改革创新先行区的契机，以“创新统筹职能、创新政策措施、创新产业引导”为指引，强化改革创新对青岛市旅游业发展的统领价值，增强旅游发展动力。一是旅游综合改革取得新突破。按照国家旅游局部署要求，在广泛调研和座谈研究的基础上，以青岛市政府名义制订下发《青岛市国家级旅游业改革创新先行区实施方案》，明确青岛市国家级旅游改革创新先行区建设工作六大任务，按照现代项目管理工作模式，进一步分解各专项任务，定期调度工作进展情况，研究制定详细的工作计划，全面推进旅游业改革创新工作。二是旅游体制机制改革实现新突破。经过积极争取，4月26日山东省编委办批复同意青岛市组建旅发委，成为山东省首批组建旅发委的城市之一，为青岛市理顺旅游管理体制机制、加快推进改革创新奠定了坚实基础。目前，正结合青岛市旅游工作实际，借鉴先进地市经验做法，按照“综合产业综合抓”的发展规律要求，积极协助相关部门，探讨推动旅发委组建相关事宜。三是修订完善科学发展综合考核制度。进一步发挥考核的导向、激励和约束作用，加强纵向考核，按照山东省政府对全省17地市旅游业考核要求，进一步细化完善青岛市旅游考核体系和考核办法，重点明确了以“旅游消费总额及增长率”、“接待入境游客增长率”为导向的考核体系，有力提升了考核的导向和激励作用。

（三）加快转型升级，全面增强旅游发展活力

一是坚持规划先行、政策引领。青岛市加快落实“多规合一”，参与全市邮轮游艇帆船码头规划、海岛保护规划、海洋功能区划等近20项规划、意见与行动计划的研究论证工作，举办青岛市特色小镇、城市风貌保护、“十三五”综合交通规划等座谈会，主动将旅游规划与相关规划体系相衔接。青岛市积极开展旅游发展用地政策及问题调研，加强与国土、建设等部门联系对接，夯实落实国家旅游发展用地政策基础。二

是坚持项目支撑，融合发展。青岛市规划总投资3000亿元的80余个旅游重点项目进展顺利，其中58个项目开工建设，总投资1628亿元，重点旅游项目呈现功能种类全、投资规模大、区域分布广等特点，涵盖邮轮、滨海度假、研学旅行、健康旅游、生态旅游、乡村旅游等多种业态。“千万平方米工程”旅游休闲度假及会展设施2016年共计确认18个支撑项目，截至2016年9月，全市共完成施工面积84.66万平方米（年度计划78.15万平方米），竣工面积63.89万平方米（年度计划61.27万平方米），均已超额完成年度计划。此外，青岛市成功举办了“最美海湾·青岛有礼”第二届青岛市旅游文化商品创新设计大赛，积极创建省级旅游休闲购物街区和省级旅游商品研发基地。同时，青岛市加大旅游商品宣传和推介力度，先后组织旅游商品企业参了第八届中国国际旅游商品博览会、第二届海峡两岸旅游文创商品大赛等活动，为旅游企业搭建交流展示平台。三是坚持示范引领，精准扶贫。青岛市各级部门深入贯彻《青岛市加快发展乡村旅游的意见》，在乡村旅游精准扶贫、标准编制、品牌创建和从业人员培训等方面工作成效显著。完成了“青岛乡村民宿评定标准”初稿编制。并举办“旅游知识送下乡”培训班，累计培训200余名乡村旅游从业人员。此外，青岛市配合山东省旅游局，完成156名乡村旅游带头人赴台、意、韩、日观摩学习。持续创建省级旅游强镇、村、示范点，规范提升乡村旅游管理服务水平。青岛市共建立了55个重点扶贫村的精准扶贫台账，实施信息科学分类及动态管理，夯实乡村旅游精准扶贫基础。四是坚持招商推进，资本带动。青岛市旅游局联合市财政局、市金融办、市旅游集团等部门，设立初期规模10亿元的市旅游产业发展引导基金，成立了旅游产业基金理事会，并完成基金理事会工作职责及议事规则、引导基金章程等文件。充分利用投资洽谈会以及对外交流的机会，加大旅游招商引资，全面对接重点投资企业，顺利签约胶州泰迪农场项目。

（四）创新旅游营销推广，全面提升城市影响力

一是搭建邮轮旅游国际发声平台。2016年青岛市正式成为“中国邮轮旅游发展试验区”，成功举办世界旅游城市联合会邮轮分会成立大会暨第四届中国（青岛）国际邮轮峰会，成立国内首个世界级邮轮行业组织——世界旅游城市联合会邮轮分会，吸引了30多个国家的世界知名邮轮公司、港口城市、行业协会、港口码头、邮轮院校、旅游企业等国内外代表约600人参会，青岛市当选为邮轮分会理事长单位，确定分会秘书处常设青岛，发布《青岛共识》。青岛市于2016年9月成功申办世界旅游城市联合会2018香山旅游峰会，进一步奠定了青岛邮轮峰会的国际品牌基础。青岛市依托邮轮母港加快邮轮产业发展，开港以来累

计接待 77 个邮轮航次，接待邮轮旅客约 7 万人次，有力提升了邮轮母港的影响。二是创新开拓新型营销渠道。针对不同节点，青岛市加强与区（市）、企业联动，适时推出线上主题营销活动，2016 年上半年在官方微博、微信开展线上网络营销活动 60 余次，微博粉丝人数达到 422 万，微信粉丝人数超过 20 万。“2016 旅游 V 影响力峰会”上，青岛市旅游局官方微博荣获“全国市级旅游局官博影响力 TOP10”第一名。青岛旅游旗舰店于国庆节正式上线，开展了“百万让利大酬宾”等一系列促销活动，截至 2016 年 10 月份，青岛旅游旗舰店已入驻企业 93 家，累计销量 10699 笔，成交额超过 130 万元。此外，青岛市加强与腾讯、海信等知名企业合作，积极组织参与“腾讯会员 15 周年庆——城市特权”百城万店联展推广活动，携手海信集团开展“旅游＋”主题活动，进一步扩大了青岛旅游影响。本着“资源共享、市场共拓、品牌共创、互利共赢”理念，青岛市建立政府引导、企业联合、媒体跟进“三位一体”联合宣传营销机制，成立了青岛旅游推广联盟。三是积极开展旅游主题形象宣传。青岛市充分利用各类媒体和城市公共资源，统筹协调通过电视、报纸、公交车体、网络等多样化媒体途径，强化“红瓦绿树、碧海蓝天”城市旅游主题形象海内外推广宣传，提升青岛城市知名度与美誉度。在中国香港、中国台湾、韩国等地机场、地铁、电视等设置宣传青岛旅游主题形象广告牌、播放视频等；协调中国旅游报、青岛报业集团、财经日报、新闻网等媒体对旅游主题形象进行阶段性宣传。积极利用香港亚洲旅游营销有限公司掌握宣传资源优势，在香港国际机场、澳门国际机场、台北松山机场、首都国际机场投放青岛旅游宣传片；在香港地铁站、香港机场投放青岛旅游灯箱广告，多角度宣传推介青岛旅游主题形象和主要旅游资源，拉动入青旅游。四是加强境内外宣传促销。青岛市以“一带一路”为重点，组织参加柏林等国际旅游展，针对日韩、东南亚、欧洲等重点客源市场开展境外旅游营销。围绕“中美旅游年”“中韩旅游年”，开展韩国“青岛周”、“青岛啤酒故乡”、“探寻道教之源、品味青岛啤酒”等系列促销活动，与马来西亚旅游局、新加坡旅游局、马来西亚华人旅游公会、新加坡 NATAS 旅游协会等组织达成多项合作意向。同时，积极实施境外旅客购物离境退税政策。加强城市间旅游业合作与交流，与大连缔结区域旅游合作共同体，共同发布“追梦青岛、浪漫大连”区域合作旅游品牌，打造“闯关东、忆岁月，游故里、寻亲情”旅游产品。积极实施离境退税政策，加强对安顺旅游帮扶，支持平度旅游发展，开展中国旅游日青岛系列主题活动、好客山东贺年会活动等节会，营造旅游浓厚氛围。

（五）健全旅游公共服务体系，优化旅游市场环境

一是不断丰富旅游公共服务体系功能。2016 年青岛市按照国家

和全省统一部署，全面推进厕所革命，年底前将超额完成703座旅游厕所改造和建设任务，全市旅游厕所环境面貌有了明显改观。此外继续推进标识牌建设，确定了青岛市高速公路和其他道路建设的标识牌建设需求共计54块，并联合相关部门对选址布点情况进行现场选址确认。加强咨询中心建设和管理，做好机场和火车站咨询中心新建和改建，强化分级管理，会同市财政对咨询中心开展综合检查，并将检查结果与年度“以奖补营”经费挂钩。青岛市同时加快旅游集散中心建设，制订完成建设方案，确定了5处旅游集散中心、8条接驳线路，并与崂山、极地海洋世界、海底世界等景区和青岛超逸、大新华、牵手等旅行社合作建立“青岛一日游”超市运作模式。截止到2016年10月底，五大旅游集散中心共发送观光巴士、旅游接驳专线、旅游直通车1.2万班次，接待游客34.2万人次，实现收入343万元。二是深入开展旅游市场秩序整治。根据消费市场秩序整治指挥部统一部署和旅游消费领域、滨海旅游带整治方案要求，青岛市认真开展旅游消费领域市场秩序整治。制定下发《青岛市政府办公厅关于加强旅游市场综合监管的通知》，召开全市旅游市场综合整治工作会议和座谈会，组织开展了“元旦、春节、‘五一’等假日旅游市场秩序专项检查”、“旅行社经营行为专项整治”、“导游带团行为专项整治”、“一日游市场专项整治”、“滨海旅游带消费市场秩序整治”等系列活动，市、区（市）两级共出动检查人员3520人次，检查涉旅企业1669家次。三是加强投诉联办效能，完善应急处置机制。坚持依法调解，热情服务，进一步完善双向联动调解合作机制，加强投诉咨询处置。通过旅游热线、市政务热线、国家旅游局12301投诉热线等平台，累计受理各类投诉与咨询2054件，案件办结率100％，满意率100％。切实保障旅游安全，加大对重点企业、重要时段的检查力度，建立完善市、区（市）、企业三级联动的旅游行业安全主体责任网络体系，市、区（市）两级全年组织开展安全疏散与消防安全演练12次。

二、青岛市旅游业发展存在的问题

（一）旅游季节性明显

在每年5～10月的旅游旺季，沿海一线景点，往往是人山人海。旅游接待地区和旅游企业承受着巨大的压力，各项基础设施、旅游接待设施设备供不应求，超负荷运转。而每年的11月到次年3月的淡季，由于客源不足，旅游景点、宾馆饭店、旅行社等旅游资源和设施大量闲置、浪费严重，旅游企业为争夺客源纷纷降价，恶性竞争盛行。这人为地增加了旅游业运营的成本，严重制约着经济效益的进一步提高。青岛旅游淡季和旺季变动明显的原因主要有两点，一是青岛是北方滨海城市，季节和气温变化大；二是青岛的旅游产品不够丰富，冬季缺乏具有人气的旅游产品和品牌。

（二）旅游产品的品种少，文化主题缺乏，知名度不高

青岛作为著名的海滨旅游胜地，拥有丰富的旅游资源，然而旅游产品开发方面存在着不足。首先，缺乏有本地文化特色、有独特旅游价值的旅游产品。没有发扬本地资源优势、旅游产品老化严重，对旅游者的吸引力降低。其次，缺乏创新意识。青岛近百年的旅游定位——“避暑胜地”的传统观念，在很大程度上制约了旅游产品的设计与开发。长期以来，青岛的旅游活动几乎都是为暑期观光度假而开展的。每逢夏季，海滨挤满了中外游客，热闹非凡。这种季节性的特点使其只注重开发夏季旅游产品，而忽视了淡季旅游产品和项目的开发设计。第三，旅游产品结构单一。旅游市场是一个具有发展潜力的市场，旅游者的基本特点是需求的个性化，消费能力的高低不同。这要求旅游城市开发多样化的旅游产品，满足不同消费群体的需求。但目前，旅游企业没有对旅游市场的旅游者进行充分全面的研究，比较完整的市场细分体系在青岛还没有形成，旅游产品品种比较少，观光旅游仍是主体。第四，青岛旅游产品在国际上知名度尚待提高。由于多年来开发国际旅游市场的投入不足和对市场宣传的力度不够等原因，导致青岛旅游产品在国外的知名度、认知度较低，对海外游客的吸引力相对较弱。例如，在北京、上海、大连、珠海等城市正在涌现诸如“国际纺织机械博览会”、“国际机床展览会”、“国际汽车展览会”、“大连时装博览会”、“珠海航空博览会”等一批在亚洲乃至世界上都有一定影响力的知名品牌专业化国际博览会，而青岛“国际啤酒节”、“海洋节”等仅国内知名。

（三）对外宣传不到位

宣传促销对维护旅游品牌形象，巩固拓展客源旅游市场具有重要作用。三亚市为宣传和推广旅游项目，在旅游局的官方网站上滚动播放这些项目的大幅图片，设置能够规划行程、咨询和互动的程序；主推“美丽和美女”为主题的大型文艺节目，打造美丽、健康、时尚、浪漫的形象；在新华社欧洲屏媒以及悉尼、新加坡、加拿大、中国香港、中国台湾等国家和地区媒介上刊登三亚旅游形象广告，创新“清凉一夏三亚度假——三亚夏季旅游产品大营销推广活动”，提升了三亚旅游在国内外市场上的品牌形象和认知程度。和三亚相比，青岛旅游的宣传和促销工作不到位。青岛的市旅游宣传方式主要集中在旅游宣传印刷品上，其他的诸如电视广告，影视宣传等宣传方式比较少。大多数旅游宣传

品缺乏针对性，风景多、人情少，静态多、动态少。同时，缺乏有效的投入和资源整合机制，旅游宣传促销难以形成长期的声势。

（四）海洋生态环境不容乐观

发展旅游需要高质量的生态环境。青岛以大海而闻名，海洋生态环境的好坏决定着青岛市旅游业发展的未来。青岛市近岸海域环境质量总体状况良好，但是也存在着一系列的问题，严重影响着海上旅游业的发展。一是浒苔入侵。从2008年6月中旬开始，青岛近海海域及沿岸已经连续9年遭受浒苔侵袭。大量浒苔阻塞航道，大量堆积后腐烂时需要消耗大量氧气，并散发出恶臭气味，破坏海洋生态系统，严重威胁海上旅游业发展。二是港口的污染。青岛港是晋中煤炭和胜利油田原油的主要输出港，原油外运过程中就存在着泄漏的危险，航运过程中产生的各种垃圾也对海洋环境造成伤害。三是污水的排放。部分污水未能达标处理而排入大海，严重影响海洋水质。

三、2017年青岛市旅游业发展前景展望

（一）深化改革创新

一是科学谋划改革创新任务。要全面落实《青岛市推进国家级旅游业改革创新先行区工作实施方案》，抓好5项规定任务、1项商定任务和1项自选任务的推进，力争年内在旅游管理体制机制、产业发展质量、旅游综合贡献等方面实现新突破、新提升。推动莱西市做好山东省级旅游综合改革试点工作，指导相关区（市）争创省级旅游综合改革试点。二是推进完善旅游管理体制机制。健全完善青岛市旅游工作领导小组工作机制，建立健全工作会议制度，以及重要事项、重大问题议事协调机制，形成齐抓共管的工作格局。推动组建青岛市旅发委，指导具备条件的区（市）理顺旅游管理体制，强化产业促进、资源统筹、发展协调、服务监管等职能，构建"综合产业综合抓"体制机制。三是支持旅游集团化发展。2017年青岛市加强指导青岛旅游集团等重点旅游企业发展，支持开展二次资产重组，促进整合相关旅游资源，助力打造青岛旅游"航母"。支持鼓励有条件的区（市）组建旅游集团或成立旅游发展公司。三是设立青岛市旅游产业发展引导基金。设立青岛市旅游产业发展引导基金，研究制定管理办法和实施细则，加强对旅游项目的服务扶持。

（二）推动提质增效

一是突出发展滨海度假旅游。青岛市重点围绕东、西两大度假旅

游集群的规模化、系统化、品牌化发展，积极引进、培育和发展一批高端滨海度假项目，提升凤凰岛等两处国家级旅游度假区、大沽河等4处省级旅游度假区、温泉镇等30余处旅游度假地的度假服务功能和景观价值，打造形成特色突出的滨海度假旅游集群。二是大力发展海洋休闲旅游。探索推进旅游码头和游艇基地建设，引导海上旅游企业集约化、规模化、规范化发展，试点示范开发条件成熟的海岛旅游项目。制定出台新的邮轮旅游扶持政策，通过专题宣传推介等多种方式，扩大邮轮母港和邮轮产品影响，吸引和发展邮轮公司。三是加快发展融合创新旅游。青岛市深入推进"旅游+"，发展一批历史民俗文化体验、旅游演艺等文化旅游产品，深入开展赛事观赏、帆船体验、休闲运动等体育旅游活动，努力提升各类节会活动旅游功能，探讨打造"游学在青岛"海洋科普研学旅行产品，培育打造新型工业旅游品牌，探索打造休闲海钓基地等游钓旅游新业态。四是培育发展品质乡村旅游。青岛市坚持现代、高端发展方向，结合城乡统筹和旅游扶贫，全面开展行业规范、规划完善、精品项目和特色商品开发、运营主体扶持、培训和宣传支持等工作，不断提升乡村旅游的品质和综合价值。五是支持发展服务输出旅游。围绕全市区域性服务中心打造，通过政策引导、标准规范等多种措施，扶持打造酒店管理、景区运营、旅游接待、旅游投资、节会策划组织、旅游教育培训等领域的服务品牌和龙头企业，提升旅游大企业、大集团在资源盘整、产业延伸和区域扩张等方面的能力，拓展旅游服务功能和半径。

（三）强化宣传促销

一是创新营销方式。青岛市将加强与重点客源国驻华使领馆、国家旅游局驻外办事机构、省旅游局海外营销中心、知名媒体海外发行中心、相关单位驻外机构的宣传联络，多渠道提升海外营销影响力。通过网站、微博、微信、手游以及FACEBOOK、YOUTUBE等国内外平台，开展城市旅游形象和要素营销，通过加强与淘宝、携程、同城、腾讯等知名旅游网站战略合作，搭建营销推广平台，拓展智慧营销体系。以主题形象宣传为统领，加强与青啤、海信、万达院线等企业以及青岛旅游代言人的合作，探讨开展旅游事件营销，商讨开展青岛旅游宣传片或影视植入营销，不断提升城市旅游影响力。二是扩大对外交流合作。以推进实施"一带一路"战略行动计划为重点，结合自贸区建设，加强与沿线城市旅游双向合作，深化旅游合作共建内容，打造对外旅游合作新亮点。建立完善更为务实高效的区域旅游合作机制，加强与东三省、京津冀、长江经济带等国内重点客源市场的区域合作。深化山东半岛城市旅游区域合作联盟，构建以青岛为龙头的"资源共享、客源互送、信息共用、执法联动、合作共赢”格局。三是拓展入境旅游市场。抓实抓好72小时过境免签政策机遇，积极推动境外游客离境退税等政策落实，拓展扩大免税店覆盖面和规模，吸引过境旅游、商务客源。以“一带一路”为重点，组织参加相应国际旅游展，针对日韩、东南亚、欧洲等重点客源市场开展境外旅游营销。四是打造青岛旅游惠民活动品牌。不断加强社会资源整合和上下互动，进一步丰富内容、创新版块、壮大规模、扩大影响，办好第三届旅游惠民月，打造青岛市特色惠民活动品牌。

（四）加强基础设施建设

一是加快旅游公共服务设施建设。青岛市将积极争取国家、省政策资金支持，支持利用PPP等新模式，加快重大旅游基础项目建设。配合山东省旅游局做好青岛国际机场、青岛火车站旅游咨询中心建设。借鉴先进经验，探索建设沿海一线公交候车点旅游咨询亭。协调相关部门和区市，做好旅游交通标识设置工作。二是积极开展厕所革命。青岛市旅游局要积极协调相关部门，采取多种形式加快建设进度，探讨有效运营方式，力争提前完成“厕所革命三年行动计划”青岛确定的目标任务。三是完善智慧旅游服务体系。全面落实《青岛市智慧旅游城市建设方案》，组织企业争创国家级智慧试点景区和省级智慧旅行社，力争智慧企业覆盖率达到30%以上。

（五）坚持依法治旅

一是完善法规标准体系。青岛市将加快旅游立法进程，依据《旅游法》，完成《青岛市旅游条例（初稿）》修订。加强行业标准建设，研究推进住宿业标准、文化主题酒店标准及星级导游员管理办法等标准体系建设。二是加强旅游市场综合监管。落实《国务院办公厅关于加强旅游市场综合监管的通知》，依法落实属地领导责任、部门监管责任和企业主体责任，加强信息沟通和联合执法，提升综合监管效率和治理效果。三是深入开展消费市场秩序专项整治。重点围绕“三点一带、一区多街”等重要区域、黑社黑导和一日游秩序等重要领域，旅游旺季和重要节假节庆等重要时段，持续开展旅游消费市场秩序整治，严厉打击违法违规行为，努力营造放心舒心旅游消费环境。四是强化旅游安全保障。建立健全旅游应急安全体制机制、旅游投诉及舆情应急处置预案制度，编制发布《青岛旅游安全应急手册》，开展旅游安全专项检查治理，组织大型应急演练活动，提高应急处置能力，保障旅游安全。

（作者单位：青岛市社会科学院）

2016～2017年青岛市养老服务业发展形势分析与展望

孙启泮

青岛市是全国人口老龄化发展速度快、程度高、高龄化突出、空巢化严重的城市之一。截止到2015年底，全市60岁以上老年人口161万，占总人口的20.6%。在老龄化人口中，高龄人口增速更快。2015年末，全市80岁及以上高龄人口为24.79万，比2010年增加5.34万，年均增长4.97%，高于同期65岁及以上人口平均增速0.79个百分点，增势迅猛。全市80岁及以上人口占65岁及以上人口的比重为22.66%，比2010年上升0.9个百分点。据预测，青岛人口老龄化高峰在2035年前后出现，届时老年人口将占总人口的35%。挑战与机遇并存，困难与希望同在。积极应对人口老龄化，加快推进养老服务业转型发展，满足持续增长的养老服务需求，已成为摆在我们面前的一项紧迫任务。

一、2016年青岛市养老服务业发展基本形势分析

青岛市委、市政府高度重视养老服务业的发展，把养老服务作为民生的一项重要工程，提出“老有颐养”的行动目标；每年把发展养老服务业列入市办实事，纳入市委、市政府科学发展综合考核；成立了由分管市长任召集人、25个部门为成员的社会养老服务体系建设联席会议。“十二五”期间，全市人口老龄化程度进一步加重；人口老龄化进程明显快于人口的增长速度；高龄人口增速快于全市老龄化平均水平；高龄人口性别比例相差明显，老年人口随着年龄的增长，男女比例进一步失衡，男性明显少于女性。“十二五”以来，青岛市建立了以居家为基础、社区为依托、机构为补充的养老服务体系，形成了“9073”养老服务格局。目前，青岛市养老机构共计196家，床位3.66万张。全市养老总床位5.82万张，千名老人拥有床位37张，在副省级城市中位居前列。

(一)青岛市养老服务业发展情况

1. 养老法规制度渐趋完善

颁布实施《青岛市养老服务促进条例》,从发展原则、规划与设施建设、服务体系、服务规范与监督、扶持保障措施、法律责任等方面作出规定,为促进养老服务业发展提供了法制保障,成为副省级城市中第一个对养老服务进行立法的城市。制定《"十二五"养老产业发展规划》,出台《关于进一步加快养老服务业发展的意见》及相关配套文件。出台《社区居家养老服务管理质量规范》。下发社区老年人日间照料中心建设和服务标准。2016 年将社区小型养老机构建设列入市办实事,会同财政部门出台社区小型养老机构建设标准和扶持政策。各区(市)也相应出台了落实政策,如市南区《扶持社会力量参与养老服务实施办法(试行)》、崂山区《关于加强基本养老服务保障工作意见》等。

2. 养老服务体系初步形成

初步建立和完善了以居家为基础、社区为依托、机构为支撑的养老服务体系。截至 2016 年 6 月,全市社区日间照料中心 1244 个,其中城市 527 个(覆盖率 100%)、农村 717 个(覆盖率 68%)。2014 年,全市 8 处社会福利中心建成并投入运营,集五保供养、优抚保障、孤儿养育、救助管理、社会养老功能于一体,每处床位 800～1400 张。全市公办养老机构共 26 家,其中 14 家通过招标、委托等方式实现了公办民营。2015 年,社会福利院投资 3.7 亿元改扩建,建筑面积 9 万平方米,床位达 1465 张。2012 年以来,调动社会力量兴建养老机构 53 万平方米,吸引社会资本 14.4 亿元。全市民办养老机构数和床位数分别占 87%和 66%,民办机构成为养老行业生力军。

3. 各区(市)养老机构获得较快发展

市南区现有养老机构 18 家,床位 3536 张,每千名老人拥有床位 27.4 张(其中,公办养老机构含福彩隆德路老年公寓共 5 家、床位 689 张,民办养老机构 13 家、床位 2847 张)。目前,收住 2374 名,入住率 67.2%(其中自理老人 527 名,失能、半失能老人 1847 名,分别占入住老人的 22.2%、77.8%)。收费标准为 2300～5000 元(含床位费、护理费、生活费等)。全区养老机构中有 6 家养老机构通过 ISO9001 国际质量体系认证,2 家养老机构被评为青岛市"十佳护理型民办养老机构",乐万家老年公寓的"亲情养老乐万家"被评为 2014 年度山东省养老行业唯一的"服务名牌"。18 家养老机构共有护理人员 231 人,获得养老护理员职称的有 136 人,持证上岗率 58.9%。其中,大专以上 53 人、中专 136 人、高中及以下 42 人,平均年龄 48.7 岁,女性占 87%以上。

市北区 60 岁以上老年人口 20.6 万，现有养老机构 66 家(其中公办 4 家、民办 62 家)，总床位 8929 张，千名老人拥有床位 43.3 张。全区现有入住老人 5196 名，入住率为 58.2%，机构护理人员 1041 名(其中持证护理员 709 名)。近年来，市北区逐年加大财力投入力度，在养老机构建设、运营等方面均给予补助，各类补助和管理经费逐年增长。用于养老机构管理和运营的经费 2013 年为 1561.58 万元，2014 年为 2562.8 万元，2015 年约 2366.7 万元。2013 年以来，吸引社会资金近 2 亿元，先后兴建 16 家养老机构，总建筑面积 9.17 万平方米，新增床位 2948 张，保持养老机构床位拥有量位居市区第一。

李沧区常住人口 54 万，其中 60 岁以上老年人 6.45 万，约占全区户籍人口的 20%，80 岁及以上高龄老人 1.1 万，独居、空巢老年人 1.9 万，占 60 岁以上老年人口的 29.5%。现有养老机构 25 家，床位 3650 张。其中，公办养老机构 2 家，床位 770 张，平均收费为 2560 元/人；民办养老机构 23 家，床位 2880 张，平均收费为 2200 元/人，现已入住老人 1940 人，入住率 67.4%。

崂山区共有养老机构 10 家，总床位数 2222 张，其中公办养老机构 1 家，床位数 300 张(不包括二期工程 212 张，残疾人托养 300 张)，入住老人 85 人，实现了农村五保对象区级供养 100%；社会养老机构 9 家，总床位数 1410 张，其中有 1 家为 2016 年 3 月新批准设立的养老机构，床位 300 张，尚未正式运营，剩余 8 家养老机构共入住老年人 500 余人，入住率维持在 50%左右，日常运营方面基本实现盈亏平衡。

黄岛区现有养老机构 14 家，其中，公办养老机构 1 家，民建公助 1 家，民办养老机构 12 家。总床位数 3257 张，每千名老人拥有养老床位 30 张。公办养老机构(西区社会福利中心)1 家，拥有床位 860 张，已入住五保老人 350 人、自费老人 80 人。有管理人员 50 人，护理人员 82 人，医护人员 5 人。民建公助机构(东区社会福利中心)1 家，总投资 2.5亿元，政府贷款贴息补助 7800 万元，拥有床位 1160 张，已入住五保老人 114 人、自费老人 17 人。有管理人员 11 人，护理人员 18 人，医护人员 16 人。民办养老机构 12 家，拥有床位 1237 张，已入住自费老人 660 人。有管理人员 48 人，护理人员 152 人，食堂人员及其他工作人员 59 人。

城阳区户籍人口 41.5 万，常住人口 69 万，60 岁以上老年人 8 万人，占户籍人口的 19.3%，处于全市平均水平，高出全国平均水平 3 个百分点。其中，80 岁以上老人 1.2 万人，100 岁以上老人 56 人。失能半失能老人约 1.5 万人，其中失能老人约 5000 人。公办敬老院 2 家，民办养老机构 13 家，养老机构床位共 3519 张，每千名老人拥有床位 45 张，医养结合型养老机构共 12 家，占 80%，其中，护理型床位 1252

张，占36%。全区15家养老机构共入住老人1162名，其中，自理老人297人，占25.6%，半自理老人428人，占36.8%，不能自理老人437人，占37.6%。共有护理人员326人，与院内老人平均比例为1∶3.6，其中，持证初级护理员90人、中级护理员12人、高级护理员36人，专业护士62人，技师13人，无证护理员113人。

4.特殊老年群体的基本养老服务得到较好保障

政府为本市户籍60岁以上"三五"、低保老年人购买居家养老服务，出资为7788名城乡困难失能、半失能老人提供每月45～60小时的居家养老服务。其中，对半失能老人每月服务时间不少于45小时，对失能老人每月服务时间不少于60小时，按照城镇每小时15元、农村每小时10元的标准给予补助。实现了困难老人居家养老服务全覆盖。对服务30名以上失能老人的居家养老社会组织发放每年1万～7万元的运营补贴。2006年以来，每年为全市城乡80岁以上老人发放150元的体检补助。2014年建立了80岁以上低保老人高龄津贴制度。

5.养老服务队伍能力和素质不断提升

青岛市通过加强从业人员技能培训、规范技能资格鉴定、提高工资待遇等手段，为养老服务业发展提供人才支撑。提高护理员积分落户赋分标准。在人才及培训扶持方面，设立"养老护理员教育培训专项基金"，由福彩公益金和政府教育培训类投入按比例分担，主要用于养老护理员队伍的教育培训。建立养老护理员免费教育制度，对毕业后连续从事养老护理工作达到一定年限的学员，学费由专项基金分期返还。将老年医学、康复、护理人才作为急需紧缺人才纳入卫生计生人员培训计划，适当提高相关学科建设和人才培养在政府卫生投入中的比重。大中专院校毕业生在医养结合机构连续工作每满5年，根据其执业资格，由民政部门给予最高3万元的一次性岗位补贴。适当提高养老护理员工种积分落户的赋分标准等。2014～2015年共培训护理员1850多名。2013年以来，每年举办全市养老护理员职业技能竞赛。2015年全省护理员技能大赛中，青岛市参赛的3名护理员中，2人获特等奖，青岛代表团获团体第一名。2015年全国第三届养老护理员职业技能大赛中，1人获特等奖、1人获二等奖，为山东代表团赢得团体一等奖。

6.医养结合养老服务走在全国前列

青岛市基层卫生服务中心建立居家老人巡视制度，将服务对象延伸到社区居民，为居家老年人提供公共卫生服务，为患病老人提供医疗服务。全市所有65岁以上老年人建立健康档案，65岁以上老年人每年免费查体一次，根据查体结果开展有针对性的服务。对健康老人，在老年活动中心组织文体活动，开展健康教育、健康诊疗、慢病防治等服务；对患病老人，开展家庭出诊、家庭护理等延伸性医疗服务。发展医养结合养老机构132家，占养老机构总数的67%，其中设置医疗机构的养老机构70家，与医疗机构协议合作的养老机构62家。在全国率先实施长期医疗护理保险制度，全市有38家具有医疗资质的养老机构开展了对失能老人的长期医疗护理服务，服务失能老人3000多人。2015年全国医养结合工作会议在青岛召开。2015年12月，央视《新闻联播》报道了青岛的医养结合新模式。日前又出台了《青岛市促进医养结合服务发展的若干意见》。

通过医疗机构和养老机构之间的多方式有效结合，逐步建立起资源共享、优势互补的医养结合医疗服务新模式。主要探索建立6种医养结合服务类型。①医中有养。结合青岛市医疗资源配置和分布情况，盘活现有存量资源，鼓励二级公立医院整体转型为老年医院、护理院，有条件的二、三级医院、疗养院开设老年病房和医疗专护病房或在养老机构内设置护理院等医疗服务延伸点，发挥专业资源优势，提供医养结合型医护服务，逐步形成层次清晰，分工明确的医、护、康、养相结合的医疗服务新体系。如青岛市第五人民医院、青岛市南区人民医院等大型公立医院利用闲置医疗资源设置医疗专护病区模式。②养中有医。"两个机构，一门服务"，养老机构中建医疗机构，共同开展医养结合服务。出台《关于进一步鼓励和引导社会资本举办医疗机构的意见》，结合全市卫生事业发展规划，把发展民营医疗机构摆在重要位置，积极鼓励社会资本兴办各类医疗机构，按照"非禁即入"的原则，为社会办医疗机构留足发展空间，重点加快发展疾病康复、老年护理等提供专科化服务的医疗机构，优先支持养老机构设置护理院站、康复医院等医疗机构，增加老年病人护理和康复床位。全市具有医疗资质的养老机构有71家，其中，具有一定规模的养老机构（共计养老床位6229张）在市卫生计生委设置医疗机构14家，设置医疗床位858张，已经登记执业的10家。如青岛圣德脑血管病医院、青岛福山康复医院模式。③医联结合。大型公立医院与社会办医养结合型医疗机构建立医联体。公立医院为社会办医养结合机构做两项工作：一项是为入住社会办医养结合机构患病老人开通绿色通道，对患急症的老人进行紧急抢救等；另一项是派专家到社会办医养结合机构坐诊、查房。培训医生护士，提高社会办医养结合机构的医疗服务水平，将优质医疗资源下沉至养老机构，提高医疗资源的整体效率，为养老机构提供优质、连续、方便、有效的医疗服务。社会办医养结合机构接收公立医院抢救后需要继续治疗的老人，如青岛市中心医院与青岛鑫再康护理院医疗联合体服务模式。④养医签约。医院与没有条件办医疗机构的养老机构签约，由医院承担养老机构的医养结合综合服务或承担养老机构的医疗服务，满足一些小型养老机构和社区日间老人照料中心的医疗护理需求。目前养老机构与医疗机构签约62家。如青岛市黄岛区中医院作为公办医院承接了黄岛区社会福利中心的医疗服务业务,青岛市言林医院作为民办医疗机构承接了平度市社会福利中心的医疗服务。⑤两院一体。在新建卫生院的同时建立敬老院,统筹规划,统一建设,实行"两院一长",卫生院院长兼敬老院院长,敬老院由卫生院托管。胶州市把卫生院与敬老院统筹规划,统一建设,14处卫生院、4处社区卫生服务中心,591处规划内村卫生室全部完成标准化建设,形成了配套齐全、功能完善,服务优质的医养结合型农村养老新区。敬老院或托养中心配备空调,床头呼叫系统及时掌握入住老人的情况。卫生院配备先进的诊疗设备,并与青大附院等多家上级医院建立合作机制,给予专家、技术等资源支持,以远程会诊,定期坐诊等方式,解决老年人常见多发病的治疗、康复等问题,提高辖区医疗卫生服务能力。⑥居家巡视。社区卫生服务中心承担医养结合机构外的老年健康医疗服务和居家巡视业务。

二、青岛市养老服务业发展存在的问题

尽管青岛的养老服务业一直走在全国的前列,但是由于养老服务业自身发展规律制约也存在一些问题。

1.居家养老模式推行缓慢

居家养老是养老服务业的基础越来越成为社会的共识,但是居家养老标准化缺失,也没有专业公司运作,仍处于不标准、不专业状态。很多社区居家养老服务实施尚不够完善,服务的内容过于单一,老年人居住环境的无障碍设施的改造还未提上日程。

2.养老机构床位设置存在结构性不平衡,养老机构的运营成本逐年攀升

资源分配不平衡,养老机构床位设置存在结构性矛盾,如市南区民营养老机构数量和床位数分别占总量的72.2%和80.5%,存在"吃不饱"现象,而公办养老机构"一床难求"。就全市来说,公办养老机构也存在"吃不饱"的现象,全市公办养老机构约1.2万张床位,入住仅3000余人。分布不合理,12家养老机构位于市南西部,占总数的66.7%。市北区的入住率出现大幅度下滑,已从2012年的73%下降到现在的58.2%。

尽管青岛市对养老机构有每床、每月200～300元的运营补助,但养老机构改善设施、员工工资、房屋租金等成本增加过快,而收费不能过高,导致养老机构运营成本快速攀升,60%以上的养老机构处于亏损状态。

3. 养老机构设立审批难，部分养老政策落地难

在现有的法律法规和政策框架下，养老机构审批条件多、程序杂。成立养老机构除须经发改、土地、规划、节能、环保、卫生防疫、消防、民政等部门审批，还须做可行性报告。烦琐的申报手续使许多意向投资望而却步。此外，由于部分养老院利用老房改建，布局上达不到消防审批要求，许多申报改建老年公寓项目卡壳。

由于养老服务业涉及社会方方面面，涉及国家部门和地方部门众多，难免会出现政策的衔接问题。在土地规划方面，由于地方对国家政策的理解不同产生了政策执行的偏差。如国家要求各地将养老服务设施建设用地纳入城镇土地利用总体规划和年度用地计划，但地方国土部门认为养老设施一般使用存量土地建设，无须预留年度土地指标。另外，养老设施用地在土地登记时无专门名称，而是归属于“医卫慈善”用地一类，该类地块用于养老服务缺乏保障。

4. 医养结合的养老模式实现难

一是对于微利甚至不赢利占比很大的养老机构而言，养老机构设立医疗机构成本较高、负担较重。二是医疗护理保险、医保统筹等问题亟须解决。三是养老机构与医院合作难。

5. 专业的养老服务队伍数量少、留人难，结构不合理

养老行业工资待遇低、劳动强度大、社会地位低导致相关人才短缺和流失严重。一是缺口大。青岛市养老机构入住老人 1.8 万人，截止到 2016 年 3 月中旬，养老护理员 2800 人，缺口 1100 人。二是高素质专业人才不多，养老机构需要的康复师、心理师、中医骨伤等专业人才数量较少。三是年轻人不多，现有护理员大多数是“4050”和农村进城务工人员，“找不来人，用不上人，留不住人”的现象比较严重，成为行业发展的制约因素。

6. 养老服务市场化运作程度有待提高，缺乏高端、特色养老服务

养老服务业的发展应该充分动员和组织社会力量参与，但由于种种原因，社会力量发挥作用的条件和环境还不充分，造成在养老福利机构建设方面政府和社会力量不平衡，养老福利服务社会化程度不高的局面。管理水平、服务标准化、专业化程度与老年人养老需求还存在很大差距。

二、2017 年青岛市养老服务业发展展望

加快发展养老服务业，不仅是重大的民生工程，也有利于拉动消费、扩大就业，推进经济社会持续健康发展。发展养老服务业功在当代、利在千秋。不仅要贯彻落实《国务院关于加快发展养老服务业的若

干意见》(国发〔2013〕35号)、《山东省人民政府关于加快发展养老服务业的意见》(鲁政发〔2014〕11号)和《青岛市养老服务促进条例》,而且还要大胆创新,促进青岛市养老服务业跨越式发展。

(一)建立养老服务业发展的领导体制,成立青岛市养老服务业促进委员会

建议由国土、规划、财政、消防、卫生计生、民政等相关部门组成养老服务业促进委员会,研究制定并完善养老服务业发展的政策,协调推进全市养老服务业发展,定期调度养老重点项目的建设等工作。

(二)加强和完善社区老年人日间服务中心的建设

1.将社区日间照料中心改为社区老年人日间服务中心

民政部《社区老年人日间照料中心建设标准》提出:"本建设标准所指社区老年人日间照料中心是指为以生活不能完全自理、日常生活需要一定照料的半失能老年人为主的日托老年人提供膳食供应、个人照顾、保健康复、娱乐和交通接送等日间服务的设施。"其中,划定的老年人范围过窄,不利于对所有老年人的合法权益的保障,社区老年人日间服务中心比社区日间照料中心更适合对老年人权益的保护。

2.完善社区老年人日间服务中心内容

目前,社区老年人日间服务中心服务内容比较分散,取舍比较随意,不利于这项事业的发展,有必要规范化。可从以下几个方面完善:基本照顾,社会交往(如陪伴),医疗康复活动,教育(如老年大学),休闲娱乐(如老年活动室),情感支持,财力援助,交通服务,信息获取。

(三)大力发展居家养老模式,推广嵌入式养老机构的发展

完善扶持补贴政策,鼓励购买居家养老服务,扶持居家养老服务组织发展、居家生活设施无障碍改造。鼓励老年人选择居家养老模式,补贴因居家养老产生的护理需求。发展互联网"云"的应用以及开发APP应用程序提升居家养老的便利性、科学性、社会性。嵌入式养老机构的出现能够更好地服务于居家养老,其小型化、便民化、多样化的特点将极大推动养老水平的提高。

(四)加强和完善社区老年长期社会护理体系的建设

1.构建老年长期照护服务体系

为了应对老龄化带来的老年长期照护服务问题,青岛市应整合现有的各种卫生和福利社会资源,向需要长期照护服务的老年人倾斜。逐步建立一个从家庭到养老机构,从社区卫生服务中心到医院的连续照护体系，并通过相应的鼓励政策、激励机制、制度保障等实现老年长期社会照护制度化、体系化、职业化、社会化。完善以老年长期照护服务为中心的养老保障制度，加大对需要长期护理服务的老年人的最低生活保障制度、救助制度、医疗制度、福利制度的支持力度；完善具有青岛特色的传统孝道美德的家庭赡养制度，以政策和法律手段鼓励与强制子女履行对老年父母的赡养义务。

2. 设立老年长期照护服务保险，促进老年长期照护服务可持续发展

老年长期照护服务保险是老龄化社会发展的必然产物，由于商业保险有其固有的局限性，因此，有必要建立具有强制性的社会保险的模式。老年长期服务保险制度覆盖所有需要长期照护服务和潜在的需要长期照护服务的老年人口，并提供全面的照护服务，其支付范围包括医院、社区、居家照护和家庭帮助服务等方面的费用，最终建立一个包括多元服务保险在内的体系。

2012 年，作为市政府新增民生项目，青岛市在全国率先建立了长期医疗护理保险制度，填补了社保制度空白。该制度的核心是把医疗保障与护理保障适度分开，医疗保障和养老保障有机结合，实现了失能老人“护有所保”。制度实施以来，全市已有 4 万多名失能老人享受了护理保险待遇，护理保险基金支出 8.9 亿元，收到了“个人家庭减负担、护理机构得发展、基金支出增绩效”的良好效果。目前，按照城乡统筹的要求，青岛市正全力推进长期医疗护理保险制度向农村拓展和覆盖。试点的效果已初步显现。

3. 改革传统的“三无”“五保”老年人赡养体制

通过设立新的标准体系，青岛市全域将“三无”“五保”老年人重新归类，将低龄、健康，有生活自理能力的老人转化为老年长期照护服务的提供者，使有限的社会资源转移到真正需要的失能、失智、残疾及长期病患的老年人身上。另外，政府的补贴直接落实到需要长期照护服务的老年人身上，而不是像过去补贴到社会服务机构，使社会资金真正资助到需要照护的老年人，杜绝社会资源的浪费。

4. 建立依托社区卫生服务站(中心)的社区老年长期照护服务体系

失能、失智以及残疾和病患是老龄化社会的一个重要特征，随着这部分群体的增加，长期照护的压力与日俱增。社区照护同家庭照护、机构照护相比，更体现人性化的要求，比家庭照护更符合经济的原则，社区照护体现了社会的整合、服务的个性化、选择性和独立性。家庭结构的核心化、小型化的特质无法应对长期照护的压力。机构照护尽管专业化、职业化较强，但受到社会资源的制约，也无法应对这种压力。因此，社区照护成为必然的选择。社区照护具有许多天然的优势，如活动半径小，需要长期照护的老年人可以随时就近接受护理服务，数量和质

量能够得到切实的保证；能够发挥社区卫生服务的优势，有效地利用自身的资源；覆盖面广，相对稳定，能够比较合理地配置社会资源。

（五）大力扶持民办养老机构发展

完善扶持补贴政策，扶持社区养老服务，兴建养老机构及运营。根据消费价格指数及时调整房租补贴和物价补贴。提高补助，鼓励养老机构收住生活困难老年人。完善老年人意外保险制度。支持慈善公益组织参与养老服务业，鼓励冠名捐建养老机构，引导捐资设立养老服务类非公募基金会，资助老年人慈善公益项目。

（六）推进护理人才队伍专业化、职业化、标准化建设

鼓励和扶持驻青院校开设养老护理相关专业，划转或新建青岛养老护理学院，专门用于养老人才的培养。实施对养老护理人员的定期免费培训。实施入职年限补贴制度和特殊岗位津贴制度，实施住房优惠和落户优惠。将养老护理设为公益性岗位。

（七）加快文化养老服务业的发展

以老年大学为依托，深入社区，发展文化养老服务产业。制定《青岛市文化养老规划（2016～2020年）》。大力培育和发展老年文化养老服务志愿者。试点PPP模式助推文化养老服务业发展。

（八）发展青岛地域特色的中高端养老服务业

根据产业功能规划建设专家养老公寓、院士养老公寓，为高级专家人才来青提供养老服务保障。发展老年用品、器械、保健品等服务于老年人的产品，定期举办国际性的老年用品展览会或博览会。充分利用青岛得天独厚的临海城市优势，发展青岛特色旅游休闲养老服务业，建设一批养老度假村。加快高端养老服务业发展，发展国家级生态健康产业园区。与英国、澳大利亚等国家和地区加强合作，引进国内外优秀管理团队或组织到青岛开展养老服务。立足长远、积极谋划，坚持在市场主导作用下，系统研究出台一系列能够有效促进养老旅游产业健康发展的战略规划及各项专项规划，指导产业健康发展。

（九）创新金融产品和服务，支持养老服务业的供给侧结构改革

设立养老服务业发展基金。养老服务业发展基金由市福彩公益金、体育彩票公益金、一般公共预算安排、上级下拨专款、社会捐赠资金构成。设立专项引导基金，由市财政、市福彩基金每年按一定比例注入，并吸引社会资本参与，用于支持新组建的养老服务业集团，重点发

展居家养老服务业；用于提升现有民办养老机构的硬件水平；用于扶持新设立投资养老服务业的中小企业；用于引导、扶持宾馆、度假村转型发展养老服务业；用于养老产品的引进、生产、培育等。鼓励金融机构创新金融产品、服务方式和抵押担保方式，统筹各类金融资源支持养老服务业发展；鼓励保险企业探索开展老年人住房反向抵押养老保险试点和商业长期护理险试点；积极争取山东省长期护理险的试点工作，以此为契机，将青岛的医疗长期护理险转化为长期护理险，更有利于青岛市长期护理工作的可持续发展；政府购买针对老年人的健康保险、意外伤害保险等保险产品，助推养老、康复、医疗、护理等服务有机结合。

（十）加强养老服务业的信息化和标准化建设，推进“互联网＋养老”、“标准化＋养老”

推进健康管理的信息化。通过远程医疗，老年人在家中可以定期用监测仪器将自己的健康数据通过网络或移动设备上传至社区或企业的管理中心，在那里有专门的平台储存和分析老年人的健康状况，并由医生做出相应诊断。加快推进“互联网＋养老”，统一规划建设全市统一的养老服务信息平台，引入互联网、热线电话、物联网、大数据等技术，整合养老资源，实行统一管理和服务。加快推进“标准化＋养老”，健全标准体系，完善标准体系框架，建立标准化建设工作机制，成立行业标准化技术委员会，鼓励养老服务工作者参与标准化技术组织活动。

（十一）建立科学的养老服务业评估和监管体系

健全养老服务标准体系，编制《养老服务管理和服务操作指南》。推行第三方对养老服务需求评估和服务质量评价机制。建立、完善养老机构安全运营第三方监管机制。进一步对养老市场展开课题研究。密切跟踪国内外养老服务业的发展动态，组织驻青高校、科研机构专家学者和相关业务部门的人员，对青岛市养老市场进行专题研究，汇总最新研究成果为养老服务业健康、科学、可持续发展提供理论指导。

（作者单位：青岛市社会科学院）

2016～2017年青岛市就业形势分析与预测

宋　平

2016年，青岛市出台就业优先战略行动、返乡创业工程等政策文件，就业工作稳步推进。青岛成功入选国家第二批“小微企业创业创新基地示范城市”，并获得国家3年9亿元资金支持。

一、2016年青岛市就业形势分析

（一）青岛市就业状况分析

2016年1～9月，全市城镇新增就业52万人，完成市政府下达目标30万人的173%。城镇登记失业率3.3%，控制在4%以内。政策性扶持创业2.23万人，完成目标的223%。创业带动就业4.8万人，发放创业类补贴资金2.78亿元，其中市级资金2.27亿元，创业担保贷款发放规模5.2亿元，完成目标的104%。2016年2月，青岛推荐的5名农民工荣获全国优秀农民工称号，受到国务院表彰。省政府就业目标考核中青岛市连续十年获得优秀等次。

1.实施就业优先战略行动

青岛市政府首次以1号文件下发《关于实施就业优先战略行动 进一步做好新形势下就业创业工作的实施意见》，从就业与经济互动融合、推进大众创业工程、促进重点群体就业、加强职业技能培训、实施就业助推行动等五个方面，出台25条政策措施促进劳动者充分就业，成为当前和今后一个时期指导青岛市就业创业工作的纲领性文件。市政府召开全市就业创业工作会议，对全市就业创业工作进行安排部署。会前市委副书记、市长张新起对全市就业创业工作作出肯定性批示。

2.在全国率先搭建起城乡一体政策体系

针对城乡政策不统一、二元分割等问题，结合全域统筹、新型城镇化加快和供给侧改革发展形势，市政府下发《关于进一步明确城乡一体就业创业政策有关问题的通知》，将青岛市城乡劳动者全部纳入政策扶持范围，实现同城同待遇，部分政策扩大到外地户籍就业创业人员。目前，全市每年有20多万人享受到就业创业政策。

3.深入推进大众创业工程

青岛市政府下发《关于实施大众创业工程 打造创业之都的意见》，将小微企业创业补贴由1万元提高到最高3万元，将创业担保贷款额度由10万元提高到最高45万元，小微企业最高可贷到300万元。实施返乡创业工程，市政府办公厅下发《关于实施返乡创业工程 促进农村增收致富的实施意见》，通过整合创业资源，完善扶持措施，优化创业环境，出台16条政策措施全面激发农民工创业热情。截止到2016年9月底，政策性扶持4454名返乡农民工创业，为250名返乡农民工发放创业担保贷款4095.5万元，向2971名返乡农民工发放一次性创业补贴2499.63万元。打造"全链条"式创业孵化平台，出台青岛市创业孵化基地奖补办法，在全国率先构建起省级、市级、区(市)级、街道级四级创业孵化载体奖补体系，市级示范性基地最高奖补1000万元，引导提升全市创业孵化水平。在全国率先创建的大学生创业孵化中心为引领，先后建立了湛山创客工厂、国内首所创业大学，与青岛广播电视大学实现一体化办学，建成博士创业园、高层次人才创业中心、留学回国人员创业园、海洋人才创业中心，正在建设院士创业园，创建返乡创业园，形成了从返乡农民工、失业人员到大学生、博士、院士等各类群体的特色化创业孵化体系。目前，全市累计建成各类创业孵化基地89家，成功孵化6700家企业，其中上市15家。

4.做好重点群体就业工作

一是统筹做好化解过剩产能过程中职工分流安置工作。结合国家、省对化解过剩产能的部署，下发做好化解过剩产能等企业裁减人员就业创业和职业培训工作有关问题的通知，形成了企业稳岗帮扶、就业帮扶、创业帮扶、技能帮扶、托底帮扶"五个帮扶"制度。截至目前，全市已分流安置70余家搬迁企业5万余名职工，特别是青钢集团、青岛碱厂搬迁出现的5000多名失业人员，都得到了妥善安置，整体工作平稳推进。二是突出做好高校毕业生就业创业工作。实施高校毕业生就业促进和创业引领"两个计划"，启动实施大学生农村电商工程、大学生就业"梦想起航行动"，举办大学生职业生涯规划大赛，多渠道促进高校毕业生就业。"十二五"以来，青岛籍非师范类高校毕业生就业率始终保持在90%以上。三是实施精准扶贫。制定下发了就业和社会保障扶贫办法，开展入户摸底调查，建立贫困人口就业与社会保障扶贫数据库，实施就业扶贫、创业扶贫、技能扶贫、人才扶贫、社保扶贫"五个行动"，确保年内实现"四个100%"，即有就业能力和就业愿望的贫困人口百分之百帮扶就业，有创业能力和创业意向的贫困人口百分之百帮扶创业，有就业能力和培训意愿的贫困人口百分之百参加职业技能培训，贫困人口百分之百参加居民基本养老保险和医疗保险。

5. 推进公共就业服务均等化

结合“放管服”改革要求，重点在规范服务行为上下功夫。一是服务下沉提速。市政府下发《关于加强基层公共就业服务平台规范化建设的通知》，推动信息网络、人员配备、服务事项等下沉到街道（镇）、社区（行政村）。目前，信息网络已全部延伸到中心社区，各项补贴均可到街道（镇）申领，补贴审核环节从2～3个月缩短为20个工作日。二是深入推行精准服务。建立全口径劳动力资源动态管理机制，对本市户籍法定劳动年龄内的各类城乡劳动者，实行统一口径的调查摸排，全面掌握劳动者“四个需求”（就业需求、困难群体就业援助需求、技能培训需求、企业用工需求），并录入市公共就业一体化信息系统，实行动态管理服务。三是深化重点建设项目与就业联动机制。市政府出台《关于建立重点建设项目与就业联动机制 促进城乡充分就业的通知》，通过实施土地征用、项目招商、项目遴选、项目建设与就业“四个联动”，最大限度促进重点建设项目拉动就业。目前，已将2012年以来2280个市级重点建设项目全部录入就业信息系统进行对接服务，全市重点建设项目累计吸纳就业15.8万人，对新增就业的贡献率达到9.8%。

（二）青岛市推进就业方面存在的问题

随着经济发展进入新常态，经济转型升级和劳动力总量、结构都发生新的变化，对就业创业工作也带来一定影响。目前看，主要面临四方面困难和问题。

1. 就业总量压力处于高位

全市劳动力资源基数庞大，预计“十三五”时期，本市劳动年龄人口中每年就业人员仍有40万左右，加上外来人员，总量将达到70万人，与近年相比仍处于高位。随着青岛市经济增速换挡，生产方式将改变，劳动生产率将提高，不仅会释放大量低端劳动力，还会直接或间接减少人力资源需求，供给方与需求方反差会增大。

2. 就业结构矛盾更加复杂

“人岗不匹配”的结构性矛盾已成为就业领域的主要矛盾，一方面招工难，另一方面就业难。2016年1～9月，青岛市供求缺口前十位的技术工种，共提供岗位2.6万个，但求职者仅有8000人，岗位缺口达1.8万人。青岛作为沿海开放城市，随着发展方式转型和产业梯次发展，一些落后产业被淘汰，一些低附加值企业转型升级，一大批职工将面临转岗就业问题。同时，新产业、新技术、新组织方式对劳动者的技能要求越来越高，结构性、摩擦性失业问题将越来越凸显。

3. 重点群体就业任务更加繁重

青岛是人才输入型城市，每年有大量高校毕业生来青就业，2016年上半年发布的"中外城市人才吸引力榜单"，青岛人才吸引力居全国第3名，全球第19名，显示出青岛城市吸引力不断增强。预计青岛高校毕业生就业规模每年仍将保持8万人左右的规模，与2012年以来"史上最难就业季"时期基本持平。另外，受经济下行、需求减弱等因素影响，适合大学生的就业岗位有减少趋势。另一个群体是农民工。随着第一代农民工年龄增大，农民工群体中的80后、90后逐渐成为主流。这部分群体大多没有从事过农业生产，总体文化水平和技能素质也偏低，城市里提供的岗位数量又有限，面临"农村回不去、城市难留下"的尴尬局面。

4. 部分行业失业风险加大

随着"三去、一降、一补"等供给侧改革的推进，部分行业企业转型升级甚至关停并转，势必造成一些职工下岗失业，区域性、行业性集中失业风险加大。青岛市钢铁、碱业、水泥、船舶、轮胎等行业，同样面临着产能过剩的问题。淘汰落后产能、企业搬迁、处理"僵尸"企业等职工安置工作十分繁重。2016年上半年，由于企业搬迁带来的失业人员陡增，全市新增城镇登记失业人员达5.9万，同比增长6.5%；登记失业率同比上升0.5个百分点，是近几年来的最高点。

二、2017年青岛市就业形势展望

2017年，青岛市城镇将新增就业30万人，城镇登记失业率控制在4%以内；政策性扶持创业1.5万人。

（一）深入推进就业优先战略行动

一是扩大就业渠道。把稳定和扩大就业作为经济运行合理区间的下限，将城镇新增就业、调查失业率作为宏观调控的重要指标，千方百计稳定经济增长，以稳增长拉动就业。二是拓宽就业空间。大力发展生活服务业、生产性服务业，落实支持服务业发展各项政策，将现代服务业作为吸纳就业的主阵地，形成产业升级与就业扩大的良性互动。三是做好失业职工安置工作。化解过剩产能是近年供给侧结构性改革的首要任务，将按照"企业主体、政府推动、市场引导、依法处置"的原则，鼓励企业内部挖潜，尽量让职工留在企业。对离开企业的人员，政府部门应提前介入，帮助其尽快实现就业或自主创业。加强失业预警预测，建立完善工作机制，确保不出现较大规模失业，确保不出现群体性事件。

(二)深入实施大众创业工程

一是培育创业公共平台。重点抓好创业孵化基地、创业园区等创业载体建设，为创业者提供高质量创业服务，打造低成本、便利化、全要素、开放式的生态型创业综合服务平台。二是促进创业与创新融合。大力推广海尔集团“人人创客”、红领集团“定制管理”等模式，鼓励有条件的企业依托物联网、大数据、云计算等技术转型为新型创业平台，支持各高校、科研院所等专业技术人员创新创业，促进创新成果、知识产权转化为生产力，实现创新与创业有效融合。三是组织开展创业创新活动。主要面向大学生、失业人员、高层次人才、留学回国人员等群体，开展创业项目遴选、创业成果展示、创业创新大赛等专项活动，营造浓厚的创业创新氛围。

(三)加强和改进公共就业创业服务

新形势下，劳动力市场深刻变化、社会多元化和劳动诉求多样化，对公共就业创业服务提出了新的更高要求。加强公共就业创业服务“供给侧”和“需求侧”的统筹和对接，努力打造更加优质高效的公共就业创业服务。一是推进标准化。目前，青岛市已基本实现城乡就业创业服务均等化，公共服务“从无到有”的问题已经解决，下一步围绕“标准化＋”战略实施，开展就业创业领域的标准化服务，提升城乡劳动者享受公共服务的质量。二是提高精细化。细分服务对象，对去产能过程中需安置职工、高校毕业生、农村转移劳动力、就业困难人员等群体的特点和诉求，因人施策，因群体施策，提供有针对性的公共服务。建立政府购买公共服务机制，引入专业机构、咨询机构、行业协会等社会力量，提供专业化服务产品。三是用好信息化。实施就业创业大数据战略、“智慧就业”工程，加快推进与“互联网＋”、大数据等现代信息技术的融合，加快推进青岛创业云平台建设，支持“互联网＋”形成的新型就业形态，鼓励劳动者自由就业、网络创业。

（作者单位：青岛市人力资源和社会保障局）

2016～2017年青岛市防震减灾工作形势分析与预测

李京禄

我国是一个多地震的国家，山东是我国东部地震多发省份之一。著名的郯庐地震带纵贯全省南北，历史上我国东部地区最强烈的地震发生在山东郯城，7级左右的地震分别在菏泽、安丘等地发生过，渤海湾至莱州湾发生的多次7级左右的地震曾严重波及全省，黄海地区发生的强震对全省东部地区包括青岛曾有显著影响。

青岛市地处黄海之滨，地质构造较复杂，周边发育有北东向郯庐强震活动带、北西向渤海—威海强震活动带和北东向南黄海强震活动带，北东向牟平—即墨中强地震带。资料显示，青岛行政区域内有5条断裂带：沧口断裂带、青岛山断裂带、劈石口断裂带、王哥庄断裂带和马山—王哥庄断裂带，其中沧口断裂和马山—王哥庄断裂为晚更新世早期弱活动断裂，青岛市存在发生中强以上地震的地质构造背景，面临的地震形势较为严峻。1996年青岛市被国务院确定为未来十年或更长时间段的地震重点监视防御城市，被划定为2006～2020年全国地震重点监视防御区。

近年来，与青岛市毗邻的南黄海及其沿岸地区、渤海地区一直被国家确定为地震重点危险区或者注意地区。2016年全国地震趋势预测意见表明：中国大陆东部地区存在发生6级左右地震的可能，主要注意郯庐地震带和华北北部，青岛市在其影响范围内，应引起高度重视。在这种情况下，如何做好防震减灾工作、为全的经济建设保驾护航任务艰巨。

一、青岛市防震减灾工作基本情况

近年来，青岛市的地震监测预报、震害防御和应急救援三大工作体系建设得到了全面加强，全市的防震减灾能力有了较好的提升，在全国、省级考核中名列前茅，涌现出一批理论成果和先进典型，其中《青岛市活断层探测与地震危险性评价》获2013年山东省防震减灾优秀成果一等奖和2014年度山东省科技进步二等奖，黄岛区2015年被中国地震局授予国家地震安全示范县（市、区）称号。

（一）地震监测预报水平明显提高

一是严格落实24小时震情值班制度，准确、快速向市委、市政府上报震情，2015年报告震情28次，2016年以来报告17次。二是严格落实震情会商制度，每周、每月会商一次，根据震情，进行紧急临时会商和专题会商，并编写震情报告。2016年以来，全国共发生5级以上地震20次，山东半岛发生3级以上地震4次，均进行了及时研判分析。三是积极开展地震异常跟踪，成立青岛市地震宏观异常专家咨询委员会，定期召开工作会议，通报情况，分析趋势，对全市出现的异常情况第一时间调查落实。四是加强全市群测群防工作，积极推进"三网一员"建设，加强专业技术培训，提高防震减灾管理技能，形成全覆盖的群测群防网络体系。五是积极开展地震预报的新理论、新方法及其应用技术研究，不断完善青岛市地震预测预报系统，全市地震监测、震情速报和地震预测能力持续提高，2015年形成专业研究报告12篇。编制完成的"年度地震趋势研究报告"，报告质量在全省评比中继续保持领先地位，连续6年获全省评比第一名。

（二）地震灾害综合防御工作进一步强化

全市各区（市）积极开展"六个一"工程建设，进一步推动基层防震减灾工作。一是加大建设工程抗震设防要求管理，严把重大工程、易产生次生灾害建设工程安全关，进一步规范地震行政审批服务窗口工作程序。2012～2015年，全市重大建设工程核准710个、一般建设工程核准3242个。二是遵循"依法审批，便捷服务"的工作理念，积极实施"一站式"审批服务，优化创新服务方式方法，提高办事效率。三是积极推进地震小区划工作。对环湾发展功能区核心圈层440平方千米进行勘察研究，提出环湾区域抗震等级及地质灾害设防要求，为胶州湾的规划和建设提供参考依据；完成黄岛区东部滨海发展带和中心城区地震小区划工作。四是积极开展地震安全工程建设。共创建国家级地震安全示范社区11个、全国防震减灾基层基础工作示范县1个，省级地震安全示范社区25个、地震安全示范企业2个，山东省农村民居地震安全示范工程2个，多次受到中国地震局和省地震局的表彰。

（三）地震应急准备工作进一步加强

一是完善应急预案体系，加强对应急预案落实情况的监督与检查，逐步建立地震应急预案的备案、监督、评估和动态完善制度，提高预案的科学性、针对性、协同性。二是强化演练机制，每年组织市级模拟推演 2～3 次，对各区(市)、街道(乡镇)、企业和学校等，也都组织相关培训，使应急反应能力不断提高。三是完善了地震应急指挥系统，完成市级地震应急指挥大厅建设，升级改造了视频会议系统，实现与市应急指挥中心和各区市应急指挥中心的互联。四是成立青岛市地震灾害紧急救援队，按照“一队多用、专兼结合、军民结合、平战结合、资源共享”的原则，以武警部队官兵为骨干力量，市财政加大投入，配置地震、通信、医疗、建筑结构等配套装备和相应专家、技术人员 100 人，能够承担青岛市及周边地区地震灾害的紧急救援任务，并兼顾其他重大自然灾害的抢险救灾任务。成立全市地震应急通信志愿者队伍和地震应急搜救志愿者队伍；各区(市)共组建地震应急救援志愿者队伍 25 支 1478 人，专业应急救援队伍 8 支 346 人。五是完善地震应急避难场所建设，依据地震应急避难场所国家标准和地方标准，推动现有应急避难场所分级分类建设，目前青岛市建设有综合性地震应急避难场所 7 处，建成山东省第一处国标Ⅰ类沧口公园地震应急避难场所。

(四)防震减灾宣传教育更加广泛深入

坚持政府主导、部门协同、社会支持、全民参与的原则，按照防震减灾宣传社会化的要求，加强宣传教育工作。一是精心做好宣传准备。紧紧围绕“减少灾害风险，建设安全城市”的工作目标，每年制订青岛市防震减灾宣传工作实施方案，指导全市防震减灾宣传工作。二是努力扩大宣传教育的覆盖面。每年组织地震应急救援、疏散演练活动。仅 2016 年“5·12”期间，全市共组织机关、学校、企业、社区地震应急救援、疏散演练活动 1200 场，参加活动人数达 30 多万。其中，中小学校演练 600 多场，社区演练 400 多场，企业演练 30 多场，机关演练 6 场，志愿者队伍演练 30 场；发放各类宣传材料 20 万份，《青岛日报》、《青岛晚报》、《半岛都市报》、《齐鲁晚报》、《大众网》都刊登了防震减灾知识等专题文章；电视报道 18 次、电台广播 3 次，努力扩大宣教的覆盖面。三是宣传形式灵活多样。做客《行风在线》、《民生在线》、《网络在线问政》开展宣传；与区(市)政府共同开展“防震减灾主题月”活动；参加“平安中国”千城大行动；市、区(市)、镇(街道)、社区上下联动，重点围绕地震灾害防范、消防安全等，组织逃生演练等活动。充分利用科普宣教基地，对市民和中小学生进行科普知识宣传，每年接待参访者达 1 万余人；开展地震科普知识竞赛，地震科普知识进机关、进社区、进学校、进街道、进企业等系列活动。四是积极开展地震科普示范创建工作。创建省级地震科普示范学校 56 所、市级地震科普示范学校 25 所，建设省级科普教育基地4个。

(五)针对重点区域,加强地震应急准备

根据国务院和省政府有关部署,结合青岛实际,市政府组织召开市抗震救灾指挥部工作会议,下发了《关于进一步做好防震减灾工作的通知》和《关于进一步加强地震应急准备工作的通知》。制订了《青岛市地震系统地震应急专项预案》、《青岛市2016年抗震救灾专项应对工作方案》、《地震应急岗位职责分工(试行)》等方案预案。按照"属地为主,快速响应"的原则,有针对性地强化应急准备,对重点目标进行重点防范。

配合中国地震局和省地震局完成了即墨市田横镇南芦村、莱西市望城街道胡家疃村等4个村庄的数据采集工作,为地震灾害预评估和应急处置提供基础资料。开展全市地震应急救援能力普查工作,建立了青岛市地震应急与灾情速报微信群,加强应急培训与演练,提高了灾害事故预防和处置能力。

(六)市抗震救灾指挥部建设逐步完善

根据《青岛市地震应急预案》,2003年6月成立了市抗震救灾指挥部,作为青岛市常设抗震救灾指挥机构,负责统一指挥、协调和实施全市抗震救灾工作。市抗震救灾指挥部总指挥由分管副市长担任,副总指挥由市政府副秘书长担任,指挥部办公室设在市地震局。在此基础上,建立了市抗震救灾现场指挥部,组成10个工作组,73个政府部门和企事业单位参加,各工作组职责清楚,任务明确,工作协调有序。抗震救灾指挥部成立以来,定期召开抗震救灾指挥部工作会议,传达上级会议精神,分析当前地震形势,部署防震减灾工作,组织抗震救灾演练。2016年3月,召开青岛市抗震救灾指挥部全体会议,传达国务院、省政府有关防震减灾工作会议精神,部署了2016年全市防震减灾和抗震救灾工作。

二、青岛市防震减灾形势分析

青岛市地质构造复杂,面临的地震形势比较严峻,防震减灾的能力与水平仍然不适应经济社会安全发展需要,主要表现在以下几方面。

(一)地震应急工作亟待完善

尽管全市制订了地震应急预案,但应急指挥技术系统仍不够健全;基础数据库信息量不能满足应对较大地震发生时的预测要求。部门职责不够明晰,整体协调、联动响应机制尚不完善,政府部门各负其责、齐

抓共管的工作格局尚未形成。交通、电力、通信等基础设施和学校、医院等人员密集场所，以及可能发生次生灾害的化工产品生产经营单位，重点区域的应急准备水平不高，各类应急资源共享和联动机制有待提高。

（二）地震灾害综合防御工作需要加强

青岛市城区人口密集，建成区居住小区建设密度普遍较大，公共活动场所面积较小，地震应急避难场所建设滞后，与《地震应急避难场所管理办法》中规定的人均1.5平方米的建设要求存在较大差距，且现有的大多数避难场所存在基础设施配建不全、设备老化、指示标识不清等突出问题。应急物资储备布局不甚合理、储备量不足，物资调用、补偿和保障机制有待完善。部分区（市）建筑物和生命线工程总体抗震能力没有明确评估，农村民居抗震性能参差不齐，城市避震疏散体系不完善。

（三）宣传教育的针对性和实效性需要增强

各级政府组织开展地震应急知识的宣传普及活动和必要的地震应急救援演练不够，各类应急救援队伍协同作战还需磨合。社会公众对防震减灾的重要性有初步认识，但普遍缺乏防灾知识及自救、互救技能，政府提供的专业性指导培训需进一步提高针对性和实效性。

三、2017年青岛市防震减灾发展趋势预测

防震减灾工作事关人民群众的生命财产安全，事关社会稳定和经济的全面协调可持续发展，是城市公共安全的重要组成部分，也是一项具有艰巨性和长期性的重要工作。为进一步做好全市防震减灾工作，应着力加强以下工作。

（一）提高认识，科学规划，积极推进基础工程建设

全市上下要进一步提高对防震减灾工作重要性的认识，认真贯彻《青岛市“十三五”防震减灾规划》，积极推进青岛市地震安全示范城市创建工作。

一是按照中央和省的要求，尽快把青岛市的防震减灾工作纳入全市科学发展观综合考核体系中，使这项工作始终摆上日程、抓在手上，不断取得成效。

二是适时开展全市中小学校、医院、大中型水库、大型桥梁、重大次生灾害源等重点建筑物和重要基础设施抗震性能普查，开展农村危房

抗震技术鉴定，科学评估各类建筑物和生命线系统的抗震能力，并采取有效措施，防患于未然。

三是根据全市人口分布情况，整合公园、绿地、空旷场地和大型体育场馆等基础条件，合理布局应急避难场所和避震疏散通道，建立完善城市避震疏散体系。要积极推广沧口公园应急避难场所建设的经验，分期分类推进应急避难场所建设，解决好规模偏小、数量不足的现实困难。

四是全面分析全市地形地貌、社会经济发展现状和发展趋势，整合各个部门的有效资源，尽快建立和完善详尽完备的地震应急数据库，对数据适时进行更新优化，保障数据完整、真实、有效。高标准完成中国地震局青岛防灾市级项目建设，积极推进山洞洞体综合观测试验场、地震烈度速报及预警系统建设。

（二）明确职责，加强协同，进一步提高应急指挥合力

一是要按照《防震减灾法》要求，明确相关部门的工作职责，建立健全防震减灾成员单位联席会议制度，定期召开会议，加强沟通协调，及时研究解决存在的困难和问题，形成政府统一领导、各部门齐抓共管的工作格局。

二是加大投入力度，注重人才培养，提高地震宏观测报网、地震灾情速报网、地震知识宣传网和乡镇防震减灾助理员的“三网一员”队伍素质。研究制定支持群测群防工作的政策措施，建立稳定的经费渠道，引导公民积极参与群测群防活动，提高全社会参与防震减灾工作的主动性。

三是建立与城市规模相适应的地震应急救援专业队伍，加强与卫生、消防、危险品、海事、人民防空等专业抢险救援队伍的联动机制建设，继续推进地震救援志愿者队伍建设，提高各类专业救援队伍和救援志愿者队伍的救援能力，形成社会基础广泛、协调统一的地震灾害救助力量。

（三）突出重点，提高实效，全面推进地震应急能力建设

一是要继续抓好地震监测预报、震灾预防、地震紧急救援三大工作体系建设，推进信息化和高科技应用，加强地震应急指挥场所以及地震灾害预测与应急指挥信息技术系统建设，强化预测软件功能，提高地震应急指挥运行效率和工作实效。

二是建立全市统一的地震应急物资调用平台和相应的管理与调用制度，合理布局应急救援储备仓库，完善政府主导、社会参与的地震应急物资统一调用机制和物资储备体系。

三是规范地震行政审批服务窗口工作程序，组织相关部门对重大工程抗震设防情况进行集中专项检查，确保抗震设防要求的全面落实，继续加大地震行政执法力度，确保重大建设工程地震安全。

（四）加强宣传，注重实效，提高全社会防震减灾意识和应急避险能力

一是不断创新防震减灾宣传形式，丰富宣传内容，健全完善防震减灾宣传教育长效机制，充分利用“5·12 国家防灾减灾日”、“7·28 唐山大地震纪念日”、“科普宣传周”等有利时段，通过信息产业部门、新闻媒体、大众广告等单位进行全面有效的防震减灾知识普及宣传工作。

二是积极探索全民参与防震减灾实战演练的新模式，增加防震演练的群众参与度，提高人民群众面对震害发生时的自救、互救技能，提升应急避震能力。

三是积极开展防震减灾示范创建活动，推进国家、省、市、区地震科普示范学校、地震安全示范社区和地震安全示范企业的建设，切实增强全民防震减灾意识，提升防震减灾工作的自觉性和责任感。

（作者单位：青岛市人大常委会教科文卫工作室）

青岛市创建国家健康城市研究

张维克

健康城市是世界卫生组织为摒弃西方国家的高消耗、高污染、高浪费、低经济效益、低生态效益、低社会效益这种传统生产方式对人类生存发展造成的严重危机，而提出的一种新的生存发展战略。世界卫生组织明确指出："健康城市是长期致力于创造和改善自然和社会环境，开拓并拓展其资源，使城市居民能够在生活的各个方面相互协助和支持，并发挥最大潜能，到达最佳城市状态的城市。"建设国家健康城市，是全国爱卫会立足我国国情、借鉴和吸收世界卫生组织所确立的理念和指标体系而采取的一项重大举措，不仅能够巩固和提高国家卫生城市的工作成果，而且能够丰富和深化爱国卫生运动的内涵。青岛市创建国家健康城市，目的是打造最适宜人居住和创业的国际化城市，体现一种更高的追求，因而需要充分发挥政府的主导作用，并在理顺机制的基础上，组织相关力量对健康城市包含的健康环境、健康社会、健康人群、健康服务和健康政策等五大类指标进行全面系统的分析和研究，提出切实可行的实施方案。

一、健康城市的由来及其发展

任何一个概念的提出和理论的形成，以及在实践中的推广，都有其特定的历史背景和条件，"健康城市"也不例外。因此，要全面科学地把握健康城市的内涵和理论，就必须了解健康概念的嬗变过程。

1. 健康与健康城市的概念及其嬗变

健康是人们永恒的追求。人们对健康的认识是随着时代的更替和科技的进步而逐步深化的。起初，人们把健康的概念定义为"无病无残疾即为健康"。19 世纪末 20 世纪初，面对像鼠疫、天花、霍乱等致命传染病的威胁，人类开始了以防治传染病和寄生虫病为主要目标的第一次公共卫生革命，使重大的传染病和寄生虫病等基本上得以控制，人类的寿命也因此显著延长。从 20 世纪 60 年代起，许多发达国家把疾病的预防重点从控制传染病转向慢性非传染性疾病，被人们称为第二次公共卫生革命。曾经属于致命的疾病如小儿麻痹、肺炎等被现代医学所征服。正是随着科技的进步和时代的发展，人们对健康的概念有了根本性的改变，原先那种“无病无残疾即为健康”的观念逐渐被取代。人类健康的标志不仅仅是体现在生理上无病、四肢健全，还体现在具备一个良好的精神状态。为此，世界卫生组织1948年成立之初就在其章程中明确规定，健康是指“身体、心理和社会适应的完好心态，而不仅仅是没有疾病和虚弱”，标志着人们对健康的认识已发展为躯体、心理和社会三维的健康观。

城市化是人类发展不可阻挡的趋势。有关材料表明，200年前，世界上只有3%的人口居住在城市；而20世纪下半叶以来，城市化呈现出加快发展的势头，2007年这一比例就达到了50%。未来，城市人口仍将迅速增加，预计到2050年将超过70%。城市化进程的加快使资源的聚集程度大为提高，一方面为经济的发展和社会的繁荣提供了更为广阔的空间，但另一方面也给城市的资源环境造成了巨大压力，引发了一系列的社会问题，如人口膨胀、环境污染、生态破坏、交通拥堵、住房紧张、就业困难等，这些都对人类健康形成了前所未有的严重威胁和严峻挑战，使人类的疾病病谱发生了较大变化。其中，最显著的特征就是在20世纪70年代以后，慢性疾病、精神性疾病患病的人数大大增加，癌症、心脑血管疾病等慢性非传染疾病逐渐成为人类死亡的主要原因。按照世界卫生组织的统计，每年全世界死亡4900万人，其中3/4与生存环境有关。这实际上从另一个侧面告诉世人，发展环境、城市建设、城市规划等都与人们的健康息息相关，健康不仅仅是公民个人的事情，而是整个社会的大事情。另据有关数据，2001年全球5650万总死亡人数中，约有60%死于慢性病；慢性疾病治疗费用占全球医疗总费用的46%。表面上，慢性疾病是由个人的生活方式和行为习惯所导致的，但从根源上讲，则与传统城市化的发展模式有很大关系，是传统城市化模式导致自然环境和社会环境变化的结果。建设健康城市就是为了避免和克服以往城市化的弊端，从而将以人的健康作为发展的中心的理念和实践贯彻到城市发展的各个方面。

1984年，在加拿大多伦多召开的“超越卫生与保健——2000年健康多伦多”国际会议的一篇论文中，“健康城市”一词第一次出现。这篇以健康城市为主题的论文突破了以往传统的健康及其医疗保健等概念的内涵，提出了健康城市的概念。文章认为，人们居住在健康的城市中，应该享受与自然环境、和谐社区相适应的生活方式。正是基于对健康新的含义以及对环境重要性的全新认识，“健康城市”这一概念甫一出现，便立即得到国际社会的广泛认可。

1986年，世界卫生组织在加拿大渥太华召开了第一届全球健康促进大会，发表了具有里程碑意义的《渥太华宪章》，明确了健康城市的含义，即"健康城市是长期致力于创造和改善自然和社会环境，开拓并扩展城市居民能够在生活的各个方面相互协助和支持，并发挥最大潜能，达到最佳状态的城市"。几乎与此同时，随着健康城市概念的明晰化，世界卫生组织欧洲地区办公室发起了"健康城市项目"(Healthy Cities Project, HCP)，力图将《渥太华宪章》所提出的健康促进策略和 1977 年第 30 届世界卫生大会上确立的"2000 年人人享有卫生保健"的全球战略目标转化为具有可操作性的实践模式，重点是健康促进。世界卫生组织将重点放在"健康促进"上，目的是促使人们维护和改善自身健康，并把建立公共卫生政策、创造支持性的环境、加强社区行动、发展个人技能和调整卫生服务方向作为"健康促进"的五大行动纲领，为此后健康城市运动的发展奠定了牢固的基础。

1994 年，世界卫生组织在此前的基础上进一步明确了健康城市的概念：健康城市是一个不断创造和改善自然环境、社会环境，并不断扩大社区资源，使人们在享受生命和充分发挥潜能方面能够相互支持的城市。

建设健康城市，实质上是政府动员全体市民和社会组织共同致力于不同领域、不同层次的健康促进过程，是建立一个最适宜人居住和创业的城市的过程。尽管健康城市的出发点在于公共卫生，然而这一目标的实现，有赖于良好的城市管理模式，以及疾病预防和控制的人性化的城市规划设计方案。健康城市发展所追求的模式是由健康的人群、健康的环境和健康的社会有机结合发展的统一整体。

世界卫生组织将 1996 年 4 月 2 日世界卫生日的主题定为"城市与健康"，并根据世界各国开展健康城市活动的经验和成果，制定并公布了"健康城市 10 条标准"，以此作为建设健康城市的努力方向和衡量指标。

从全球范围看，世界卫生组织倡导的"健康城市项目"首先得到加拿大的多伦多市和欧洲一些城市的积极响应，随后在世界各地掀起创建热潮。最初参加的城市仅有 11 个，到 2008 年，全球已有 4000 多个城市(区镇)参加了健康城市项目，且城市的数量还在不断攀升，建设健康城市已成为各国城市发展的大趋势。

2. 中国健康城市项目的发展和实践

在中国，始于 1989 年的国家卫生城市创建活动如火如荼，为建设健康城市创造了条件，奠定了良好的基础。但总体而言，1993 年以前，中国健康城市项目的发展尚处于一种探索和试点阶段，包括引入健康城市的概念、与世界卫生组织合作开展一些相关的培训等。

1994 年初，世界卫生组织官员对中国进行了考察，认为中国完全有必要也有条件开展健康城市规划运动。于是，世界卫生组织与中国卫生部进行合作，从 1994 年 8 月开始，在中国北京市东城区、上海市嘉定区启动健康城市项目试点工作，这实际上标志着中国正式地加入到世界性的健康城市规划运动中。

在卫生部的鼓励和倡导下，不少城市为了进一步改善城市环境、提高市民身心健康和生活质量，纷纷自觉自愿地开展健康城市的创建。其中，苏州市和上海市的工作颇具典型。

苏州市 20 世纪 90 年代末积极引入健康城市的概念。2001 年 6 月 12 日，全国爱国卫生运动委员会办公室将苏州作为中国第一个“健康城市”项目试点城市向世界卫生组织正式申报。同年 8 月，中国共产党苏州市第九次代表大会确定了用 5～10 年时间把苏州建成健康城市的目标。2003 年 9 月，苏州市召开“非典”防治工作暨建设健康城市动员大会，印发了健康城市的系列文件，包括健康城市建设的决定、行动计划和职责分工等，系统启动了健康城市建设工作。

上海市政府于 2003 年底下发了《上海市建设健康城市三年行动计划（2003～2005 年）》，确定了 8 个项目（营造健康环境、提供健康食品、追求健康生活、倡导健康婚育、普及健康锻炼、建设健康校园、发展健康社区、创建精神文明），涵盖 104 项指标，并作为上海市政府的重点工作来抓。中期评估和终末评估分别于 2004 年和 2005 年完成。作为中国第一个开展健康城市建设的特大型城市，上海为中国其他特大型、大型城市的项目开展提供经验和实践基础。

2007 年底，全国爱卫办在全国范围内正式启动了建设健康城市、区（镇）活动，并确定上海市、杭州市、苏州市、大连市、克拉玛依市、张家港市、北京市东城区、北京市西城区、上海市闵行区七宝镇、上海市金山区张堰镇十个市（区、镇）为全国第一批建设健康城市试点城市、区或镇，掀开了中国建设健康城市的新篇章。2008 年、2010 年全国爱卫办会同世界卫生组织在杭州市和大连市分别举办了两届“国际健康城市市长论坛”，同时多次举办健康城市建设经验交流培训班，还组织有关的国际交流活动，推动了健康城市建设在我国的普及与开展。

2016 年 3 月 21 日，全国爱卫办决定在江苏省无锡市、苏州市、镇江市、张家港市，浙江省杭州市、宁波市、义乌市、桐乡市，山东省济南市、烟台市、泰安市、威海市，河南省洛阳市、新郑市，湖北省武汉市、宜昌市、襄阳市，四川省成都市、德阳市、泸州市，陕西省西安市、宝鸡市、安康市和甘肃省金昌市共 24 个城市开展健康城市评价试点工作。

2016 年 7 月 18 日，经国务院同意，全国爱卫会印发的《关于开展健康城市健康村镇建设的指导意见》明确指出：“健康城市是卫生城市的升级版，通过完善城市的规划、建设和管理，改进自然环境、社会环境和健康服务，全面普及健康生活方式，满足居民健康需求，实现城市建设与人的健康协调发展。”《意见》指出，要“坚持政府主导，共建共享”、“坚持城乡统筹，典型示范”、“坚持问题导向，创新发展”的原则，确定了两个阶段的工作目标。一是到 2017 年，建立健全健康城市和健康村镇建设管理机制，形成一套科学、有效、可行的指标和评价体系，推动各省（区、市）开展建设试点，基本形成可推广的建设模式。二是到 2020 年，建成一批健康城市和健康村镇建设的示范市和示范村镇，以典型示范带动全国健康城市和健康村镇建设广泛深入开展，为建设健康中国奠定坚实的基础。

二、健康城市与卫生城市的异同

自 1989 年启动国家卫生城市创建活动以来，具有中国特色的卫生城市在我国已轰轰烈烈开展了 27 个年头。我国《国家卫生城市标准》（2014 版）的考核指标包括组织管理、健康教育和健康促进、市容环境卫生、环境保护、重点场所卫生、食品和生活饮用水安全、公共卫生与医疗服务、病媒生物预防控制等一级指标 8 个、二级指标 40 个、三级指标 160 多个，是参照我国有关的法规、条例和标准制定的，反映的是一个城市的建设管理水平及综合卫生状况。

全国爱卫办 2015 年 9 月出台的《健康城市评价指标体系》（征求意见稿）关于健康城市的指标体系主要分为基础指标和特色指标两部分。基础指标包括健康环境、健康社会、健康人群、健康服务和健康政策五大类。特色指标方面，健康城市建设要求每个城市按照自身的经济社会发展水平、人群健康状况等实际情况因地制宜地开展具体的活动。

（一）健康城市与卫生城市的相同点

1. 环境保护指标

健康城市的一个主要特征就是具有洁净、安全、高质量的自然环境和长期稳定的生态系统。因此，在健康城市的评价指标中，自然而然地包含环境保护和自然环境质量的指标，如环境空气质量、污水集中处理、生活垃圾无害化处理、无害化卫生厕所普及等。

在评价卫生城市指标体系中，包含着有关自然环境质量指标（如大气、水源、噪声）、污染控制指标（如烟尘控制、废水废物的排放）、环境建设指标（如绿化、污水处理）等方面的要求。

2. 社会环境质量指标

在健康城市评价指标中，包含健全卫生应急管理体系，提高突发公共事件处置能力，完善农产品质量安全监管体系，强化对食品药品安全管理，目的是让人民群众既生活得安心，又吃得放心。

在卫生城市考核指标中，包含公共场所卫生、食品卫生等方面的指标，这些指标的采用在现阶段尤为重要。目前，食品生产经营单位和公共场所的共性问题，除设施和布局不合理外，重点是用品用具的消毒设施不到位、卫生措施不落实、卫生制度不完善，因而导致食物中毒以及食品、用具和场所的超标现象时有发生。所以，在考核指标中对公共场所、食品卫生等都有明确要求，目的是促进当地逐步建立起保障居民健康的良性社会支持系统。应当说，这一点与健康城市评价指标中的构建健康社会是相同的。

（二）健康城市与卫生城市的不同点

1. 涉及面不同

作为卫生城市的升级版，健康城市建设的出发点是人，特别强调人的因素的重要性。尤其是对广大的发展中国家来说，一个健康城市应能为民众提供安全充足的食物、清洁卫生的水源、足够的卫生设施、适宜的住房等，并逐步摆脱贫穷的困扰。因此，在健康城市评价指标中，除了一些传统的健康指标外，还特别包括了基本养老保险、就业情况、受教育水平、住房质量等，涉及面明显较广。

卫生城市建设涉及的主要方面为行业卫生、环境保护、市政建设，健康教育则贯穿整个建设的始终，这完全是从我国的实际情况出发，工作的重点是解决城市脏、乱、差和不文明、不卫生的状况。因此，卫生城市着重强调要提高城市的整体卫生水平，如市容市貌、行业卫生，并逐步创造一个良好的生活环境，这应该说完全符合我国的国情，但相对于健康城市而言还是属于比较低的层次。

2. 生活质量指标不同

健康城市指标包括人均期望寿命、婴儿死亡率、营养水平等，在很大程度上反映了城市居民的健康水平状况。而家庭、邻里、学校、工厂、公共场所、社区等社会环境作为保障人体健康的重要组成部分，则是关键的健康支持环境。在这方面，健康城市对此给予了较高的重视。

相比之下，卫生城市指标对生活质量指标和社会环境指标重视的程度不够高，如没有学校、工厂等重点单位和流动人群的评价指标。

3. 评价侧重点不同

在设计健康城市指标时，人们更加关注的是建设和实施的过程。这一过程指标包括社区团体、非政府组织、相关的协会、政府机构等诸多协作关系的形成，以及每个阶段完成的日期、实际所做的工作等。对此,人们可以采取建设健康学校、健康工作场所、健康社区等多种形式,以充分调动学生、工人、居民、社会组织等各类人群的主动性、积极性和创造性,最大限度地动员民众参与。

卫生城市指标的设计,更多的是注重建设的结果,因而每个指标都有明确的指向和要求,主管部门可以据此逐项检查、考核和命名。

就不同点而言,健康城市的内涵更加丰富,涵盖了健康环境、健康社会、健康服务、健康人群、健康文化5个方面,其目的是全面改善影响群众健康的自然因素和社会因素,提高医疗卫生服务水平。卫生城市则显得更加侧重改善环境卫生、食品安全、饮用水安全等基本卫生条件,其主要目的是为了防控传染病。

三、青岛市争创健康城市存在的问题

建设健康城市,不仅是新时期爱国卫生运动的重要载体,更是推进以人为核心的新型城市化的重要目标,也是打造健康中国、实现全面建成小康社会的重要组成内容。全国爱卫会提出,到2020年,要建立完善健康城市建设管理机制,形成一套科学、有效、可行的指标和评价体系,健康社区、健康村、健康单位等健康细胞工程广泛开展,健康管理工作模式基本建立,建成50个左右环境宜居、社会和谐、人群健康的健康城市示范市。就青岛市而言,目前健康城市建设还存在以下问题,应当引起我们的重视。

(一)缺乏对健康城市指标体系全面深入的研究

1. 相关部门重视与宣传程度不够

2016年3月,全国爱卫会启动了关于健康城市建设的评价试点工作,目的是在前期研究的基础上确定健康城市评价指标体系,以便为全面启动健康城市建设做好技术准备。根据安排,全国爱卫办与中国健康教育中心就健康城市和爱国卫生运动相关工作开展合作,中国健康教育中心成立了健康城市建设工作办公室。办公室在此次试点工作中承担技术指导任务,负责制定健康城市建设评价试点工作相关的数据报表和上报资料清单,并负责数据资料的收集汇总、分析及提供咨询等工作。

应该说,对从卫生城市转向健康城市的升级过程,目前作为城市主体的广大民众了解不多,既不了解健康城市这一概念,不了解健康城市所包含的内容以及所要达到的目的。不仅如此,从当前的氛围看,相关部门在这方面的重视与宣传工作也存在不到位的现象,自身的重视程度不够,且在如何能够使民众广为知晓此项活动的工作上也有所欠缺。

如果不能动员广大民众参与其中，不理解建设健康城市工作从根本上说是为了广大居民的切身利益，那么此项活动就很有可能出现因为广大民众的不了解甚至冷淡而在实际生活中不配合相关部门的工作，最终使之演化成为政府的“独唱”，这样就达不到真正使广大民众受益的目的。

2.对指标体系的研究不够

建设健康城市，是世界卫生组织在20世纪80年代面对城市化问题给人类健康带来挑战而倡导的一项全球性行动战略。1996年，世界卫生组织根据世界各国开展健康城市活动的经验和成果，制定并公布了“健康城市10条标准”，作为建设健康城市的努力方向和衡量指标：①为市民提供清洁安全的环境；②为市民提供可靠和持久的食品、饮水、能源供应，具有有效的清除垃圾系统；③通过富有活力和创造性的各种经济手段，保证市民在营养、饮水、住房、收入、安全和工作方面的基本要求；④拥有一个强有力的相互帮助的市民群体，其中各种组织能够为了改善城市健康而协调工作；⑤能使其市民一道参与制定涉及他们日常生活、特别是健康和福利的各种政策；⑥提供各种娱乐和休闲活动场所，以方便市民之间的沟通和联系；⑦保护文化遗产并尊重所有居民（不分种族或宗教信仰）的各种文化和生活特征；⑧把保护健康视为公众决策的组成部分，赋予市民选择有利于健康行为的权利；⑨作出不懈努力争取改善健康服务质量，并能使更多市民享受健康服务；⑩能使人们更健康长久地生活和少患疾病。

全国爱卫会正是在参考借鉴世界卫生组织上述标准的基础上，结合本国实际，于2015年9月30日出台了《健康城市评价指标体系（征求意见稿）》（健康城市具体指标见表1）。这套指标体系分为基础指标和特色指标两部分（详见表1）。尽管从数量上看，健康城市的指标并不多，少于卫生城市的指标，但实际上，它与卫生城市有较大的区别，且其实施难度远远大于后者。这是因为，健康城市的指标体系中不仅有环境保护和健康社会等方面的“硬”指标，包括环境空气质量优良天数占比、公交出行分担率、食品监督抽检合格率、城市污水集中处理率、生活饮用水末梢水水质合格率（分城、乡两个方面）、人均公园绿地面积，无害化卫生厕所普及率（农村）等，也有社会公平和居民素质等方面的“软”指标，包括基本养老保险覆盖率、居民健康素养水平、将健康融入所有政策、健康城市规划等。而对于所有这些指标，目前青岛市的研究还很不够，还有较大的差距，甚至存在着错把健康城市等同于健康产业的观点；等等。

表1 中国健康城市建设基础指标一览表

类别	项目	指标
1. 健康环境指标	(1)空气质量	1)环境空气质量优良天数占比
	(2)水质	2)城市污水集中处理率
		3)生活饮用水末梢水水质合格率(分城、乡)
	(3)废弃物处理	4)生活垃圾无害化处理率
		5)无害化卫生厕所普及率(农村)
	(4)其他相关环境	6)人均公园绿地面积(平方米)
		7)三类以上公厕比例
2. 健康社会指标	(1)社会公平	1)个人卫生支出占卫生总费用的比例
		2)基本养老保险覆盖率
		3)城镇登记(调查)失业率
		4)低保标准的消费支出替代率
	(2)公共交通及住房	5)公交出行分担率
		6)城市居民人均住房建筑面积
	(3)身体活动支持性环境	7)城市人均体育场地面积
		8)每万人拥有健康步道千米数
	(4)职业安全	9)亿元 GDP 安全生产事故死亡率
	(5)食品安全	10)食品监督抽检合格率
	(6)文化教育	11)高中阶段教育毛入学率
3. 健康服务指标	(1)慢性病管理	1)糖尿病管理人群血糖控制率
	(2)精神卫生管理	2)严重精神障碍患者管理率
	(3)妇幼卫生服务	3)儿童系统管理率
		4)产前健康管理率
	(4)卫生资源	5)每千人口执业(助理)医师数
		6)每万人口拥有疾控机构人员数
		7)医疗卫生支出占财政支出比例
	(5)养老服务	8)每千名老年人口拥有养老床位数
4. 健康人群指标	(1)健康水平	1)人均期望寿命
		2)婴儿死亡率
		3)孕产妇死亡率
		4)成年人高血压患病率

(续表)

类别	项目	指标
4. 健康人群指标	(1)健康水平	5)传染病总发病率(1/10 万)(甲、乙类)
		6)艾滋病感染者/病人管理率
		7)结核病发病率
	(2)健康生活方式	8)15 岁以上成人吸烟率(分性别)
		9)经常参加体育锻炼人口比例
		10)居民健康素养水平
5. 组织保障指标		1)将健康融入所有政策
		2)健康城市规划
		3)有年度健康城市评估报告

(二)爱卫办的设置在体制机制不够顺畅

目前,青岛市爱国卫生运动委员会办公室(以下简称市爱卫办)所属职能归青岛市城市管理局,市容环境卫生管理处加挂市爱卫办牌子。市爱卫办设置在城市管理局导致了如下问题的存在。

1. 爱卫办的归属设置不符合有关规定

《国家卫生城市标准》(2014 版)和国务院《进一步加强新时期爱国卫生工作的实施意见》(国发字〔66〕号)明确要求,各级爱国卫生组织机构应“独立和相对独立设置”。出于城市管理集中的考虑,青岛市在 2014 年进行机构改革时进行了探索,将爱卫办从市卫计委划归城管局,同时在市容环境卫生管理处加挂市爱卫办的牌子。这种探索的有利方面体现在进行城市管理时能够集中力量,增强行动实效,提高工作效率;而不利的方面则是爱卫办没有体现出独立或相对独立设置,与《国家卫生城市标准》(2014 版)和国务院《进一步加强新时期爱国卫生工作的实施意见》中的要求不符。

2. 爱卫办对上、对下工作对接机制没有理顺

从国家层面讲,全国爱卫办是隶属于国家卫生计生委,并与疾病预防控制局合署办公,内设传染病预防控制处、免疫规划管理处、艾滋病预防控制处、慢性病预防控制处等 11 个处室。从省级层面讲,山东省爱卫办设在省卫计委,与疾病预防控制处合署办公。由于青岛市爱卫办设在城市管理局,因此在业务对接上,无论对上还是对下都明显出现了障碍。对上的工作关系上,由于国家爱卫办、山东省爱卫办都设在卫生计生委,归属与业务都不对口,因而在与省爱卫办等联系方面,工作常常无法沟通;对下的工作关系上,有的区设在卫计局,有的区(市)设

在城管局,也时常影响协调工作的开展。

3. 爱卫办缺乏相应的专业人员

国务院2014年印发的《关于进一步加强新时期爱国卫生工作的意见》,对做好新时期的爱国卫生工作提出了明确的任务,即"城乡环境卫生条件明显改善,影响健康的主要环境危因素得到有效治理,人民群众文明卫生素质显著提升,健康生活方式广泛普及,健康的社会环境和政策环境进一步改善,重点公共卫生问题防控干预取得明显成效,城乡居民健康水平得到明显提高"。

青岛市爱卫会是政府的议事机构,主要是贯彻国家爱国卫生工作方针、政策和法规;制定全市的爱国卫生工作方针和政策,组织协调全市爱卫会相关成员单位开展工作,督导检查各成员单位工作进展落实情况。

作为爱卫会的常设办事机构,爱卫办在职责上专业性很强,要求标准高,需要具有专业知识和长期从事这项工作的人员。而市爱卫办划转城管局后,专业力量大为减弱。目前,各级各类卫生城市(城镇)创建、健康教育和健康促进、病媒生物防制、公共卫生与医疗服务、公共场所控烟、农村改水改厕等大量的工作任务全面展开,但编制、经费等方面受到了很大限制,致使其难以完成工作任务;其他临时性帮助工作人员,因为缺少相关专业知识,导致各项工作无法顺利开展。有的只是象征性地转发上级的文件,下发"通知"也提不出具体的工作要求,基本处于应付状态。

四、把青岛市建设成为健康城市的对策建议

健康城市建设是一个需要多部门长期合作的系统工程,建设健康城市功在当代、利在千秋。为使青岛市能够在2020年成为环境宜居、社会和谐、人群健康的健康城市示范市,需要尽快理顺机制、加大投入和研究力度,动员和推动社会各界参与健康城市的建设。

(一)牢固树立以人民为中心、以健康为根本的理念

在2016年8月召开的全国卫生与健康大会上,习近平总书记强调指出,没有全民健康,就没有全面小康。要把人民健康放在优先发展的战略地位,以普及健康生活、优化健康服务、完善健康保障、建设健康环境、发展健康产业为重点,加快推进健康中国建设,努力全方位、全周期保障人民健康,为实现"两个一百年"奋斗目标、实现中华民族伟大复兴的中国梦打下坚实健康基础。他还指出,良好的生态环境是人类生存与健康的基础。要按照绿色发展理念,实行最严格的生态环境保护制

度，建立健全环境与健康监测、调查、风险评估制度，重点抓好空气、土壤、水污染的防治，加快推进国土绿化，切实解决影响人民群众健康的突出环境问题。

城市的健康和良性发展，是以清洁、和谐、健康的城市环境为基础的。健康城市从概念的提出，到指标体系的确立，以及建设健康城市的过程无不体现出以人为本的科学理念，体现出城市经济社会的科学发展观。创建健康城市，目的就是要通过提高认识，动员民众与政府部门和社会机构合作，提高民众的生活质量，提高城市品位，形成有效的环境支持和卫生服务，改善健康状况。因此，确立以人民为中心、以健康为根本的理念，就是要突出以人为本，从思想认识上高度重视，把健康城市作为促进城市全面科学可持续发展的新载体，科学合理地指导城市定位，促进城市全面和可持续发展，使经济效益、社会效益和生态效益得到有机统一。

（二）制定健康城市发展规划，建立完善创建健康城市的长效机制

健康城市的建设是我国总结多年来国家卫生城市经验的必然结果，健康城市是中国城市发展到一定阶段的必然产物。建设健康城市，是世界城市发展的大趋势和方向，在国外许多城市都有成功的模式和范例，并不是不可行的。对照健康城市的标准，可以发现，创建卫生城市诚然在许多方面还没有达到健康城市的要求，但卫生城市的创建实际上又为建设健康城市打下了坚实的基础。为更好地保护生态环境、保障人群健康、促进社会和经济的全面发展，并扩大青岛市在全国和世界上影响度与知名度，当前需要做的工作就是按照规划先行的原则，尽快制定出健康城市建设的发展规划，并将健康城市的建设和发展规划纳入到全市经济社会发展的总体规划之中，使健康城市的建设有法可依、有规可循。不仅如此，还需要加大力度，营造出人人为建设健康城市出力献策作贡献的良好氛围，以充分调动全社会的力量，使政府、社会、民众在这个问题上能够形成共识、凝聚力量。此外，应考虑加大财政投入，把建设健康城市工作所需的经费纳入年度财政预算，积极探索多渠道、多形式的投入机制。

（三）理顺机制体制，让爱卫办回归卫计委

青岛市爱卫办是爱卫会的常设办事机构，担负着贯彻国家爱国卫生工作的方针、政策和法规，研究拟订全市爱国卫生事业的发展规划和目标并组织实施，负责城乡社会公共卫生管理、卫生监督及检查评比，组织实施全市农村改水、改厕规划，组织协调区（市）、有关部门和团体的爱国卫生工作，带动环境卫生整治、预防和减少疾病发生的农村爱国

卫生工作等10多项重要的工作职责，在创建健康城市中发挥着其他机构无法替代的重要作用。然而，目前青岛市爱卫办设置在城市管理局，在设置上还存在一定的问题，机制体制明显不顺，不仅不符合《国家卫生城市标准》(2014版)和国务院《进一步加强新时期爱国卫生工作的实施意见》关于各级爱国卫生组织机构应"独立和相对独立设置"的明确要求，成为全国"唯一"设置在城市管理局的机构。除青岛外，目前全国其他城市的爱卫办都设在卫计委，从新中国成立至今。更为重要的是，由于机制体制不顺导致对上、对下工作对接上都明显有问题。鉴于这种情况，应尽快改变爱卫办的设置，让爱卫办回归到卫计委，使其真正发挥应有的作用。

(四)加强对健康城市指标体系的研究

国家健康城市的指标体系，尽管与国家卫生城市有一定的联系，但作为我国的一个新生事物，毕竟还有不小的差异。应该说，国家健康城市，代表了一个城市在经济建设、社会建设、政治文明建设、文化建设和生态文明建设方面所取得的综合成就，体现了一个城市对民众健康的重视程度，体现了一个城市知名度和美誉度。因此，应加大力量，对国家健康城市所涉及的基础指标(包括健康环境、健康社会、健康人群、健康服务和健康政策等一级指标5项，二级指标17项，三级指标39项)所包含的具体内容加以全面详细和深入系统的研究，并将指标体系分解到各个部门，以确保措施落实到位。

(作者单位：青岛市社会科学院)

青岛市通过法定途径分类处理信访诉求的探索

姜福东　吴述臻

近年来，青岛市深入贯彻落实国务院《信访条例》，在全国城市当中率先探索实践经由法定途径分类处理信访问题，协调疏导信访群众依法理性反映诉求，切实维护群众合法权益，及时反映社情民意，着力促进社会和谐正义，形成了统一领导、部门协调，统筹兼顾、标本兼治，各负其责、齐抓共管的信访工作新格局，建立起畅通有序、务实高效、公正为民的信访工作新秩序。青岛市该项工作在全国地方中启动最早、推进最快。2015 年 5 月，通过法定途径分类处理信访诉求工作推进会在京召开，青岛是全国拥有两个发言交流材料的唯一城市。国务院副秘书长、国家信访局局长舒晓琴等领导同志对青岛市的相关探索给予了充分肯定。回顾过去，青岛市通过法定途径分类处理信访投诉请求的探索与实践取得了不少丰硕的成果，同时也存在着一些亟须加以解决的问题。

一、青岛市通过法定途径分类处理信访诉求的探索

（一）明确“四大工作理念”

为做好法定途径分类处理信访诉求工作，青岛市紧密结合信访工作实际情况，逐步提出并形成了依法做好信访工作的“四大工作理念”。

一是“诉访分离”的工作理念。诉访分离是依法做好法定途径分类处理信访诉求的前置条件，诉访分离是改革涉法涉诉信访工作机制的总体要求。实行诉讼与信访分离，把涉法涉诉信访纳入法治途径解决，能够有效地解决信访工作职责边界不清、受理范围不明的问题。要做好法定途径分类处理信访诉求工作，首先需要引导信访人依照法律规定，把涉法涉诉的利益诉求向有关政法机关提出，或由信访部门及时转给同级政法机关依法办理。该通过起诉解决的，告知信访人起诉；该通

过上诉解决的，告知信访人及时上诉；该走仲裁渠道的，告知信访人及时提起仲裁；需要复议救济的，告知信访人及时提起行政复议。同时，信访部门要尊重政法机关依法作出的具有终局力的法律结论，使民众的合理合法诉求通过法律程序得到解决，努力实现案结事了、息诉息访，实现维护人民群众合法权益与维护司法权威的统一。实现诉访分离是通过法定途径处理信访问题的第一步，是推进法治青岛建设、创新岛城社会治理体制创新的有机组成部分，也是更好地维护岛城群众合法权益的重要举措。青岛市严格落实诉访分离的规定，将政法接访窗口撤出市信访接待中心，对涉法涉诉信访诉求只是做出分流处理，不再受理，引导信访人通过司法途径依法解决。结果显示，青岛市群众到市信访总量同比下降 21.1%，而政法部门受理的涉法涉诉信访同比上升 15%。该数据在一定程度上说明，信访工作正在回归本位。

二是“清单管理”的工作理念。清单管理本是经济管理的一项制度，是政府立足于经济社会现实和发展趋势，用清单的形式明确政府和市场主体的作用空间，使政府和市场主体对彼此的未来行为产生稳定的预期，从而实现政府与市场关系的有效治理。在经济管理中，采用科学的清单管理模式，在理论和实践层面都有助于协调好政府与市场的关系，而清单管理又可区分为正面清单和负面清单两种具体的管理模式。就做好法定途径分类处理信访诉求工作而言，在实现诉访分离的前提下，为了进一步理清各职能部门的权责界限，就需要借助经济管理中的清单管理模式，明确部门信访的主体责任。为此，青岛市先后分两批实行清单管理制度。第一批在全市 31 个重点部门推行责任清单管理制度，全面梳理责任事项，制定出具体的清单文本，并由市信访、编制、法制、司法等部门联合审定，统一编印《青岛市通过法定途径分类处理信访诉求工作指南》；第二批在全市 21 个职能部门实行责任清单管理制度，要求各职能部门对本系统任务进行细化分解，明确承担这项任务的牵头部门，把与这项工作相关的内部处室组织起来，采取“系统抓、抓系统”的办法抓好推动，确保此项工作落得了地、见到实效。截至目前，全市主要职能部门都已建立了分类处理清单，信访解决的事项更明确、途径更清晰。

三是“部门协作”的工作理念。法定途径分类处理信访诉求是一项系统工程，要推进该项工作，离不开政府各职能部门的通力合作。就信访协作而言，要求政府各职能部门要有大局意识和协作精神，特别是政府各职能部门的信访工作人员，要齐心协力，才能保证通过法定途径分类处理信访诉求工作的整体推进。青岛市注重加强部门协作，形成了分责共担的工作机制。特别是对“三跨三分离”信访问题，在厘清部门责任的基础上，借助市信访联席会议这个平台，建立由信访局牵头、相关部门联合办案的机制，形成工作合力。如农民工讨薪问题，在信访部门协调下，建设部门和人社部门互相补台、通力合作，工作效率大为提高。2016年青岛市此类信访案件同比减少30%以上，越级到省上访在全省各地市数量最少。

四是“督查落实”的工作理念。在推进通过法定途径分类处理信访诉求工作中，落实责任是做好该项工作的关键。为此，青岛市成立了由信访、编制、法制、司法、社科联等部门和律师、专家学者组成的专项课题组，负责全市面上工作的综合分析、指导分类。依据国家信访局《信访事项内容分类》，将近两年受理的5500余件信访事项归成17类、200多个专项，为依法分类处理信访诉求提供参考。在此基础上，坚持“一事一部门”原则，深入推进专项治理，各个职能部门分别成立专项工作组，固定熟悉法律法规知识和信访业务人员，对各自领域信访诉求化解渠道进行集中梳理，制定责任清单。有了责任清单，重在抓好督查落实，特别是突出信访督查，重点督查职能部门是否落实分类处理，视情况行使信访“三项建议权”（改进工作、完善政策、给予处分）；突出纪检监察督查，重点对分类处理工作中履职不力、失职渎职等行为追究违纪责任；突出检察监督，对公安、法院的办案行为，建立内部纠错互动机制，防止信访人“弃法转访”。2015年以来，共通报违纪违规案件15起，给予14人纪律处分，对38名相关责任人进行诫勉谈话。强调督查落实的工作理念及其举措，有力地推进了青岛市通过法定途径分类处理信访诉求工作的顺利开展。

（二）理清“一二三四”工作思路

“一”是制订“一个方案”。2015年4月，市信访局制订《关于开展通过法定途径分类处理信访诉求工作的实施方案》，明确任务要求、工作步骤和时间进度。成立市信访局和职能部门两个层面的课题组，由分管领导挂帅组织推动。市信访局召开专题会议，在信访任务较重的11个部门中首先作出部署，以点带面，整体推进。

“二”是实施“两项对接”。市信访局牵头，协调指导面上工作推进，试点单位分工负责职责范围内信访诉求的分类判定及处理工作。工作中，特别注重“两项对接”，一方面是试点单位与市政府法制办、市编委办、市中级人民法院等部门的横向对接，以确保部门“责任清单”与政府权力清单相符，纳入复议、仲裁、诉讼等法定渠道的诉求在司法实践中走得通。另一方面是试点单位与对口省厅、国家部委的沟通，以便上下口径一致，确保“责任清单”合法合规、有效力、可执行。

“三”是梳理“三稿清单”。试点单位组织本部门相关处室，对照国家信访局《信访事项内容分类》目录，对涉及本部门的信访诉求根据相关法律、法规、规章、规范性文件和政府权力清单，做出法定途径的初步判定，形成第一稿分类清单。之后，市信访局聘请律师，对部门的清单逐一进行梳理把关，重点明确导入法定途径的法定依据，提出修改完善的建议，形成第二稿分类清单。市信访局将律师意见、建议反馈给各试点单位后，试点单位结合与上级业务主管部门、市相关部门对接情况，再次对清单进行修改完善，形成第三稿分类清单。

“四”是召开“四大会议”。一是部署会。由市信访局组织召开11个试点单位参加的座谈会，部署第一批试点工作。二是调度会。市信访局召开由法制办、编委办、政法委、市中级人民法院、市人民检察院、市司法局等部门参加的座谈会，协调做好分类清单对接工作。三是推进会。市信访局召开试点单位座谈会，协调指导推进工作。四是汇报会。市信访局组织召开分类处理信访诉求调度会，听取部门工作情况汇报，对诉求清单对接、实施方案制订和宣传引导工作提出要求。

（三）落实“六个三”工作方法

第一个“三”是处理好“三个关系”，健全工作机制。一是处理好信访部门与职能部门的关系。由市信访局牵头组织，负责分类处理工作面上的协调、指导和督促推进；相关职能部门分工负责职责范围内的判定分类及处理工作，做到“既挂号，也治病”。二是处理好部门之间的关系。按照“一事一部门”原则确定法定途径。对跨部门的信访诉求，由市信访联席会议协调，从有利于问题解决出发，与相关部门共同做好分类判定，明确主办、协办部门，避免出现越俎代庖或责任真空。三是处理好职能部门内部的关系。在加强与上级主管部门汇报沟通、统一口径的同时，在职能部门内部成立专项工作组，固定掌握业务政策法规知识、熟悉信访诉求办理的工作人员参加分类判定，让“熟悉的人办熟悉的事”。

第二个“三”是抓牢“三个环节”，改进工作流程。一是抓牢甄别梳理环节。市信访局依据国家信访局《信访事项内容分类》，对近两年受理的信访事项进行梳理甄别，并逐类明确有权处理部门，摸索出分流引导的基本遵循。二是抓牢分类判定环节。职能部门对分流引导到本部门的事项，根据法律法规规章和政府行政权力清单，做出初步判定，凡是能够通过其他法定途径处理的，优先导入其他法定途径。三是抓牢部门导入环节。职能部门判定应该或可能导入司法途径的，市信访局组织相关职能部门与法院、检察院或仲裁机构逐案会商对接，确保事项够顺畅导入，防止因工作脱节而回流。

第三个“三”是紧跟“三项配套”，凝聚工作合力。一是指导配套。把法制、司法、社科联等部门和律师、专家学者组织起来，研究解决没有途径可走或途径走不通的问题，提出指导性意见，力争做到“有诉求，有途径”。二是培训配套。坚持“需求导向、贴近业务”，开展5轮分级分类培训，累计培训人员1000余人，并安排100余名信访干部到沈阳大学集中学习，保证工作人员对业务规范应知应会。三是宣传配套。结合信访法治建设年活动，将“责任清单”通过政务网、报刊向社会公开，让群众知道“谁来办”、“怎么办”，引导其主动通过法定途径解决诉求、维护权益。

第四个“三”是做到“三个延伸”，服务信访群众。一是向受理前延伸。充分发挥专业调解组织、行业调解组织、基层人民调解组织优势，及时化解潜在的各类矛盾纠纷，最大限度地将矛盾纠纷化解在信访前。二是在受理中延伸。凡是纳入法定途径的，都逐项明晰分类的法律依据以及进入该法定途径需具备的主体、时限、管辖等条件，并在登记时告知信访人，避免简单程序性转办、交办。三是向办理后延伸。从群众对信访事项办结满意度评价中，查找信访部门和职能部门在推进依法分类处理信访诉求工作中存在的问题，制定针对性改进措施，做到工作到位、群众满意。

第五个“三”是强化“三个结合”，完善支撑措施。一是与强化信访信息“一体化”相结合。将分类处理信访诉求作为一项重要指标，纳入信访信息系统建设整体规划，以“诉求性质”为查询项，直接显示该类诉求应导入的法定途径，进一步提升工作准确性。二是与规范基础业务相结合。制定和完善相关业务规则和规范标准，明确信访事项从受理到答复各个环节的刚性要求、基本要素、基本格式，以程序严密促进实体问题处理公正到位。三是与加强源头预防相结合。在明确市级职能部门责任清单基础上，指导基层部门制定通过法定途径分类处理信访诉求的工作细则和责任清单，把责任逐级传导到基层一线，推动信访诉求在源头上导入法定途径，依法处理。

第六个“三”是突出“三项督查”，保障落地见效。一是突出信访督查。由市信访局牵头，重点督查职能部门是否将职责范围内诉求全部导入法定途径，是否严格按业务规范办理。二是突出纪检监察督查。由纪检监察部门牵头，重点督查履职不力、失职渎职等违反信访工作纪律的行为，着力解决责任主体不敢担当、效率低下等问题。三是突出检察监督。由检察院牵头，重点监督公安、法院办案人员程序违法行为，建立内部纠错互动机制，防止信访人“弃法转访”。

二、青岛市通过法定途径分类处理信访诉求存在的问题及对策建议

青岛市通过法定途径分类处理信访诉求的探索与实践，是一个十

分重大的现实性课题。然而，我们不能奢望，仅仅凭借这种更多属于方法上、机制层面的创新，就能够圆满地解决既存的和将来面临的信访难题。展望未来，充分认识并且细腻地剖析这种局限性，有助于更加深入地思考和探索信访问题解决之道，有助于提出更具针对性和可操作性的意见建议，从而使通过法定途径分类处理信访诉求的方法论更加具备"实践理性"特质，进而将信访法治化的伟大变革不断引向深入。

（一）需要进一步厘清信访职能定位等基本问题

从青岛市通过法定途径分类处理信访诉求的探索与实践过程中，我们发现，在有关信访的一些关键概念、理念与功能上的认知，都存在着进一步厘清的必要。通过对现实案例的梳理，我们认为，在信访实践中仍然存在着对于信访职能定位不清的认识。有的案例虽然从结果上得到了解决，但却有可能进一步混淆信访职能的定位。"黄某某拦截市委领导车辆上访案"就是这样一个典型案例。

青岛即墨市居民黄某某因其子不慎掉入古力井内溺亡而不断上访，反映相关部门不作为，要求给予高额赔偿。上访人上访后，即墨市公安、城建、信访等部门积极介入，剖析案情，认定死因，积极引导上访人通过法律途径解决。但上访人坚持要求政府出面帮助解决。因无法确定责任主体，该案一时没能得到解决，上访人遂结集到即墨市政府上访，并拦截市委领导车辆。市委主要领导亲自接待上访人，在了解案件经过后，向其表示了同情和慰问，同时向其解释了为什么要依法解决该案，并责成相关部门在认真履职的基础上，给上访人以必要的协助。最终，上访人黄某某将小区的物业管理公司起诉至法院，要求给予赔偿。法院判赔 53 万余元。判决后，上访人再未上访，该案遂获得解决。

这其实是一起典型的涉诉信访案例，根据规定应该由司法途径予以解决，但在上访人拦截市委领导车辆后，由市委领导出面责成相关部门进行处理，其处理结果才让上访人满意。从个案来看，这是一起圆满解决的上访案件；但是从另一个角度来看，却很有可能会使群众认为，只有通过上访，才能获得圆满的结果，如此进一步混淆了信访机关与司法机关之间的职能和定位。信访机构由此演变成维护社会稳定的部门，走入了职能错位之误区。这种类似古代"拦轿喊冤"、"青天大老爷明鉴"式的现象，促使人们进一步反思信访职能延伸的极限。信访职能既具有消极的一面，又具有积极的一面。所谓消极的一面，指的是信访权的最后辅助性和补充性；所谓积极的一面，指的是信访权的补救性和监督指导性。信访职权的指导性决定信访机构具有分类处理之权，对于提起异议的公民，可以借助信访机构的资源，告诉相关当事人寻求救济的方式方法，这使得有关当事人有理由相信自己所信赖的或者成本较低的救济方式。信访职权的监督性决定信访机构在履行监督义务之时，无疑会倾向于通过具体的案件，督促有关执法机关依法行政或者贯彻执行法律，然而这种倾向性完全可能导致政府的权力之手伸得过长。

信访机构应该主要定位以下四种职能：一是调节功能，俗称“中转站”、“休息站”、“疏导站”，信访机构工作人员是“调解员”、“宣传员”，这是在信访转办这一程序性职能之外，具有一定心理疏导化解作用的职能，在部分信访问题处理上，调节可以起到息访、引诉甚至终结信访的作用。二是救济功能，这里的救济不单指程序转办的救济，而应包括给上访人具体实体上或者是经济利益上的有效救济，如组织调解、经济补助。三是监督功能，即不仅仅将信访转给有权办理的责任单位，还应监督该单位的行政行为如何实施，如何答复，如何化解，是否息访。四是“兜底功能”，即对没有主管部门的信访事项，信访机构负责具体实体的处理和最终答复的职能。只有做实这四项职能，信访才能充分发挥作用，才不致违法或越位。所以，信访机构既不能大包大揽，也不能一推了之。如何避免走向“大包大揽”或“一推了之”这两个极端？我们认为，试图在两者之间寻求最佳的平衡点，亦孰非易事。从根本上解决该困境，需要进一步解放思想，深化改革。这是一个自上而下的制度革新问题，而不单纯是一个方法或技术问题。

（二）需要有效弥补权力清单制度本身的局限性问题

青岛市通过法定途径分类处理信访诉求的探索与实践，存在着一个难以避免的问题，便是权力清单制度本身的局限性，需要进一步加以研究解决。

权力清单制度本身的局限性主要表现在：一是清单所涵盖的事项不可能包罗万象，更多只是对应信访范围内的有关事项，而这些事项的梳理也并不一定完全准确明晰，有的界定是否有实际价值，尚有待于实践中加以考量。二是权力清单的梳理工作首先是、并且主要是由各职能部门自己搞出来的，尽管其中也有社会力量如律师的参与，但难免存在一些形式化的因素。这里面究竟掺杂了多少部门利益甚至个人“私货”，也尚待时间的检验。三是有些事项可能出现职能交集的现象，如国土资源与房屋管理局的宅基地、房屋管理等职能与区（市）政府有交叉，住房保障、房地产开发与城乡建委有交叉。再如农民工工资问题，政府人社部门和城乡建委之间可能存在职能交集。类似这些事项，在清单中如何科学合理地界分，需要进一步探讨。四是清单的梳理和界分已经不是一件简单的事情，而清单的对接更是一个复杂的实践问题。如何与省厅、与国家部委等上级部门实现“无缝对接”？如何与法院、政府法制办、仲裁部门等实现“有机衔接”？辛辛苦苦梳理出来的清单，在具体实施中可能出现哪些新问题等，都需要在实践中逐步探索并加以完善。

传统上认同“信访是个筐，什么都往里装”。现在，我们要做的工作，就是把筐里的东西依法分类梳理，科学整理界定哪些事项是需要通过诉讼、仲裁、行政复议等法定途径加以解决的，哪些事项是属于政府职能部门业务范围内的，哪些事项是信访机构本身职责范围内的。客观上，这些权力清单的梳理和实施需要一个过程，而且必然是一个动态调整的过程。可能在出现动态调整之后，衍生出有无溯及力等新问题。这个时候，首要的一点，是注重运用法治思维、法治方式处理面临的新情况，摒弃“头疼医头，脚疼医脚”的短视做法，坚决维护法律面前人人平等的法治秩序。

关于各职能部门自行梳理提交权力清单的做法，也应一分为二地对待。一方面，要充分肯定各级政府通过权力清单制度的“自我革命”，实现依法执政、依法行政的决心和行动。另一方面，也要清醒地意识到这种清单制度的局限性，在制定和实施权力清单的整个过程中，都需要进一步强化律师、法学专家、民间组织乡贤等独立的第三方社会力量的作用，而且应及时、完整地向社会公开权力清单，最大限度地接受社会监督和批评建议，增强清单的可接受性和实效性。

（三）需要着力解决诉求分流后的落地难及历史遗留问题

青岛市通过法定途径分类处理信访诉求的探索与实践，尚需深入研究解决诉求分流后的落地难及历史遗留问题。

在理论上讲，信访机构不应当管辖具有可诉性的纠纷，但由于行政机关的不作为或者不当，导致本来具有可诉性的权利主张，失去了可诉性。在法定救济途径无法启动的情况下，信访机构才可以督促有关部门依法行政，从而弥补程序缺陷，使得有关当事人的诉求获得相应司法或者准司法机构的认可。比如，在青岛胶州市九龙街道发生过一起此类案件。在规划过程中，行政机关不依法行政，使得有关当事人的权利受到侵害，但行政机关不出具相关的决定或者书面材料。正是在信访部门的干预下，当事人方补足了手续，向法院提起行政诉讼。然而有的案件却是所有的救济程序已经走完，但上访人的实体性权利要求仍然没有得到有效解决。对于这样的问题，信访机构应当发挥什么样的作用？如“管某某因海域确权及海域占用补偿问题上访案”，就非常值得深入思考。

2015 年 7 月 20 日，青岛市黄岛区张戈庄村民管某某因海域确权及海域占用补偿问题，到市信访局和市海洋与渔业局上访。该信访事项已于 2011 年 7 月 20 日，上访人管某某通过民事诉讼的方式将张戈庄居委会起诉至黄岛区人民法院，并经青岛市中级人民法院二审，法院认为该案件纠纷涉及海域使用权确权及补充问题，该问题属于海洋行政主管部门主管范围，不属于法院民事案件管辖范围，判决驳回了管某某的上诉。2015 年 5 月 29 日，管某某上访至黄岛区海洋与渔业局，黄岛区海洋与渔业局以“不属于本级人民政府或者工作部门处理权限范围”为由，出具信访不予受理告知书。2015 年 7 月 20 日，管某某上访至市海洋与渔业局。因该信访事项较为复杂，市局领导高度重视，办公室会同政策法规处与局法律顾问，对管某某信访材料进行了认真研究分析。经研究认为，管某某上访事项属于“已经或者依法应当通过诉讼、仲裁、行政复议等法定途径解决的信访事项”，依据《信访条例》相关规定，依法对管某某出具了信访不予受理告知书。

对此案件，从法律程序上来说，没有任何问题；从法定分类处理信访诉求的技术层面而言，似乎也不存在什么问题。但是，信访机构作为最后的政府救助途径，是不是应该发挥自己这一优势，给予上访人一个满意的答复，而不是以“程序已经走完”进行推诿？信访职权的补充性特征，决定了信访机构可以补充法律间的缝隙，亦即对法律不能解决或者无法解决的纠纷进行处理。特别是历史遗留问题，政府实际上不可以一推了之。因此，对于历史遗留问题，当缺乏法律或者政策依据时，可以通过信访机制予以灵活而公正的解决。

（四）需要正确对待群众不接受分流及缠访闹访问题

青岛市通过法定途径分类处理信访诉求的探索与实践过程中，也不可避免地遇到“上访专业户”的难题。

有的群众不听从引导，不选择信访以外的法定途径；有的群众在诉求分流后，对相关部门的处理不满意，又返回来继续求助于信访机构。有的群众甚至出现了缠访闹访或者说“恶意信访”的行为或趋向。现实工作中，一些应当通过诉讼、仲裁、行政复议解决的案件，信访人拒绝通过法定途径解决，坚持上访。无论怎么引导，上访人拒不接受。有些信访人反映的问题，本来已经通过法律途径解决，但信访人拒不提及已经依法解决的事实，坚持要求政府帮助解决。另外，一些本应当通过法定途径解决的问题，因种种原因未依法依规解决，后超过法定时效导致不能办理，信访人坚持要求政府帮助解决，无法解决，又无法引入法定途径。如原本应当认定工伤，因企业和信访人自身原因导致未及时进行工伤认定，超过时效后，人社部门不再受理，仲裁、诉讼均已过时效，使信访人权利得不到有效维护，而上访人生活又比较困难，如不妥善给予解决，上访人绝不会放弃自己的诉求，因此案件依旧在信访渠道运行，无法解决。“周某因医疗保险待遇纠纷上访案”即属此类。

青岛即墨市社会福利公司职工周某，因医疗保险未交足20年，因此不能享受医疗保险待遇，到即墨市信访局上访，反映其1985年参加工作，但社会福利公司于1997年才给其缴纳保险。其2014年退休时，只交够17年，市福利公司作为民政局的下属企业，民政局负有监管责任，要求市民政局补缴。经了解，青岛市从1994年开始为职工缴纳养老保险，2000年市社会福利公司进行了改制，与民政局无任何关系。现周某如果提出仲裁申请，已超过诉讼时效，仲裁不予受理。其到人社局劳动监察大队申请对企业进行立案调查，但在调查过程中因找不到企业负责人、会计等人员，导致调查终止，上访人的合法权益无法得到维护。如果让民政局出资帮助上访人解决，一是资金无来源；二是如果给周某一人解决，后退休的福利公司人员都将攀比周某，因此类问题上访的人员将连续不断，民政局肯定也招架不住。但如果不帮助上访人解决问题，上访人不断上访，其自身又是残疾人，值得同情，目前尚无好的解决办法。

信访群众不接受诉求分流的情况，可能是出现了前面所说的“落地难”问题，也可能是当事人更加习惯于“青天大老爷”的传统纠纷解决方式而出现的问题。关于群众不接受分流或者对信访“情有独钟”，此类问题的处理，更好的办法是通过进一步深化改革，从根源上寻找解决之道。唯一可行的办法，就是尽可能充分挖掘既有信访制度的延伸救济功能，通过法定途径分类处理信访诉求的技术层面的革新，加大监督力度，协调有关政府资源或社会资源，帮助解决问题。如在发放困难补助过程中，有的公民对他人获得的困难补助高于自己提出异议。对于此类异议，司法或者准司法机构是无法处理的，但信访部门就能介入，向有关机关问明情况，向当事人进行解释，或者督促行政机关依法行政。上述“周某因医疗保险待遇纠纷上访案”的症结，其实在于政府主导改革的“企业改制时代”所遗留的问题，从某种意义上讲，也是需要政府信访部门出面加以协调甚至寻求救济渠道的。

缠访闹访或者说“恶意信访”的情况则比较复杂。大致可分为如下两种：一些“恶意信访”的背后，归根到底是经济问题。当事人一旦丧失了依附于信访诉求之上的那个对其而言犹如“命根子”般的利益，将面临难以忍受的人生窘迫。为此，当事人不惜“以命相搏”，最后走向极端的缠访闹访。另一些“恶意信访”的背后，则纯属当事人无理取闹。所谓迷恋于“会哭的孩子有奶吃”，当事人牢牢抓住基层“维稳”的弱点，故意缠访闹访，扩大事态，企图获取非法的额外收益，以满足其私欲的沟壑。如胶州市里岔街道某社区，近年来就受困于2名“上访专业户”。其中一个是基于所谓“面子”，另一个是基于对拆迁补偿的不满。当事人反复缠访，具有一定的恶意信访倾向。维稳中心的做法好像是“当事人反复闹一闹，就给俩钱了事”。然而，这种做法也是值得商榷的。

对于恶意信访事件的处理，可以借鉴 20 世纪五六十年代美国处理恶意诉讼的方法，对于恶意信访事件做出如下处理。

一是鼓励有关的当事人以个人身份对抗或者限制恶意信访人，亦即将公共纠纷进行个人化处理。这样一来，有利于当事人之间进行沟通，彻底解决问题，从而避免公共机构过深卷入其中而承受不必要的代价。

二是当恶意信访触犯现行法律时，可以依法进行处罚，并理直气壮地对其进行说服教育，指出其错误之处。可以通过民事责任、刑事责任和行政处罚的方式，依法打击恶意信访行为，从而在全社会牢固树立公权力机关的法治权威。当然，对于恶意信访，必须在处理前经由有公信力的法定机构对其进行定性，然后才能处理，以尽可能避免制度的滥用。

三是对于确实亟须给予救助的上访人员，可以依法通过社会救助的方式，帮助其解决生活困难。单纯地打压，绝非上策，更不能从根本上解决问题，而只是掩盖了问题，一旦条件成熟，该类问题还会爆发出来，甚至以更加激烈的形式出现。当然，也绝不能以政府“直接给钱、破财免灾”的方式“大事化小、小事化了”，绝不能无原则地、不计社会成本地进行处理。否则，会向社会传递错误的信号，有鼓励恶意信访之嫌。长此以往，将会导致恶性循环，政府的“维稳”成本将会不断攀升，国家将会付出更多不必要的代价。

（作者单位：姜福东，青岛市社会科学院；吴述臻，青岛市信访局）

青岛市城市公立医院综合改革研究

李传荣　许万春

公立医院是政府为实现特定目标而举办的非营利性医院，是保障医疗卫生服务的可及性、公平性，增强国民健康的公共政策和制度安排。城市公立医院是指在地级市辖区及以上城市的公立医院，在地级市通常把所辖区（如青岛市六区范围）内的公立医院划归城市公立医院的范畴。1949 年新中国建立以来，经过 60 多年的发展，我国建立了较为完善的公立医院服务体系，公立医院成为医疗卫生服务的主体，特别是城市公立医院在基本医疗服务提供、急危重症和疑难病症诊疗、培养医疗卫生人才等方面发挥着重要的、不可替代的作用，成为解决群众看病就医问题的主战场。但是公立医院在改革发展过程中，特别是改革开放以来出现了一些比较突出的矛盾和问题，如逐利趋势增强、就医无序、医护人员长期处于高度紧张状态、医患关系不和谐、宏观服务效率不高、群众就医负担加重等，社会对此反映强烈，迫切需要通过体制机制改革逐步加以解决。

一、城市公立医院综合改革的背景及总体情况

作为医疗卫生服务终端的公立医院，集各种矛盾和问题于一身，成为医改绕不开的“堡垒”。2009 年，中共中央、国务院印发的《关于深化医药卫生体制改革的意见》，将推进公立医院改革作为 2009～2011 年深化医改五项重点工作之一。

与县域内（农村地区）的公立医院相比，城市公立医院的办医主体、功能定位、层次类别、服务对象等都呈现多元化特点。一般情况下，城市公立医院既包括各级政府以及不同部门举办的医院，也包括军队和国有企事业单位举办的医院；既包括各级综合医院，也包括各类专科医院（而大型综合医院又有分化程度和技术水平较高的专科）；既有主要从事基本医疗服务的中小型医院，也有专注于疑难病症诊治，并承担教学、科研任务的大型医院；既服务城区居民，也服务农村和外地居民。城市公立医院改革涉及管理体制、运行机制、补偿机制、人事和分配制

度等诸多方面，既需要公立医院内部综合改革，又需要外部配合支持，还要与医保制度、药品供应保障、基层综合改革等工作紧密衔接，是医改中最难啃的“硬骨头”。

为推进城市公立医院综合改革，满足人民群众医疗服务需求，2010年2月初，经国务院常务会议审议通过，卫生部等5部门联合印发了《关于公立医院改革试点的指导意见》(以下简称《试点意见》)，2月23日，卫生部、国务院医改领导小组办公室又联合印发了《关于确定公立医院改革国家联系试点城市及有关工作的通知》(以下简称《试点通知》)，在全国确定了17个国家联系试点城市，城市公立医院改革试点工作正式启动，山东省潍坊市被纳入国家第一批试点城市。

按照《试点意见》和《试点通知》要求，第一批试点城市主要在9个方面进行试点探索：一是完善公立医院服务体系，加强公立医院规划和调控，优化公立医院结构布局，建立公立医院之间、公立医院与城乡基层医疗卫生机构的分工协作机制；二是改革公立医院管理体制，明确各级政府举办公立医院的职责，积极探索管办分开的有效形式，逐步实现公立医院统一管理，建立协调、统一、高效的公立医院管理体制；三是改革公立医院法人治理机制，明确政府办医主体，科学界定所有者和管理者责权，探索建立以理事会等为核心的多种形式的公立医院法人治理结构，制定公立医院院长任职资格、选拔任用等方面的管理制度，探索建立医院院长激励约束机制；四是改革公立医院内部运行机制，完善医院内部决策执行机制和财务会计管理制度，深化公立医院人事制度改革，完善分配激励机制；五是改革公立医院补偿机制，合理调整医药价格，逐步取消药品加成政策，加大政府投入，实现由服务收费和政府补助两个渠道补偿，完善医疗保障支付制度；六是加强公立医院管理，确保医疗安全，提高医疗服务质量，改善医院服务；七是改革公立医院监管机制，加强公立医院医疗服务安全质量监管和经济运行监管，充分发挥社会各方面对公立医院的监督作用；八是建立住院医师规范化培训制度，开展住院医师规范化培训；九是加快推进多元化办医格局，鼓励、支持和引导社会资本发展医疗卫生事业，鼓励社会力量举办非营利性医院。

2014年4月，国家卫生计生委、财政部、国务院医改办联合印发通知，新增了第二批17个国家联系试点城市，由此覆盖了除西藏自治区外中国大陆所有的省(区、市)，试点任务仍然是以上9个方面。

为加强对城市公立医院综合改革试点工作的指导，针对第一、二批试点城市中存在的体制性机制性改革力度不大、组织实施机制未理顺、“三医”联动改革进展不平衡等突出问题，在全面总结34个国家试点城市和福建三明市改革经验的基础上，经中央全面深化改革领导小组研究同意，2015 年 5 月，国务院办公厅印发《关于城市公立医院综合改革试点的指导意见》(以下简称《指导意见》)，进一步明确了城市公立医院综合改革试点的指导思想、基本原则、基本目标、基本路径和重点任务，要求试点城市重点在 7 个方面取得突破：改革公立医院管理体制，建立公立医院运行新机制，强化医保支付和监控作用，推动建立符合医疗行业特点的人事薪酬制度，构建各类医疗机构协同发展的服务体系，推动建立分级诊疗制度，加快推进医疗卫生信息化建设。《指导意见》提出，要加快推进改革试点工作，到 2017 年全面推开城市公立医院综合改革试点，初步建立现代医院管理制度，明显提升医疗服务体系能力、改善就医秩序，城市三级医院普通门诊就诊人次占医疗卫生机构总诊疗人次的比重明显降低；医药费用不合理增长得到有效控制，卫生总费用增幅与本地区生产总值的增幅相协调；群众满意度明显提升，就医费用负担明显减轻，总体上个人卫生支出占卫生总费用的比例降低到 30%以下。

至此，城市公立医院综合改革纳入中央全面深化改革范畴，并进入改革“快车道”。2015 年，城市公立医院综合改革试点地区扩大到 100 个地级以上城市，山东省东营市和威海市成为国家第三批试点城市。2016 年 5 月，又增加了 100 个地级行政区为第四批公立医院改革国家联系试点城市，山东省青岛市、济南市和滨州市成为国家第四批试点城市。2016 年 7 月 1 日，青岛市以“取消药品加成、建立科学补偿机制”为突破口，在 32 所二级以上城市公立医院启动实施了综合改革试点工作。

二、青岛市城市公立医院综合改革的目标、任务和路径

按照国家城市公立医院综合改革试点要求和山东省公立医院改革的总体部署，青岛市结合本市实际制订了《青岛市公立医院综合改革试点实施方案》，提出了到 2017 年的改革目标，明确了推进改革的三项原则，确定 9 个方面的改革重点任务，制定了改革的时间表和路线图。

(一)改革试点的目标

巩固提升县级公立医院改革经验与成果，深入推进城市公立医院综合改革，到 2017 年底，初步建立现代医院管理制度，全面落实政府的领导责任、保障责任、管理责任、监督责任，破除公立医院逐利机制，发挥市场机制作用，建立起维护公益性、调动积极性、保障可持续的运行新机制；基本建立分级诊疗服务体系，明显提升医疗服务体系能力，有效改善就医秩序，各级各类公立医院与基层医疗卫生机构分工协作，落

实促进分级诊疗的医保支付政策，预约转诊占公立医院门诊就诊量的比例提高到30%以上；城市三级医院普通门诊就诊人次占医疗卫生机构总诊疗人次的比重明显降低；有效减轻群众就医负担，医药费用不合理增长得到有效控制，卫生总费用增幅与本地区生产总值的增幅相协调，参保人员实际报销水平稳步提高，总体上个人卫生支出占卫生总费用的比例降低到28%以下。

（二）改革试点的基本原则

1. 坚持改革联动

推进医疗、医保、医药“三医”联动，加强上下联动、内外联动、区域联动，促进区域内所有公立医院同步改革，强化城市公立医院与县级公立医院和基层医疗卫生机构分工协作，鼓励社会办医，促进医疗与养老融合发展，营造良好的公立医院改革环境，增强改革的系统性、整体性和协同性。

2. 坚持分类指导

明确城市公立医院的功能定位，充分发挥其在基本医疗服务提供、急危重症和疑难病症诊疗等方面的骨干作用。从实际出发，针对不同层级、不同类型、不同隶属关系的城市公立医院，在医保支付、价格调整、绩效考评等方面实行差别化的改革政策。

3. 坚持探索创新

在国家、省确定的改革方向和原则下，坚持政府牵头、部门协同、医院实践，发扬基层首创精神，充分调动广大医务人员积极性，大胆探索、锐意创新，突破现有政策障碍和既得利益“藩篱”，逐步建立符合本市实际的公立医院体制机制。

（三）改革试点的重点任务

1. 推动现代医院管理制度建设

一是理顺政府办医工作体制。组建市、区（市）公立医院管理委员会，明确办事机构，配备工作人员，履行政府办医和监管职能。二是完善公立医院法人治理结构。深化公立医院法人治理结构改革试点工作，充分发挥医院党组织的政治核心作用，落实公立医院经营自主权，包括内部人事管理权、副职推荐权、绩效工资内部分配权、年度预算执行权、运营管理权等，使医院能够高效调配内部人力、财力和物力等，为群众提供安全、有效、方便、价廉的基本医疗卫生服务。三是建立以公益性为导向的考核评价机制。公立医院管理委员会与各公立医院院长签订绩效目标考核责任书，以公益性质和运行绩效为核心，开展公立医院绩效考核以及院长年度和任期目标责任考核，考核结果与医院财政补助、医保支付、工资总额以及院长薪酬、任免、奖惩等挂钩。四是强化公立医院精细化管理。严格执行医院财务会计制度,实行总会计师制。五是加强行业管理和社会监督。建立属地化、全行业管理体制,加强医院信息公开和信用管理。

2. 推进运行机制改革

一是建立公立医院科学补偿机制。公立医院因取消药品加成所减少的收入,通过调整医疗服务价格补偿80%,政府补偿(补偿渠道依据医院的性质和隶属关系,由举办单位负责落实)不低于10%,其余部分通过医院加强核算、节约成本解决。二是改革医疗服务价格形成机制。全面推行《全国医疗服务价格项目规范(2012年版)》,做好与省现行价格的衔接。三是控制医疗费用不合理增长。确定控费指标并进行动态调整,定期公布主要监测指标和排名情况,建立健全公立医院医疗费用监控体系。四是规范公立医院药品集中采购工作。建立市级公立医院采购联合体,探索实行"两票制"。五是落实政府投入责任。落实公立医院基本建设与设备购置、重点学科发展、人才培养、符合国家规定的离退休人员费用和政策性亏损补贴等投入政策。

3. 强化医保政策改革

一是深化医保支付方式改革。扩大按病种收费和付费的病种数量,2017年,全面实行以按病种付费为主的复合型付费方式。二是提升医保管理服务能力。完善医保经办机构和定点医疗机构之间的谈判协商机制与风险分担机制。三是逐步提高保障绩效。职工和居民医保政策范围内住院费用支付比例分别达到90%和70%以上。

4. 深化人事薪酬制度改革

一是深化公立医院编制人事制度改革。全面实行编制和新增人员备案制。公立医院人员控制总量内的医生以及其他中级职称以上的专业技术人员可以参加事业单位养老保险。二是建立符合医疗行业特点的薪酬制度。完善公立医院工资总量核定办法,探索公立医院院长和医务人员薪酬制度改革。

5. 同步推进公立中医医院综合改革

发挥好中医药在医疗卫生服务中的特色与优势,出台《青岛市创建国家中医药综合改革试验区实施方案》,深化中医优势病种收费和支付方式改革。

6. 构建协同发展的服务体系

一是优化公立医院规划布局。制定全市区域卫生规划、医疗机构设置规划、人才队伍规划和儿童医疗卫生服务体系建设规划。二是推进社会力量参与公立医院改革。鼓励企业、慈善机构、基金会、商业保险机构等社会力量办医,优先支持举办非营利性医疗机构。三是强化分工协作机制建设。鼓励公立医院牵头组建医疗联合体和医疗集团，完善县镇村一体化管理，推进远程医疗建设。四是加强卫生人才队伍建设。制定卫生人才队伍建设规划，扩大儿科、产科、精神科、全科等急需紧缺专业人才的培训规模。

7. 推动建立分级诊疗制度

一是构建分级诊疗服务模式。全面推进以医联体为载体的分级诊疗服务模式，试点放开公立医院在职或退休主治医师以上到基层执业或开设工作室。二是推广应用临床路径管理。扩大临床路径覆盖面，到2016年底，二级以上公立医院全部开展临床路径管理。三是推行家庭医生签约服务。推动二级以上公立综合医院设立全科医学科，开展家庭医生签约服务，签约服务费由医保基金、基本公共卫生经费和签约居民个人负担。四是发挥医保政策杠杆作用。加大医保政策对分级诊疗制度建设的支持力度，适当拉开不同级别医疗机构的起付线和支付比例差距。

8. 加快推进信息化建设

一是加强区域医疗卫生信息平台建设。构建青岛市区域人口健康信息平台，建立区域影像、检验检查、心电、病理等专业诊断中心。二是推进医疗信息系统建设与应用。统一信息系统内药品、耗材和疾病名称编码，实现居民健康信息服务"一号通"。

9. 大力改善医疗卫生服务

一是强化公立医院公共卫生服务。加强防治结合型公立医院和健康促进示范医院建设。二是开展"进一步改善医疗服务行动计划"。在有条件的三级医院建立日间手术中心。完善便民惠民优质服务机制，实施健康扶贫工程。

（四）改革试点的工作路径

在推进策略上，抓住三条主线：一是通过加快政府职能转变，完善法人治理结构和治理机制，合理界定政府、公立医院、社会、患者的责权利关系，建立现代医院管理制度。二是以破除以药补医机制为关键环节，通过降低药品耗材费用、取消药品加成、深化医保支付方式改革、规范药品使用和医疗行为等措施，留出空间，同步理顺公立医院医疗服务价格，建立公立医院科学补偿机制和建立符合医疗行业特点的薪酬制度。三是通过加强基层服务能力建设，上下分工协作机制，综合运用法律、社保、行政和市场手段，优化资源配置，引导合理就医，构建协同发展的服务体系和分级诊疗制度。

在组织实施上，分成三个阶段：一是2016年6月底前全面动员部署。重新调整市政府主要负责同志任组长的市医改领导小组，设立常务副市长任主任的市公立医院管理委员会;制订青岛市公立医院综合改革试点实施方案,市直有关部门按照分工制定改革试点配套政策;举办公立医院综合改革培训和动员会议,对公立医院综合改革工作进行安排部署。二是2016年7月至2017年12月全面实施推进。7月1日零时始,全市所有二级以上公立医院实行药品零差率销售,全面启动综合改革。各区(市)政府、市直有关部门、各二级以上公立医院按照试点方案确定的改革路线图、时间表,分解任务、落实责任,完善政策、加强督导,建立问责机制,系统推进各项改革。三是2018年1月~3月全面考核评估。通过实施单位自评、政府和主管部门考评、委托第三方测评等方式,组织开展改革试点效果评价评估,总结推广试点经验,进一步完善体制机制。

三、青岛市城市公立医院综合改革的进展情况

(一)城市公立医院综合改革顺利启动实施

自2015年底开始,由市医改办会同市卫生计生委组织开展公立医院综合改革准备工作。一是健全了组织领导机制。调整市医改工作领导小组,由市长任组长;成立常务副市长为主任的市公立医院管理委员会,形成了政府主导、部门联动的工作机制。二是建立完善改革配套政策。经过深入调研、反复论证,先后出台《青岛市进一步深化医药卫生体制改革实施方案》、《青岛市公立医院综合改革试点实施方案》和20个配套文件,形成了较为完善的医改政策体系。三是开展系统宣传和培训。分别召开了全市卫生计生工作会议、全市医改暨公立医院综合改革动员部署会议、全市公立医院综合改革政策解读宣传培训会议和物价、医保、卫生等专题会议,分层次、分专题进行动员部署、全员培训,统一了宣传口号、标语,统一了政策解读与宣传口径,正确把握舆论导向,合理引导社会预期。四是强化督导落实和风险排查。改革启动前后,由市医改办主任、副主任牵头组成5个督导组,分别到各公立医院进行三次现场督查;实行了医疗机构运行情况日报告、月分析、季评价制度,针对发现的风险隐患,及时研究解决措施,化解矛盾风险,确保改革政策落到实处、取得实效。

(二)公立医院综合改革范围实现了全覆盖

全市32所二级以上城市公立医院全部实施综合改革,包括青岛大学附属医院、青岛眼科医院、山东省青岛疗养院等3所省属公立医院,青岛山大齐鲁医院、青岛市市立医院等14所市属公立医院,市南、市

北、李沧、城阳四区所属的6所区属公立医院，2所大学办的公立医院（青岛大学附属心血管病医院和青岛大学医学院松山医院），5所部门办的公立医院（青岛市商业职工医院、青岛市交通医院、青岛盐业职工医院、青岛市按摩康复医院、青岛优抚医院），1所企业办公立医院（青岛阜外心血管病医院）、1所军队办公立医院（中国人民解放军第四〇一医院）。本着巩固成效、完善机制、同步实施的原则，在县级公立医院全部推开、不留死角，改革范围延伸到所有一级县级公立医院，实现了公立医院与服务人群全覆盖。

（三）改革管理体系与工作机制初步建立

在市医改工作领导小组领导下，积极试点实施“管办分开”管理体制改革。9月份，市政府印发了《青岛市公立医院综合改革试点实施方案》，确定9项28条工作任务、责任分工和时间进度要求。成立青岛市公立医院管理委员会，办公室设在市卫生计生委，作为履行政府办医责任的管理与服务平台，统筹协调部门、区（市）和医院制定政策、落实改革任务。市医管委牵头对试点方案进行宣传解读，建立工作调度制度、监测报告制度、宣传推介制度和调研督导制度，通过工作台账管理形式精准推进综合改革。

（四）医疗服务价格管理机制进一步理顺

按照“腾空间、调结构、保衔接”和“有升有降、动态管理”的原则，建立公立医院医疗服务价格动态调整机制。在2015年分三批调整医疗服务价格、大幅度降低大型设备检查价格、对中医类项目实行价格倾斜政策的基础上，2016年7～9月又分三批调整了6423项医疗服务项目价格，第一批是对取消药品加成减收的80％，通过调整手术、床诊护等项目价格予以补偿；第二批是对2015年未作调整的病理、康复、物理治疗、非手术治疗等，在项目上与新版项目规范对接，在价格上与省定价格相衔接；第三批是对儿童手术类项目价格按加收20％进行调整。截止到9月底，青岛市已发布执行的新版医疗服务项目价格共计7297项，在省内率先全面执行《全国医疗服务价格项目规范（2012版）》，价格调整政策受到国家发展和改革委员会肯定，10月份，在青岛召开了全国医疗服务价格改革座谈会。通过价格调整，城市公立医院在医疗总收入整体增长放缓的基础上，收入结构得到优化，可持续发展能力进一步增强。7～9月，全市公立医院因改革实际减少收入为3.2亿元，取消药品加成调价补偿额2.4亿元，实际补偿比76％。劳务性收入较改革前平均增长41％，占比达到26％，增加7个百分点；非劳务性收入平均下降6％（占比为72％）；药占比降至34.1％，平均下降6.4个百分点；百元医疗收入消耗的卫生材料降至31.5元，下降13%。

(五)公立医院补偿机制不断完善

在落实国家规定的公立医院6项补助基础上，由同级财政落实公立医院在职人员由单位负担的“五项”社会保险费用，对取消药品加成减少的收入，通过调整医疗服务价格补偿80%，政府补偿不低于10%，其余部分由医院加强核算、节约成本解决。对于通过价格调整不能有效补偿取消药品加成减收的医院，给予差别化财政补偿政策。2015年4月大幅度下调医疗设备检查费用后，青岛市结合实际制定了公立医院大型检查设备(CT、MR)财政补偿办法，2016年，安排财政资金1.2亿元，专项用于补助公立医院大型医疗设备，弥补大型设备运行成本。

(六)医保支付方式改革逐步推进

分别采取单病种(甲类单病种、乙类单病种)、日间病房、中医单病种、中医优势病种、日间手术中心等结算方式，开展100个病种的按病种付费试点工作，在门诊、住院积极推进支付方式改革。2016年，充分考虑居民就医感受和承受能力，对调整后的医疗服务项目价格，按规定纳入医保支付范围，对部分病程较长、住院费用较高、个人负担可能增加的特殊病种，提高了支付比例或项目定额标准。8月份，在全市范围内推行中医优势病种支付方式改革，在门诊创新开展了“7＋3”单病种管理，在全省率先将7种疾病按病种付费改革范围扩增至16所医院。9月份实施临床路径管理的病例数达到出院病例总数的27.4%。11月份，进一步完善公立医院医保周转金管理制度，在翻番增加周转金以缓解公立医院运行压力的同时，增加了周转金的医疗控费职能，实际周转金拨付额度与控费指标完成情况直接挂钩。1～9月份，青岛市职工医保、居民医保参保率稳定在97%以上，政策范围内住院费用报销比例分别为90%和72%。

(七)编制和内部绩效管理创新开展

全面推行公立医院编制备案管理改革，市编委办会同市卫生计生委对各公立医院的级别、类型、床位数等情况进行了统计分析，下发《关于在市本级公立医院开展人员控制总量备案管理的通知》，市本级19所公立医院备案人员控制总量22721名；指导各区(市)机构编制部门为28所公立医院备案人员控制总量23620名。按照人员控制总量要求，市属公立医院组织开展了三轮人员自主公开招聘工作。各公立医院同步推进了内部绩效管理改革，调整了内部绩效考核方案，将考核结果与医务人员的岗位聘用、职称晋升、个人薪酬挂钩，落实了绩效分配向临床一线、业务骨干、关键岗位倾斜政策，较好地调动了医务人员积极性。

（八）分级诊疗制度建设全面启动

2016 年 9 月份，市政府印发《青岛市分级诊疗制度建设实施方案》，确定了 110 个县域内住院诊疗病种，在全市启动了以医联体和医疗集团建设为载体的分级诊疗制度建设。前三季度共建成医联体 189 个。黄岛区和即墨市被纳入全国分级诊疗试点，在黄岛区启动了医保按辖区人口打包付费试点工作；即墨市通过"引进来、沉下去、联起来"，初步形成了分级诊疗的"即墨模式"，得到国家卫生和计划生育委员会发展研究中心充分肯定。以着力"夯实基层服务体系、强化全科医生队伍、创新签约服务模式"为抓手，规划建成了覆盖城乡的"一刻钟健康服务圈"，建成全科医生培养基地、理论培训基地和基层实践基地的培训体系，实现了每万人拥有 2 名全科医生基本要求；积极推行以全科医生为主的"1＋1＋1＋N"的家庭医生团队签约服务模式，共有 253 家基层医疗卫生机构开展家庭医生签约服务，组建服务团队 1768 个，签约居民 360 万余人。黄岛区向签约居民提供"药物治疗＋生活方式干预＋健康教育＋健康指标监测"等慢病防治一体化服务，引导群众主动到基层首诊，助力分级诊疗体系构建。

（九）医疗费用控制初显成效

以市医改领导小组名义印发了医疗费用控制与考核办法，建立了卫生、财政、人社、物价等部门共同参与的联合控费工作机制，确定了 7 项控费指标、23 项监测指标，实行医药总费用和次均费用及其结构占比双控，将控费管理与规范诊疗行为相结合，扎牢控费"铁笼子"，防止费用"两头翘"，并将控费情况与财政投入、医保支付以及公立医院主要负责人奖惩挂钩，取得积极成效。2016 年 7～9 月份，57 所公立医院医疗收入 50.2 亿元，较 2016 年第一、二季度平均收入（48.4 亿元）仅增长 4%，首次实现了个位数增长；32 所城市公立医院的门诊、住院次均费用分别为 313.3 元、15492.7 元，较上半年分别下降 4.2 元和 349 元，参保患者个人住院支出占比为 32.8%，较上半年平均下降了 1.8 个百分点。

四、青岛市城市公立医院综合改革存在的问题

公立医院综合改革是深化医改的主战场，城市公立医院改革又是改革的"重头戏"，应着眼于建立更加成熟定型的制度体系，在重点领域

和关键环节取得实质性突破，解决制约公立医院改革发展的全局性、根本性和长期性的问题，最终实现“三个目标”：一是人民群众得实惠，把看病就医负担降低到合理水平，保障基本医疗卫生服务公平、可及，实现全民“健康覆盖”；二是医务人员受鼓舞，让医务人员与广大人民群众一起享受改革成果，充分调动广大医务人员参与改革的积极性、主动性；三是医疗卫生发展可持续，实现多方共担改革成本，保证公立医院良性运行、财政和医保基金可承受、群众负担不增加。按照上述改革的中间产出和结果产出，当前青岛市城市公立医院综合改革还存在以下问题和困境。

（一）公立医院逐利机制尚未完全破除

破旧立新，基础在医疗，要害在医药，关键在医保。青岛市虽然在医院层面全面取消了药品加成，但是在药品流通领域的改革还未实质启动，“两票制”（生产企业到流通企业开一次发票，流通企业到医疗机构开一次发票）还没有实行，流通领域的水分还没有挤出来，药品采购、使用等环节还存在行为扭曲；医保对药品流通和医疗服务行为的约束规范作用还没有发挥出来，医疗服务价格还需要调整，医疗机构非劳务收入还占总收入的七成以上，取消药品加成后，药占比还没有降到合理水平，化验检查等又成为医院增加补偿的新路径。

（二）公立医院综合改革的组织实施机制尚需完善

政府是公立医院改革发展的推动者，强有力的领导体制是公立医院综合改革取得成功的重要保证。将医疗、医保、医药相关工作集中到一位政府领导分管并充分授权，是“三明医改”的重要经验之一，也是福建省的重要经验。青岛市虽然调整了由市长为组长的医改领导小组，建立了由常务副市长为主任的公立医院管理委员会，但医疗、医保、医药仍然分属不同分管副市长领导，各相关部门尚未把相关工作纳入公立医院综合改革的整体框架，对政府及其相关部门的考核评价制度还未建立。

（三）“三医联动”的协调机制需要强化

虽然将医疗、医保、医药装进综合改革的“大筐”，但对改革内在逻辑、节奏和力度的把握还不够到位，关联环节没有做到有效衔接，影响了改革成效。从医疗方面看，参与改革的公立医院取消了药品加成，但科学的运行补偿机制、符合行业特点的人事薪酬制度还没有建起来，现代医院管理制度的内涵还不清晰，改革路径有待进一步明确，医院经营自主权没有落实，医务人员生力军、主力军的作用还没有充分发挥。从医保方面看，支付方式改革相对滞后，对医疗行为的有效激励约束机制尚未形成。从医药方面看，招标采购机制尚需完善，药品流通环节过多、价格虚高问题突出，回扣现象屡禁不绝。必须加强“三医”的统筹协调，抓住窗口期，打出组合拳，调整完善财政投入补偿、人事薪酬分配、医保支付改革、药品流通管理等方面的配套政策，增强改革的系统性、整体性和协同性。

（四）分级诊疗制度建设滞后

随着经济社会的发展和人民生活水平的提高，群众对医疗服务的需求更多、要求更高，疾病谱和患病人群结构发生重大变化。医疗服务需求快速增长与服务供给总体不足的矛盾，医疗资源布局不合理与满足群众就医方便可及的矛盾比较突出。目前，尚未形成城市医院与县级医院和基层医疗卫生机构的分工协作机制，缺乏相应的技术与管理支撑，公立医院对医保基金、人才和患者流向的“虹吸能力”呈现增强趋势，造成城市大医院人满为患，县级医院和基层医疗卫生机构业务萎缩，既影响优质医疗资源发挥最佳效果，也影响服务体系整体效益，提高了医疗费用，加重了患者负担。

五、深化公立医院综合改革的对策

按照国家、省公立医院综合改革部署要求，下阶段青岛市城市公立医院综合改革建议着力推进四个方面的工作。

（一）着力建设现代医院管理制度

建立这项制度，重点建立决策、执行、监督相互协调、相互制衡、相互促进的公立医院管理体制和制度机制。一是在决策层面，要坚持政事分开，管办分开，关键是合理界定政府作为出资人的举办监督职责和公立医院作为事业单位自主运营管理权限。一方面，要集中权力，打破“九龙治水”的局面，加强公立医院管理委员会建设，做实办事机构，将分散在政府相关部门的公立医院举办权、发展权等集中到管理委员会，代表同级政府举办公立医院。作为出资人，行使政府对公立医院的所有权。另一方面，要下放权力。政府重在加强宏观管理，把主要精力放在管方向、管政策、管引导、管规划、管评价上，加大对医疗服务行为、医疗费用等方面的监管，减少对医院人事编制、科室设定、岗位聘任、收入分配等管理。二是在执行层面，以完善法人治理结构为切入点，落实公立医院作为事业单位自主运营管理权限。实行院长负责制，代表公立医院依法行使人事管理、内部机构设置、副职推荐、中层干部聘任、人员招聘和人才引进、薪酬分配、年度预算执行等经营管理自主权，提高服务能力和运行效率。要建立健全公立医院内部机构组织规则和意识规则，实现内部运行和监督有章可行、有据可依。要显著提高医院管理的科学化、精细化、信息化水平，规范医疗行为，不断提高服务能力和运行效率。三是在监督层面，要加强对公立医院和院长的绩效考核，考核结果与医院财政补助、医保支付、工资总额、院长薪酬、任免和奖惩挂钩。构建综合监管体系，形成“政府监管，行业自律，社会监督”相结合的公立医院治理格局。同时，全面加强公立医院改革建设，充分发挥党组织的政治核心作用，为公立医院改革发展提供强有力的政治、思想、组织保障。加强公立医院职工代表大会制度建设，工会依法通过职工代表大会组织职工参与医院的民主决策、民主管理和民主监督。

(二)着力完善公立医院科学补偿机制

补偿机制改革的目标是建立公立医院不依赖药品、耗材、检查、检验等物化收入，体现医务人员服务价值，保障医院正常运行的补偿机制，改革路径是“腾空间、调结构，保衔接”:一是进一步“腾空间”。在全市药品流通领域推行“两票制”，压缩流通环节的药品虚高水分；完善药品耗材医疗器械采购机制(医疗机构联合采购、二次议价，加入外地的联合采购等形式，强调医保参与)；加强药品使用监控，重点监控辅助性、营养性等高价药品的不合理使用；实施严格的控费措施，建立“谁下单、谁买单”的机制，实施高值耗材零加成政策，将物化收入转成医疗机构的成本，减少非必需药品和检查、检验项目使用，为薪酬制度改革腾出“空间”。二是进一步“调结构”。发挥“价格”杠杆作用，建立服务价格动态调整机制。医疗服务价格调整不能仅针对取消药品加成部分，要着眼公立医院的良性运行进行整体调、综合调、总量调，及时把“挤水分”腾出的空间用于医疗服务价格调整，真正体现医务人员技术劳务价值，引导服务行为。三是强化“保衔接”。全民医保是中国特色基本医疗卫生制度的基础，作为医疗服务需方的总代表，在引导行为、完善价格、控制费用等诸多方面发挥着举足轻重的作用。医保的杠杆作用发挥好了，利益调控机制建立起来了，就有利于引导群众有序就诊，就能让医院和医生有动力合理用药、控制成本，有动力合理收治和转诊患者，就可以撬动分级诊疗、药品领域等整个供给侧改革。在公立医院综合改革中，要加强医保与药品耗材采购机制的衔接、与价格调整政策的衔接、与分级诊疗制度的衔接、与服务成本变化的衔接，加快推进按病种付费、按床位付费、按人头付费、总额预付等复合型支付方式，形成需求侧对供给侧强有力的激励约束，促进医保提质增效，成为激活医改全局的“牛鼻子”。

（三）着力建立符合行业特点的公立医院薪酬制度

医疗行业人才培养周期长，职业风险高，技术难度大，责任担当重。调动医务人员的积极性，就要尊重医务人员劳动成果和辛苦付出，建立符合行业特点的薪酬制度，提高医务人员薪酬水平，体现多劳多得、优绩优酬。习近平总书记在全国卫生与健康大会上指出，在薪酬制度方面改革的步子可以再大一点，允许医疗卫生机构突破现行事业单位工资调控水平，允许医疗服务收入扣除成本，并按规定提取各项基金后，主要用于人员奖励，同时实现同岗同薪同待遇，激发广大医务人员活力。11 月份，深圳市率先发力，政府每年拿出 30 万元以上的高薪面向全国招聘新毕业的医学生。青岛市应学习借鉴上海、深圳和三明等地的做法，结合青岛市职工收入水平和医务人员的收入状况，尽快研究提出青岛市医务人员的薪酬标准，以此为依据调整各医院的工资总额，并完善公立医院内部绩效考核分配制度，允许医疗卫生机构突破现行事业单位工资调控水平，将“腾空间”增加的收入，主要用于人员奖励，加强对医务人员的长期激励，建立以公益性为导向的绩效考核机制，薪酬在保持现有水平的基础上实现适度增长，激发内在活力。在加快推进职级制改革的同时，探索实行院长和医务人员目标年薪制。

（四）着力推进分级诊疗制度建设

建立健全分级诊疗制度是解决群众反映强烈的“看病难、看病贵”问题的关键环节，是对整个医疗卫生服务体系、服务模式和就医秩序的一项基础性、长远性、系统性的制度设计，事关医改成败。推进分级诊疗要实现“四个分开”，即以设置区域医疗中心为重点实现区域分开，以加强县医院能力建设为重点实现城乡分开，以推行日间手术为重点实现急慢分开，以明确不同级别医疗机构病种为重点实现上下分开。结合青岛市实际，应重点抓好以下工作：一是健全分级诊疗配套政策。合理划分和落实各级医疗机构诊疗职责，明确转诊程序和标准，实行首诊负责制和转诊审批责任制。发挥医保政策调节作用，将医疗机构落实诊疗职责和转诊情况与绩效考核和医保基金拨付挂钩。探索对纵向合作的医疗联合体等分工协作模式实行医保总额付费，引导双向转诊。完善不同级别医疗机构的医保差异化支付政策，促进基层首诊。二是建立公立医院与基层分工协作机制。可以以集团化和医联体建设为切入点，引导医疗卫生工作重心下沉、资源下沉，建立贯通基层和医院的临床路径和诊疗规范，以医保支付为调控手段，建立合理的利益分配机制，使医院“愿意放、放得下”。三是全面推行家庭医生签约服务，促进基层首诊。可以以重点人群和慢病管理为突破口，组建以家庭医生为核心、专科医师提供技术支持的签约服务团队，向居民提供长期连续的基本医疗、公共卫生和健康管理服务。着力抓好提升基层服务能力、加快全科医生培养、提高基层医务人员待遇、改进绩效考核分配等工作，使基层“愿意接、接得住”。

（作者单位：青岛市卫生和计划生育委员会）

青岛市促进文化创意与相关产业融合发展研究

张　勇　范明明

文化创意和科技创新作为知识经济的核心，被称作推动经济增长的“车之双轮”、“鸟之双翼”。为切实发挥文化创意对青岛市结构调整、产业转型的推动作用，促进文化创意与实体经济深度融合，市政府研究室近期会同市文广新局开展调研，深入分析制约青岛市文化创意产业发展的矛盾问题，借鉴上海、深圳、杭州等先进城市经验，提出了一些对策建议。

一、青岛市文化创意产业融合发展状况

文化创意产业是以创新为核心，将抽象文化转化为现实经济价值的新兴产业，包含影视文化、设计服务、娱乐休闲等 8 个类别。与传统产业相比较，文化创意产业具有创新性强、渗透力强、附加值高等属性，其最大的特征是“跨界”，几乎可以融入各行各业，通过注入创意元素，促成不同行业、不同领域的重组与融合，提升传统产业和产品的附加值和竞争力。发达国家非常重视发展文化创意产业，其占 GDP 比重甚至超过汽车等传统产业，成为国民经济重要支柱产业。美国文化产业占 GDP 比重约 1/4，居全球首位，对其他行业和整个经济产生了巨大拉动作用。尤其应关注的是，文化创意产业往往是经济结构调整和产业转型的先导产业，越是经济萧条时期，文化创意产业越能获得发展良机。20 世纪 30 年代美国大萧条时期，以《绿野仙踪》、卓别林系列喜剧为代表的电影产业获得了巨大发展；1997 年亚洲金融危机时，韩国经济严重衰退，失业率激增，韩国政府大力发展动漫游戏、影视音乐等，在亚洲掀起一股“韩流”，带动了出口和旅游业的发展，为经济快速复苏立下了汗马功劳。

近年来，我国日益重视文化创意产业发展，先后出台了一系列支持政策，文化创意产业增加值占 GDP 比重接近 4%。国内一些发达城市

早已呈现文化创意产业热，如上海正成为我国的创意中心；北京发挥政治文化独特优势，文创水准向国际看齐；杭州的休闲创意、长沙的文化湘军、西安的皇城古都等，都是文化创意产业发展的成功典范。近年来，青岛市围绕打造文化强市，大力发展文化创意产业。近三年来，全市文化创意产业增加值年均增长 18%左右，高出全市生产总值平均增速 8～9 个百分点，成为拉动经济增长的重要力量。但总体上青岛市文化创意产业仍处于起步晚、规模小、档次低的阶段，尤其是与实体经济的融合还不深入，同国内先进城市相比还存在不小差距。

一方面，文化创意产业自身发展水平不高，带动作用明显不足。从总量规模看，2014 年青岛市文化创意产业增加值 846 亿元(2015 年因统计口径调整至今未发布)，仅为杭州的 52.6%、深圳的 54.5%；文化创意产业增加值占全市 GDP 的 9.7%，而杭州达到 17.5%。从市场主体看，青岛市文化企业绝大多数是小微企业，缺乏带动力强的龙头企业和影响力大的知名品牌。据了解，杭州和深圳各有 20 余家文化企业在国内外上市，各有 2 家企业入选中国文化企业 30 强，而青岛市上市企业只有一家，没有一家企业入选 30 强。从产业结构看，青岛市文化用品制造业比重最大，约占 70%，与互联网相关的数字传媒、创意设计、文化旅游等占比不到 30%。杭州信息服务、设计服务、现代传媒等产业占比已超过 70%；上海文化软件服务、广告服务、设计服务为主的文化创意和设计服务实现增加值占文化产业增加值的 56%。深圳文化创意产业增长点集中于新媒体及文化信息服务、数字出版、动漫游戏、影视演艺、文化旅游、创意设计等，年增长幅度均超过 30%。

另一方面，文化创意与相关产业融合不够，“文化＋”等领域尚未破题。尽管文化创意与旅游等出现了初步融合趋势，但由于文化创意产业整体发展水平不高，与一些重点产业融合层次较低。例如，“文化＋体育”方面，在大型体育赛事、健身休闲、体育广播电视等关键领域，还没有打造出知名度高的品牌和衍生品；“文化＋互联网”方面，青岛市目前尚没有影响力大、带动力强的互联网企业。互联网技术应用、创新成果与文化产业融合不足，在提升文化创新力、优化资源配置上起不到带动作用，无法有效促进文化与相关产业实现跨领域、跨行业协同创新发展，也一定程度上制约了文化产业领域的大众创业、万众创新。

制约文化创意与相关产业融合发展的因素主要包括：

一是高端创意人才不多，领军人物匮乏。人才是文化产业发展的核心要素。随着文化创意产业融合发展趋势加快，新领域、新业态不断涌现，对高端人才供给提出了更高要求。从青岛市来看，一方面缺乏文化产业领军人才，特别是与青岛市文化产业发展方向相匹配的影视制作、软件开发、创意策划等高端人才严重缺乏。另一方面缺乏支持融合发展的复合型人才，现有人才多集中在国有企事业单位，能够将文化创意产业化、市场化的高水平人才不足，尤其缺乏既懂文化又懂产业运营的复合型人才，无法适应产业融合发展需求。

二是载体建设层次不高，服务能力不强。创意园区作为盘活创意文化资源，吸引创意人才和生产要素的重要载体，是文化产业发展成长的"摇篮"。近年来，青岛市虽然大力推进"千万平方米文化创意园区"建设，但现有园区在建设和运营方面都存在许多不足之处：①园区建设层次"低"。2004 年以来，文化部先后命名了六批 266 家国家文化产业示范基地、五批 10 家国家文化产业示范园区和两批 10 家国家文化产业试验园区。据了解，深圳拥有国家级文化产业示范园区 1 家、国家级文化产业示范基地 11 家，杭州建成国家级文化产业示范基地 7 家，但青岛市仅有国家级示范基地 3 家，至今尚未形成产业特色鲜明、集聚辐射作用突出的标志性园区。②园区经营"散"。很多产业园都是"撮合式"的，建设前没有科学长远的规划，建成后才对外进行招商，功能单一，产业链条不清晰，园区与园区之间互补性不强，存在低水平重复建设的现象。③缺乏公共服务平台。现有园区在为文化创意企业提供技术创新、信息咨询、市场拓展、人才培训、投资融资等方面尚未形成完整、多层次、全方位的服务平台，孵化服务功能十分薄弱，有的园区管理机构仅相当于物业管理公司，远不能满足入驻企业需求。

三是保障措施不到位，扶持政策落实难。在规划指引上，青岛市文化创意产业规划相对滞后。由于缺乏明确的规划布局、功能定位和分类指导，现有产业资源整合不够，各区（市）联动发展机制未形成，呈现各自为政现象，未形成上中下游配套完善的产业链条。在政策体系上，青岛市 2013 年出台了支持文化创意产业发展的政策意见，但文化与相关产业融合发展尤其是扶持文化创意产业发展的专项政策尚未出台。而国内大部分省市已制定了促进文化与相关产业融合发展的意见，深圳出台了扶持动漫游戏产业、创意设计业、文化产权交易所发展等专项政策，杭州出台了促进文化和科技融合、加快文化产品和服务出口、建设全国数字内容中心等专项政策，对重点产业门类加大支持力度。在政策落实上，2013 年出台的《青岛市促进文化创意产业发展若干政策》提出了 17 条扶持措施，有的至今还未落实。扶持资金无论是数额还是覆盖面都显不足。据统计，2014 年、2015 年青岛市用于文化创意产业发展的资金分别仅为 5800 万元和 3000 万元，而深圳文化产业发展专项资金每年达到 5 亿元，杭州每年 4 亿元，广州 2 亿元。

二、外地经验借鉴

近年来，北京、上海、深圳、杭州等城市把文化创意产业作为推动转型发展的重要力量，从资金投入、人才引进、载体建设等方面加大扶持力度，促进文化创意产业实现了跨越式发展，其经验做法值得青岛市借鉴。

在融合发展上，深圳作为文化积累相对薄弱的新兴城市，近年来文化创意产业实现了爆发式增长，根源就在于不断推动文化与经济等各个领域深度融合，促进了文化要素、生产要素的频繁流动和聚集，从而迅速形成了以“互联网＋”、“文化＋”为特征的新兴产业集群，在发展文化创意产业方面走在了前列。天津 2014 年就出台了推进文化和旅游融合发展的意见，提出塑造“津津有味”城市旅游形象，整合具有历史价值和文化内涵的名人故居、风貌建筑等向游客开放，打造以相声为代表的传统曲艺演出街区，吸引众多游客。电影《非诚勿扰》的热播，让养在深闺的杭州西溪湿地名声大噪，傍西溪而生的西溪文化创意园，更是起到了筑巢引凤的作用。上海将文化创意产业与城市建设相融合，将老城区的旧厂房、老仓库和小弄堂改造成为文化创意产业发展的“摇篮”。上海挂牌的文创产业园区中，有 10 余家都是在老厂房基础上改建而成。这类改造，都是立足于整座城市受益，原有文化遗产得到保护，新的产业带动就业，避免了城市文脉的中断，环境也变得更加宜居。北京推出“2015 五棵松体育文化消费季”活动，有效利用体育场资源融汇美食、音乐、涂鸦、科技等文化主题，受到了体育爱好者的欢迎。

在金融服务上，杭州成立了文化创意投资公司、投资基金和国内首家文创支行，推出了银政投、文创集合贷等创新金融产品，发行了规模达 9 亿元的无形资产担保贷款风险补偿基金。深圳首创了“文创贷”金融服务，为文化创意企业提供 100 亿元的授信，同时通过贷款贴息、保费资助、银企对接等机制，为企业解决融资难问题。南京 2013 年成立文化金融服务中心，这是全国首家综合性文化金融服务中心，随后成立了“文化银行”和全国第一家文化类小贷公司。文化金融服务中心已向金融机构推送文化企业贷款 200 余批次，促成贷款 9.7 亿元。宁波 2011 年出台了《关于鼓励和引导民间资本投资发展文化产业的若干意见》，引导民间资本加快进入文化产业，推进了文化与经济、科技、旅游、教育的深度融合，激发了民间资本在文化领域的创造活力。

在人才培育上，北京专门开设文化产业高级人才研修班，建设文化创意人才基地，为培育文化产业领军人才创造良好环境。杭州实施了“青年文艺家发现计划”、“国家级工艺美术大师视图传承薪火计划”、

“杭州影视业国际化青年人才培养计划”、“优秀工业设计师赴国外进修计划”等重点人才建设项目。深圳实施“孔雀计划”以及高层次人才队伍建设“1＋6”政策，通过办好国际人才交流大会等，打造各层次人才聚集洼地。目前，深圳拥有各类工业设计机构近5000家，全国近80％的珠宝设计师在深圳。

在载体建设上，上海围绕文化创意园区建设，实行“三不变”政策，即土地性质、产权关系、建筑结构三不变，积极推动老厂房改造建立文化产业园区，同时以国家级产业基地为引领，狠抓公共服务平台建设，为入园企业提供高水平服务。湖南建立了长株潭文化产业一体化及互动机制，以长沙的优质园区和优势企业为火车头，发挥强势品牌的影响力和内生优势，打造长株潭文化创意产业群，延伸产业链条，形成了文化传媒、文化体育、文化出版、文化旅游等支柱产业。

三、对策建议

当前，青岛市正处于转型发展的关键时期。中央提出实施供给侧结构性改革，其重点之一就是瞄准新兴领域、创新领域，创造新的经济增长点。文化创意产业作为具有极高活跃度的创新型业态，应引起高度重视。依靠文化创意与相关产业融合发展，催生新领域、新业态，带动产业转型升级，使其成为新常态下逆势发展的“暖流”，显得尤为迫切。当前应做好以下六方面工作。

（一）提升文化创意产业整体水平

要以创新为动力，以需求为导向，重点实施“五大工程”，提升文化创意产业整体水平和核心竞争力。一是实施文化产业强基工程。在加快东方影都、东方时尚中心等文化大项目建设同时，着力培育一批主业突出、具有创新潜质和发展潜力的中小文化企业，在创新产品特色、提升科技含量等方面加快形成竞争优势。到2020年，培育一批具有较强国际竞争力的文化创意产业集团、骨干企业，建设重点文化项目300个，新增小微文化企业3万家。二是实施影视产业突破工程。发挥东方影都产业优势，以影视产业为核心，引入国内外龙头企业，推动东方影都、国家电影交易中心等重大项目建设，积极申创联合国教科文组织创意城市网络“电影之都”，打造世界级影视产业高地。同时，积极延长影视文化产业链，使前期投资策划和后期发行营销拉动相关产业领域，发展“大电影经济”。三是实施“文化＋互联网”工程。充分发挥互联网对文化产业创新升级的平台作用，运用最新技术和创新成果，改造提升传统业态，催生培育新型业态，最大限度优化资源配置，推动文化与体育、旅游等相关产业协同创新发展。通过实施青岛文化“云”工程，推进全市公共文化大数据和云服务平台建设，加快数字图书馆、博物馆、文化馆等公共文化数字资源和全市文化活动信息的整合开发。培育一批竞争力强的“互联网＋文化”文化企业和文化项目，推进云计算、大数据、物联网等信息技术在文化产业领域的融合创新。开展文化电商培育行动，鼓励企业利用互联网开展文化产品(服务)信息发布、在线预订和交易支付，完善营销网络和售后服务体系，积极发展O2O(线上营销、线下成交，线上交易、线下体验)和C2B(个性化定制)等新型电商模式。出台支持“互联网＋电影”的政策措施，打造基于互联网渠道的影视产业新模式。支持出版、广电、报业三大集团建设全国一流的全媒体集群，促进报网融合、台网融合，提升传统媒体与新媒体融合水平。四是实施城市文化品牌打造工程。深化“影视之城”、“音乐之岛”城市文化品牌建设，通过办好国际小提琴比赛、万影汇电影盛会等一批重大文化节会活动，着力打造具有较强辐射力的城市文化品牌，进一步增强文化创意城市的知名度和影响力。五是实施文化创客培育工程。一方面，大力培育文化创客。支持中国海洋大学、青岛大学等驻青高校与海尔、万达等大企业共同建设文化创客学院，开展文化创客专题培训。支持举办国际文化创客大赛等活动，广泛吸引国内外一流创客，通过大赛设立“文化创客项目库”，发现、储备、培育和转化一批文化创意“金点子”。另一方面，加快文化创客空间建设。抓住老企业搬迁、功能区重建和产业转移契机，推进工业遗址和空置工业厂房改造，配建专业服务平台和基于“互联网＋”的线上虚拟孵化服务平台，为创客提供低成本的创新创业场所和高水平的创新创业服务。此外，要强化文化创客公共服务，建议成立青岛文化创客联盟，为青岛文化创客提供完善的信息共享平台和资源整合平台。借鉴上海等城市做法，向文化创客发放“文化创客服务券”，支持文化创客和文化小微企业购买急需的各类服务。力争到2020年，全市新培育文化创客3万人。

(二)促进文化创意与相关产业融合发展

充分发挥文化创意产业“跨界”、“融合”特性，大力实施“文化＋”发展战略，推进文化创意产业与实体经济深度融合，重点抓好以下领域：一是推进“文化＋旅游”，充分挖掘青岛特色产业和自然环境的文化元素，使文化旅游在融合发展中起到龙头作用。充分发挥青岛海洋文化、工业文化优势，以海滨风光为主线，串起琅琊影视文化带、环湾文化带、欧陆风情文化带、硅谷蓝色文化带、大沽河文化带，规划打造一条内涵丰富、古今交融、特色鲜明的海滨历史文化长廊。重点打造帆船体验、海洋科普研学游、休闲海钓等一批蓝色、新兴旅游项目，满足游客对创意型、体验型产品的需求。加强对青岛百年历史以及传统文化、民间艺术的研究挖掘，丰富啤酒节、糖球节、世园会等节庆活动的文化内涵，配合节会活动，延伸旅游服务和提升游客体验。加大对青岛名人故居的保护宣传，进一步开发景区、度假区的文化内涵，推出一批文化旅游产品，不断扩大文化消费。二是推进“文化＋体育”，发挥奥运城市等优势，充分利用各种赛事平台和体育资源，深入开展赛事观赏、帆船体验、休闲运动等体育旅游活动，打造以赛事策划、体育出版、体育影视、体育传播、电子竞技和体育文化演出为主要内容的体育产业集群，促进体育与文化、旅游等产业深度融合。三是推进“文化＋制造业”，综合利用工业设计、品牌策划、营销推广等文化创意手段，将文化元素融入制造业研发、设计等价值链高端环节，提升制造业的文化附加值，实现“青岛制造”向“青岛创造”转变。四是推进“文化＋数字产业”，推进文化创意产业生产、传播、消费的数字化、网络化进程，加快传统媒体和新兴媒体融合发展，打造新型主流媒体，构建立体多样、融合发展的现代传播体系。五是推进“文化＋金融”，发挥社会化专业资本对文化创意产业的“撬动”作用，鼓励发展以文化产业投资基金为主导的“文化金融”模式，创新对文化企业的金融支持方式，构建文化产权交易、文化产业投融资、文化企业孵化的重要平台。六是推进“文化＋商贸业”，以文化创意提升传统商业，鼓励商场、餐饮、酒店等强化创意设计，提供具有文化特色的体验式消费项目，打造商务服务与休闲文化高度融合的综合消费场所。七是推进“文化＋农业”，依靠现代农业科技和创意理念，充分挖掘自然、人文资源，不断丰富农业产品、农事景观、环保包装、乡土文化等创意和设计，大力发展创意农业，带动农民增收致富。此外，积极推进“文化＋城市管理”。鼓励将优秀创意设计注入城市规划设计中，提高城市公共空间和公共艺术的规划水平和设计品质。开发利用具有文物价值的老建筑、老街区，赋予文化创意创新功能，为城市增添历史与现代交融的文化景观。加强城镇历史文化的传承保护，打造一批特色文化小镇。建议尽快出台全市促进文化创意产业融合发展的意见，在此基础上，由旅游、体育、经信、商务、农委、金融办等部门分别牵头推动。

（三）加快文化创意人才集聚

一是加强人才引进。落实《青岛市文化人才培养和引进计划》，实施文化名家等重点人才引进计划，支持有条件的单位申报国家和省、市级各类引智项目，加快引进创业创新高端人才和产业急需重点人才。探索与中国科学院、北京大学等共建青岛文化研究院，建设国内一流文化发展智库。支持文化创意产业智库建设，广邀国内外知名艺术家与企业对接，搭建文化创意展示交流的平台。谋划引进一批大师工作室，促进文化创意与资本对接,形成大师佳作、名人名企、潜力孵化的品牌集聚优势。二是加强人才培育。实施"青年文艺家发展计划"、"文化创意人才成长计划"、"城市文化学者培育计划"等人才培养项目,继续实施"文化创意产业千人培训工程",多层次、多领域培育文化创新创业的新生力量。鼓励驻青大专院校面向市场需求开设文化创意专业,培育多层次、实用型创意设计人才。鼓励文化创意企业设立研发中心,加快培养影视制作、数字动漫、工业设计、新技术、新传媒等高端人才。三是优化创新创业环境。在规划引领的基础上,通过实施权力、负面、责任等清单,让文化创意人士有更加开阔的"市场空间感"。同时,利用创业贷款担保、贴息、租金补贴等,鼓励大学生及各类人才在青创新创业,把青岛打造成为文化创客成长的"热土"。

(四)加强产业载体建设

一是实施重点园区升级计划。以"千万平方米文化创意产业园区"建设为抓手,在对文化产业业态进行充分调研的基础上,做好园区科学发展规划,完善园区功能配套,突出主营业务,实现特色错位发展。加快提升动漫产业园、广告产业园、数字出版产业基地等"国字号"园区建设水平,到2020年打造30个具有较强竞争力的文化创意产业园区。二是提升运营和服务水平。围绕市场需求,整合集成各类资源,按照产业链各环节,构建产业服务体系布局。建设一批包括公共技术支撑、咨询服务、信息发布、统计分析等功能在内的公共服务平台,提升园区综合服务水平。三是加快众创空间建设。文化企业大部分由小微企业组成,要围绕扶持文化小微企业发展,支持各区(市)建设众创空间集聚区,充分调动高校、科技园、科研院所积极性,加快构建一批有特色、低成本、便利化、全要素、开放式的文化创客空间。应用"互联网+"模式,加强孵化器建设,如海尔创客实验室、海创汇等一批线上虚拟孵化服务平台。

(五)加大融资支持力度

一方面,加大财政投入。适度扩大市文化创意产业专项资金规模,为更多中小微文化创意企业提供融资担保服务。创新财政投入方式,采取贴息、股权投资等方式支持文化重点项目、重点园区建设,支持文化企业开展高新技术研发与应用、数字化建设。另一方面,着力破解融资难题。针对文化企业特有的轻资产、缺乏有效抵押等特点,创新开发有针对性的金融支持产品。借鉴南京等城市经验,发行中小企业"集合债"、开展"文创贷",不断拓宽文化企业、文化产业项目的投融资渠道。同时,支持国有大型企业建立文化创意产业投融资平台,采取短期融资券、中期票据、资产支持票据等债务融资工具优化融资结构，形成多元化、多渠道的投资机制。创建国家级文化金融合作试验区，打造各类金融机构优势互补、协同创新的金融服务集群。

(六)完善工作推进机制

推动文化创意与相关产业融合发展是一项系统工程，建议由有关市领导牵头，建立市政府有关部门、大专院校、科研机构、行业组织共同参与的工作协调机制，推动各项工作有序开展。要加强文化产业管理能力建设，借鉴深圳、杭州等城市做法，面向社会选聘高水平管理人才，提升文化产业管理服务水平。要完善统计评价体系，加强文化创意产业的统计监测和分析工作，定期发布研究报告，为科学决策提供依据。

(作者单位：青岛市人民政府研究室)

2017

区（市）篇

2016～2017年市南区经济社会发展形势分析与预测

王　旭

市南区作为青岛市政治、文化、金融的中心，坚持发展是第一要务，牢固树立创新、协调、绿色、开放、共享发展理念，坚持稳中求进的工作总基调，大力推动重点产业提档升级，加强保障和改善民生，实现经济持续健康发展和社会和谐稳定，全力打造国际国内一流的宜业宜居幸福城区。

一、2016年市南区经济发展情况分析

2016年，市南区主动适应经济发展新常态，着力稳增长、促改革、调结构、惠民生新常态，贯彻落实市南区“十三五”规划纲要，加强供给侧结构性改革，市南区经济社会保持平稳健康发展。

（一）2016年1～9月份市南区经济发展基本情况分析

1～9月份，实现生产总值733.57亿元，同比增长7.5%，其中服务业增加值674.39亿元，同比增长7.9%，占生产总值的比重为91.9%。完成固定资产投资99.8亿元，同比增长1.6%，社会消费品零售总额368.7亿元，同比增长8.0%；一般公共预算收入79.1亿元，同比增长0.7%；完成进出口总额385亿元，同比下降15.1%，其中出口额264.7亿元，同比增长1.4%；进口额120.3亿元，同比下降37.6%；实际利用外资2.9亿美元，同比增长19%。

1.经济发展质量不断提升

2016年，市南区制定了促进经济提质升级政策措施及时尚商业、财富管理等14项配套细则，全年安排资金4亿元用于支持区域经济发展。深入开展进现场解难题促转型稳增长抓落实工作，联系走访企业581家，落实各类扶持资金5865万元，泰州路片区改造等4个项目开工，青岛工人疗养院等2个项目竣工，49个重点项目完成投资18亿

元，高端服务业"十个千万平方米工程"完成竣工面积 5.42 万平方米。招商引资成效显著，壳牌华北石油集团有限公司落户，引进 500 万元以上内资项目 312 个，实际利用内资 50.57 亿元，同比增长 17.7%。引进德华安顾保险等金融机构及金融类企业 7 家、总部企业 6 家。新增中介企业 308 家，青岛高端服务业联盟会员达 100 余家，青岛国际经济技术合作(集团)有限公司荣获"亚太人力资源服务成长奖"，山东元田人力资源管理咨询有限公司省内首家成立海外业务部。大力发展时尚经济，着力打造时尚消费体验中心、时尚资源配置中心、时尚产业双创基地，拨付时尚商业扶持资金 491.5 万元。青岛银座商城开业，新增高端商业载体面积 9.2 万平方米。开展国际时装周品牌发布会、梵高艺术展等活动，中国最美书店——方所、万象美学实验室相继开业，推出 10 款"最美海湾·大师之旅"深游产品、"爱琴岛·旅拍"项目及联盟，启动青岛市第二届旅游文化商品创新设计大赛，影响力不断扩大。"互联网+"产业蓬勃发展，青岛松立软件"慧停车"系统在青岛、济南等地试点应用，雨诺股份在"互联网+医药流通领域"与腾讯达成战略合作，芳林科技分红全球购跨境电商平台入驻商家超过 2000 家。

2. 改革创新不断深化

2016 年，市南区推进落实供给侧结构性改革，不断加强为企服务，提高服务效能，区域发展环境进一步优化，市场主体活力持续增强。进一步精简行政审批事项，不断提高行政审批事项网办率和网办深度，77 项行政许可事项全部纳入网上办理。推进综合执法，完成综合行政执法体制改革方案。加快商事登记制度改革，注册资本登记制度、住所(经营场所)登记、"三证合一、一照一码"、经营范围登记等方面改革全面实施，企业登记更加便利高效，上半年新增注册企业 2970 家，新增注册资本 122.7 亿元，同比分别增长 8.35%、45%，注销及迁出企业 641 家，全区企业总数达到 37460 家，较年初增长8.61%。顺利实施公务用车制度改革，公务交通成本节支率达到8.95%。深入推进国库集中支付改革，借助预算执行动态监控系统平台强制实行公务卡结算。青岛鼎信通讯主板上市通过证监会审核，特利尔环保等 3 家企业在新三板成功挂牌。有效防控区域金融风险，累计化解不良贷款 14 笔，金额 22.75 亿元。深入实施创新驱动发展战略，形成以科技创新为核心、以大众创业为基础、创客发展为支撑的全新格局。上半年，新增 1 家国家级工程研究中心、1 家科技企业孵化器，5 家众创空间纳入国家孵化器管理服务体系，新型孵化器和众创空间总量达 14 个，在孵企业达到 173 家，创新创业孵化总面积突破 35 万平方米。成立青岛虚拟制造设计与咨询创新等一批产业创新发展联盟，求索书社成为市南区首家大学生创业就业实践基地。发挥政策对创业的引导作用，扶持创业 1160

人，带动就业3480人，小贷发放1800万元。引进各类人才12960人。新增软件著作权62项，实现软件业务收入123亿元，同比增长18%。新增授权发明专利513件，有效发明专利达2678件，有效注册商标总量达16000余件。

3. 城区建管水平不断提升

2016年，市南区坚持城区建设与管理并举，建管水平有了进一步提升。截至9月底，市南区完成了逍遥二路、仰口路等8条超期服役道路整修和3处背街小巷整治。西部棚户区改造扎实推进，签订征收补偿协议500户，潍县路改造项目签订协议172户，莘县路小学周边改造项目居民顺利回迁。购置手推式扫地机150台，道路保洁精细化水平进一步提高。绿化水平不断提升，补栽乔灌木11万株、草坪1.5万平方米，完成团岛山绿化整治，浮山（市南）生态公园开工建设。加强优秀历史建筑保护利用，蝴蝶楼、栈桥廻澜阁对外开放，水师饭店旧址修缮基本完成。持续开展城乡环境综合整治提升行动，拆除违法建筑72处、非法户外广告664处，清理规范各类占路经营违法行为1.2万处次。加强大气污染综合防治，推动部门联合执法，强化扬尘污染防治，空气质量不断改善。

持续开展安全生产隐患大排查快整治严执法集中行动，排查生产经营单位1.8万家（次），整改安全隐患5802项，整改率达96.4%。深入开展商场、学校、医院等人员密集场所专项治理，累计检查2492家次，整改消防安全隐患297处。开展医疗机构、物业行业、旅游行业负责人安全生产专题培训500人次。推进老旧电梯安全运行工程，安装80台电梯远程监控系统。推进“天网”工程建设，新增2350处高清监控点。强化食品安全事中事后监管，开展9次食品安全专项整治，实施食品快检1.1万批次，完成8家食品生产企业的风险分类分级，679家新开办餐饮单位100%完成首次动态等级评定。

4. 社会事业协调发展

2016年，市南区坚持精准发力，保持就业形势稳定。截至9月底，举办各类招聘会410场，提供就业岗位2万余个。实现就业4.83万人，培训各类人员6527人。完成劳动工资网上备案企业1.1万家，受理劳动维权案件1598起，为劳动者追回损失837万余元。提高低保救助水平，发放低保金及各类专项补贴金2313万元。启动区残疾人综合服务中心建设，为80户残疾人家庭进行无障碍设施改造。全面推行新的医疗救助制度，发放救助金836万元。投入720余万元，广泛扶持社会力量参与养老服务，惠及居民5万人。加大医养结合养老机构、社区小型养老机构建设力度，医保城超百岁养老院投入运营。打造妇女儿童家园48处，结对资助“春蕾女童”201名。举办红十字应急救护培训

76 期、综合演练 8 场。市南区被评为 2016～2020 年度首批“全国科普示范区”。区档案馆成为全国第一家区级“全国示范数字档案馆”。

持续加大校舍改造投入，积极推进学区制建设，成立六大学区理事会，初步构建起“自主选课＋兴趣走班＋弹性课时”的小班化教育课程体系。承办中国教育学会“十三五”教育改革实验区工作布置会暨市南区数字化教学研究现场会，市南区教学改革经验获全国推广。完成全区中小学(幼儿园)三年发展规划终结性督导评估。3 个街道荣获全国社区教育示范街道称号，7 所学校被评为省健康示范校，为 4 万名学生建立视光档案。稳步推进医药卫生体制改革，深化医联体建设，建立转诊绿色通道，14 家政府办社区卫生机构与市立医院开通远程心电会诊，19 名社区医师取得全科医生转岗培训合格证，基层医疗服务水平不断提高。强化优生优育工作，实施免费产前筛查 3027 人，新生儿疾病筛查 5501 人。提升基层文化辐射力，建成 3 处社区文化馆、1 处社区音乐厅。打造“琴岛音乐之声”品牌，承接高质量演出 50 余场，举办“我们的节日”等文化惠民活动 400 余场次。周氏艾灸法等 4 个项目入选第四批省级非物质文化遗产名录。

(二)2016 年市南区经济发展主要问题分析

当前市南区经济社会发展中还存在不少困难和问题。

1. 经济结构优化升级任务紧迫

随着市南区空间资源日渐饱和，固定资产投资增速持续回落，传统消费市场持续处于低位运行态势，经济增长已不能仅仅依靠投资和传统消费拉动，需要加快优化产业结构步伐，增强创新动力，拓展新型业态。

2. 财政增收压力大

2016 年 3 月份以来财政收入持续保持增长态势，但受一年期保险实行免征营业税、“营改增”全面实施、金融机构外迁、总部企业分税等因素影响，年内区级税收预计减收超过 15 亿元。

3. 城区东、西部发展不平衡

同东部城区相比，西部老城区发展相对滞后，城区市政设施老化、基础配套不足、承载能力不高，1.1 万户棚户区居民全部集中在西部城区，产业活力不足，企业数量占全区总数的 1/5，税收仅占全区总量的 1/6，西部复兴发展迫在眉睫。

4. 社会民生事业需要进一步发展

城区治理智慧化、精细化水平需要进一步提高，教育资源需要进一步优化，生产安全、食品安全等工作需要继续加大力度。

二、2017年市南区经济社会发展预测

（一）2016年及2017年市南区经济社会发展预测

根据2016年前三季度市南区经济和社会发展趋势，2016年，市南区生产总值有望实现1000亿元发展目标，完成年初制定的生产总值增长7.5%的目标，区级财政一般公共预算收入有望超过2015年的111亿元目标，力争完成年初确立一般公共预算收入增长8%发展目标；预计全年可以完成固定资产投资130亿元，完成年初确定的9%的发展目标；社会消费品零售总额突破500亿，同比增长超过6.0%；城区登记失业率控制在4%以内；完成节能减排目标任务。

2017年，市南区将深入推进供给侧结构性改革，在确保经济稳中求进的基础上，继续研究经济运行一般规律及探索性试点改革，充分调动市场各方面的积极性和主动性，激发市场主体创新活力。依托市南区丰富的金融资源，深入研究鼓励民间投资的具体措施和制度，充分发挥民间资本在调结构、促发展等方面的贡献力度。预计2017年市南区国内生产总值将继续维持在1000亿元目标，同比增长7.5%左右；区级财政一般公共预算收入增长8%左右，固定资产投资增长率维持在10%左右，社会消费品零售总额同比增长9%左右，城区登记失业率继续控制在4%以内，完成全年节能减排目标。

（二）加快市南区经济社会发展的对策建议

1. 深化供给侧结构性改革

制订“市南区供给侧结构性改革总体方案”，提高供给体系质量与效率，实现更高水平的供需平衡。加快推进商事登记改革，实行住所申报制，出台市南区禁设区域清单。完善国有企业负责人激励约束机制，强化国库集中支付与会计核算衔接，推进政府采购扩面增量。组建综合行政执法局，扎实推进事业单位分类改革。实施“腾笼换鸟”，抓好企业迁离后楼宇资源的再利用和再招商。设立老城区发展专项基金，将发展重点转向西部城区，抓好征收后棚户区房屋以及老别墅、老建筑的保护利用，吸引社会资本建设一批创客空间和特色总部基地。一企一策，着力盘活中苑码头等西部闲置资源，加快推进青岛湾广场规划以及蓝海新港城、三岛组团项目建设。扎实开展进现场解难题促转型稳增长抓落实工作推进活动。

2. 加速产业创新升级

加大总部经济培育力度，引进跨国公司和行业领军企业总部。编

制完成市南财富管理核心区发展规划，大力引进和培育国际金融、高端财富管理等新兴业态，推动第三方理财、互联网金融、融资租赁等业态向区域聚集。加强与金融监管机构合作，维护区域金融稳定。完善“上市优质企业资源库”，推进区内企业新三板或四板挂牌、主板或境外上市。引导青岛高端服务业联盟组织中介机构与重点服务业企业相互交流合作，扩大中介服务机构数量。支持龙头企业建设物流在线服务平台、跨境电商平台、公共海外仓，着力构建现代化物流服务体系。协调推进云霄路、闽江路等特色街区改造，争取中山路申报老字号品牌特色街，鼓励文化园区开展油画展、拍卖会等创意活动，整合高端商场、文博场馆等，推出时尚演艺和高端展览活动，打造多层次时尚文化产品。保护利用龙江路7号等历史建筑，打造集史迹展览、人文体验等于一体的文博场馆。加快培育国际商务、度假、培训等高附加值旅游服务，发展具有市南特色的人文旅游、故居旅游、美食旅游。推动中德医学交流中心建设，打造德式滨海疗养度假区，促进健康产业与文化旅游、体育健身等融合发展，构建健康服务业产业链。

出台“互联网＋”及“海洋＋”行动计划，促进产业创新融合发展。加强创新平台建设，推动创建各级创新平台、产业技术创新战略联盟、高新技术企业、众创空间、在孵企业（项目）等项目。推进“千人计划”智慧产业研究院建设，对“千人计划”专家实行集中办公、精准服务。深入实施“千帆”计划，强化企业技术创新主体地位，加速鼎信通讯、厚科信息等一批重点高新技术企业发展壮大。大力推进智慧城区建设，促进大数据、物联网、云计算等现代信息技术与食品安全、市场监管、生产安全、生活安全等城区治理领域相融合，推进智慧民政、智慧医疗等智慧城区建设任务，促进城市治理的智慧化升级。

3. 加快对外开放步伐

以“互联网＋外贸”为载体，积极引导企业发展跨境电子商务，建设公共海外仓，支持第一化学网等跨境电商企业加快发展，推动一达通外贸公共服务平台尽快开展业务。引导企业利用自贸区优势提高机电产品、高端机械设备以及日用百货商品的进口比重，逐步减少对资源类大宗商品进口的依赖。探索建立投资企业“保姆式”服务平台，积极推进支付宝青岛分公司等一批重点在谈项目。帮助外贸企业积极参与“一带一路”建设，支持优势企业扩大境外投资、拓宽利用外资渠道，大力引进世界500强企业的地区总部、研发中心、结算中心，提高外向型经济开放度。

4. 提高民生保障水平

加紧解决“两改”遗留问题，适时启动房屋安置工作。加强就业创业政策培训，开展以“精准帮扶 优质助创”为主题的公共就业服务活动。对低保家庭进行全面复核，确保救助工作公平、公开。制定社区工作服务规范和社区公共服务指导性目录，完善社区协商工作制度。加快推进南京路小学等建设项目，初步建成市南区基础教育资源公共服务平台。有序推进校长职级制，全面实施新一轮教师素养提升工程。深化学区合作发展机制，构建满足学生个性发展需要的多元整合课程体系。医幼结合提升学前教育品质，促进特殊教育发展。鼓励社会力量举办医疗机构，加强医疗机构监督管理。积极与疗养机构对接，推进健康养老产业发展。有序推进"全面两孩"政策的实施，加大围产期健康促进工作和出生缺陷干预力度，提升出生人口素质。开展百场社区公益剧场、公益展览进社区活动，建立"社区音乐厅"常态化输送机制，提升基层文化服务效能。

5.加大社会治理力度

强化安全生产网格化、实名制监管，对前期摸底的所有企业逐家落实监管部门，逐级落实监管责任。切实做好公共领域安全生产风险源排查工作，推进企业风险分级管控全覆盖，抓好重点行业、区域的安全风险评估。完成"天网"工程建设并投入使用。完善矛盾纠纷多元化解机制，做好全区矛盾纠纷排查化解工作。规范食品经营，在大中型商场超市、农贸市场等推行食品安全视频亮化工程，创建省级清洁厨房和食品安全示范店。高标准完成老旧楼院改造提升工程。将开展市容环境集中整治与强化常态管理相结合，不断改善城区市容秩序和环境面貌。

（作者单位：中共市南区委党校）

2016~2017年李沧区海绵城市建设情况分析与预测

李培艳

海绵城市是指通过加强城市规划建设管理，充分发挥建筑、道路和绿地水洗等生态系统对雨水的吸纳、蓄渗和缓释作用，有效控制雨水径流，实现自然积存、自然渗透、自然净化的城市发展方式。通过海绵城市建设，可以修复城市水生态、涵养水资源，有效防治城市内涝，扩大公共产品有效投资，提高新型城镇化质量，促进人与自然和谐发展。《海绵城市建设技术指南——低影响开发雨水系统构建（试行）》以及仇保兴发表的《海绵城市（LID）的内涵、途径与展望》对“海绵城市”的概念给出了明确的定义，即城市能够像海绵一样，在适应环境变化和应对自然灾害等方面具有良好的“弹性”，下雨时吸水、蓄水、渗水、净水，需要时将蓄存的水“释放”并加以利用，以此提升城市生态系统功能和减少城市洪涝灾害的发生。

青岛市成功入选第二批全国海绵城市建设试点城市，试点片区位于李沧区中西部，东至青银高速，西至环湾路，北至湘潭路、四流路，南至文安路、京口路、中崂路，约25.24平方千米，约占李沧区总面积的1/4。作为海绵城市建设试点片区，李沧区以“规划引领、生态优先、安全为重、因地制宜、统筹建设”为基本原则，以统筹解决城市防洪、水资源利用、水体污染等问题为出发点和着力点，建立健全海绵城市建设相关规划、法规、规范、政策体系，加快“渗、滞、蓄、净、用、排”雨水资源综合利用工程建设，提高雨水综合利用、节水减排工作水平。通过实施海绵城市建设，实现75%雨水就地消纳利用，逐步实现小雨不积水、大雨不内涝、水体不黑臭、热岛有缓解的目标。到2017年年底，城市建成区基本消除黑臭水体；2020年，城市建成区20%以上的面积达到目标要求；2030年，城市建成区80%以上的面积达到目标要求。具体来说，就是以沿河污水直排口及垃圾长期堆存处为重点，采用控源截污、内源治理、生态修复等治理技术，通过整治工程的全面实施，实现城市生态功能的系统性修复，部分地段、水域要融入海绵城市建设理念，进一步改善水环境，促进人与自然和谐发展。

一、2016年李沧区海绵城市建设情况分析

（一）海绵城市建设试点片区亟须解决的问题

在青岛市海绵城市建设试点片区中，新城区面积约7.07平方千米，老城区面积约18.17平方千米（占比72%），目前尚处于居住和工业混杂的状态，环境质量较差。试点区内存在的主要问题如下。

1.老城区比例高，水生态功能脆弱

水生态方面试点区内老城区比例高，分散绿地面积较少，地表硬化面积比例超过60%，原有的自然水文循环遭到破坏；楼山河、板桥坊河以及李村河河道渠道化、硬质化严重，生态系统脆弱；楼山河与板桥坊河入海口处海水入侵风险较高，导致河道生态系统被破坏。

2.黑臭水体问题突出

水环境方面试点区内由于缺乏对点源污染的有效控制及面源污染削减措施，导致大量雨水径流携带NH_3—H、TP、COD等污染物进入河流，引发水体黑臭问题，试点区中楼山河流黑臭级别为重度；同时，水污染状况使得胶州湾生态环境保护压力增加，尤其近岸水域水质恶化问题日趋突出，水体富营养化现象严重。

3.城市内涝风险高

水安全方面，试点区内雨水管网标准偏低、管网老旧等原因，导致雨水系统局部内涝高风险多发区，有严重的内涝风险点11处（50年一遇）。

4.资源型与水质型双重缺水

人均占有水资源量仅为全国平均值的12%，外调水源占比超过40%，水源污染风险高。

试点片区内上述问题的解决，可为青岛市全面推进海绵城市建设工作提供示范引领作用，并积累相关经验。

（二）2016年前三季度李沧区海绵城市建设基本情况

2016年3月，青岛市人民政府办公厅下发了《关于加快推进海绵城市建设的实施意见》，李沧区积极与市建委、市财政局等相关部门对接，迅速开展拟申报试点片区建设项目的摸底调查，反复研究论证项目建设的可行性，最终确定了拟申报试点区域，并协助市建委等部门积极做好国家海绵城市的申报工作。4月，青岛市成功申报成为国家海绵城市建设试点后，李沧区立即出台相关文件、成立机构、完善机制、配备

人员，牵头区各建设部门对李沧区试点片区每个地块梳理分析，共梳理出 200 多个地块、269 个建设项目，并对 269 个项目逐一进行了可行性分析，进一步深化海绵城市建设项目 PPP 建设方案，加快推进 2016 年海绵城市项目建设工作。

1. 项目总体进展顺利

李沧区政府在试点申报过程中综合考虑老区改造与新区建设相结合、问题与需求导向兼顾、示范推广性强、汇水片区完整等多方面因素，最终确定试点片区。在"零"经验的基础上，李沧区海绵城市试点建设从 4 个方面同步推进，分别是建筑和小区的海绵化、道路与广场建设的海绵化、公园绿地和城市绿化系统的海绵化、河道治理的海绵化。269 个建设项目，总投资 48.69 亿元，其中 PPP 项目 139 个，投资 24.57 亿元。

2. 项目年度计划完成情况

2016 年实施项目共计 52 个，海绵总投资共计 12.5 亿元。其中大枣园片区十二号线东段（规划五号线—文昌路）市政配套工程、大枣园片区南岭三路配套工程等 10 个项目为开工续建项目；沧口公园整治工程、区委党校改造工程等 42 个新建项目已完成清控院审核等工作，完成立项 28 个，其余正在办理立项手续。截至第三季度末，已完成立项 38 个，开工建设 16 个，2016 年年底项目全部开工；完成李村河中游整治等河道生态改造及污染点源治理不少于 5 千米目标。年底前开工建设海绵型建筑与小区、海绵型绿地、广场及绿化带等不低于 150 万平方米。

3. PPP 项目进展

PPP 项目中计划共分楼山河 PPP 项目包、板桥坊河 PPP 项目包和大村河 PPP 项目包共三个项目包。其中，楼山河 PPP 项目包共包含湘潭路小学改造工程等 22 个项目，总投资约 4.48 亿元，截至第三季度末，上述项目已全部完成设计委托，大枣园文化公园改造工程等 6 个项目完成方案指标评审，楼山路（重庆路—四流北路）排水管网工程等 3 个项目完成项目建议书，大枣园文化公园改造工程等 5 个项目计划月底完成可研编制；板桥坊河项目包共包含兴华苑改造工程等 53 个项目，总投资约 12.92 亿元，截至第三季度末，除现状废弃公园外其余项目已完成设计委托，兴华苑改造工程等 14 个项目完成方案指标评审，兴山路市政排水管道改造工程等 4 个项目完成项目建议书，老虎山公园改造工程等 3 个项目完成可研编制；大村河项目包共包含青山绿水改造工程等 64 个项目，总投资约 7.17 亿元。截至第三季度末，除 C-055、C-074 河道绿化带建设工程外其余项目已完成设计委托，王埠小学改造工程等 21 个项目完成方案指标评审，永平路排水管网工程等 4 个项目完成项目建议书，蓝光 COCO 蜜城改造工程等 2 个项目预计年内完成可研编制。

4.样板工程项目进展

2016年,样板项目有区委党校改造工程、尚风尚水改造工程、大村河上游综合治理工程(2～8号线)、文昌路道路整治工程及沧口公园改造工程共计5个项目。截至第三季度末,楼院类区委党校及尚风尚水项目已列入发改局项目库,批复后即可上报可行性研究报告;道路类文昌路项目,已完成初设批复及概算,年内将进行施工招标;公园类沧口公园项目,近期完成发改局项目库;水系类大村河上游综合治理工程,年内将完成项目建议书并上报发改局。

(三)2016年前三季度李沧区海绵城市建设基本经验

海绵城市建设是一项创新性很强的工作,目前正在全国开展试点,在青岛仅有李沧区一个试点片区。李沧区在推进海绵城市试点建设过程中,从"零"做起,开展工作。

1.体制机制创新

成立了区长任组长、分管副区长任常务副组长、区政府各部门一把手为成员的"李沧区推进海绵城市建设工作领导小组",领导小组下设办公室,具体负责李沧区海绵城市试点建设各项工作推进。PPP项目的社会资本采购拟采用竞争性磋商的方式,为使各潜在社会资本充分竞争,经过资格预审、多轮磋商、多轮比选、综合评分逐步缩小潜在社会资本的范围,最终选取最适合的社会资本参与PPP项目的投资建设运营。海绵城市建设属于新领域,而且PPP项目子项目多、情况复杂,通过随机方式难以确定合适的评审专家,根据《政府采购竞争性磋商采购方式管理暂行办法》,由区建管局根据该项目情况,自行选定评审专家。由区建管局指派实施机构代表一名,从专家库中选择财务专家一名、法律专家一名、技术专家四名,组成PPP项目的磋商小组。

2.创新工作措施

项目建设过程中积极探索引进先进技术、先进材料,探索实施海绵城市改造。例如,在已完成改造的李村河上游及正在改造的李村河中游等项目中,均采用海绵城市建设理念,利用生态岸线、生物滞留等措施合理控制地表径流。沧口公园是李沧区采用海绵城市建设理念进行改造的代表项目,其创新性主要体现在以下三个方面:一是大规模采用透水材料。公园新建园路、广场等大面积铺装均采用透水材料,包括透水砖、透水地坪、预留沙地等。在人性化为老年人提供太极场地、为儿童提供挖沙场地的同时,做到渗水、环保。透水地坪采用漏骨料透水地坪,样式美观,颜色艳丽,透水效果好。二是大面积建设下沉式绿地。在公园改造过程中,原有裸露土地在进行绿化栽植时,均低于周边园路、广场，便于雨水汇入绿地。公园中心最低点建设一处下凹式绿地，并在周边建设植草沟，下埋汇水管道，将周边雨水汇集于此。在水量较少时充当小型湿地景观，水量较大时，多余水分通过排水管流入东侧河道，避免园内积水。三是提高现有河道的雨水收集率及利用率。对公园东侧原有河道进行改造，通过地形处理、下埋管线等多种方式，将公园多余雨水引入河道，在保持河道水量的同时，可以用于旱季公园树木浇灌，避免河水白白流失。河道北段设有泄洪沟，当水量超过河道警戒线后，将通过泄洪沟降低水位，确保公园安全。沧口公园海绵化改造已成为青岛市典范，引领后续系列公园绿地海绵化建设改造。改造后的沧口公园年径流总量控制率达到 91%，面源污染削减率达到 65%。

李村河下游综合整治建设过程中以建设“海绵城市”为理念，打造了雨水调蓄池，现阶段主要是解决旱季污水问题。生态整治过程中利用湿地、水槽积蓄雨水，对水质进行净化。还建设了李村河挡潮闸，该挡潮闸设计宽度 287 米、23 孔，蓄水深度 0.8～2.5 米，回水长度 1700 米，水面宽度 220～385 米，可蓄水约 79 万立方米，形成面积约 48 万平方米的水面景观，是市区最大的闸坝。随着李村河入海口挡潮闸施工加速推进、以及两岸植被绿化的完善，昔日的臭水河已变身景观优美的“绿色长廊”。

3. 创新工作思路

李沧区海绵办集中办公人员从区建管局、区教体局、区交通商务办、区现代商贸办、区生态商住办等建设部门及试点区域相关办事处抽调组成，便于联系沟通各建设部门，有效推进项目进展。同时，李沧区海绵办也着力抓好业务学习，通过及时组织专门培训来提高工作人员的素质。海绵城市是一个新概念，为深入了解海绵城市先进理念，更好地指导实践工作，李沧区积极开展海绵办相关人员的业务培训工作：6 月，市建委邀请北京中京天元工程咨询有限公司、北京清控人居环境研究院在李沧区政府 1 号楼第七会议室对 PPP 项目融资咨询、海绵城市基本理念、做法等知识进行讲解，相关单位共 60 余人参加了学习；7 月，区建管局组织相关单位一行 45 人到杭州学习海绵城市建设工作；为提高设计人员方案设计过程中对海绵措施的把控度，7 月和 9 月，区海绵办先后两次组织相关项目负责人和 14 家设计单位专门赴济南实地考察学习已建成或在建项目的海绵化措施，通过现场参观并听取讲解，进一步感受海绵建设各项措施实际运用效果，在方案设计中灵活运用；9 月，区海绵办与相关单位 7 人到迁安学习 PPP 招标等经验做法，为李沧区海绵城市建设工作顺利开展打下基础。

4. 创新运营方式

试点区项目的建设运营方式同样突出创新性，按流域将 PPP 项目分为三个项目包，采用竞争性磋商方式，选择具备设计、融资、建设、运营维护能力的社会资本统一运作。

为缩短可研论证及初步设计审批等各环节的时间，以便迅速进入PPP社会资本方招标环节，经与河北迁安、安徽池州等第一批海绵试点城市对接，在得到建设部认可后立即开展了设计、融资、建设、运营维护一体化招标工作。结合三个河道流域，拟定了楼山河、板桥坊河和大村河三个PPP项目包并分别开展社会资本方招投标，同步开展项目建设。

海绵办牵头各建设部门反复对接优化，确保每个项目都能按计划落地。每周召开项目调度会，重点研究项目推进中存在的问题。为确保项目建成后，试点片区达到75%降雨就地消纳利用的目标，每个建设项目设计方案需经海绵办专家组审核，确保措施到位、指标达标后方可继续推进。

二、2017年李沧区海绵城市建设发展预测

（一）青岛市海绵城市试点片区建设目标及技术指标

年径流总量控制率指标是海绵城市建设的核心指标，综合考虑试点区内下垫面情况、土壤下渗性、水系分布等自然条件以及未来开发建设情况进行年径流总量控制率的确定。综合运用模型计算，对老城区，以解决存在问题为导向，计算应达到的年径流控制率指标；对新城区，计算根据开发前本底条件，以海绵城市建设理念进行开发，达到的规划设定年径流控制率目标，具体要点如下。

1. 下垫面特征

根据现状用地情况、水系分布条件、降雨蒸发数据等基础资料，构建现状产汇流模型，进行径流产流模拟计算现状径流控制率，模拟现状年径流总量控制率平均为39%，同时考虑到试点区整体上本底条件空间差别性较大，通过系统规划与统筹安排，2017年可实现总体区域年径流总量控制率75%的控制目标。

2. 土壤渗透能力

试点区域包括棕壤、砂姜黑土、潮土、盐土等4种土类，以棕壤为主，质地多为壤土至壤黏土，基础渗透性一般，渗透类设施适宜性较弱。同时，区域部分用地受到地形坡度限制、水源涵养区、工业区的要素限制，存在土壤下渗能力较差或具有一定的下渗污染风险的区域，这些区域在海绵城市措施选取上优先考虑“蓄、滞、净”等措施，其次考虑“渗”的措施，初步明确试点区2017年径流总量控制率不宜小于65%。

3. 季节性内河水系

试点区内河流众多，但多为季节性河流，春、冬两季流水较少，夏秋季汛期水流较大。从维持城市水系统良性循环的角度考虑，2017 年径流总量控制率的目标不宜过高，不宜大于 90%。

4. 水资源量相对短缺

青岛市多年平均年降雨量 709 毫米，水资源量相对短缺。从雨水资源利用角度考虑，年径流总量控制率不宜过低，可以大大提高雨水资源化利用率，缓解资源型缺水危机。

5. 短历时强降雨的特性

青岛市降雨年际变化大，全市各地最大年降水量是最小年降水量的 3～6 倍；年内分配不均，降水多集中于汛期（6～9 月），占全年降水量的 70.5%～75.4%；针对青岛市的降雨和内涝特性，从削减雨水峰值考虑，年径流总量控制率的目标不宜过低，宜为 70%～85%，否则对缓解内涝的效果将不显著。

6. 初期雨水面源污染

试点区水环境质量较差，其中初期雨水面源污染是重要原因之一。年径流总量控制率的目标过低，雨水携带污染物进入内河的量将增多，加剧内河污染，2017 年径流总量控制率不宜小于 70%。

7. 老城区改造难度

试点区主要由老城区组成，老城区用地规划布局不合理，开发密度高且强度大，多为老旧小区，建设杂乱无章，小区内绿化率很低，改造空间有限，改造难度较大。从可操作性角度考虑，2017 年径流总量控制率的目标不宜大于 80%。

8. 政策文件要求

国务院办公厅《关于推进海绵城市建设的指导意见》（国办发〔2015〕75 号）要求各地将 70%的降雨就地消纳和利用；山东省人民政府办公厅《关于贯彻落实国办发〔2015〕75 号推进海绵城市建设的实施意见》（鲁政办发〔2016〕5 号）要求各地将至少 75%的降雨实现就地消纳和利用。因此，青岛市 2017 年径流总量控制率不宜低于 75%的控制目标。

综合以上因素，通过构建相关模型，反复多次校核后，最终确定海绵城市试点区域雨水系统 2017 年径流总量控制率要求达到 75%，对应的设计降雨量为 27.4 毫米。

（二）2017 年青岛市海绵城市试点片区建设预测

1. 源头控制，生态循环，彰显双重效益

海绵城市建设旨在解决水生态功能较脆弱、黑臭水体、城市内涝风险等问题，有效修复城市水生态、涵养水资源，增强城市防涝能力，提升片区整体品质，促进人与自然和谐发展。预计2017年建设项目共计171个，总投资共计28亿元。2018年建设项目共计44个，总投资共计7.99亿元。建成后试点区内年径流总量控制率达到70%，2017年底基本消除建成区黑臭水体，连片示范效应显示度50%以上达到要求。具体目标如下：

(1)全程把控，改善水生态。在试点区内将通过“绿灰”结合的基础设施建设，构建源头、过程和末端控制的低影响开发雨水系统，实现年径流总量控制率75%的目标，恢复自然城市水文循环；针对渠道化、硬质化的河道，通过生态驳岸改造、生态基底建设等生态工程手段，改造生态岸线，恢复河道生态功能；在试点区内通过保护原有的自然坑塘、河流等水体，或以其他调蓄水体形式替代原有水体，保证城市水面率、降雨滞蓄率，保护原有的城市自然“海绵功能”；通过生态绿色海绵措施建设，实现“热岛有缓解”；通过修建防洪堤岸、构建挡土墙等措施，提升河道防洪标准为50年一遇，提升排涝达标率、防洪堤达标率至100%，确保城市水安全。

(2)点面结合，治理水污染。在试点区内主要从点源、面源污染控制方面解决试点区水污染问题，其中点源污染控制通过建设截污干管、污染管网建设等措施实现，面源污染控制通过在源头、末端设置低影响开发措施，削减雨水径流携带污染，达到城市面源污染控制65%目标，最终通过点源、面源污染控制实现“水体不黑臭”。另外，通过8%雨水资源回收利用，解决缺水问题。

2.问题导向，建治结合，突出区域特色

海绵城市试点区域地处胶州湾东岸的中枢地带，是青岛服务区域的重要陆路交通枢纽、商贸商务中心，是建设青岛城市副中心的重要战略节点，是企业环保搬迁、宜居新城建设、承接人口疏解、均衡公共服务资源配置以及生态城市建设的重点区域。区域内包括老工业区改造、城中村改造、老城区改造等多重建设任务，近期建设发展需求迫切。

(1)海绵城市建设与黑臭水体整治相结合。在海绵城市建设试点区内存在2段黑臭水体，根据国务院“水十条”的要求，青岛市须在2017年底彻底消除黑臭水体。海绵城市建设重要内容之一也是对城市面源污染的控制，提出“水体不黑臭”的目标，两者相通共融，发挥建设国家级海绵城市试点区的有利时机，在三年建设期内（2016～2018年），把海绵城市建设与黑臭水体整治有机结合起来，坚持问题导向，加快黑臭水体治理，实施污染点源治理工程等多项工程，从面源、点源两方面着手治理，消除黑臭水体。

(2)海绵城市建设与内涝积水点整治相结合。海绵城市建设目标之一，是实现“小雨不积水，大雨不内涝”，与城市排水防涝工程紧密相关。《青岛市排水（雨水）防涝综合规划（2014～2025）》指出，试点区内存在1处现状内涝积水点，位于四流中路漫水桥（兴华路派出所门前）。试点区海绵城市建设宜把内涝积水点整治纳入作为重要建设内容之一。四流中路漫水桥内积水点汇水面积为40公顷，由于汇水面积较大，达到一年一遇的频率，积水深度达到30厘米。将内涝积水点整治与海绵城市建设相结合，在上游汇水区范围内通过增加下沉式绿地、生物滞留等源头海绵措施，减少径流、削减洪峰，达到消除该处积水点的目标。

（作者单位：中共李沧区委党校）

2016～2017 年青岛西海岸新区（黄岛区）特色小镇建设情况分析与展望

王 欣 卢茂雯 郭岩岩 周 娟 王 凯

特色小镇建设是青岛西海岸新区根据国际趋势、国家战略、新区实际做出的重大决策，是探索新型城镇化推进的新路径。2014 年 7 月，新区启动了特色小镇建设，至 2016 年，特色小镇建设快速推进，取得了明显成效。青岛市委、市政府予以充分肯定，认为“这是青岛特色小镇的典范，新区特色所在”。

一、2016 年西海岸新区特色小镇建设的基本情况

2014 年 7 月，按照“以点带面，逐步推开”的原则，新区先行启动海青、张家楼两个镇的建设工作。在试点成功的基础上，2015 年 3 月，在新区确定了藏南镇、大场镇、大村镇、六汪镇、宝山镇、琅琊镇、泊里镇、王台镇、铁山街道及胶河经济区等 10 个自然生态环境良好、现代农业发展迅速、具有丰富的文化底蕴资源和特色优势的镇街全面进行特色小镇建设，目前，特色小镇共 12 个镇（街道），总面积 1464 平方千米（约占全区陆域面积的 70%），包括 788 个村庄，总人口 59.6 万人。经过近两年的高效组织领导、优质推进和扎实工作，小镇建设从点到面迅速展开，12 个建设镇的面貌发生了显著变化，特色初显，产生了积极的综合效益，成为新区建设的亮点和推动经济社会发展的新增长点。

（一）特色小镇建设成果显著

1. 城镇人居环境显著改善

通过驻地改造提升项目的实施，基础设施配套更加完善，驻地环境更加优美，城镇承载力进一步提升，居民幸福指数进一步提高。截至 2016 年 9 月底，完成基础设施项目 110 个、投资 14 亿元，完成镇驻地外立面改造、道路硬化改造、绿化等 140 多万平方米；新造林 2.3 万亩，占全区新造林面积的 72%；建成居民休闲广场 13 处。结合特色小镇

建设重点做好轨道交通、青连铁路、董家口港等重大工程村庄搬迁安置工作，完成村庄搬迁15个，到镇驻地集中居住的农户新增近4000户。

2.镇域产业基础和经济实力大幅增强

特色镇经济蓬勃发展，转型升级步伐加快。截至2016年9月底，已累计建成特色产业园区30个、特色商街27条，安溪铁观音集团、中信证券资本、卓达集团、北京伟光汇通文化旅游等一批大企业参与投资建设。初步形成12个特色小镇互联互通的旅游链条，节假日人潮涌动，全年吸引游客300多万人次。引进农村电商平台项目17个，电商平台交易额过亿元，网上销售农产品同比增长20多倍。用于农业规模化经营或特色产业发展的农村土地流转新增约3.4万亩，农业新型经济主体达到500多家。特色镇的投资环境日臻完善，土地价值增长较快，带来巨大商机，各镇街的土地价值越来越高。

3.居民收入和生活水平不断提高

2016年，伴随着特色小镇发展环境的改善、产业发展转型以及区域经济活力的增强，小镇居民积极投入小镇建设，收入水平不断提高。随着特色小镇和乡村旅游的建设开发，为当地农民增加了就业岗位，增加了农民工资性收入。截至9月底，在创业扶持方面，累计发放创业贷款贴息资金1000万元，实现政策性扶持创业4000多人，创业带动就业近万人，培育新型职业农民3000多人。借助特色镇发展带来的商机，培育了琅琊@生活等一批农产品销售电商平台，提高了特色农产品销量和价格，增加了农民收入。截至2016年6月底，通过电商平台销售海产品60000多千克，蓝莓60000多盒。2015年，农村居民人均可支配收入达16800元，同比增长9.2%。

4.多元化建设资金全面激活

伴随着特色小镇土地价值和产业投资价值的显现，撬动了大量社会资本参与小镇的全面建设。截至2016年6月底，参与社会资本多达60亿元，其中青岛幸福村科技生态园、中国艺博城、西海岸现代农业研究院、寿光蔬菜绿色硅谷农业科技园、琅琊电商产业园、鑫基贵都等项目均投资过亿元。特色小镇建设为镇域闲置资源的盘活带来契机，许多闲置的厂房、学校、土地等相继被投资主体竞得，实现了闲置资源的再利用。

5.党员干部作风"变严变实"

在开展特色小镇建设的攻坚战中，各级党员干部践行"三严三实"的自觉性得到检验，尚实干、勇作为、敢担当的干事热情得到进一步激发，一大批基层党员干部以"靠上、拼上、豁上"的精神投入特色小镇建设，谱写了干事创业的激情乐章。特色小镇成为历练干部、培养干部的大舞台，提高了干部的视野境界，提升了干部的能力素质。

(二)特色小镇建设成果样本

在近三年的建设中,新区12个特色镇根据各自历史传承、区位优势、资源禀赋,赋予自身独特定位,形成各具特色的小镇建设方案,依托青岛品牌城市优势,精心打造特色小镇优质品牌,扩大知名度和影响力,散发特有魅力,形成了百花盛开的局面。海青镇、张家楼镇和琅琊镇是其典型代表。

1.“竹风茶韵,静雅海青”的北茶古镇——海青镇

海青镇是20世纪60年代省委、省政府实施“南茶北引、南竹北移”战略最早的地区之一,2015年茶叶面积3万亩,占黄岛区的近一半、青岛市的近1/3、山东省的1/10,被国家农业部认定为无公害农产品生产基地。近年来,海青镇集中精力、整合人力、投入物力,改善人居环境,壮大主导产业,强化生态保护,建设美丽乡村,全力打造“北茶古镇、静雅海青”。先后荣获“全国农业旅游示范点”、“全国一村一品示范镇”、“山东省旅游强镇”等称号。海青镇以北茶基地和北方江南山水景观为特色,在特色小镇建设中坚持东西拓展、南北提升,学习借鉴南方小城镇建设理念,科学编制镇域发展总体规划,用心策划设计“北域江南”。突出打造茶叶文化。突出集约化多元化发展,建设青岛海青茶文化博览园项目,建设用地280亩。一期工程建设北茶产业联盟海青基地、茶博馆、以茶会友广场、文旅车站、游客中心及基础设施配套与环境提升。二期工程建设茶交易中心、茶农家乐、茶业体验馆及研究所、茶驿站、茶休闲度假谷及配套居住。项目立足北茶产业壮大提升,打造集茶产品展示、研发和新技术推广、茶文化体验、特色餐饮、休闲旅游于一体的综合博览园区,对于全产业提升发展海青茶业,推动西海岸新区乃至整个青岛特色产业发展,都将发挥重要节点作用。彰显北方江南风貌特色。规划上融入灰瓦白墙的中式建筑风格,建筑上以江南徽派风格为定位。

2.“蓝莓之乡,油画名镇”——张家楼镇

作为一个处于远离城市的农村小镇,张家楼却以其油画扬名于外,知名度散播海内外。该镇拥有全国知名的达尼画家村,绿泽、九龙轩等10余家画院入驻。2014年7月份以来,张家楼作为特色小镇试点镇,在规划建设过程中,以“蓝莓之乡、油画名镇”为主题特色,按照“城镇引领、产业支撑、市场带动、生态优先”的工作思路,突出蓝莓、文化和旅游三大产业特色,着力打造世界蓝莓之乡、中国油画名镇和生态旅游目的地。突出蓝莓主题。以蓝莓产业为主要切入点,规划建设占地近万平方米的蓝莓主题公园,强化蓝莓品牌宣传,为居民提供休闲娱乐空间。规划建设“魅力小镇”景观,提升特色小镇形象。彰显文化特质。放大

油画优势，彰显油画文化，发展意象油画，截至2016年6月底，累计投资8亿元建设了10万平方米的艺博城，由深圳著名文化企业上艺集团整体招商运营、搭建以油画为主体的国家级艺术品交易平台，可提供经营性商铺1000余家，年交易额将达到20亿元。依托达尼画家村深厚的文化底蕴，在东马河、苑庄河等临路重要节点设置"印象达尼"、"多彩河谷"主题公园，通过四季色彩变化，展现"油画名镇"的独特品位，强化特色小镇的文化印记。张家楼镇先后被授予"全国文明镇"、全国"一村一品"示范镇、"山东省文明镇"、"山东省旅游强镇"、"山东省十佳特色文化镇"等荣誉称号。

3."山情海韵，千年古郡"——琅琊镇

琅琊镇立足"山情海韵，千年古郡"的发展定位，坚持"琅琊文化为魂、秦汉建筑为形，旅游产业为支柱、商贸服务业为载体、电商微商为动力"的总体思路来建设特色镇。一是传承恢复琅琊独有的历史风貌。截至2016年6月底，累计投资1500万元的秦汉风格建筑立面改造工程全面开工，建成后将使镇驻地重现秦风汉韵的历史风貌；投资1600万元，建设占地200亩的夏河城遗址公园，将古城墙遗址保护与绿色人文景观建设同步推进，保护明清时期古城墙遗址，留住历史根脉，再现琅琊古郡历史风貌和古琅琊的秦汉文化底蕴。二是美化优化生态环境。秉持生态立镇的理念，打造皂户河和夏河生态景观带。投资1000万元完成两条河流的清淤、护堤和绿化工作；投资2600万元，依托皂户河建设占地270亩的琅琊公园，为琅琊百姓营造了一个集休闲、娱乐、健身于一体的文化活动场所，让农村群众享受城市公园生活。三是做强特色产业。借力"互联网＋"、"海洋＋"，把发展电子商务作为转变经营模式、服务群众的新途径，建设了全省首家镇级电商平台，畅通产品销售渠道，培养经济增长新动力，全力打造全省"电子商务强镇"。委托知名网络公司开发建设了全省首家镇级电商平台——琅琊@生活，整合琅琊海鲜整体品牌"琅琊味道"，实现电子商务抱团发展。该平台2016年5月1日上线运营以来，已上线加盟企业22家，产品达160多款。大力发展微商平台，依托"有赞网"建设微电商平台——"琅琊微商城"，截至2016年9月底，"商城"建成微店18家，产品180多个品种，客户群涉及山东以及周边12个省份。

二、2017年西海岸新区特色小镇建设形势分析

根据西海岸新区特色小镇建设发展目标，新区特色小镇建设在试点基础上，经过全面建设和巩固发展，2017年将进入基本建成的关键阶段，在现有基础上，结合国家《关于开展特色小镇培育工作的通知》、

《关于加快美丽特色小(城)镇建设的指导意见》的新要求新部署，主要从以下方面开展工作。

(一)将以创新、协调、绿色、开放、共享五大发展理念为引领

2017年，西海岸新区将坚持以创新、协调、绿色、开放、共享的发展理念为引领，统筹城乡发展，紧紧抓住人的城镇化这个核心和提高质量这个关键，更加注重提高户籍人口城镇化率，更加注重城乡基本公共服务均等化，更加注重环境宜居和历史文脉传承，更加注重提升人民群众获得感和幸福感。坚持改革创新，统筹推进相关配套改革，积极引导社会资本参与，着力构建与农业现代化相辅相成、相互促进的体制机制，深化巩固特色小镇建设成果。

1.将牢牢把握以人为核心

把人的城镇化及人的发展放在核心位置，建立统筹城乡就业、居住、公共服务、社会治理等的发展机制，通过镇街驻地改造、商业街再造、产业园区打造，构建符合小镇特色的新型就业空间、居住空间、文化空间，聚集商机人气，实现以“业”留人、宜“居”养人、以“文”传人，满足人们在城镇化中日益增长的物质文化需求，使特色小镇更加充满生机和活力。

2.将继续坚持结构性改革

在特色小镇建设中不仅解决产业发展空间问题，还将做好与农业现代化的相互协调，促进农村三次产业融合发展，开辟以城带乡、以工促农的新载体。按照城市标准改造提升镇域基础设施，补齐小城镇公共服务的短板；同时，深化农村综合配套改革，创新农业经营体制，推动适度规模的现代农业发展，扩大优质安全高效农产品的有效供给，用结构性改革来解决“三农”问题和培育发展新动能。

3.将突出集约化发展

坚持“小而精”、“小而特”、“小而优”的特色化发展定位，通过要素整合实现产业生态提升和人文环境改善之一。突出集约集聚的原则，加快“三集中”，即农村土地向规模经营集中、创新创业者向特色街和特色园区集中、农业转移人口向镇街驻地集中，促进规模发展、集聚发展。

4.将发挥市场、特色“双引擎”作用

特色小镇的吸引力、竞争力和生命力在于“特色”。新区特色小镇建设将依托“山、海、城、文、商”相融的滨海底蕴，注重利用市场机制来盘活和放大各小镇的资源禀赋、本土产业、人文特质、生态环境等特色优势，培育富有生机活力的小镇经济，使小镇特色永驻、魅力永久、活力永存，实现特色小镇的永续健康发展。

(二)特色小镇建设将实现新目标

1.将推动新区特色小镇均衡全面发展

当前,西海岸新区特色小镇建设在3年的时间里发展迅速,取得了显著成果,但12个特色镇在发展水平上还不同步,存在一定落差。2017年,将发挥领先镇示范作用,推广先进经验,带动帮助其他镇加快发展。同时,将加强小镇建设工作研究和组织领导,加大对各建设主体支持力度,协力共建,实现新区特色小镇建设全面提升。在小镇基本建设和经济发展的基础上,加速社会事业、社区建设、文化等领域的建设,丰富小镇内容,促进和吸引人口聚集,增强小镇活力。

2.将充分发挥规划的引领规范作用

特色镇建设,特色展现和全域建设水平很大程度取决于规划。2017年,将进一步提高规划编制水平,加强与西海岸新区规划的完美接轨,和其他专项规划严密配合,新编制的专项规划充分考虑特色镇建设规划和方案。立足街道特色定位和辖域具体情况,进一步加大全域城乡发展、产业发展、土地三大方面详细规划编制力度,做好全域控规编制,完善旅游专项规划。各特色镇将结合实际,就经济、社会等方面制定规划,科学有序地推进各项建设。

3.做强小镇的产业支撑

以产业为核心,领先特色镇将在提升产业规模层次上有新举措,其他各镇将着力强化产业基础。每个小镇将聚焦一个特色产业,制定产业发展路线图,用好"一街一园"平台,围绕全产业链实施精准定向招商,实现产业集群化布局、三次产业融合发展。一是充分挖掘和发挥资源优势,形成拳头产品。从自然资源、人口结构、产业基础等条件出发,因地制宜,确定主导产业和支柱产业,引领市场发展。紧密结合区域定位,做好和产业发展规划设计。二是推动产业聚集,提高规模效应。畅通产业信息,加强企业联合,增强产业活力,降低企业成本,促进产业抱团发展,提高产业发展的规模效应和综合竞争力。三是大力培育龙头企业,发挥带动效应。加大对龙头企业的支持,鼓励和引导龙头企业与产业链条上的小微企业、个体工商户、农民等各相关主体,建立公平的利润分配机制,充分发挥龙头企业对产业发展和经营主体培育的带动至此作用。四是发展配套产业,提高综合发展能力。注意三次产业发展的协调。结合各自条件和发展阶段,挖掘产业内涵和潜力,推动相关配套产业发展。五是突出特色优势,创新品牌市场。高度重视品牌创建,大力开展品牌建设,发展品牌产业、品牌产品和品牌服务,提高品牌的知名度、美誉度,用特色品牌占领市场。

4.将抓好特色镇建设工作的多板块结合

特色小镇建设不是单一局部的项目，它是作为促进新型城镇化、产业转型、新农村建设和城乡统筹规划的重要载体和抓手提出的。特色镇建设与其他战略相辅相成、互相推动。2017年，将把特色镇建设与推进新型城镇化战略紧密结合，树立“以产立城、以产兴城、以产聚人”的发展思路，促进公共服务一体化，实现产、城、人的融合发展。将把特色小镇建设作为从根本上整体上实现全域扶贫、整体脱贫的重要举措，大力发展特色产业，强化辐射作用，更好带动贫困户就业创业，带动贫困村增加集体收入，强化薄弱镇自我发展动力。将把特色乡村旅游作为小镇建设的重要内容，以“综合开发，乡村休闲旅游产业引领三次产业发展”的思路，围绕山水风光、地形地貌、风俗风味、古村古居、现代农业等旅游题材，培育特色旅游产品，推进小镇之间互联互通，串起旅游“珠链”，打造西海岸旅游新热点。将小镇文化作为新区文化引领战略的一部分，深入发掘区域历史文化内涵和人文资源，延续历史文化根脉，以独特的历史文化底蕴，形成“人无我有”的区域文化特色。

5.将提升特色小镇建设品质和发展质量

在两年快速建设的基础上，2017年，将注重特色镇建设的精细化和软件配套，不断丰富特色镇的内涵和质量。一是定位的精准化。特色小镇重在“特”字，小镇的定位不仅仅是一个品牌，更是发展的主线，决定了小镇的魅力和优势。张家楼的油画小镇、海青的茶园小镇是比较准确和成功的品牌定位，其他小镇的定位可以进一步调整优化，避免由于名称内涵的同质泛化而缺乏特色。二是建设的精细化。按照城乡统筹的要求推进基础设施建设和绿化、亮化等工程，一次系统规划，分步分区域实施。推进高铁商城核心区、旅游度假区、现代农业示范区三区共建：依托青连铁路建设推动工业园区扩容提升，加快建设高铁商城核心区。鼓励发展领先的特色镇开展海绵城市、智慧城市等新型城市建设试点。三是推进环境促宜居工程。围绕重要路段和节点实施重点改造提升，实施悬泉湖生态保护治理、环境连片整治等重点工程建设。加大对各村环境整治考核力度，调动镇街和村庄两个积极性。

6.将着力构建现代治理体系

特色小镇建成之后的魅力体现、活力释放和动力保障，取决于小镇的综合治理水平。2017年，将以新镇建成为契机，探索特色小镇基层社会治理体系创新，推进治理体系和治理能力现代化。一是强化系统治理、源头治理和城镇型管理，推进标本兼治。二是推进多主体参与的现代治理体制。发挥政府引导和公众参与在社会治理中的作用，搭建社会治理平台，为公众参与社会治理体系提供新探索。三是推进现代社区建设，强化居民村民自治，建立新型社区治理体制。四是抓好服务保障，以服务促管理。把政府基本公共服务、社会组织提供增值服务和社区提供自我服务结合起来，为社会治理体系协同创新提供新探索。五是提高社会治理的信息化水平。充分借助新区社会治理网络平台优势和经验，充分应用现代信息传输技术、网络技术和大数据技术，打造智慧社区，为建立智慧化社会治理体系提供新探索。

（作者单位：中共黄岛区委党校）

2016～2017年即墨市对外贸易发展情况分析与预测

丁爱梅　姚军亮

近年来，即墨市积极应对外贸发展的严峻挑战，依托良好的产业基础和资源优势，深入实施“走出去”与“引进来”相结合的开放引领战略，实现进出口平衡发展。2015年，在全国外贸进、出口额双下降的背景下，即墨市实现外贸进出口总额323.7亿元，同比增长1.4%，其中出口额266.2亿元，同比增长5.8%，均实现正增长，在即墨经济发展、拉动就业、推进城市化进程等方面发挥重要作用。

一、2016年即墨市对外贸易基本情况和主要特点

2016年，即墨市以建设开放型现代化城市为目标，以优化结构为主线，进一步扩大利用外资规模，着重提高利用外资质量和水平，加快转变外贸增长方式，不断优化对外贸易结构，积极实施“走出去”战略，加快构建现代商贸流通服务体系，全方位、宽领域、高水平推进对外开放和国内贸易发展。2016年前三季度，即墨市累计完成进出口总额215.6亿元，其中，进口总额34.9亿元，增长3.1%；出口总额180.7亿元，下降1%。前三季度，全市吸收外商到账外资6.8亿美元，增长7.9%。2016年前三季度，即墨市对外贸易主要呈现如下特点。

（一）外贸主体规模扩大

2016年，即墨市充分利用对外经济技术合作专项资金、进口贴息、出口信用保险等扶持政策，按照企业进出口规模，对企业进行精细化管理，鼓励企业扩大进出口。筛选具有较大发展潜力的外贸龙头企业，实施台账动态管理，搭建互动平台；孵化培育中小微外贸企业，推动中小微外贸企业细分市场，增强国际竞争新优势。在政策的助力下，即墨市外贸发展呈现回稳向好态势。上半年新增进出口企业192家，实现进出口额3.36亿元，拉动全市进出口增长2.4个百分点，全市有进出口

实绩企业突破1300家。前三季度，重点产业出口保持较高增速，其中高新技术产品出口额2.9亿元，增长6.2%；纺织服装出口扭转连续多月下滑势头，实现出口额71.4亿元，增长0.7%。同时，即墨市依托企业的上下游关系，积极开展招商引贸工作，引进国内外企业来青开展外贸业务，有效地扩大了即墨市的进出口增长。

（二）精准招商成效显著

2016年，即墨市专门出台《关于进一步加强招商引资工作意见》和《2016年招商引资工作方案》，建立招商资源统筹协调、工作经费保障等机制，指导部署全市招商引资工作有效开展。通过一系列外贸扶持政策，围绕全市经济发展目标和重点功能区定位，瞄准涉海、生命科学、高端服务业、汽车零部件等产业，加大精准招商力度，以项目引进建设推动经济转型发展。前三季度全市新签外资项目44个，到账外资6.8亿美元，增长7.9%，主要集中在汽车零部件及海洋科技、健康医疗等新兴产业领域。其中，一汽大众（青岛）华东生产基地零部件区已引进30余家核心零部件企业，产品涵盖车轮装配、仪表、保险杠、座椅、汽车空调、底盘装配、冲压件生产等20多类汽车零部件产品，生产工艺及管理均是世界一流水平，部分由世界500强企业或上市公司投资、合资创立。一汽大众（青岛）华东生产基地将成为全国重要汽车产业基地、环渤海汽车产业核心基地和综合性现代生态科技新城。

（三）跨境电商集聚发展

2016年，即墨市将跨境电商、外贸综合服务企业作为推动外贸转型升级的重要抓手，跨境电子商务和外贸新业态成为新的外贸增长点。即墨市抢抓青岛跨境电商综合试验区建设的机遇，加快推进"一仓一站一园"建设，青岛国际陆港进口保税仓库、集装箱监管场站及跨境电商仓库顺利通过海关验收，跨境贸易电商产业园正式启动，海关、检验检疫等部门已正式进驻，可现场办理查验通关业务，通关效率大幅提高，极大降低企业运营成本，吸引众多电商企业涌向国际陆港。2016年，青岛国际陆港列入首批启动建设的线下园区，国际商贸城列入首批跨境电商交易展示园区。同时，依托良好的物流产业基础和综合配套优势，加大国际陆港对外招商推介力度，引进银色高科、日本丸光、韩速达、百世物流等跨境电商及配套服务企业16家，跨境电商呈现集聚发展势头。截至8月底，即墨市累计实现海运跨境电商直购进口6.2万单、货值2000万元，跨境贸易电子商务对外贸发展的带动作用不断增强。

(四)"走出去"步伐加快

近年来,为统筹利用国内国际两种资源、两个市场,即墨市以国际化视野为引领,引导企业布局"一带一路"沿线国家,开拓新兴国际市场。青岛森麒麟轮胎有限公司于 2014 年 8 月与泰国泰华树胶有限公司开展合作,2015 年对在泰国投资设立的公司增资 8000 万美元,总投资额达 2.38 亿美元,成为青岛市在泰国投资成立的最大加工制造项目,也是青岛市对"一带一路"沿线国家的第二大投资项目。2015 年,即发集团投资 1 亿美元在越南成立了即发成安(越南)针织有限公司,加速推进国际化布局。2015 年,即墨市新增境外投资项目 10 个,其中增资项目 3 个,境外投资额 2.8 亿美元,是 2014 年的 2.7 倍,比上年增加 1.78 亿美元。2016 年上半年,即墨市对东盟、印度和俄罗斯等"一带一路"国家出口额分别增长 8%、5.2%和 4.5%,外贸企业在深度开拓全球多元市场上迈出新步伐。

二、2017 年即墨市对外贸易形势分析及发展预测

(一)形势分析

2017 年,对外贸易面临发展环境依然错综复杂,挑战和机遇并存。从国际看,和平、发展、合作仍是时代潮流,经济全球化仍是国际发展主题,世界经济总体将呈复苏态势。但复苏的基础不牢固,影响经济发展的不稳定不确定因素增多。从国内看,我国经济社会发展的基本面和长期向好的趋势不会发生改变,我国经贸大国地位基本确立,工业化、信息化、城镇化、市场化、国际化深入发展,将为外贸发展提供新的空间和动力。

1. 发展机遇

一是国际上新的需求增加。2017 年,世界经济总体有望实现缓慢增长,主要经济体将刺激经济增长作为决策首要考虑,有利于对外贸易进一步扩大。全球范围内产业重组、要素转移、技术合作和人才流动加快,服务业将成为新一轮国际产业转移的重点,我国庞大的内需市场成为吸引外资的独特优势,有利于即墨继续扩大利用外资。同时,各国为吸引投资将进一步降低门槛,有利于即墨企业加快"走出去"步伐,扩大境外投资规模,开拓新的高端承包工程和劳务市场。

二是"一带一路"战略将带来重大机遇。"一带一路"战略把沿线 65 个国家的铁路、公路、航空、港口以及一些重点的城镇、边境、口岸、产业园区和自贸区衔接起来,形成了一个以点带面、以线带面,有中国

特色的对外开放之路。“一带一路”沿线国家多数是新兴经济体与发展中国家，经济发展普遍处于上升期，人口总数与经济总量分别占全球的63%与29%，现有发展规模与未来潜力均相当大。沿线国家以政策沟通、设施联通、贸易畅通、资金融通、民心相通为主要内容，将加强政府合作、产业合作、能源合作、海关合作、投资合作等多个方面的合作，这将为我国提供前所未有的复合型对外经济的发展空间。

三是青岛蓝谷建设上升为国家战略提供新的历史机遇。青岛蓝谷是青岛市委、市政府着眼服务国家海洋强国战略和半岛蓝色经济区建设，加快打造世界级海洋科技创新高地在即墨布局的重大创新平台。2012年规划建设，2014年上升为国家战略，2016年列入国家“十三五”规划纲要。青岛蓝谷核心区，位于崂山北麓、青岛第二大海湾——鳌山湾畔，包括即墨鳌山卫、温泉两个街道，规划总面积443平方千米，累计引进重大科研平台、高端创新项目210余个，构建起了青岛蓝谷的智慧中枢和高新技术产业发展的动力源，让即墨在中国乃至世界海洋科研中彰显鲜明的地域特色、确立领军发展的优势地位。2016年第七届中国高校材料院长及博士生导师论坛上，即墨市60多家企业开展一对一招商，促进29个项目在“即墨市暨青岛蓝谷2016年重点项目集中签约仪式”上签约，涉及新能源资源与节能环保技术、高端装备制造、生物制药与健康医疗、教育与文化传媒、软件服务外包、互联网能源研发、科研合作与人才引进等多个领域。青岛蓝谷建设上升为国家战略，必将吸引越来越多的先进制造业、现代服务业、战略性新兴产业项目投资建设。

2. 面临挑战

一是国际竞争将更加激烈。发达国家推行“再工业化”，主要经济体和新兴国家纷纷推出新的经济发展战略，我国与发达国家、新兴国家、多数发展中国家之间对市场、资源、人才、技术和标准的争夺将更加激烈，冲突将更加频繁。

二是生产成本优势难以持续。加工贸易在即墨进出口中占据了较大比重，产品的附加值和增加值都比较低，属于劳动密集型的产业。随着我国劳动力成本的不断攀升，出口产品低价的优势不复存在，劳动密集型企业订单加速向东南亚国家转移，纺织服装等传统主导产业出口拉动减弱，2016年上半年减少出口额约5000万美元。另外，随着国家引导外资向中西部地区转移，能源、资源和劳动力价格不断上涨，加上人民币升值的压力越来越大，即墨进出口生产成本优势正在逐步丧失，利用外资面临更多挑战。

三是资源环境约束明显趋紧。随着能源、资源紧张和环境承载能力下降，环保要求不断加强，以及节能减排成为刚性要求，给即墨开放型经济发展带来较多不确定性，对外贸易快速增长的制约因素日益增多。

（二）发展预测

2016年第四季度及2017年，即墨市将以建设开放型现代化城市为目标，以优化结构为主线，进一步扩大利用外资规模，着重提高利用外资质量和水平，加快转变外贸增长方式，不断优化对外贸易结构，积极实施"走出去"战略，加快构建现代商贸流通服务体系，全方位、宽领域、高水平推进对外开放。2016年第四季度，预计即墨市将实现进出口总额120亿元，全年将实现进出口总额336亿元；预计第四季度出口额95亿元，全年达到276亿元；预计第四季度实际到账外资2亿美元，全年实际到账外资将到达8.8亿美元，增长10%左右，居青岛县域四市首位。2017年，预计外贸进出口额将增长6%左右，全年进出口总额将达到355亿元，利用外资在优化结构、提高质量和水平的基础上，吸收外资总额将保持适度规模，增长5%左右。

1.利用外资规模将进一步扩大，利用外资的质量将进一步提高

一是将实施定向招商推动即墨市产业结构优化升级。2017年将继续杜绝高耗能、高污染、低信用、低效益项目，优先引进投资强度高、税收贡献大、资源节约型、生态环保型项目，引进支柱产业骨干龙头项目、核心配套项目和产业链配套项目。大力吸引外资改造提升纺织服装服饰等传统产业，促进传统产业全面升级，提高国际竞争力。大力发展汽车及零部件、造船及造船配件等先进制造业，逐步拉长产业链条。依托良好的市场商贸业的优势，着力发展现代服务业，引进市场商贸、现代物流、金融等服务业项目，打造现代服务业产业格局。

二是将创新招商体制，多渠道、多方式利用外资。将改变以政府为主导的传统招商引资模式，建立以提高企业效益和长远发展为目标，以企业为运作主体，以中介机构为运作媒介的市场化招商引资体系。继续做好聘请国内外委托招商代表、招商顾问等工作，健全委托招商人员的联络、跟踪、评估、激励机制。拓展招商引资信息平台，建立面向全社会的项目信息收集系统，重点建设好招商信息库和项目库，使其成为全市招商引资信息的重要网络平台。

三是将加强对重点国家和地区的招商引资。将全面推进对日、韩招商，积极承接日、韩产业转移，突出抓好造船、汽车及零部件、化工、机械、电子等资本、技术密集型项目。抓住台资北上的机遇，加大引进台资力度，重点引进通讯、机械、模具、食品加工等产业。以经贸交流为载体，加强与德国和其他欧洲国家在机械、环保、物流、会展等领域的合作，吸引欧洲投资。重视引进美国、加拿大、日本等国家的软件、通信、

电子、生物科技等领域的资金和技术。加大对我国港澳及东南亚招商引资力度，重点吸引航运、物流、咨询、建筑等服务贸易领域投资。

四是将实现服务贸易领域招商引资的新突破。对旅游、物流、专业服务等传统服务业，深入挖掘加快规模扩张；对保险、金融、服务外包、文化等新兴服务业，进一步加快发展速度，成为全市服务贸易新的增长点。积极运用国外先进技术和手段整合物流资源，大力发展第三方物流，培育壮大即墨市的现代物流企业。推动旅游业在开放中加快发展，积极引进国外知名旅行社投资即墨旅游市场，参与旅游资源开发和景区、景点建设。着力引进一批国外知名的服务外包企业，重点发展软件业和信息技术外包、业务流程外包等外包业务；即墨西部要重点发展现代物流业、先进制造业和综合配套服务业，依托现有重点项目带动，引导制造业向价值链高端和产业链关键环节发展，提高技术和品牌附加值。

2.外贸出口规模将进一步扩大，出口结构优化

一是保持出口稳定增长。即墨市委、市政府将继续鼓励企业加快开拓国际市场步伐，组织企业参加境内外重点展会，支持企业提升新兴市场开拓广度，对东盟、南亚、中东、拉美、非洲及金砖国家等新兴市场运用区域性自由贸易协定等政策，集中力量重点开拓；支持企业提升传统市场开拓深度，推动有条件的企业在美国、欧盟和日本等传统市场通过设立、收购、兼并等方式发展海外自主营销窗口、营销网络和售后服务体系，减少中间环节，直接进入终端销售市场，不断扩大市场份额。扶持重点生产出口企业扩大增量，拉动机电和高新技术产品生产和出口规模。扶持年进出口贸易额超千万美元的外贸企业做大做强，使之成为拉动即墨市外贸增长主力军。

二是推动加工贸易转型升级。进一步提高一般贸易出口比重，不断优化加工贸易产业结构，充分利用加工贸易，发展先进制造技术和新兴制造业。围绕全市产业布局，尽快形成以纺织服装服饰、汽车及零部件、造船及造船配件、机械加工等为主体的现代产业体系。着力吸引跨国公司把高技术含量的加工制造环节和研发中心转移到即墨市，引导加工贸易转型升级。引导大型加工贸易企业向自主研发领域投资，不断增强自主开发和创新能力，提高加工贸易深加工程度，延长增值链条，扩大产业集聚和辐射效应。

三是加快实施品牌战略。大力整合政策、信息、服务等资源，扶持优势企业做大做强出口品牌，靠优质品牌抢占国际市场。支持和鼓励具有自主品牌的产品出口，引导企业提高品牌意识，发展壮大即墨市品牌出口产品的规模和效应，全面提升出口商品的档次和质量。坚持以市场需求为导向，尽快适应国家宏观政策的新形势，从创造良好环境入

手，积极营造有利于机电产品、高新技术产品出口环境，推动外资企业把更高技术水平、更大增值含量的加工制造环节转移到即墨市，从而加快发展机电产品、高新技术产品出口，并努力稳定和扩大传统的纺织、服装、制鞋、箱包、玩具、农产品、水海产品等七大类传统产品的出口。

四是进一步扩大进口贸易。充分利用进口贴息、服务平台等政策，鼓励企业加大国外先进技术设备和关键零部件进口，增加科技含量高的进口商品比重，提高先进设备和先进技术的使用比重，通过引进、消化、吸收和研发创新实现扩产增效。重点跟踪青岛航空股份公司飞机进口、落户即墨市的一汽大众发动机、变速器等配件的进口。引导有能力的企业加大棉花、铁矿石、煤炭等资源类产品进口，扩大对外贸易额。

3.将加快推动新型贸易方式发展，促进对外贸易便利化

一是推进市场采购贸易发展。利用即墨市申报的内外贸结合商品市场，积极争取海关总署支持，争取批准国际商贸城采用“旅游购物贸易”监管方式通关出口，积极学习吸纳义乌试行的“市场采购”贸易方式，对“旅游购物贸易”方式报关出口商品实施在报关地进行检验检疫，实行增值税免税政策。发挥华骏物流优势，探索打造青岛市出口企业上下游供应链提供整体风险保障服务方案，实现对中小微供应商、外贸公司、国外买方供应链项下的整体风险保障和资金融通。

二是加快跨境电子商务发展。加快建设跨境贸易电子商务通关服务平台，运行跨境电子商务出口通关管理系统，落实跨境电子商务零售出口支持政策。研究制订相应检验检疫工作方案，及时通报促进电子商务出口的政策措施，引导企业规范开展电子商务业务。积极帮助青岛红领集团申报省电子商务示范企业，利用其现有的电子商务平台，起到示范带头作用，逐步引导其他企业开展跨境贸易电子商务。

三是搭建外贸发展载体。积极加强与海关、国检、金融、税务等部门协作，建立联动机制，提高企业应对贸易壁垒能力，为企业打造良好的进出口通关检验、退税、贸易融资、市场开拓等外部环境。搭建政企交流平台，充分利用即墨商务服务平台，发挥国检、海关、外汇等政策信息优势，加强信息发布、数据分析和经验交流等，帮助企业提高应对国际市场能力。

（作者单位：中共即墨市委党校）

2016～2017 年平度市国家中小城市综合改革试点工作情况分析与预测

贾晓峰

2015 年，国家发展和改革委印发《关于开展中小城市综合改革试点的通知》，平度获批为全省唯一的国家中小城市综合改革试点市。根据部署，平度将在推进产城融合发展、多元化投融资、土地要素流动、公共服务供给、城市管理等方面进行体制机制创新。通过一系列系统深入的改革举措，将平度打造成全国中小城市综合改革样板市，加快向城市功能完善、发展特色鲜明、空间布局合理、产业和人口吸纳能力强、城乡协同发展的现代化中等城市迈进。这对于正在寻求加快崛起的平度来说，既是千载难逢的机遇，又是充满嬗变阵痛的挑战。综合改革试点，实质上是对平度市经济社会整体性的重塑。

一、改革的任务及要实现的目标

2016 年 1 月 12 日，青岛市印发《平度市国家中小城市综合改革试点实施方案》(以下简称《方案》)，明确行政体制改革和产业机制改革等六大类 23 项改革事项，以此推动平度市在全面深化改革中实现新突破，全面完成国家中小城市改革试点任务。面对发展良机，平度市将率先推进五大特色 26 项改革，倾力打造试点样板。

(一)行政体制改革：力争审批时限缩短 60%以上

1. 深化行政审批制度改革

《方案》指出，建立和完善审批事项目录清单、权力清单、责任清单、负面清单和政务服务平台的政府权力运行体系，全面清理非行政许可审批事项，取消除法律法规规定的审批前置事项，实施网上审批，建立综合审批和高效运作的审批服务模式，力争审批时限缩短 60%以上。实施建设项目审批流程再造，将审批周期压缩 50%以上。全面实施工商营业执照、组织机构代码证和税务登记证“三证合一”、营业执照“一照一码”，实施更加便利的企业住所（经营场所）申请人承诺登记，建立健全事中事后监管制度。

2. 推动用人制度改革

探索机关事业编制按规定在总额内自主动态调整，建立灵活用人机制、薪酬机制和奖惩机制，探索以更加灵活的方式引进各类专门人才。在公安、卫生、教育、城管综合执法等领域年度使用编制计划方面给予重点保障。

3. 推进强镇扩权改革

加快重点镇、重点区域发展，进一步取消和下放行政审批事项。依法通过委托、界定、授权等方式赋予平度经济开发区、同和街道、新河镇、南村镇相应的市（县）级行政审批等权限。推进新河镇、南村镇两个城市副中心和明村镇、大泽山镇、云山镇、蓼兰镇四个特色镇行政体制机制改革，以行政体制改革带动其他领域改革。

4. 实施综合执法体制改革

加快组建综合行政执法局，逐步将跨部门、跨行业分散的行政处罚权和与之相关的监督权、行政强制权交由综合行政执法部门相对集中行使。

（二）产业发展机制改革：打造青岛北部创新创业中心

1. 完善市场主体培育机制

《方案》指出，健全均等化创业扶持体系，推进创业街区建设，打造各具特色的众创空间，积极引导大众创业。搭建创新、创业、创客服务平台，提供线上、线下相融合的低成本、便利化、开放式服务。谋求创新突破，培育创业基地，打造青岛北部创新创业中心。发展农民创业产业园，引导鼓励农民创业。

2. 强化科技创新驱动

促进以云计算、物联网、大数据为代表的新一代信息技术与现代制造业、生产性服务业等融合创新。实施“千帆计划”，探索建立科技创新型企业金融扶持机制，建立区域创新链、产业链和资金链对接机制，完善以企业为主体、市场为导向、产学研用紧密结合的科技创新体系。加快推动青岛农业大学平度创新创业基地建设，积极申报国家级和省级高技能人才培训基地。

3. 创新现代农业发展经营机制

深化国家现代农业改革与建设试点，在稳定提升养殖、种植传统农业的同时，鼓励发展生态循环农业、休闲观光农业，推进农产品深加工和农产品物流，打造“接二连三”的农业全产业链。大力提升农业规模化、产业化水平，推动农业适度规模经营，健全农业社会化服务体系，推广“互联网＋”特色农业模式，培植、壮大农产品加工龙头企业，大力发展以农民专业合作社、家庭农场为主的新型农业经营主体，推广“龙头企业＋专业合作社＋农户”的产业带动型农业经营模式。

4. 建立新型工业化跨越发展机制

扶持优势产业制定行业标准，设立省级、国家级检测中心。制定产业发展规划，大力发展智能制造和石墨烯、医疗机器人等新能源、新材料产业，推动全产业链向园区聚集。加快“工业地产”开发，推进政府引导、社会多元投入、市场化运作的园区合作开发建设模式，以重点板块高速发展，带动城镇人口快速聚集。将平度经济开发区打造成全国一流的国家级食品饮料产业基地，提升园区能级和规模，争创国家级开发区。

5. 健全现代服务业快速发展机制

大力发展“互联网＋”服务业和劳动密集型现代服务业。出台电子商务集群发展的扶持政策，推进农村电商公共服务体系建设和农村电商“515＋X工程”。加快商贸流通领域改革，大力发展物流产业和特色专业市场，推进中国供销青岛农产品物流园项目建设，打造山东半岛陆港物流中心区。出台支持旅游业加快发展政策，编制乡村旅游总体规划。

（三）财政和投融资体制改革：青岛市PPP发展基金优先倾斜

1. 创新青岛市财政支持平度市科学发展转移支付机制

《方案》指出，在“十三五”期间，青岛市财政每年安排10亿元，用于对平度市的均衡性转移支付补助，由平度市统筹用于国家中小城市综合改革试点、缓解机关事业单位人员增资和民生保障支出压力、推动新型农村社区建设等。

2. 创新财政扶持资金使用方式

财政支持企业发展的资金，原则上通过股权投资、引导基金等方式支持竞争性领域市场失灵的项目。汇集政府各种资产要素，实行资产资本化。

3. 完善金融服务体系

抢抓青岛构建财富管理中心重大机遇，积极引进具有法人资格财富管理机构，发展民间资本管理公司，在镇（街道）、园区试点设立小额贷款公司，鼓励各类保险机构在平度市设立机构，加强政府投融资平台建设，设立注册资金1亿元的国有独资融资性担保公司，为金融业发展注入新的活力。到2017年，在平度新增8家以上金融机构。

4. 推进农村金融改革

建设“青岛市涉农金融聚集区”，组建农业开发投资公司、农业发展担保公司。加快农村金融基础设施建设,引导金融服务向农村延伸。开展农民专业合作社信用互助业务试点。

5. 创新投融资机制

支持平度设立包含政府融资增信基金、企业过桥扶持基金、创新创业引导基金3个子基金在内的金融扶持基金,支持优势行业、优质企业扩大贷款额度,缓解企业贷款困难,加大大众创业、万众创新支持力度;设立城市发展基金,加快城区改造、公共服务配套和市政公共设施建设。支持平度参与设立PPP发展基金,青岛市PPP发展基金优先向平度倾斜。

(四)用地和农村产权制度改革:探索推进宅基地有偿退出制度

1. 完善闲置低效土地再利用机制

《方案》指出,建立健全土地审批后监管制度,严格落实用地的投资强度、产出效益、创造税收等具体标准。对闲置的土地资源进行依法处置、限期开发利用。创新工业用地供应机制,探索作价入股、使用权租赁、弹性年期出让等用地供应处置方式。

2. 探索宅基地有偿退出

在坚持“一户一宅、法定面积”前提下,鼓励村集体经济组织结合本地实际,探索推进宅基地有偿退出制度。

3. 深化农村产权制度改革

完成农村集体土地所有权、集体建设用地使用权、宅基地使用权、集体土地上房屋所有权和土地(林地)承包经营权等确权登记颁证。积极推进以股份合作制为主、多种形式并存的农村集体产权制度改革。推进农村土地所有权、承包权、经营权三权分置改革,建立土地承包经营权流转风险防范机制,支持承包农户依法有序流转承包土地。

(五)城市治理体制改革:推进多个专项规划“合一”试点

1. 建立科学完善的城市发展规划体系

《方案》指出,支持平度推进整合经济和社会发展规划、城市总体规划、土地利用规划、生态环保规划等专项规划,推进“多规合一”试点;建立发改、国土、城建、规划、环保、交通等部门信息联动机制。

2. 推进社会综合治理体系建设

坚持党政主导、社会协同,构建“精细化管理、人性化服务、多元化参与、科学化运转”的城乡网格化社会综合治理体系,加强新型农村社区基础设施、公共服务设施建设,完善社区治理体系。

3. 推进生态文明制度建设

打造“生态平度”,完善生态保护和环境综合治理长效机制,建立生态补偿机制，推进区域联防联控和预警预控，建立城乡生活垃圾无害化处理和资源化利用系统。全面提升城乡绿化水平。

（六）公共服务供给机制改革：率先全面放开城镇落户限制

1. 加快实现基本公共服务均等化

《方案》指出，推动公共财政进一步向农村和农民倾斜，统筹布局青岛教育、卫生、文化、体育和交通、水利等公共服务设施，尽快缩小平度与青岛、平度城乡之间的差距。整合城市各类信息化资源，探索建立前端共用、终端共享的城市公共服务平台，推进智慧城市建设，打造"数字平度"。完善贫困人口识别机制，整合各类扶贫等资金和资源，进一步提高精准扶贫成效。健全现代职业教育体系，深化中德"双元制"职业教育合作，打造青岛市北部职业教育基地、省内乃至全国著名的高等级职业教育园区。加快建设青岛市平度奥体中心，强化基本公共卫生服务，加快青岛北部医疗中心建设。

2. 建立政府购买服务制度

建立政府购买服务动态目录，对能通过市场提供的市政公用设施养护、环境保护、社会事业、"三农"服务、就业培训等公共服务，由政府向企业或社会组织购买。

3. 完善人力资源转移机制

推进"农业人口转移＋充分就业"和"外来人口转移＋就地城镇化"改革，加快推进以人为核心的新型城镇化建设，率先在平度市全面放开城镇落户限制。大力推行"互联网＋"充分就业模式，在掌握务工岗位需求基础上，加大务工人员岗位技能培训力度，为富余劳动力再就业创造条件。完善人才引进工作机制，把引进项目、技术和引进人才紧密结合。

二、2016年平度市国家中小城市综合改革试点工作进展情况

2016年，平度市集全市之力抓落实，各项改革顺利推进，重点改革实现突破。

（一）综合改革呈现四个特点

1. 激情干事

平度市通过建立改革突破容失免责、抓纪律促改革八条禁令、签订军令状等正负双向激励机制，坚持"三个决不能"（决不能辜负组织上的殷切期望和要求，决不能辜负广大干部群众的热切期盼，决不能辜负

“为官一任、造福一方”的重要职责和使命)、“三上”(盯上、靠上、豁上)“三干”(苦干、实干、巧干),全市上下发出好声音、展现新面貌、凝聚正能量,形成团结向上、奋发努力、干事创业的明显变化。

2. 发展提速

围绕“1+4”目标体系(即建设青岛北部崛起的现代化区域性中心城市和青岛北部先进制造业基地、山东半岛陆港物流集散地、山水田园休闲旅游胜地、国家现代农业示范区),平度市形成四条线专项推进,收到良好成效。1～9月份,全市公共财政预算收入完成35.2亿元、增长15.8%,增幅居10区(市)第2位;固定资产投资完成491亿元,同比增长12.4%;实际利用内资188.8亿元,同比增长11.4%;外贸出口额75.5亿元,同比增长18.5%,增速居10区(市)第1位。

3. 重点突破

建立“3+1”调度落实机制(“3”即改革线、脱贫线、项目线,“1”即挂牌督战13个重大项目),以钉钉子精神抓突破。先后签约开工55个项目,同比增长175%。青岛市级重点项目新开工数量、竣工数量均居10区(市)前列(分列第4位、第3位)。将三年城建项目集中打包,预计投资80亿元实施70余个城建项目,投资总额超过前10年总和,已有总投资32亿元的23个项目实施。大泽葡萄旅游古镇、胶东王都人文小镇(古岘)等特色小镇建设加速推进。以系列美食大赛等为带动,“食在平度”助推全域旅游。奥体中心、北部医疗中心、青农大创新创业基地、潍莱高铁、青平城际等一批事关平度长远发展的重大项目加快推进。

4. 环境优化

抓好民生实事、社会治理、环境整治,着力建设全省最安全城市、最干净城市,全市整体形势稳定,刑事发案率同比下降21.7%,事故起数、死亡人数实现双下降,城乡环境整治电话民意调查成绩蝉联青岛第一。

(二)率先实现四个突破

1. 率先组建行政审批局,行政体制改革实现突破

一是确定目标。围绕“一个主体对外、一枚印章审批、一个平台服务”,在省内率先组建行政审批局,作为改革“一号工程”推进。二是争取支持。青岛市委深化改革会和市政府常务会专门研究方案报省政府;青岛相关部门也给予积极有力支持,青岛市编办已批复同意设立机构。省法制办和省编办联合来平度调研,为省政府批复合法主体奠定了基础。三是及早筹备。成立工作组,全脱产开展筹备工作,基本实现审批职能和人员向部门一个科室集中、审批科室整建制划入市民服务中心。四是流程再造。将27个部门226项事项统一纳入行政审批局,重新设置经济审批、建设审批、社会审批、综合审批4条线,加快职能调

整和流程再造。就全省来说，平度是第一个启动改革、第一个获批机构、第一个组建筹备班子、第一个再造流程，将争取第一个获得合法主体资格、第一个挂牌运行。在组建行政审批局的同时，平度实施了投资便利化改革，项目审批时限压缩77%，39个项目从中受益。

2. 率先建设农村金融聚集区，金融体制改革实现突破

一是打造农村金融聚集区高地。平度突出"涉农、增信、普惠"三大特色，着力实现政策和资源、产品和信用、机构和服务六个聚集。19家企业已经或拟在主板上市、新三板和蓝海股权挂牌，保险、小贷、担保、证券、典当等非银行金融机构达到51家，金融类型越来越丰富。截至9月底，全市各项贷款余额增长20.3%，增速居青岛县域四市第一。二是PPP投融资模式走在前列。共筛选PPP项目12个，其中10个项目入选青岛市PPP项目库，总投资约90亿元，项目数量、投资额度居十区(市)第二、县域四市第一，分别占县域四市总量的71.4%和50.1%。其中奥体中心、道路建设、河道治理等总投资28亿元的项目已开工。三是省内首推"政银保"等模式。通过"政银保"、"助保贷"、企业扶持基金、产业引导基金等，累计撬动实体经济发展资金22亿元，运作棚户区及重大项目贷款额度逾百亿元。同时在青岛市率先设立总额100亿元的城镇化发展基金。新设立或拟注册5只社会基金，总额85亿元(包括国蕴致远创新创业基金、联明优势产业投资基金、明石赢联新兴产业投资基金、永新华2只文化基金)。四是率先推行"三个试点"。①农村承包土地经营权抵押贷款试点全国首批、青岛唯一，已实现抵押贷款9700余万元。②农民专业合作社信用互助业务试点全省首批、青岛唯一，5家合作社获批，数量居全省前列。③农产品目标价格指数保险试点青岛市唯一，投保蔬菜4000多亩。

3. 率先打造"农创平度"品牌，产业发展机制改革实现突破

一是探索新路。着眼打造全国示范，以青丰种业等农创体为抓手，实施"农创＋科技"、"农创＋品牌"、"农创＋旅游"、"农创＋电商"、"农创＋脱贫"等5种模式，大力推进农民创新创业，打造"农创平度"品牌。2016年新扶持创业1638人，同比增长104%，涌现出一批农民创业明星和农民创新产品。二是提升活力。建立"一会、一网、一群"，即农民创新创业协会、"农创平度"网站、"农创平度"微信群，增强农民创新创业活力。"农创平度"研讨会在平度召开，邀请了国家部委和有关专家研讨指导。三是紧密结合。将平度农业创业创新与特色小镇建设相结合，规划特色小镇17个，开工项目40个。

4. 率先实施农村精准脱贫，民生领域改革实现突破

一是创新脱贫机制。在脱贫任务占青岛市58%的情况下，率先成立机构、率先动员发力、率先明确责任、率先观摩考评，坚持识别先动、

产业带动、多方联动，多途径实施精准脱贫。目前已完成“户脱贫”任务，正利用两个月时间进行督导验收，确保工作质量。二是深化教育卫生改革。出台《支持民间资本进入教育领域的意见》，创新教育领域投资模式，通过政府购买学位等形式，吸引6亿多元社会资本投资民办教育，新建3所民办小学、2所民办高中，2016年秋季学期已购买学位860个。探索区域医疗联合体试点走在全省前列，确定第二人民医院与周边3个卫生院组成医联体；成立总额度10亿元的健康产业发展基金，改善就医环境。

（三）改革成效初显

1. 行政审批制度改革领域

2016年，平度市以“省内第一、国内领先，打造县级行政审批改革标准化样板”为目标，探索成立省内首个行政审批局。梳理公布平度市级行政审批事项目录清单、行政权力清单、责任清单，行政权力事项精简47.9%，行政审批事项压缩34.7%。建成启用平度市民服务中心，集中设立259个窗口、办理345项行政审批和便民服务事项，应进必进率达100%。255项行政审批事项中，211项时限压缩60%以上，29项时限压缩80%以上，有15项实现当天即办。搭建重点投资项目审批流程督查公示系统，青（岛）平（度）两级重点项目纳入绿色审批通道，审批时限由197天压缩为45天。简化招投标程序和要件要求，非国有资金投资、依法不需招标的建设工程项目、社会投资类工业建设项目，实行直接发包备案。在南村等工业园区，试点实施区域化评估制度。

2. 产业发展机制改革领域

2016年，平度市大力实施新型工业强基、商贸物流突破、旅游产业升级、现代农业提升四大工程。鼓励农村电商发展，阿里巴巴农村淘宝项目、买买提胶东服务中心等相继落户。制定奖补政策，鼓励农民等群体利用农民创业产业园就地就近创业，截至9月底，已建成“蓼兰农创工坊”等3家，入驻创业者200余名。与青岛旅游集团达成战略合作，集中签约总投资57亿元的一批旅游项目，着力推进“大泽平度”全域旅游和旅游特色小镇建设。

3. 商事制度改革领域

2016年，平度市全力推进“三证合一”、“先证后照”和注册登记便利化改革试点工作，“三证”办理周期从15天缩短为5天，部分重点项目和简单登记项目实现当天发照，实施7个月来，新增各类企业3350余家，同比增长187%。在青岛10区（市）中率先实施企业住所承诺登记制度，实施9个月来，新发展各类企业4580余家，其中3200多家凭住所承诺书成功申请注册，占总数的70%。

4. 农村综合改革领域

2016年，作为全省首批、青岛唯一的农民专业合作社信用互助业务试点，平度已有青岛福满地粮蔬专业合作社等5家合作社获批，获批数量居全省县(市)前列，参与社员239户，互助金额800万元。作为全国首批、青岛唯一的农村承包土地经营权抵押贷款试点，1482个村庄完成农村土地承包经营权登记颁证，实现抵押贷款5100余万元。农村产权制度改革方面，150个村庄成立社区股份合作社或村经济合作社，村民变成股民。

5. 投融资机制改革领域

2016年，平度市出资1000万元在省内率先推行"政银保"合作融资模式，设立5000万元企业贷款过桥扶持基金、1500万元的中小微企业"助保贷"，注册资本1亿元的国有独资融资担保公司获批运营，多种融资模式累计撬动实体经济发展资金逾12亿元，运作棚户区及重大项目贷款额度逾百亿元。设立创新创业引导基金、城镇化发展基金，以PPP融资模式建设青岛北部体育中心、青岛农业大学平度创新创业基地等重大项目。

6. 城市治理体制改革领域

2016年，平度市创新实施城管下沉、服务外包、社区自治、市民自律等四项制度，推行社会组织参与市容秩序辅助管理机制，实现城市管理向"全员参与、源头治理、常态管理"转变。搭建群众工作信息平台，形成市、镇(街道)、管区、村庄、村(居)民小组(楼院)五级管理体系，实现信息报送即时化、管理信息共享化、处理流程快捷化，矛盾纠纷即时调处率达到98%。

7. 土地制度改革领域

2016年，平度市出台《工业用地弹性年期出让暂行办法》，实行差别化土地供应管理政策。制定《盘活低效工业用地的实施意见》，建立低效用地退出和再开发鼓励机制。在南村、明村两镇探索实施农村宅基地有偿退出试点。修订土地出让收入分配办法，对存量建设用地取消土地增值收益补偿，给予土地补偿和地面附着物补偿，促进土地节约集约利用。

三、2017年平度市综合改革试点工作发展预测

(一)影响因素分析

1. 有利因素分析

一是青岛支持给力。政策层面，研究通过《平度市国家中小城市综

合改革试点实施方案》，并配套印发《青岛市进一步支持平度改革创新突破发展的意见》（下文简称《支持平度意见》），从补齐设施"短板"等五大方面给予支持。组织领导层面，成立以青岛市政府主要领导为组长的领导小组，青岛市委、市政府从政策、资金、项目、人才等多个方面给予强有力的支持。从青岛市直部门选派22人成立工作组进驻平度办公以来，20多个单位就改革工作到平度调研70多人次、对接80余次，协调解决难题30多项。青岛驻平改革办悉心指导和帮助，协调解决问题40多个。青岛市金融办、卫计委、农委等部门专门印发支持平度改革的意见。资金项目层面，"十三五"期间青岛市每年给予平度10亿元转移支付，并全力支持青平城际、潍莱高铁、青岛北部医疗中心、体育中心等重大项目建设。在各级大力支持下，平度市又获批了国家农村产业融合发展试点、省创建社会信用体系建设综合性试点，并正在争取全国返乡农民工创业试点、全省电子商务示范县等。

二是平度主动发力。建立"1＋6"工作体系。成立由市委、市政府主要领导任组长的平度市级领导小组，下设1个专职改革办和6个改革组，分别由一名市级领导负责，并实施领导领办制，书记、市长、副书记分别领办行政审批局、农村金融聚集区、"农创平度"等重大改革事项，坚持以上率下、凝聚合力、重点突破。从全市抽调30名业务骨干集中办公，每个改革事项逐一明确牵头单位和责任单位，分工负责。建立强力推进机制。对改革事项全部制定推进计划，列出时间表、线路图，强化督导考核，以节点倒逼加快改革步伐。强化正负双向激励。制定下发《改革突破容失免责意见》、《抓纪律促改革八条禁令》，为敢于担当者撑腰，对庸政懒政者亮剑。目前，已经出台改革文件18个，推动了一批改革事项快速落地。

三是广聚内外合力。强化宣传动员。采取电视直播形式，先后召开综合改革试点千人攻坚突破大会和新闻发布会，并在《人民日报》等青岛市级以上媒体刊发稿件500余篇。主动对标学习。组织80多批次、1000多人次赴西海岸新区观摩学习，同时赴天津滨海新区、成都武侯区等改革先进地区学习取经，引导干部、群众深入开展解放思想大讨论；设立综合改革试点热线和邮箱，积极收集基层群众意见建议。构建智力支持。聘请19位专家组成"综改智库"，用专业化研究成果提升综合改革试点工作水平，提供智力保障。先后邀请国家发展和改革委宏观经济研究院、农业部管理干部学院、上海同济城市规划设计研究院、省旅游规划设计院等单位的专家到平度指导。

经过持续发力，以"政、产、人、地、钱"五大特色为统领的26项改革推进顺利，行政审批局组建、农村金融聚集区、"农创平度"建设、互联网＋服务再造、城市管理体制改革、工业用地弹性年期出让、资产资本化等均取得新成效。

2. 亟待解决问题分析

一是青平城际年内开工的阻碍因素。青平城际是青岛全域统筹的重点项目，对平度发展至关重要。目前，前期工作已经有序推进，但由于该项目手续周期过长，对整体项目推进影响较大。欲年内开工建设亟须青岛市的支持。

二是建设用地新增需要得到支持。目前平度用地存在规模倒挂问题，全市范围内已无可调整空间，而新河化工基地急需将二期 7217 亩土地调整为城镇建设用地。另外，临空经济区北区、省级经济开发区也需要用地支持。

三是争取省中等城市试点需要帮助。青岛市委、市政府《支持平度意见》提出，加快平度向现代化中等城市迈进。近日省政府出台新的中小城市试点方案，平度在 39 个 I 型小城市中城镇人口排名第一，具备培育中等城市的有利条件，平度争取省中等城市试点（共 10 个）需要上级的帮助与支持，并需帮助平度南村镇争取新生小城市试点，帮助明村、新河两镇争取重点示范镇试点。特色小镇建设是加快培育中等城市的有力支撑，平度申报省级特色小镇工作需要上级的支持。

四是落实宅基地有偿退出有关政策落实需要支持。《支持平度意见》中明确，“支持平度率先探索建立宅基地有偿退出制度。对纳入城乡建设用地增减挂钩项目区的建设用地复垦项目，节余的周转指标由市新型农村社区建设专项资金收购后在平度范围内流转使用。”目前，平度市已在 3 个镇开展试点，政策尽快落地需要上级支持。

五是青农大创新创业基地建设需要扶持。青岛农业大学平度创新创业基地总投资约 13 亿元，占地 1000 多亩，建筑面积约 28 万平方米，在校生规模不低于 1 万人，建成后将结束平度无本科大学的历史。前期在青岛国土等部门大力支持下，已完成用地规划调整和土地征收。鉴于该项目是青岛市新设立的全国唯一的农业创新创业基地项目，兼具农业技术研发推广、农业技术人员培训等职能，青岛农大创新创业基地建设推进需要青岛市在政策、资金、人才等方面给予支持。

（二）发展预测

围绕“改革提升季”和“改革突破季”活动开展，围绕一个目标（全年实现明显突破），聚焦四个方向（聚焦目标、聚焦重点、聚焦民意、聚焦突破），实施七大活动（对照军令状回头看、重点改革集中突破、综改观摩评议等活动），持续发力，组合施策，确保实现既定目标。预计 2016 年，实现主要经济指标增幅高于青岛市县域平均水平，总投资 913 亿元的 130 个青（岛）、平（度）两级重点项目年内全面开工，青岛汉缆等 55 个在建项目竣工投产。土地利用总体规划定期评估调整、政府资产资本化运作等2项重点改革在第四季度集中突破。《方案》及《支持平度意见》确定事项和以五大特色改革为统领的重点改革事项中，26项重点改革事项全年实现明显突破；《支持平度意见》确定的78项、《方案》确定的105项事项中，除工程项目类等需跨年度完成事项取得实质性进展外，其他事项将基本完成。2017年，各项改革事项将得到巩固提高。

1.围绕“面上推进”抓提升

根据前段改革进展情况，将提出推进措施，持续加压奋进。同时，对不达计划进度、年底前需要突破的重点改革事项将进行专题研究，如综合行政执法、财政体制改革、土地制度改革等。市综合改革办将坚持定期召开牵头单位调度会，经常调度，紧抓不放。对落实不力的，给牵头单位下达《责令整改通知书》，及时提醒，并计入年终考核。按照“改革提升季”要求，第四季度将组织一次改革事项观摩会议，以观摩促改革推进，以考评促改革提升。

2.围绕“问题解决”抓提升

平度市综合改革办将在前段解决一批问题的基础上，继续以问题为导向，积极会同青岛驻平度改革办，完善问题梳理、协同推进、结果反馈等机制，对行政审批局平台接入及上下衔接、生态屏障区建设、尾矿利用等16个问题重点调度、销号管理，再分期分批解决一些制约改革和项目建设的难点问题。具体工作中，拟于近期组织有关部门与青岛市驻平度相关部门、青岛市业务上级部门进行一次再对接，进一步明确解决问题的推进路径和方法，确保相关问题在短时间内得到落实。

3.围绕“重点突破”抓提升

行政审批局组建方面，近期将重点筹备好省法制办来平度调研事宜，确保全面准确反映平度市相对集中行政许可权改革进展。同时，持续推进行政审批“两集中、两到位”、网上审批平台建设等工作。农民创新创业方面，将在蓼兰、大泽山、李园镇现场调研的基础上，继续到云山、崔家集镇现场指导，紧抓5个重点农民创新创业实体建设，与特色小镇建设、“食在平度”品牌打造紧密结合，确保10月份形象进展明显。

4.围绕“深度总结”抓提升

将按照“改革提升季”要求，开展一次案例评选，鼓励各部门、镇（街道、园区）总结提升改革经验，对外推广推介。组织平度市外宣中心、新闻中心、电视台等骨干人员参与改革典型挖掘整理。邀请新华社、《人民日报》等高端媒体以及省政府研究室等上级部门参与，帮助总结提升改革经验。对组建行政审批局、农民创新创业等重点事项，准确把握时间节点，适时跟进总结提升、宣传推介。

5. 围绕成果巩固抓提升

将 2017 年作为“改革巩固提升年”，围绕“成果扩大化、经验特色化、机制长效化”，实施改革全面落实、标志成果示范、专项试点深化、项目形象展示、经验系统推介、长效机制，完善六大工程，全面完成中小城市改革试点任务，为实现“三年大提升、五年大变化”奠定坚实基础。

（作者单位：中共平度市委党校）

2016～2017年莱西市精准扶贫工作情况分析与预测

孙玉欣

精准扶贫是全面建成小康社会、实现中华民族伟大复兴“中国梦”的重要保障，是新时期党和国家扶贫工作的精髓和亮点。莱西市坚持高点起步、精准发力，实施四大“N＋扶贫”战略，创新九大“N＋扶贫”模式，打造户级脱贫“十种方式”，注重探索产业特性与扶贫攻坚的工作共性的有机切入和融合，探索尝试“做强第一产业、做实第二产业、做新第三产业”的扶贫新举措，扶贫开发工作取得了显著成效。

一、2016年莱西市精准扶贫工作情况分析

（一）2016年莱西市精准扶贫工作基本情况

2016年，莱西市高度重视扶贫工作，认真贯彻落实中央、省和青岛市脱贫攻坚的部署要求，把脱贫攻坚作为全面建成小康社会的头号民生工程，围绕户、村、镇（街道）“三级”脱贫任务，实施精准脱贫战略，取得较好成效。

1.强化“组织领导＋扶贫”，压实精准脱贫责任

2016年初，莱西市委、市政府研究出台了《关于率先完成农村精准脱贫任务的实施意见》，召开了全市精准脱贫工作动员大会，与镇（街道）签订了责任状，层层压实责任。各镇（街道）党政一把手在会上逐一表态发言，确保完成脱贫攻坚任务。组织市、镇（街道）、村三级1523名扶贫干部，开展“走亲”调研活动，通过入户走访、直接面谈等方式，全面摸清贫困户基本情况。调整加强了市、镇（街道）两级扶贫工作机构，配备专兼职工作人员97人。开展业务人员素质提升培训工作，通过轮训和集中培训的方式不断提高基层专兼职扶贫干部的业务素质。

2.实施“上下联动＋扶贫”，突出精准脱贫实效

围绕户、村、镇（街道）“三级”脱贫任务，实施分级精准脱贫战略。

(1)在户级创新实施脱贫“十种方式”。在精准识别复核的基础上，举办了户脱贫观摩推进会，创新推广了10种户脱贫方式，对有劳动能力的贫困户推广“技术、产业、就业、园区、公益、金融”6种方式；对无劳动能力的贫困户推广“兜底、教育、医疗、孝道”4种方式，全力推进户脱贫工作进度。截至2015年底，已累计脱贫退出4543户、8962人，户脱贫退出率达到85.4%。2016年初剩余1121户、2143人，截止到9月底，已脱贫345户、614人，退出率达到30.7%；剩余776户、1529人，将于年底前全部脱贫。一是技术扶贫。针对贫困户农业生产技术需求，一方面“送出去”，组织100多名扶贫对象到青岛农业大学等高等院校进行农业技术脱贫深造；另一方面“请进来”，适时收集贫困户需求，邀请涉农专家、技术人员入户或到田间地头进行定向培训，进行“一对一”帮教。截止到9月底，对1200余名有劳动能力的贫困人口实施技能培训，扶持贫困户发展特色种养、家庭经营等小项目。二是产业扶贫。在宏观引导上，积极培育甜瓜、苹果、胡萝卜等产业品牌，引导贫困户在“品牌”战略下发展特色种养产业。在微观指导上，实施“产业+合作社+农户”的帮扶措施，为贫困户提供农资服务、技术培训、订单收购等服务。在政策支持上，2016年，财政列支300万元，重点支持贫困户发展设施农业脱贫致富，对新建1亩以上的钢架大棚，每户补助1万元。截止到9月底，5000多名贫困人口通过发展特色种养业及小作坊等第二、三产业实现脱贫。三是就业扶贫。一方面鼓励创业。莱西市财政出资300万元，设立贫困户创业扶持资金，引导贫困户发展设施农业以外的特色种养项目和电商、“农家乐”等第三产业项目。另一方面安排就业。引导爱心企业增设扶贫就业岗，优先吸纳贫困人口就业。对268名有就业需求的贫困人口进行了送岗上门服务，截止到9月底，已有61人达成就业意向。围绕残疾人就业，1～9月份，举办种养技术等培训班20多期，培训残疾人2000多人次，依托2个残疾人就业扶贫基地安置贫困残疾人就业66名。四是园区扶贫。1～9月份，依托现代农业园区，打造海升果汁、山后韭菜等“扶贫基地”10余个，通过流转贫困户土地、为贫困人口提供务工岗位等方式，100多户贫困户参与土地流转，园区吸收贫困家庭人员务工650余人，实现土地、劳动力的转移和双向收益。五是公益扶贫。1～9月份，开发增设环卫、安保、护林等公益扶贫岗100多个，已有70名贫困人口在环卫、护林造绿等公益岗位上实现就业，实现贫困人口人均年增收5000元以上。六是金融扶贫。一方面，通过贫困户资金需求摸底建立了贫困户资金需求数据库。另一方面，联系金融部门以农户联户担保贷款或采取“支部+资金+贫困户”的方式，提供资金帮助发展产业。截止到9月底，有10余贫困户通过借贷方式获得了30多万元发展资金。七是兜底脱贫。将2600多名符合条件的贫困人口全部纳入低保、五保等最低生活保障体系，切实兜住贫困群众生活底线。积极动员社会力量参与扶贫开发，在全市10处镇(街道)设立镇级慈善协会，共募集各类善款600余万元，救助困难群众1100余人。2016年“七一”前夕，结合领导干部“走亲活动”，走访慰问未脱贫党员家庭64户、65人，送去慰问金每人2000元，共计13万元。八是教育扶贫。实施义务教育“两免一补”资助政策，提高补贴比例，实现了政府助学金各学段贫困户子女救助全覆盖；1～9月份，发放各类教育资助金750多万元，资助学生8500多人次；为242名家庭困难在校大学生办理了生源地助学贷款，贷款金额186万元。中高考期间，实施“微式帮扶”，组织社会志愿者开展了考前减压助力、考中贴心服务、考后志愿指导等全链条帮扶，共帮扶贫困学生150多人次。九是医疗扶贫。在镇(街道)级层面，开通卫生院绿色就医通道，免除挂号费、病历费等个人负担费用。印发爱心医疗帮扶卡，卫生院对持卡人员定期查体，组建贫困人口家庭医生签约服务团，采取入户巡诊和定点义诊的方式，切实降低贫困人口就医成本。在莱西市级层面，实现贫困人口医疗保险个人缴费应由财政报销部分全覆盖，大幅度提高大病医疗救助比例，前三季度共实施救助7396人，发放救助金1261万元，缓解了低保家庭、因病支出型家庭因病致贫、因病返贫的问题。十是孝道扶贫。针对建档立卡贫困户中老年贫困人口比重大、脱贫难、易返贫的实际情况，探索了确定一个赡养标准、开展一次道德评议、细化一套激励机制、打造一支维权队伍“四个一”孝道扶贫新机制。根据老人居住情况、生活地的消费情况等综合因素，因地制宜确立了综合性和单一性两套赡养标准。针对非留守老人，规定每年每位子女应付父母每天1元钱，每天1斤小麦面，每年20斤花生油、20斤玉米等杂粮面。针对留守老人，规定每年每位子女可按照以上标准折算现金支付。

(2)在村级实施脱贫四大工程。围绕村生产条件、基础设施、公共服务、经济发展实施“四项工程”，提升了贫困村、经济薄弱村发展活力。预计2016年底20个村脱贫，2017年底村脱贫率达到60%，2018年实现全部脱贫。一是实施农业生产条件提升工程。整合“小农水”、“一事一议”等行业资金1700多万元，在贫困村、经济薄弱村建设农田水利项目66个，增加和改善灌溉面积5000多亩，架设农电线路35千米，建设了一批旱能浇、涝能排、路相通、林成网的高标准农田。二是实施村级基础设施提升工程。2016年，整合资金3300多万元，组织实施村项目110多个，推进村庄村内道路、饮水安全、农村用电、文化小广场、村庄亮化、农田小型水利、办公和服务场所“八项工程”建设，实现村庄基础设施的改善提升。三是实施农村公共服务提升工程。完善农村社区职能，实行“一站式”受理和集中服务，养老保险等18项服务事项直接在社区便民服务大厅办理，低保户申请等25项服务事项由社区服务中心代办。实施农村贫困残疾人康复工程，对21户贫困户的残疾人实施免费康复训练，全面提升了农村社区公共服务水平。四是实施农村集体经济发展壮大工程。2016年，组织指导93个贫困村、经济薄弱村制定发展规划和项目实施方案。在产业项目推进上，由单一的种养业扩展到第二、三产业，帮扶42个贫困村、经济薄弱村培育了主导产业，成立专业合作组织45个，培育乡村旅游示范点5个、"好客人家"2个，有效推进了村集体经济收入增长。2016年93个村项目已论证批复，正抓紧推进实施。

(3)在镇(街道)级推进脱贫四项举措。围绕科学规划、培育产业、基础设施、争取支持推进了"四项举措"，增强了经济薄弱镇综合实力。一是抓好特色镇建设。制定、实施了马连庄四季瓜果小镇、河头店乡村物流小镇、院上庄户旅游小镇、日庄高效农业小镇发展规划。规划建设高效生态示范园区10个，占地约12万亩，奠定了镇域脱贫攻坚基础。二是培育壮大主导产业。培育形成院上油桃、马连庄甜瓜、河头店苹果、日庄葡萄四大优势产业，推动农业"接二连三"，放大优势农产品增值效应，增强了镇域经济发展产业竞争力。三是完善基础设施配套。实施了镇驻地道路、给排水、污水处理、文化广场、综合服务中心、镇容镇貌"六项工程"，整合国家农业综合开发等资金3.4亿元，建设高标准农田15.4万亩，提升了镇域公共服务功能。四是加大对口帮扶力度。通过对口招商、园区共建等方式，帮助4个经济薄弱镇在姜山先进制造业功能区落户项目23个，增加财税收入1430万元，推动了镇域可持续发展。

3.探索"创新驱动＋扶贫"，拓展精准脱贫渠道

莱西市创新探索九大"扶贫＋"模式，形成了可复制、可推广的新经验。

(1)"企业带动＋扶贫"模式。政府组织协调、企业主体参与、社会资源有效整合，鼓励企业参与镇(街道)、村、户三级扶贫开发，开展产业扶贫、商贸扶贫、就业扶贫、捐赠扶贫、智力扶贫，构建社会帮扶资源和精准脱贫有效对接的长效机制。例如，姜山镇发挥大企业多的优势，采取"园区＋薄弱镇"、"大企业＋贫困(薄弱)村"、"企业＋贫困户"、"企业＋贫困大学生"、"慈善协会＋贫困户"5种"企业带动＋扶贫"模式，引导企业参与脱贫攻坚，帮扶41名贫困人员和残疾人到企业就业，帮助35个贫困户脱贫。开展"金秋助学"活动，资助30多名贫困大学生完成学业，对毕业后有意愿的贫困大学生优先吸纳就业。

2016年，莱西市建立了强镇(街道)带动弱镇(街道)、强企带弱村等帮扶机制，通过对口招商、园区带动等方式，将帮扶范围拓展到园区

共建、企业合作、人才培养等方面，截止到9月底，马连庄、河头店、院上、日庄4个经济薄弱镇落户在姜山工业区的项目共计23家，累计帮扶4个经济薄弱镇增加财税收入1430多万元。

(2)“产业服务＋扶贫”模式。依托农业园区资源优势和种养习惯，因地制宜发展特色产业，为贫困户提供资金服务、农资服务、农机配套、技术培训、订单收购、岗位就业等，扶持贫困户发展投资少、见效快、风险小的特色种养业。例如，店埠镇依托青岛前后屯胡萝卜专业合作社的组织优势和两万亩国家级现代农业园的产业优势，截止到9月底，流转24个村庄的土地5000余亩，其中流转贫困户土地104.27亩，实现村集体和贫困户“双增收”。园区共吸纳151名贫困人口就业，农忙季节每人每天收入200元，年可实现人均收入6000元。

以特色产业助发展，以特色产业增优势，莱西市已培育形成院上镇油桃等特色优势产业。在做强传统农业的同时，通过海升果汁、浩丰食品等龙头企业带动，推动农业“接二连三”，加快发展农产品加工业，放大蔬菜、果品等优势农产品增值效应。

(3)“旅游开发＋扶贫”模式。创建休闲采摘与乡村旅游示范点，采取免费培训、以奖代补、先建后补、财政贴息等方式，扶持“农家乐”、特色采摘、农耕体验、休闲养生、旅游产品制作等乡村旅游业发展。旅游园区通过土地流转、吸纳就业、特色旅游产品开发等方式拓宽贫困户增收渠道，实现传统农业向现代服务业的增值延伸，达到生态旅游资源与精准脱贫的无缝对接。例如，位于沽河街道的山后韭菜基地通过发展休闲采摘与乡村旅游，带动贫困户发展特色旅游产品，贫困户董芝德利用园区养殖场，包底承包养殖山后黑猪，不但脱贫，而且实现了致富，年均纯收入10多万元。截止到9月底，帮扶28个贫困村和经济薄弱村培育了特色主导产业，成立示范专业合作组织32个，培育乡村旅游示范点22个、“好客人家”34个，有效推进贫困(经济薄弱)村集体经济收入增长。

(4)“土地整合＋扶贫”模式。整合贫困(经济薄弱)村、贫困户土地，用于园区建设，打造扶贫基地，提升土地附加值，增加镇、村、户三级收入。例如，位于经济薄弱镇马连庄镇的青岛海星果汁有限公司，在园区建设时优先征用贫困户的土地，以每亩每年1000元的租赁费租用17个贫困户的土地共计35亩，使贫困户通过土地整合获得了固定收入。村集体将过去的“四荒”地整修后流转给园区，台上村等经济薄弱村年可增加集体收入5万元以上。

(5)“资金整合＋扶贫”模式。充分发挥资金规模效应，整合各级专项扶贫资金、相关涉农资金和社会帮扶资金，捆绑起来集中使用，用于产业发展。例如，经济薄弱镇日庄镇在建设沟西村高效农业园区大棚项目时，集中利用傅家庄、西埠、沟东等13个贫困村庄的扶持资金650万元，共建造钢结构连体大棚9栋。项目主体建成后，由13个村庄联合对外公开招标出租，项目招租所得收益，在日庄镇政府的监督下，先支付农户土地流转费，并预留5%费用用于维修大棚设施，剩余利润由13个村庄平均分配，作为集体收入。

截止到9月底，已整合“小农水”、“一事一议”等各行业资金1700多万元，在贫困(经济薄弱)村建设农田水利项目66个，增加和改善灌溉面积5000多亩，整修硬化田间道路110千米，架设农电线路35千米，有效改善了经济薄弱村和贫困村的水、电、路等农业生产条件。

(6)“电商拉动+扶贫”模式。加快互联网与农业生产、经营、管理、服务和创业各领域全面深度融合，建设镇级电子商务公共服务中心和村级信息服务站，面向贫困(薄弱)村、贫困户探索发展农村电子商务。加快推进“互联网+”、“物联网”计划，在河头店等镇街打造镇(街道)级电子商务公共服务平台4处，加快互联网、物联网与农业生产、服务、经营等领域全面深度融合。例如，经济开发区通过构建综合平台，建设电商产业园、村级服务点、贫困户网店为一体的综合性平台，设置15个工作台位，对贫困户实施摊位、电脑、网络、电费、培训“五费全免”。截止到9月底，已培训贫困人员80多人次，首期5个贫困户的网店正在筹建，投入运营后，预计户均年增收3万元。

(7)“党建统领+扶贫”模式。充分发挥基层党组织、全体党员及第一书记的先锋模范作用，以党建工作为统领，助力扶贫开发及其他重点工作开展，为脱贫攻坚“掌舵”，全力实现从救济式扶贫向开发式扶贫的转变，从输血型扶贫向造血型扶贫的转变，实现了党旗飘在田园中、党员聚在产业上、群众脱贫奔小康的目标。93名市、县两级“第一书记”包联贫困(经济薄弱)村，充分发挥第一书记的“红色引擎”作用，累计争取上级部门扶持资金2000余万元，帮助村庄实施道路硬化、广场建设、路灯安装等基础设施项目180多项。例如，省级贫困村南墅镇徐建庄村，在青岛市纪委派驻的第一书记帮扶下，通过召开会议、进村入户、听取民意“三步法”抓实党建、凝聚民心，带领党员和群众成立了果蔬专业合作社，吸纳社员76户220人。通过种植高效大棚，发展设施农业，全村共入股土地187亩，种植葡萄大棚8个，预计2016年实现村集体收入15万元，实现整村脱贫。

(8)“行业统筹+扶贫”模式。通过考核杠杆，调动机关、企事业单位等行业部门的扶贫积极性，推动行业部门转变扶贫理念，以观念转变引导扶贫方式转变，以扶贫方式转变推动脱贫质量效益提升。2016年1~9月份，卫生部门开展免费巡义诊活动20多次，为贫困群众免费诊治1000余人次，并赠送部分常用药品。文化部门争取配套资金50多万元，对93个贫困（薄弱）村配送了图书、多功能广场舞视频机、体育健身器材等公共文化设备。群团组织大力实施“希望工程”、“牵手关爱”、“春蕾计划”等品牌扶贫行动，帮扶救助困难群众1200多人次，全市上下形成了共同参与扶贫的良好社会氛围。

（9）“社会助力＋扶贫”模式。积极动员社会力量参与扶贫开发，鼓励民营企业、社会组织和个人捐款捐物，凝聚扶贫济困的强大合力。在上年姜山、夏格庄等4处镇街设立了独立法人资格的镇级慈善协会、共募集各类善款20余万元基础上，2016年，全市12个镇街全部建立镇级慈善协会，募集善款全部用于扶贫事业。截止到9月底，全市共募集各类善款470余万元，救助困难群众900余人，实现基层慈善募捐与救助良性互动。

4. 聚焦“作风严实＋扶贫”，做实精准脱贫工作

莱西市始终坚持“严实精准”的扶贫工作作风，以“让全市人民都过上好日子”作为奋斗目标，在贫困户识别上，推出“组织培训、农户申请、入户调查、民主评议、公示公告、建档立卡”六步识别法；在退出上，实施“村民小组提名、入户调查、民主评议、村委核实、公示公告、镇街审核、市级审批”七步退出法，开展“沙子户”清退工作，累计清退61户169人。实现贫困户进入与退出的精准与严实。在帮扶过程中，莱西市按照“一户一案、精准帮扶”的原则，为每一个贫困户确定一名帮扶责任人，精准摸清贫困户致贫原因，因户制宜量身制定脱贫方案精准施策，“造血”与“输血”并重，开发式扶贫与兜底式扶贫并举，真正扶在“点”上、帮在“根”上、落在“实”上，提高扶贫成效。在扶贫项目管理上，全程跟踪监督实施，2016年1～9月份，已论证、批复镇项目4个、村项目93个、户项目690个，确保项目扶贫成效。在扶贫金使用上，实施“四个精准”，科学规划使用青岛市1.2996亿元扶贫资金和莱西市1500万元扶贫资金，着力扶持发展光伏、设施农业等产业项目，确保把扶贫资金用在刀刃上。

（二）2016年莱西市精准扶贫工作存在的问题与不足

莱西市扶贫工作虽然取得了一定成效，但仍然面临一些问题。一是重视程度还不够高。莱西市这么多的贫困镇（街道）村、贫困户和贫困人口，是建设宜居幸福新莱西必须解决好的问题。分析致贫原因，客观上是由于人均耕地少、基础设施薄弱、缺乏产业支撑、自身脱贫能力差等原因，主观上也存在着个别镇（街道）、干部对扶贫工作重视不够等问题，甚至有些到现在思路不清、规划不细，采取的措施没有针对性。二是工作开展不均衡。有的镇（街道）村开展较快、较准，马上就见了成效；有的刚开始做计划，尚未实施。三是部门配合不到位。扶贫开发是

一项全局性、综合性的工作，需要各级各部门各尽其责、共同努力。但莱西市尚未形成如此局面。四是观望等待甚至畏难发愁的现象比较突出。有的镇（街道）村在项目规划、摸底统计、方案编制等方面工作拖沓，到现在还没有编制上报 2016 年的项目实施方案，影响了全市的工作进度。有的镇（街道）村调查摸底不够深入、细致，制定的脱贫措施不够完善、精准，有些应当享受低保、大病救助或残疾人补助政策的贫困户还没有得到全部落实；有些产业扶贫规划缺乏特色，缺乏可操作性；有些专项扶贫项目推进缓慢。这些问题反映了个别单位的工作仍然粗枝大叶、粗放管理，对工作研究不细、抓得不细，离精准扶贫要求差距还很大。

二、2017 年莱西市精准扶贫工作预测

2016 年第四季度及 2017 年，莱西市将因地制宜，把“精准”贯穿到脱贫攻坚全过程，做到“精准把脉”、“对症下药”、“个人定制”，切实实现一户一人脱贫、一村一村摘帽；依托产业发展推进扶贫开发，大力发展脱贫产业，延伸产业链条，做大做强龙头企业，带动贫困群众尽早脱贫致富，从整体上提升农民生活水平。强化政府主导，加大资金投入，建立完善精准扶贫工作机制和政策保障体系，促进精准扶贫工作扎实推进。认真总结脱贫经验，形成长期有效的脱贫机制，提高脱贫工作效率，使脱贫攻坚工作更有效、更扎实、更持续。进一步按照“一户一案、精准帮扶”的原则，开发式扶贫与兜底式扶贫并举，真正扶在“点”上、帮在“根”上、落在“实”上，提高扶贫成效。

（一）2016 年度莱西市精准扶贫工作预测

2016 年第四季度，莱西将进一步抓好精准扶贫工作的落实推进。一是抓脱贫退出。做好已脱贫人员第三方评估青岛市试点工作，组织各镇（街道）尽快启动年终脱贫退出工作，抓好剩余贫困户的脱贫工作，确保年底全面完成户脱贫任务。二是基础设施建设方面，重点规划实施好农村公路安全生命防护、农村公路网化联通、农村公路大中修等工程，确保农民出行更加方便；加强农村电力建设，2016 年将全面完成贫困村电网升级改造，确保实现户户通电。对未通电的贫困户，由所在村镇（街道）帮助解决。三是抓项目进度。加快推进 2016 年的专项扶贫开发项目建设，抓推进、抓质量，确保镇、村、户项目年内全部完工。四是抓资金管理。组织各镇做好项目资金审核拨付工作，进一步完善扶贫资金的审核、拨付等管理机制，加大公示和监管问责力度，确保资金安全。四是抓督查考核。认真落实扶贫开发工作考核办法，引入“第三

方考评”机制，以督查、考核倒逼责任落实，坚决打赢脱贫攻坚战，确保圆满完成全年脱贫攻坚任务。

（二）2017年莱西市精准扶贫工作发展预测

1.将在精准施策上下功夫

精准扶贫，讲究精准施策，因地制宜、因户而异、因人而异，必须“点对点”服务、“一对一”救助、“多对一”帮扶，不摘帽不松劲，不脱贫不脱钩，扶上马送一程。而不是盲目施策，最忌“大水漫灌”、浅尝辄止。真正落实好发展生产脱贫一批、易地搬迁脱贫一批、生态补偿脱贫一批、发展教育脱贫一批、社会保障兜底一批的“五个一批”工程，做到分门别类、分层实施、分兵突围。

2017年，根据上级统一要求，将对建档立卡贫困人口再进行一次精准识别。将督促各镇（街道）和相关部门认真执行有关政策标准，确保不漏户、不漏人，做到应扶尽扶。在此基础上，将进一步摸清致贫原因、发展方向等底子，建立好台账，真正做到因户施策、因人施策，确保各项扶贫措施精准有效。

对有劳动能力的贫困人口，将拓宽就业创业渠道。主要是发挥好三个渠道作用：一是产业帮扶脱贫。经济薄弱镇（街道）和村大多生态环境比较好，非常适合发展乡村旅游，有关镇（街道）村应抓住机遇、搞好规划，莱西市将采取免费培训、以奖代补、先建后补、财政贴息等方式予以重点扶持。鼓励支持农业新型经营主体通过“龙头企业＋基地＋农户”、“公司＋合作社＋农户”等方式，带动更多贫困人口增收。对吸纳农村贫困人口就业贡献较大的各类经营主体，将在用地保障、财税政策、银行贷款等方面给予重点支持。有关镇（街道）村应鼓励贫困户将承包土地和个人财产入股、托管，采取委托经营、合作经营等方式，实现多渠道增收。二是就业创业脱贫。围绕促进就业创业，莱西市财政将设立贫困户创业扶持资金，专项用于贫困户发展特色种养项目和手工艺、来料加工等创业项目。两年内对所有具有劳动能力的农村贫困人口进行免费培训，确保贫困家庭劳动力都能掌握一门以上的致富技能。三是提供公益岗位脱贫。各级各部门将通过财政出资或社会筹资等方式，开发更多公益性岗位，安排更多的贫困人口就业。将结合城乡环卫一体化、社会综治体系建设等工作，开发一些公益岗位，优先安排贫困家庭成员，帮助贫困人员就业脱贫。

对丧失劳动能力的贫困人口，将落实好兜底扶持脱贫。莱西市剩余贫困人口中约65％是因病致贫、因残致贫。将这部分贫困人口在全部纳入农村低保的基础上，通过教育帮扶、医疗救助、危房改造等综合施策实现脱贫。各镇（街道）将充分利用这一政策，优先为贫困户改造危房，加快改善他们的居住环境。充分发挥社会救助兜底功能，统筹实施最低生活保障、特困人员供养、医疗救助、临时救助、受灾人员救助等各项救助制度，强化对贫困人口重点保障。

2. 将进一步突出五个"精准"，抓好贫困户结对帮扶工作

精准确定帮扶对象。2017 年，莱西市将按照建档立卡贫困户的家庭贫困程度，结合基层走亲活动，针对帮扶对象的不同情况，研究制订结对帮扶实施方案和制度要求，明确帮扶举措和责任时限，形成"每月至少走访一次、访后及时解决问题"长效帮扶机制，确保年底贫困人口实现全部脱贫，已脱贫的防止返贫。

精准掌握贫困状况。将通过入户走访、直接面谈等方式，全面摸清贫困户基本情况，帮助分析贫困程度、致贫原因，准确掌握贫困户的困难问题和实际需要，保证贫困人员资料信息的系统、全面与精准。

精准宣传相关政策。走扶贫政策亲民宣传路线，将通过走进田间道、坐上热炕头，面对面地把上级惠农政策、扶贫开发政策宣传到村到户，引导贫困群众摆脱意识贫困和思路贫困，理清发展思路，增强脱贫致富的信心和决心。为方便帮扶干部宣传政策、联系群众，印制"一本一卡"，同时强化舆论宣传，充分利用广播、电视、网络等多种载体，加大政策措施、程序步骤等扶贫工作的宣传力度，引导全社会广泛参与扶贫，使扶贫工作家喻户晓、人人支持、全民参与。

精准落实帮扶措施。将重点针对 2016 年剩余的贫困人口的脱贫任务，按照"一户一策、分类施策"的原则，编制《莱西市 2016 年贫困人口脱贫情况一览表》，明确精准扶贫的时间表和路线图，通过落实"增收、兜底、助学、医疗"四个保障和"企业带动、产业服务、旅游开发、土地整合、资金整合、电商拉动、党建统领、行业统筹、社会助力"九大模式提高扶贫实效。

精准开展督查考核。将做好扶贫工作的调度、督查与考核工作，定期进行帮扶干部帮扶工作的调度和政策培训，建立结对帮扶贫困户和结对帮扶干部信息库，重新核对填写《结对帮扶贫困户和帮扶干部基本情况统计表》，根据"两库"信息，采取明察暗访、集中检查、电话抽查、调阅档案等方式跟进抓好督查。同时，把帮扶工作列入帮扶干部和所在单位年度科学发展综合考核和各级党组织书记党建工作述职评议重要内容，对帮扶工作组织不力、消极应付的，视情节轻重给予通报批评、约谈问责；对所帮扶贫困户未完成年度脱贫任务的，从严进行处理。

3. 将在综合保障上下功夫

主要是抓好基础设施建设和公共服务保障。在基础设施建设方面，将以路、水、电等为重点，加快向贫困村延伸、向薄弱环节倾斜。一

是加强农业综合开发工作。各类涉农资金项目要优先安排贫困村和经济薄弱镇村。2017年争取再规划建设30万亩高标准农田，把全市耕地全部建成高标准农田，为贫困（经济薄弱）村经济发展奠定坚实基础。二是加强农村道路建设。打通断头路、开辟出口路、对接大交通，对村与村之间没有硬化路、户与户之间泥泞路的问题要尽快解决。三是加强农村电力建设。在2016年户户通电基础上，对贫困村发展第二、三产业用电的，将出台优惠政策，予以支持，彻底解决电力“卡脖子”问题。四是加强农村环境整治。虽然经过持续整治，莱西市农村环境发生了巨大变化，但是距离美丽乡村要求还有一定差距。按照青岛要求，2017年将在经济薄弱镇驻地实施“六项工程”建设，在贫困（经济薄弱）村实施“八项工程”建设，全面提升基础服务设施配套水平。

公共服务保障方面：一是健全服务体系。目前莱西市农村社区服务中心基本实现了全覆盖，民政等部门将抓紧完善运行机制，推动全市社区服务中心规范运行。将支持金融、邮政、供销等系统在经济薄弱镇和贫困村设立服务网点。二是进一步下沉有关服务。各镇街和相关部门将借鉴南墅经验，把农民真正需要的行政性政务服务、便民性生活服务、富民性生产服务向贫困（经济薄弱）村下沉，实行“一站式”受理和集中服务，不断提升农村公共服务水平。三是进一步提升镇村自身服务能力。针对贫困（经济薄弱）村自然资源条件较差的现实，采取资产租赁、入股、招商引资等方式，开发盘活集体资源资产。探索资产收益扶贫试点，将财政专项扶贫资金和其他涉农资金投入到设施农业、养殖、光伏、水电、乡村旅游等项目，形成的具备条件资产可折股量化给贫困（经济薄弱）村及贫困户，增加村集体收入，提高村集体服务能力。同时，有关镇要认真研究发展经济增加收入渠道。

4.将在形成合力上下功夫

精准扶贫，需要齐心协力、凝心聚力、合力实现。做到任务到人、责任到人，各司其职、各尽其责，协调运转、协同发力，落实到位、考核到位，而不能各唱各调、各管各段，更不能推诿扯皮、敷衍了事。

莱西市财力还比较紧张，必须发动全社会力量参与到扶贫攻坚中来。2017年，将引导和动员社会上更多有能力、有意愿的企业、社会组织和个人参与到扶贫开发工作中。金融系统将重点抓好小额信贷支持，对有信贷需求的贫困户和带动一定数量贫困户脱贫的合作社或相关企业，给予贷款担保和贴息，解决好生产资金问题。将扩大农业保险覆盖面，将贫困户全部纳入农业政策性保险，最大限度降低灾害损失。把困难家庭救助作为慈善工作主要任务，脱贫攻坚期内，“慈善一日捐”等社会慈善资金要向扶贫脱贫重点倾斜。

将加大工作督查推进力度。莱西市扶贫领导机构已经成立，人员已经到位，将加强全市扶贫工作协调调度。将借鉴休闲体育大会工作推进机制，将各项扶贫任务细化分解，明确时间表和路线图，加强调度推进，对不达进度的要及时通报、约谈，确保按时完成各项任务。

（作者单位：中共莱西市委党校）

市北区加快推进青岛国际邮轮港发展研究

修丰东　孙　岩

青岛国际邮轮港是青岛市继地铁、胶东国际机场之后打造的又一个千亿元级项目，是青岛市承接国家“一带一路”“中韩自贸区”“蓝色经济”等战略、突出青岛本土特色的重要举措。该项目位于青岛港老港区及周边区域，北至海泊河，东、南至胶济铁路，西以海岸线为界，规划占地面积约5平方千米，建筑面积约600万平方米，将以邮轮母港为核心，重点发展以金融创新和邮轮旅游为主导的现代服务业，带动游艇、航运、金融、贸易等产业延伸聚集，引领老城区振兴升级，发展成为青岛市老城区“皇冠上的明珠”和青岛市的新地标，成为青岛市未来发展的重要支撑。

一、青岛国际邮轮港发展情况

(一)青岛国际邮轮港发展历程

青岛作为我国重要的港口城市，与邮轮结缘较早，自1979年至2013年4月，先后接待过270多艘国际邮轮，但却一直处于停靠港的状态。随着“环湾保护、拥湾发展”战略的提出，为实现蓝色经济发展新的跨越，青岛市自2009年起着手制订邮轮母港建设规划，经多次论证，于2010年8月确定青岛港大港6号码头为建设邮轮母港首选区域。2012年3月，青岛市第十五届人民代表大会政府工作报告提出支持青岛港转型发展，利用大港老港区开工建设邮轮母港的总体思路。之后，青岛国际邮轮港开始了前期实际性的建设。当年5月，青岛邮轮母港码头主体工程开工。2013年3月，码头主体通过验收。自此，青岛国际邮轮港具备了接待世界最大豪华邮轮的能力。2013年10月，由青岛港(集团)有限公司出资成立的全资子公司——青岛邮轮母港有限公司注册成立。2014年3月，邮轮母港客运中心开工建设，2015年5月启用运营。从此，青岛进入了邮轮母港时代。2015年，青岛市从融入和服务“一带一路”、自由贸易区、蓝色经济等国家战略高度考虑，确定将邮轮港片区纳入青岛申报国家自由贸易区范围。4月，交通运输部发布《全国沿海邮轮港口布局规划方案》，将青岛港纳入12个国家级邮轮始发港。12月，青岛市政府研究通过青岛国际邮轮港建设方案。这标志着青岛国际邮轮港建设正式启动。2016年2月，青岛市第十五届人民代表大会第五次会议报告中，提出“加快邮轮母港片区建设，集聚邮轮旅游和特色金融等高端服务业，打造邮轮母港国际金贸中心和邮轮经济试验区”的青岛国际邮轮港战略定位。4月，青岛市政府批准通过《关于建立青岛国际邮轮港建设推进工作体制机制的建议》，将青岛国际邮轮港纳入市级功能区建设。5月，经国家旅游局批准，青岛正式成为继上海、天津、深圳之后的第四个“中国邮轮旅游发展实验区”。8月，负责青岛国际邮轮港开发建设、运营管理、招商引资等工作的青岛国际邮轮港管理局成立。10月10日，青岛国际邮轮港建设推进领导小组第一次会议召开。自此，青岛国际邮轮港建设进入规范发展阶段。

（二）青岛邮轮母港发展情况良好

在青岛国际邮轮港中，青岛邮轮母港是发展最为快速的。这既得益于母港码头和客运中心的快速建成，更得益于我国邮轮旅游市场的风生水起。

青岛邮轮母港码头位于青岛老港原6号码头，共建有3个邮轮泊位，其中新建超大型邮轮泊位1个、改建邮轮泊位2个，岸线总长度966米，可全天候自由停靠目前世界上最大的22.5万吨级“海洋绿洲号”和“海洋魅力号”邮轮。青岛邮轮母港客运中心总建筑面积近6万平方米，由联检大厅和两侧的廊桥构成。其中，联检大厅建筑高度23米、长338米、宽96米，分为地上三层：一层作停车用，包括社会车辆与出租车辆的上下客区，大巴车停靠区，社会车辆停车场；二层主要为乘客通关中心，设计最高通关能力可达每小时3000人次以上，规划年游客吞吐量为150万人次；三层作为开放平台，供市民和游客观光。

自2015年5月29日正式开港至2016年10月底，在17个月的时间里，青岛邮轮母港共计运营了121个航次，平均4天接待一个航次，高峰时段达到7次三船同时靠泊、1次四船同时靠泊，接待出入境旅客共约11万人次，是我国已建成邮轮母港开港首年经营航线最多、接待邮轮旅客人数最多、通关效率最高、设备设施全亚洲最先进的邮轮码头。其中，7万吨级的“天海新世纪”号邮轮、5万吨级的“海娜”号邮轮、3万吨级的“中华泰山”号邮轮实现青岛邮轮母港的母港航线运营。2016年7～9月，皇家加勒比海洋神话号、地中海海洋抒情号、歌诗达维多利亚号等国际豪华邮轮分别在青岛邮轮母港运营3～5个航次，进一步推动了青岛市邮轮旅游的品质升级。青岛邮轮母港运营一年多来，市场增速十分明显，不仅填补了山东邮轮经济的空白，而且成为比肩横滨、釜山、东京的北纬35度线上的"四大金港"之一，掀开了青岛市高端旅游产业发展崭新的一页，成为青岛市新的国际会客厅和城市名片，成为中国北方重要邮轮母港，为该港打造"中国北方邮轮中心"、"东北亚区域性邮轮母港"奠定了坚实的基础。

开港以来，青岛邮轮母港大力开发邮轮航线。截至2016年10月底，青岛邮轮母港开行的航线以日、韩为主，目的地城市主要包括韩国的济州、釜山，日本的长崎、鹿儿岛等城市。其中也存在少数的特色航线。比如，将火爆的亲子游景点——上海迪士尼加入行程，从青岛至上海、济州，再回青岛的航线；新开辟的从青岛始发至俄罗斯海参崴的北方航线和青岛出发至台湾的南方航线。为进一步开发邮轮航线，2016年5月，青岛邮轮母港与地中海邮轮、凯撒旅游三方达成合作协议，将进一步拓宽旅游产品资源渠道，经营长线邮轮产品，将fly-cruise这一较为普遍的邮轮出行方式推向市场，使青岛邮轮母港不但作为邮轮靠泊终端，同时力争打造成区域性邮轮旅游综合服务平台。"fly-cruise"指的是青岛或国内其他城市居民搭乘国际航班至地中海、北欧等热门地区，再搭乘邮轮旅游。此外，青岛邮轮母港正在同步开辟经停邮轮市场。2016年4月开始2017年和2018年的经停航线谈判工作，并基本确定赫伯罗特邮轮公司"欧罗巴"轮、世鹏邮轮公司"世鹏旅居者"轮以及荷美邮轮公司的"福伦丹"轮将于2017年和2018年挂靠青岛邮轮母港。

（三）企业入驻和项目建设等顺利推进

自青岛国际邮轮港管理局成立至2016年11月3日，已有7家企业在青岛国际邮轮港进行了工商注册登记，注册资本达300多亿元，其中包括中英金融科技孵化器。中英金融科技孵化器是中英两国第一个以金融科技为主题的孵化器，由青岛市市北区政府与国际大学创新联盟(IUIA)共建，双方依托青岛国际邮轮港和伦敦金丝雀码头两地的资源优势，在两国金融科技产业领域促进人才、资源、信息、技术交流，加强项目培育孵化和产业投市转化等诸多方面架起一座直通的桥梁。该孵化器面积约2600平方米，已经于2016年10月19日启动运营。目前已有中英金融科技天使投资俱乐部、青岛区块链协同创新实验室、新加坡媒体基金青岛合作办公室、IUIA-ONEASIA中韩跨境投融资合作平台、悉尼证券交易所会员机构等10家企业入驻。据有关人员预测，该孵化器将为青岛国际邮轮港每年带来不少于10次金融科技类路演活动，每年将引进不少于3家国外金融机构及10个国内外相关项目落户。

青岛国际邮轮港建设启动区——青岛邮轮母港国际金贸中心建设正式拉开帷幕。国际金贸中心是青岛国际邮轮港片区的重点项目，将重点发展蓝色金融、离岸金融、互联网金融、保险金融以及海洋高端航运、文化旅游、贸易、会展博览等高端服务业，未来将形成邮轮母港＋自贸区＋金融中心的联合体，打造总部经济发展模式。位于青岛市港青路6号的国际金贸中心首个项目——青岛港大厦的建设，在2016年3月底已经完成原青岛港办公大楼的拆除，10月对德国GMP、瑞士WW、澳大利亚PTW、悉地国际4家国外著名设计单位的概念方案设计进行优化完善，预计年底开工建设。

此外，截止到2016年4月底，青岛国际邮轮港跨境电商业务及普通商业招商业务已开展了为期一年的招商工作，接触商家500余家，吸引商家在该片区开办O2O体验店、咖啡简餐、旅行配套服务、纪念品销售、银行服务等功能，同时还计划在该片区建设保税仓库，将青岛国际邮轮港商业区域打造成青岛市跨境电商综合展示交易中心。青岛国际邮轮港片区范围内的两个亮点房地产项目：晓港名城和中联自由港·湾，截至2016年11月初，已基本售罄。晓港名城的商业服务承载区——青岛新街里，正在就特色餐饮、酒吧等现代服务业态进行招商，未来将形成旅游、休闲、度假、娱乐、购物、观光目的地。中联自由港·湾的商业部分也正在打造集度假、商务、餐饮、购物和休闲娱乐于一体的综合性商业区。

（四）青岛国际邮轮港管理局顺势成立

2016年8月31日，青岛市第十五届人大常委会第三十七次会议通过《关于青岛国际邮轮港开展法定机构试点工作的决定》，标志着青岛国际邮轮港管理局正式成立。它是青岛市继蓝色硅谷管理局之后的第二个法定机构。青岛国际邮轮港，区域范围较小，功能定位突出，更侧重于核心项目的引领，主业集中在规划建设与产业发展。依法设立青岛国际邮轮港管理局，可以创新该片区内部运行机制，提高该片区公共管理与服务效能。青岛国际邮轮港管理局是依法承担公共事务管理和公共服务职能，实行企业化管理但不以营利为目的，具有独立法人地位的法定机构；主要负责青岛国际邮轮港的开发建设、运营管理、招商引资、制度创新、综合协调等工作，根据授权或委托的范围依法享有规划、土地、建设、金融、旅游、海洋、投资、物流等管理权限。

二、青岛国际邮轮港发展面临的主要问题

(一)东亚著名邮轮母港的竞争压力强大

青岛国际邮轮港作为邮轮母港,起步较晚,其竞争对手主要来自于东亚,即我国的上海、天津、厦门、三亚、深圳、大连等城市和日本的东京、横滨、大阪、神户及韩国的釜山等城市。上海邮轮母港在2004年5月就开始执行赴港的邮轮航班;2006年7月,就拥有了首条母港豪华邮轮——意大利歌诗达集团旗下的“爱兰歌娜”号。2011年9月,上海就形成了以上海港国际客运中心、吴淞口国际邮轮码头和外高桥海通码头“两主一备”的邮轮母港布局形态。2016年上半年,上海邮轮母港共接靠邮轮226个航次,接待出入境游客约128.3万人次,是亚洲接待游客人数最多的邮轮母港。天津国际邮轮母港于2010年6月正式开港,是我国北方第一个邮轮母港。2016年前8个月,该港共接靠邮轮86个航次,接待出入境游客约42万人次。天津与青岛均位于我国北方,位置接近,邮轮母港发展定位相似,都以东北亚区域性邮轮母港为发展目标,是青岛国际邮轮港的最大竞争对手。此外,厦门、深圳、广州、海口等城市也在积极发展邮轮港口。除了国内的激烈竞争,还有来自日本的东京、横滨、大阪、神户和韩国的釜山等城市的竞争。这些港口城市同样具有良好的发展邮船经济的软硬件条件,也有丰富的旅游资源和优越的地理位置,在发展邮轮经济和邮轮母港上,对青岛形成极大的竞争威胁。

(二)对外交通虽然已有较大改善但仍不够便捷

2015年7月通车的新疆路高架快速路,在很大程度上改善了青岛国际邮轮港片区的交通情况,其在此处的上下匝道口方便了到青岛国际邮轮港的自驾旅客。另外,据有关规划显示,青岛国际邮轮港片区未来将设置3处轨道交通站点,分别是地铁2号线站点1处,地铁5号线站点2处。这也将增加该片区对外交通的便捷性。但从实地考察情况看,青岛国际邮轮港片区的陆上交通体系只见雏形,未成体系,在便捷性方面仍有较大的进步空间。比如,新疆路高架快速路不允许旅游大巴上桥行驶,乘坐旅游大巴进出邮轮母港的游客只能选择向南绕行火车站,较为不便;该片区的多条对外交通道路需下穿铁路线,对旅游大巴高度也有限制,多数豪华旅游大巴车无法通过;冠县路、渤海路、邱县路、长安路、小港一路、小港二路等道路较为狭窄,两侧停放有大量私家车,每到有豪华邮轮到港、游客集中出港时,该片区道路经常出现堵塞

情况。另外，该片区的部分对外道路，路况不佳，青岛国际邮轮港的指示标识较少，直接影响到邮轮游客的舒适度体验和对该港的整体满意度。总观青岛国际邮轮港片区的对外交通情况，不够便捷仍是首要痼疾。这也是青岛国际邮轮港发展目前最大的制约因素。

（三）配套商业服务设施明显不足

国际著名邮轮母港周边均存在有发达的商业服务区。例如，迈阿密邮轮母港周边分布有大型购物中心、餐饮、休闲娱乐、金融服务机构等，均只有几分钟的车程，并且是以港口为中心，四周向外发散，离母港越近商业设施分布得越密集；此外，还分布有博物馆、艺术馆、剧院等场所。新加坡邮轮中心毗邻新加坡最大的购物中心之一——怡丰城。从一定角度上看，正是丰富的周边商业设施，才使得国际著名邮轮母港发展到了今天的程度。反观青岛国际邮轮港片区，其周边的配套商业服务设施明显不足。与青岛国际邮轮港最近的商业服务承载区主要有三个：新街里、中联自由港·湾、德国风情街。截至 2016 年 10 月底，在青岛邮轮母港启用一年多后，新街里、中联自由港·湾的开发商仍在招商中，引入与邮轮母港相适应的商贸、休闲娱乐、餐饮住宿等业态，估计真正完成需要较长时间。德国风情街虽然已经打造多年，但尚不能为游客提供最为优质的服务，与满足邮轮游客需求也存在相当距离。

（四）周边城区整体面貌需大力改善

邮轮母港周边的环境在其发展过程中有着十分重要的作用。每一位游客都希望在到港之时，即可看到一座城市最美的风景。国际著名邮轮母港，如巴塞罗那、迈阿密、新加坡等，周边城区整体环境，特别是游客视力所及范围内的小环境，均十分优美。巴塞罗那港邮轮泊位之侧即为众多高档游艇的停泊区；迈阿密港邮轮泊位虽与货船在同一岛屿之上，但分区明显，邮轮泊位周边有着迷人的小环境，不仅有绿荫浓浓的小公园，而且建有篮球场、游泳池；漫步新加坡游轮中心，游客所见为新加坡市区独特的天际线美景。与这些国际著名邮轮母港相比，青岛国际邮轮港周边环境主要存在两方面的问题：一是国际客运中心内侧港湾内停泊着除海警船只外的众多杂船，影响着邮轮母港的形象，与高端旅游所需的优美港湾环境有着较大差距；二是铁路线和铁路线以东老城区的城区整体面貌，作为邮轮游客出港后第一眼所见到的城区，与青岛市的整体形象存在较大差距，影响游客的美好体验。青岛国际邮轮港周边面貌方面存在的这两个问题对国外到港游客的影响最为明显。

(五)本地政策扶持相对国内先进城市较弱

相对于上海、天津、厦门等邮轮母港城市出台的支持邮轮产业发展的政策,青岛市有关政策的扶持力度相对较弱,有较大的提升空间。2016 年 8 月 1 日,《上海推进国际航运中心建设条例》开始实施,在我国首次将邮轮产业纳入法规管理,并提出在邮轮旅游方面推广上海自贸区改革试点经验和相关政策措施。2016 年 10 月 1 日,上海开始实施外国旅游团乘邮轮由上海入境 15 天免签政策。天津于 2015 年 4 月出台了《中国邮轮旅游发展实验区建设三年行动方案(2015—2017 年)》,提出加大邮轮游艇产业发展的资金支持力度。资金来源由天津市、区两级在财政预算中统筹安排,每年不少于 1000 万元,连续支持 3 年。为推进厦门邮轮母港发展,福建省于 2015 年 7 月出台了《关于加快推进厦门邮轮母港建设的若干意见》,提出从 2015 年起的 4 年内每年从厦门市财政安排 2 亿元以上资金,用于组建邮轮公司、培育邮轮航线和客源、引进国际邮轮公司设立区域性总部等。2015 年 12 月,厦门出台《关于进一步促进邮轮经济发展的通知》,其中提出在厦门组建具备自有邮轮运力 1.8 万总吨以上或者核定载客数 500 位以上邮轮公司,或设立国际邮轮公司的区域性总部,并取得营运许可证的,给予一次性补助 200 万元;按照邮轮吨位情况给予航次补助,母港邮轮最低补助标准为 15 万元/航次;对招徕邮轮旅客在厦门出行的大陆地区组团旅行社,按登轮出游旅客人数给予邮轮招徕补助 150 元/人。青岛市的有关扶持政策相对于以上三城市还有较大的提高空间。如青岛市 2014 年出台的《加快发展邮轮游艇产业责任分解方案》提出,对以青岛为母港、运力 1.8 万总吨以上或核定载客数为 500 位以上的邮轮,每航次补贴 5.5 万元;对停靠青岛的同类邮轮,每航次补贴 3.5 万元。

三、青岛国际邮轮港拥有的进一步发展优势

(一)拥有主城天然良港和丰富的旅游资源

青岛邮轮母港位于的青岛港老港区,是内陆的半封闭性海湾,港阔水深,风平浪静,不淤不冻,自然条件十分优越,是著名的天然良港。青岛邮轮母港与国内其他邮轮母港,甚至国外多数著名邮轮母港相比,拥有一个最大的优势,就是它位于青岛市主城区,而不是远离城区,游客不需要用快速客船或旅游大巴进行较长距离的转接,下了邮轮以后可以直接到市区购物和游览。同时,青岛市区建在黄海与胶州湾之间的半岛地区,整个市区构建于青山与大海之间,“城在海上,山在城中”

"山、海、城"三位一体，浑然天成，拥有着丰富的旅游资源。如我国著名的道教名山——崂山，以及大、小珠山和小鱼山、青岛山、观象山、信号山等市区群山，还有汇泉湾、青岛湾、太平湾等美丽海湾。2007年青岛被世界最美海湾组织第四次全体大会评为"世界三十大最美海湾"之一，是中国唯一入选的城市。除此之外，青岛还拥有八大关、天主教堂、康有为故居、迎宾馆等人文景点和青岛啤酒博物馆等工业遗存。这一切使青岛国际邮轮港具备了未来加快发展的优良自然条件和旅游条件。

（二）潜在消费市场和腹地支撑条件良好

旅游经济学认为，当人均GDP达到3000美元以上时，人们就会产生出境旅游的需求；当人均GDP达到5000美元以上时，人们就会产生周游世界的旅游需求。2015年，山东省17个地市中有16个人均GDP超过5900美元，青岛市人均GDP更是超过1.6万美元。青岛市所在的环渤海经济圈又是中国经济发展的第三大增长极，圈内共有城市157个，早在2010年经济总量就占到了全国的30%左右。因此，青岛邮轮母港拥有众多潜在的邮轮旅游客源。青岛市还拥有着便利的对外交通，目前依托高铁、高速公路、机场等交通设施，已与周边城市形成了1小时都市圈、3小时服务圈和8小时腹地圈。青岛流亭国际机场是华东地区继上海之后的第二大空港，已开辟众多国际、地区客运航线，与日本、韩国有方便的空中航线以及密切的国际经贸关系。作为东北亚国际航运枢纽、沿黄流域的出海口和山东半岛龙头城市，青岛发展邮轮经济腹地市场广阔，可立足环渤海经济圈，辐射整个中国北方以及日本、韩国、俄罗斯等周边国家和地区。

（三）国际邮轮市场的转移和著名邮轮公司的青睐

全球邮轮产业绝对优势的北美市场已经出现饱和，而我国作为亚洲地区最大的邮轮市场，凭借丰富的旅游资源和不断兴建的邮轮专业港口，逐渐成为全球主要的邮轮旅游目的地之一。2015年，我国上海、天津、青岛、厦门、广州、三亚等十大邮轮港，共接待邮轮629艘次，邮轮游客出入境248万余人次。其中，以我国游客为主的母港艘次出入境222万余人次，以境外为主的访问港艘次出入境25万余人次。据中国交通运输协会预计，2016年我国邮轮旅游规模将超过350万人次，到2020年前后我国将成为世界第二大邮轮市场。在此情况下，国际著名邮轮公司纷纷进驻我国。到2016年，歌诗达邮轮、皇家加勒比邮轮、公主邮轮、丽星邮轮、海航旅业等邮轮巨头均已落户青岛。其中，世界上最大的邮轮集团美国嘉年华集团意大利歌诗达邮轮公司，2009年就在青岛设立了办事处。2016 年，皇家加勒比海洋神话号、地中海海洋抒情号、歌诗达维多利亚号等国际豪华邮轮来青运营多个航次。2016 年 5 月，中国首个世界级邮轮行业组织——世界旅游城市联合会邮轮分会在青岛正式成立，并将秘书处常设青岛。著名邮轮公司和国际性邮轮组织的青睐为青岛国际邮轮港的发展注入了新的动力，也使青岛市向着打造具有国际影响力的“中国北方邮轮中心”和“东北亚区域性邮轮母港”的目标迈进了坚实的一步。

(四)国家和本地政府的政策支持

多年来，邮轮经济受到了我国政府的大力支持和肯定。2008 年 6 月，国家发展和改革委员会下发了《关于促进我国邮轮经济发展的指导意见》。2009 年 12 月，国务院颁布《关于加快发展旅游业的意见》指出要支持有条件的地区发展邮轮游艇旅游。2014 年 3 月，交通运输部发布了《关于促进我国邮轮运输业持续健康发展的指导意见》，明确了我国邮轮运输业未来发展的方向、重点任务以及政策思路。2015 年 4 月，交通运输部发布《全国沿海邮轮港口布局规划方案》，提出要进一步优化邮轮港口布局，形成由邮轮母港、始发港、访问港组成的，布局合理的邮轮港口体系；8 月，国务院办公厅发布《关于进一步促进旅游投资和消费若干意见》，提出支持建立国内大型邮轮研发、设计、建造和自主配装体系，鼓励有条件的国内造船企业研发制造大中型邮轮；12 月，交通运输部发布《邮轮码头设计规范》。这些政策无不表明我国正在加快创新邮轮旅游配套政策。在《全国沿海邮轮港口布局规划方案》中，我国对青岛市发展邮轮经济更是给予了明确的支持，把青岛定位为我国 8 个邮轮始发港之一。2016 年 5 月，国家旅游局又批准青岛正式成为我国第四个“中国邮轮旅游发展实验区”。这十分有利于青岛在深化旅游改革、扩大邮轮旅游对外开放、争取口岸通关便利、促进旅游消费等方面进行创新。青岛市政府为支持邮轮经济的发展也出台了《青岛市邮轮游艇经济发展规划》、《青岛市邮轮产业发展规划》等文件，将邮轮经济作为青岛市新的经济增长点和新的旅游业态加以培育和发展。

四、加快青岛国际邮轮港建设发展的对策建议

(一)在争取国家和山东省政策的基础上进一步出台本地政策

争取国家和山东省政策扶持应建立在青岛国际邮轮港的建设发展情况良好的基础之上。因此，在保持已有良好发展势头的条件下，青岛

市应进一步积极争取国家和山东省的政策扶持。如立足“中国邮轮旅游发展实验区”，争取外国旅游团乘邮轮由青岛入境15天免签政策，争取“无目的地公海游”政策，争取把青岛国际邮轮港纳入到未来的青岛自贸区当中等。争取这些政策将使青岛在成为国外邮轮旅游目的地方面走在天津、厦门、深圳等城市之前，不仅将增强青岛与国内其他城市间邮轮经济发展的竞争优势，更将打开国外游客入青旅游的海路大门，使更多的国外游客到青岛游览，增加青岛在国际上知名度，吸引更多的企业来青岛发展，使青岛市的国际化城市建设进程进一步加快。如可争取山东省出台关于加快邮轮经济发展的专项政策或专门实施意见，在省级层面对“中国邮轮旅游发展实验区”的发展进行支持，特别是对青岛国际邮轮港基础设施建设项目的政策资金扶持。在向上争取的同时，青岛市应借鉴上海、天津、厦门、深圳等地支持邮轮经济发展的经验，进一步出台和完善本地相关政策，细化、强化、优化邮轮奖励政策；出台推进青岛国际邮轮港发展的本地法规等等。青岛市也可把已经形成的财富管理金融综合改革试验区的有关政策运用到青岛国际邮轮港金融产业的发展当中，使入驻企业享有金家岭和中央商务区的有关支持政策。

(二)充分发挥管理局作用，探索“小政府＋大企业”运作模式

青岛国际邮轮港管理局已经与青岛港集团联合成立了青岛国际邮轮港开发建设有限公司。青岛市应以此为基础，充分发挥已赋予青岛国际邮轮港管理局在青岛国际邮轮港片区的开发建设、运营管理、招商引资、制度创新、综合协调等作用，鼓励其借鉴深圳前海经验，积极探索“小政府＋大企业”运作模式。具体说，就是可由青岛国际邮轮港管理局划定青岛国际邮轮港的某一特定片区，由青岛国际邮轮港开发建设有限公司为主导开发建设，形成在小范围内的企业主导型开发建设的新模式，而青岛国际邮轮港管理局及市北区政府履行行政管理职能。这样，可以理顺体制机制，形成发展合力，实现小片区的企业化管理、市场化运作，解决“两张皮”式的差异化管理体制，促进政企合作和协同发展。同时，应鼓励青岛国际邮轮港管理局在开发建设中积极采用PPP2.0模式。该模式更尊重市场规律，可强化青岛国际邮轮港管理局在片区顶层设计、加强监管、维护市场秩序的作用，企业和社会资本则运用一体化形式一揽子提供经济发展和社会发展所需要的公共服务，还包括在公共部门与私人部门之间运用资本、技术、管理、人力资本、土地等要素、资源，在基础设施和公共服务设施建设运营，公共服务提供等方面开展合作。

(三)不断加大宣传推介,多种形式积极招商

在宣传推介方面,青岛市应整合各种宣传资源,积极争取上级宣传部门支持,加强青岛市相关部门间的联系,统一规划部署,从投资环境视角整体策划有关青岛国际邮轮港投资形势、优惠政策等方面的宣传报道;应突出主流媒体宣传,积极加强与国际国内各主流媒体和官方宣传机构联系,通过签订合作协议、建立定期沟通机制、制订联合行动方案等方式,深化双方在信息交换、主题策划、企业资源等领域的投资推介合作;积极运用网络、手机等新兴媒体,尽快建立青岛国际邮轮港官方网站和微信公众号等平台,设立情况介绍、产业投资、优惠政策、企业办事、公共服务、邮轮服务等版块,方便投资者或游客查询相关信息,推动青岛国际邮轮港与国外知名网络媒体的营销推广合作。在招商引资方面,青岛市应针对青岛国际邮轮港创新工作模式开展多形式特色化招商,应实施"精准招商"战略,按照青岛国际邮轮港产业发展方向,研究明确引进项目标准,通过针对招商目标国家(地区)、产业和企业开展专题研究,确定重点招商项目和企业,着力引进一批国内外知名机构、跨国公司和重大项目等,提升产业发展整体实力;应积极推动"风投+创新"发展模式,搭建国内外各种风投机构与创新型企业的投资嫁接桥梁,积极引进能够引领未来发展潮流的创新型企业。

(四)尽快建成购物消费、休闲娱乐、餐饮住宿等商业中心

青岛邮轮母港的最大竞争对手——天津国际邮轮母港正在依托天津自贸区的相关政策,先行先试,把母港周边建设成为多功能特色消费地块和北方地区购物娱乐天堂;三亚邮轮母港所在地凤凰岛已成为世界知名的"海上度假天堂",岛上遍布超星级酒店、国际养生度假中心、商务会所、海上风情商业街、国际游艇会等消费娱乐、餐饮住宿类商业服务中心。青岛应进一步加快青岛国际邮轮港片区或邻近片区的购物消费、休闲娱乐、餐饮住宿等商业服务中心的建设,应把新街里、中联自由港·湾、德国风情街、中山路等作为此方面未来发展的重点。其中,中山路、德国风情街和即墨路小商品市场是存在于青岛国际邮轮港周边的三条特色明显的街区,将是游客休闲、购物的重要目的地,应在现有基础上,进一步进行打造和发展。中山路应再现老青岛记忆,打造历史特色旅游线路;德国风情街应依托异国建筑风情,打造为上海"新天地"式的地标;即墨路小商品市场则应进一步美化街区环境,打造青岛版"城隍庙"。此外,应充分发挥青岛国际邮轮港位于主城区的优势,在各种招商媒介和平台上加大招商推介力度,或举办专场建设招商推介会,与开发商一起加大对在城市综合体建设方面实力强大的国内外大

型商贸企业的引进，对建立意向的大型商贸企业应努力使之尽快落地，早日在周边建立起能够为游客服务的购物消费、休闲娱乐、餐饮住宿等商业服务中心。这对青岛国际邮轮港的加快发展必将起到极大的促进作用。

（五）加强与周边片区的协调发展，打造现代港航服务集聚区

加强对青岛市主城区西部老城发展的顶层设计，需要市南区、市北区、青岛港集团、青岛国际邮轮港管理和青岛市有关部门的紧密合作。在已有发展基础上，把已经初步划定的约 30 平方千米青岛国际邮轮港配套服务区建设好，特别是铁路线以东的邻近片区应首先配套建设好，积极发展与邮轮经济、金融创新等相关的产业，大力培育航运市场服务、进出口物流服务和国际客运服务、邮轮旅游服务等功能，打造现代港航服务集聚区，使青岛国际邮轮港对城区建设发展的影响扩大开来，在促进老城区的更新、复兴、完善和提升城市功能方面发挥重要作用。另外，青岛国际邮轮港的北部片区（青岛港客运站以北）主要是青岛港的老港区，从现有规划看，该片区在未来将重点发展金融服务、贸易服务、科技服务等产业，是青岛国际邮轮港的自贸核心区。但目前该片区尚未能完成预想的功能转型，其原有的货运功能虽然已经主要转移到青岛西海岸，却仍有相当一部分在运营。这就需要青岛港集团尽快地完成青岛国际邮轮港的北部片区的彻底转型，为早日实现土地的出让、租赁、合作创造条件，也为加快青岛国际邮轮港的发展创造条件。

（六）优先整治周边城区面貌，进一步便捷对外道路交通

青岛国际邮轮港片区及其周边是青岛市有着百年历史的老城区，虽然近年来该片区南半部已经完成了旧城改造，晓港名城、海逸景园、新街里等新住宅小区和街区已经建成入住，但其北半部（青岛港客运站以北）和铁路线以东邻近片区尚未进行改造，城区面貌仍然老旧，与青岛国际邮轮港未来发展要求存在着一定差距。2016 年，青岛市已经启动铁路线以东邻近片区的棚户区改造，甘肃路片区（上海路，陵县路恩县路和武定路合围区域）、长山路、铁山路、包头路、青城路等均已启动改造计划，但这些计划多数为零星改造，尚未形成集中联片，在短期内无法整体性改变旧城面貌。因此，青岛市应进一步集中力量，充分利用棚户区改造之机，优先开展这些片区的旧城改造，在青岛国际邮轮港周边营造出一片良好、舒适的新城区环境。与此同时，应结合青岛国际邮轮港和中山路、馆陶路等的建设需要，加强对青岛主城西部老城区的重点路网结构研究，加强周边重点拥堵路口交通组织优化，通过设置单行线、区域微循环、路口渠化等，实现游客从出港到青岛市区主要景点景

区控制在30分钟车程内，并为相关道路基础设施建设做好预留，以便为进一步便捷对外道路交通提供用地。此外，应对冠县路、长安路、邱县路等道路停车情况进行整治，治理乱停乱放情况；对道路两侧进行短期内即见效果的绿化美化，对新疆路高架桥进行侧立面美化、亮化，对铁路线进行遮挡、绿化和美化，让铁路线不再成为青岛国际邮轮港与邻近片区的分割线，而是成为二者之间的风景线。

（作者单位：中共市北区委党校）

崂山区打造青岛中央创新区研究

李盛祥

创新是民族进步之魂。创新为五大发展理念之首。2016 年 1 月，随着国务院正式批复《青岛市城市总体规划（2011—2020 年）》，青岛市城市定位由东部沿海重要经济中心城市提升为国家沿海重要中心城市。“坚持创新驱动发展转型，努力建设国家沿海创新中心城市”成为新时期青岛的发展目标。2015 年，崂山区打造“构建创客新高地 打造青岛中央创新区行动计划”的启动，标志着青岛中央创新区（CID）确定落户崂山。更好地推进中央创新区建设发展意义重大。

一、青岛中央创新区形成及历史沿革

青岛中央创新区的形成经历了四个发展阶段。

（一）建园初期至青岛高新区扩区阶段

1992 年 6 月，青岛市委、市政府决定以原崂山区中韩镇的行政区划为范围，建立青岛高科技工业园，赋予市级经济管理权限。同时按照“镇园合一”的模式，设立青岛高科技工业园管理委员会，对高科园实行统一领导和管理。1992 年 12 月，国务院批准建立青岛高新技术产业开发区，规划面积 9.8 平方千米（含新技术产业开发试验区和青岛科技街），其中在崂山区的国家高新区政策区域面积为 8.8 平方千米。2005 年 12 月，市委、市政府决定成立新的高新区管委会，作为市政府的派出机构，统一协调青岛高科技工业园、黄岛新技术产业开发试验区、市北新产业园、市南软件园。

2008 年，市委、市政府成立新的青岛高新区工委、管委，负责管辖范围内（含国务院批准的市北新产业园 9.95 平方千米核心区，以及原海玉盐场 7.72 平方千米、原城阳区新材料团地 14.68 平方千米和原东风盐场东半场 2.25 平方千米的预备发展用地）的统一规划建设、统一基础设施标准、统一产业布局、统一入园条件和行政管理，并对青岛高科技工业园、市南软件园、市北科技街、黄岛新技术产业开发试验区等园区的工作进行业务指导、协调，形成了青岛高新区“一区五园”的工作格局。

（二）青岛崂山科技城阶段

2008 年 1 月，崂山区委、区政府提出“建设科技城，打造青岛高新技术产业核心区”的发展战略。科技城规划面积 42.27 平方千米，规划为“一城三谷多园区”的谷链结构。2010 年 1 月，科技城创业谷、科技谷控规获市政府批复。2009 年，区编委制订高科园管委《职能配置、内设机构和人员编制方案》，明确：高科园管委为区政府的派出机构，根据区政府的授权，负责科技城的综合管理，统一产业布局、统一项目选址和准入、统一综合服务。科技城内涉及的行政审批、行政执法、行政监管和社会事务管理职能由区政府相关部门、单位和驻区机构承担。

（三）青岛蓝色硅谷产业创业带阶段

2012 年初，《青岛蓝色硅谷发展规划》发布，布局“一区一带一园”的总体开发格局。其中“一带”由核心区向南，沿滨海大道延伸至崂山区科技城。区建设局、发改局分别对“一带”进行了空间规划和战略规划，规划范围包含科技城片区、北宅片区和王哥庄片区，总面积约118.6 平方千米。

（四）青岛中央创新区阶段

党的十八届五中全会把创新上升到五大发展理念的首位，摆到了国家发展全局的核心位置。围绕创新，崂山区提出打造青岛的中央创新区(CID)，范围涵盖“三创一园一社区”（青岛滨海创新大道、青岛金株创业大街、青岛创客大街、青岛国际创新园和青岛国际创客社区），并获市委、市政府批复。2015 年，崂山区整合相关部门，在全国率先成立了区级科技创新委员会——崂山区科技创新委员会（以下简称科创委），建设平台公司，设立创投基金，出台激励政策，《青岛市崂山区国民经济和社会发展第十三个五年规划纲要》中将构建产城融合的青岛中央创新区重点提出，明确了到 2020 年青岛 CID 建设的总目标、总任务，青岛中央创新区进入快速发展阶段。

二、青岛中央创新区建设基本情况

青岛中央创新区获批以来，在引领作用、人才建设、创新驱动等方面实现了较好较快发展。

(一)引领作用日益突出

截至2016年上半年，青岛中央创新区相继获批设立和规划了国家生物产业基地、国家通信产业园和国家知识产权示范创建园区、国际创新园、新能源产业园、蓝色硅谷软件外包中心、联通云计算中心等专业园区；引进建设“国字号”科研院所6家；推进海洋寡糖、蔚蓝生物等一批重点高新技术产业化项目；成功创建全市首个国家科技兴贸创新基地，首批3家外贸公共服务平台获国家支持；海工英派尔科研基地一期等项目建成，海信全球研发中心、国家海洋药物工程技术研究中心开工建设；创智谷控规调整编制完成，世界500强印孚瑟斯、海尔无线、京东医药城等62家企业签约入驻创新园一期；歌尔声学、青岛海洋生物医药研究院等项目签约落户；海信网络获批国家级工程技术研究中心；蓝智技术交易中心、国家专利局青岛分理处、上海盛知华知识产权服务公司成功落户。2016年5月，北航青岛研究院、北航虚拟现实国家重点实验室青岛分室揭牌，标志着国内虚拟现实重点研发机构正式落户崂山。创新高地迅速崛起，引领作用日益突出。

(二)人才建设深入推进

在2013年中组部公布的第一批“万人计划”人才名单中，产业创业带内共8人入选，占全省入选总人数的23.5%；截至2015年底，全区拥有国家“千人计划”团队3个、人才13名；引进海外高层次创新创业团队10个；省“泰山学者”海外特聘专家16名，居全市首位。截至2016年第三季度末，青岛高层次人才创业中心吸引34家高层次人才企业入驻，项目涵盖生物医药、环境保护、新能源新材料等高科技领域。

(三)创新驱动提质提速

2015年，崂山连续第四次获批全国科技进步考核先进区。截至2016年6月，区内上市公司8家，占全市1/4；科技孵化器建设取得重大突破，总面积达150万平方米，竣工率均居全市首位，入驻企业近500家；全区具有国家创业投资资格单位达到3家；成立全省首家市场化运作的技术交易市场；全区国家级技术转移示范机构达到3家，居全市首位；全区技术交易额超过18亿元，居全市首位；国家级工程技术研究中心累计达5家，占全市1/2；市级工程技术研究中心累计达35家；省市级院士工作站累计4个；国家级国际科技合作基地累计10个，省级国际科技合作基地累计9个；高新技术企业累计138家，居全市首位；高新技术产业产值426.87亿元，高新技术产业产值占规模以上工业总产值的65.3%，全市领先；发明专利授权量居全市首位；全市唯一知识产权公共服务平台建成投入使用，扶持5家企业建成专利专题数据库，国家知识产权试点、示范单位8家，占全市1/2。创新驱动提质提速，驱动能力稳步增强。

三、青岛中央创新区发展的SWOT分析

当前，青岛中央创新区建设发展拥有得天独厚的优势，但也存在不少不容忽视的难点和挑战。

(一)优势和机遇

一是上级高度重视，政策支撑逐步到位。“构建创客新高地，打造青岛中央创新区行动计划”启动后，崂山区适时提出了“五个走在前列”的目标要求：要把发展基点放在创新驱动上，以科技创新为核心，以企业创新为主体，以机制创新为先导，构筑高端化的现代产业体系，打造具有国际竞争力的创新驱动发展示范区。

截至2016年6月，崂山区共设立了总规模10亿元的崂山新兴产业创投基金，建设了一批知名创业服务机构；制定出台《关于株洲路片区产业升级和城市更新的意见(试行)》，相关规划通过专家评审；国际创新园二期主体封顶，一批“蓝高新”项目加快推进；区内电子商务交易额、服务外包离岸执行额、技术交易额、发明专利授权量等创新创业领域关键性指标均居全市首位，并成功获批国家知识产权服务业集聚发展试验区。

二是以“十大计划、百项措施”助推新区快速发展。立足于全区高新技术产业优势、高校院所及科研人才优势、资本集聚优势和生态环境优势，2015年5月底，崂山区提出了“十大计划、百项措施”，包括创新创业氛围营造、体制机制改革创新、政策洼地打造、空间布局优化提升、科技与金融融合创新、创新创业人才汇聚、人才安居乐业、科技服务平台保障、龙头企业领航、农村社区居民创业十大计划，每条计划包含10项具体措施，确保条条计划落到实处。

截至2016年6月份，崂山区先后与清控科创、中国海洋大学、青岛大学、青岛科技大学、海尔海创汇等机构签署合作协议，引进高端服务机构，携手区内优势资源，打造青岛创客大街、海尔海创汇、青岛众创空间等专业化特色孵化空间，开展科技保险试点、科技小微企业债券融资等合作，为创客融资提供特色创新产品，打造“科技增信”融资服务品牌。

三是以“一道一园两街”优化新区空间布局。崂山区打破空间限

制，对空间布局优化提升，着力构筑“一道一园两街”，具体包括青岛滨海创新大道、青岛国际创新园、青岛金株创业大街和青岛创客大街。通过空间布局优化，打造多点辐射发展，专业苗圃、孵化器、加速器、产业园区的阶梯形载体链。

以海尔研发、海信全球研发基地、歌尔研发基地、澳柯玛研发创新基地等高端研发项目为支撑，打造产业源头创新、高端要素汇聚、海内外创客云集的“青岛滨海创新大道”。发挥青岛众创空间、海创汇等项目的带动作用，引进专业机构运作，打造示范化的青岛国际创新园。扎实推进株洲路两侧升级改造，打造创客和创业资源聚集的“青岛金株创业大街”。联合青岛大学以本部为核心，整合周边区域载体空间，打造开放式、全要素的“青岛创客大街”。

（二）难点和挑战

一是周边环境整治需加速推进。崂山科创委、青岛国际创新园等青岛中央创新区的关键部门和项目载体均布局在滨海大道与株洲路交界处，一方面，“高大上”、“高精尖”的环境氛围和创业气息扑面而来；但另一方面，株洲路片区和张村河流域的环境与国际创新园“高大上”的形象形成强烈反差。株洲路片区目前存在交通不便、道路坎坷、企业低质、绿化亮化不到位等种种问题，而张村河流域由于历史和现实原因，一直是崂山区城市发展中的老大难问题，区域内乱倒垃圾甚至焚烧垃圾的情况较为严重，人员成分复杂，治安有待加强。“十三五”时期，必须对株洲路城市更新、张村河环境整治下大力气予以整治，打造青岛中央创新区创新创业的优良环境刻不容缓。

二是交通拥堵问题。随着创新企业在国际创新园的纷纷入驻，停车难、行车难、道路拥堵问题愈加凸显。一方面，早、晚高峰时间段，区域内企业班车、私家车在滨海大道、松岭路等路段乱停乱放现象严重；另一方面，由于该区域及周边建设项目集中，渣土车多，又处于枯桃花卉市场、张村等人流密集地段，通行车辆主要集中在滨海大道这一条主干路，没有环路或高架桥予以调流，更加重了该区域的拥堵。“十三五”时期，必须提前应对，通过架设高架桥、增设公交场站、停车位挖潜、限制渣土车等方式予以解决，打造周边高效、便捷交通网络。

四、青岛中央创新区发展的对策建议

青岛中央创新区建设应坚持一张蓝图干到底，在推动创新转型发展上不断取得新成效。

(一)提高创新创业能力

在既有基础上,补短板、增后劲、促创新。深化创新体制机制改革、优化创新创业生态环境,为新兴产业和产业升级提供公共设施、公共服务,推动建立以市场为导向,以企业为主体,政府、研究机构以及金融机构协同参与的官产学研联盟。

一是强化企业创新主导能力。激活企业创新资源。积极鼓励和引导企业加大研发投入。支持企业牵头参与国家和省、市科技重大专项、重点工程建设和科技计划,提高企业研究开发活动的层次和水平。鼓励有条件的企业建立企业技术中心,或与大学、科研机构联合建立研发机构,提高企业的技术创新能力。建立企业创新的激励机制,对企业创新投入给予更多的优惠扶持,推动企业从技术引进向技术消化、技术创新发展,从制造向创新创造转变。完善创业服务体系,进一步优化创业环境,培育一大批创新活跃的中小企业。加快中小企业的信息化建设,提高中小企业的管理水平。发挥中小企业在技术创新、商业模式创新和管理创新方面的生力军作用,使崂山区成为创新创业者的首选区域。完善协同创新网络。以企业为主导,探索企业与高校、科研院所共建研发机构和委托研发、技术许可、技术转让、技术入股等多种产学研用合作模式,发挥新型产业组织在产学研用合作中的重要作用,建立高效的协同创新网络。

二是完善创新创业公共平台。以"一道一园两街"为载体,引导创新要素资源集聚,打造开放型创新创业城区。积极争取国家、省、市创新资源,吸引以国家重点科技机构为核心的"国家队"来崂山建立创新技术产业化基地,促进部、省、市、区产学研创新要素融合发展。充分发挥区内国家级和省、市科研院所创新作用,加大集成创新支持力度,依托大学、科研院所等科技创新资源,建设一批共性技术平台和高技术产业化服务平台。加强企业技术中心、技术转移中心等技术创新载体建设,不断健全、优化和扩大技术创新体系。支持以企业为主体,联合高等院校和科研院所建设一批工程中心和实验室,突破一批产业关键核心技术,支撑产业振兴和新兴产业快速成长。"四创"联动发展。促进"创客、创新、创业、创投"四创联动,从封闭式向开放式创新转变,完善创业孵化器体系,提升孵化器服务水平,促进科技成果转化。提升服务能力,支持高校师生在区内创新创业。培育创新型社会组织,搭建创业者和投资者之间的合作交流平台,鼓励、引导和支持各类人才创新创业。鼓励和引导企业完善管理制度,推进企业信用体系建设,提高知识产权运用能力,形成可持续发展模式。加强对企业融资扶持,推动创业投资和企业的对接,支持金融机构创新信贷品种,支持企业充分利用资本市场。营造鼓励创新创业的文化氛围，鼓励全社会积极参与。

三是建设创新创业要素集聚高地。培育集聚创新人才。依托国家、省、市、区人才计划，加快引进高层次人才和创新创业团队，推动技术型创业者向现代企业家转变。完善人才激励政策措施，优化人才资源配置。完善高端人才的居住、教育、医疗等配套服务。吸引汇聚科技资本。大力支持境内外股权投资、创业投资在区内聚集和发展。提升科技金融服务能力，健全科技金融服务方式和手段，降低交易成本，提高交易效率。发展科技金融中介服务，加快发展信用评级、资产评估、融资担保、投资咨询等专业服务机构。培育科技中介机构。支持建立行业协会，着力提升科技中介机构服务能力，推进政府采购科技中介服务。

（二）发展创新型产业集群

围绕国家战略，突出地区优势，重点发展“蓝色、高端、新兴”产业，打造生态活力、宜居宜业的现代化科技新城区。

一是优先发展海洋新兴产业。跟踪推进一批蓝色高端产业项目，重点发展海洋生物、海洋新材料、海洋装备制造、海洋节能环保、海洋新能源、现代海洋养殖业、海洋高技术服务业，建设“蓝色高端新兴产业隆起带”、“企业技术创新活跃带”、“高端研发资源聚集带”和“科技领军人才汇聚带”。

二是壮大新一代信息产业。坚持电子信息制造业与信息服务业融合发展，发展新型家用商用电器、多媒体、新型显示产业；做大软件外包业务、信息服务外包、业务流程外包等信息服务业。发展物联网、云计算等前沿产业，争做区域性数据中心。

三是提升高端制造产业。一方面，对传统制造产业进行转型升级，实施“互联网＋”战略，坚持品牌化、集约化原则，运用高新技术和先进适用技术改造传统制造业，加快推进传统制造业技术和管理创新，引导传统制造业向加工与设计相结合转型，促进传统制造业优化升级。另一方面，依托现有先进制造业，重点发展智能制造装备和高端船舶海工装备。

四是发展其他新兴产业。以现有产业园和龙头企业为依托，继续发展新能源、节能环保产业和生物医药产业。集研发、孵化、中试于一体，成为青岛市新能源和节能环保技术研发、设备生产重要基地，成为国家海洋生物创新药物技术研发和产业化基地、青岛生物产业创新创业基地。

五是培育发展现代服务业。利用高新技术企业集聚优势，发展以高新技术产业为特色的工业科技旅游。依托区域以及产业集聚的优势，以山水廊道为串联引入，形成生态与产业区的完美结合。通过产业园区景观提升、文化注入以及特色体验，打造工业旅游聚集区。发展创意产业。发挥大型会展的品牌效应和辐射作用，按照“依托产业、服务产业、提升产业”的方针，依托产业、人才、环境、市场等优势，鼓励发展有基础、有市场、潜力大的创意产业，大力扶持和推进创意设计成果产业化。发展文化产业。推动文化产业与旅游、体育、信息、物流、建筑等产业融合发展，增加相关产业文化含量，延伸文化产业链，提高附加值。坚持体育、旅游、文化三业联合互动，利用崂山资源，实现体育旅游、体育、文化的有机结合，共同发展。

六是优化产业空间布局。促进园区联动。统筹产业布局，强化辐射带动作用，形成若干产业定位明确、功能分工合理的专业化产业基地，产业链分工合作，辐射带动，区域联动，实现产业协同发展，在科技创新、成果转化和创新创业等方面发挥示范引领带头作用。塑造有影响力的园区品牌。围绕产业发展需求，引导各产业、价值链细分环节在不同专业园区的集聚，形成优势互补、分工协作的产业空间格局。注重资源保障。在规划建设方面，加强土地节约集约利用，根据产业发展需求科学编制土地利用规划，建立地理信息系统，对产业布局状况进行评价，加强企业用地转让和闲置用地的监督管理。推进建成区存量土地资源挖潜，加速推进产业空间整合与功能升级。保障重大产业化项目用地，加快项目落地手续办理。建立利益和资源相协调的机制，建设便捷高效的基础设施，提升园区运行效能。

（三）实施开放与合作战略

一是助力企业国际化发展。依托国家“一带一路”发展战略，加大政策扶持力度，鼓励支持企业设立海外研发、销售与生产网络，开展对外投资，提高国际影响力。搭建企业国际化支撑服务平台，提高企业利用国际资源能力。积极探索企业利用国际创新资源做强做大的路径。支持示范区高新技术企业扩大利用外资规模。支持有实力的企业通过国际并购，获得发展所需的关键技术，拓展市场渠道。

二是搭建国际化合作发展平台。吸引各类国际产业组织、商务机构、商会协会落户，搭建国际合作交流的桥梁和通道，塑造有影响力的国际交流品牌。加大对中小企业吸纳国际创新资源的支持力度，鼓励有技术专长的中小企业开拓国际市场。鼓励高校、科研院所与国外科研机构合作设立科研基地或联合实验室。鼓励跨国公司设立独立研发机构和研发总部。

三是强化国内区域合作与交流。强化与青岛市、山东省和国家重点产业聚集区的战略合作，加强与其他区(市)的合作和交流，形成分工协作和优势互补的区域创新格局。

（作者单位：中共崂山区委党校）

新型城镇化进程中“城阳模式”研究

李 刚 李 赛

2013 年 12 月全国城镇化工作会议提出新型城镇化六大任务，即推进农业转移人口市民化、提高城镇建设用地使用效率、建立多元资金保障体制、优化城镇化布局和形态、提高城镇建设水平、加强对城镇化的管理。新型城镇化的“新”就是以“人”为核心，农业转移人口市民化是首要任务，让全体人民分享城市化红利；土地增值收益的合理分配，基本公共服务均等化，等等。

近年来，城阳区结合大青岛“全域统筹、三城联动、轴带展开、生态间隔、组团发展”的空间发展战略，加快城镇化发展思路从“建设为重”向“服务为本”转变，逐步探索出一条以人为核心、以规划为引领、以产业为支撑、以服务为保障、以群众安居乐业为根本的高点定位新型城镇化之路，被青岛市委、市政府确定为“城阳模式”。

一、城阳区新型城镇化发展的创新做法

（一）立足新型城镇化产业结构之“新”，探索产城一体新模式

遵循城镇发展规律，坚持兴城先兴业，推动资源要素集约利用、区域之间协调发展，着力实现产业能级和城市功能同步提升、群众居住和就业需求同时满足。2014 年以来，195 个社区最低可支配财力连续迈上 70 万元、80 万元、100 万元台阶。

1. 统筹区域发展，全面推行“产城融合”城镇化模式

对地处城区中心、土地多为建设用地、城镇化与服务业发展高度融合的区域，突出总部楼宇和金融机构密集、商贸服务发达的优势，主要选择以服务经济为主导的“产城一体”城镇化模式，重点规划建设总部经济聚集区以及临空经济、商务商贸和现代物流三个产业园，努力打造现代服务业聚集区；对产业园区相对密集、工业企业众多的区域，则选择以制造业为主导的“产城一体”城镇化模式；对基本农田较多、第一产业比重较大、尚不具备大规模推进城镇化条件的区域，则积极发展休闲

旅游、现代都市农业，打造特色生态旅游度假小镇。由此，中部总部集聚、东部休闲商住、西部高端制造的“产城一体”功能布局更加明晰。

2. 加快产业模式由加工贸易型向总部集聚服务型转变

城阳区以打造青岛总部经济集聚区引领服务业优化升级，巩固提升总部经济、文化创意、现代物流三大主导产业，壮大商务商贸、金融保险、休闲旅游等特色产业。截至2016年9月底，7个服务业集聚区集聚企业1700余家；五大总部园区累计建成125万平方米、签约企业848家，其中112家企业已产生税收1200万元；投资30亿元的比亚迪新能源汽车生产基地落户城阳，特种车及零部件产业集聚区被评为省级新型产业化示范基地。

3. 加快组团式布局、小镇式建设

推进“居住融合”。坚持居住相近、人文相亲，以原有的社区、城镇和园区为重点，通过规划引领将全区195个社区规划为40个组团。对安置区高起点统一规划，成片开发，实施区域内基础设施和公共服务设施的综合配套，避免重复投资，促进资源优化配置和城市资源共享。推进“服务融合”。加快美丽城镇和美丽乡村建设，全面提升城乡基础设施和公共服务设施，城乡均衡发展迈出重要步伐。截至2016年9月底，全区已累计实施70个社区旧村改造，腾出发展用地1.59万亩，累计建设安置房约665万平方米，4.5万余户居民入住现代新居。构建了区、街道、社区“三位一体、上下联动”的社区中心公共服务网络，全区已建成社区中心46处，基本实现区域全覆盖，195个社区全部设立“一站式”服务大厅，基本实现“居民办事不出社区”。

（二）立足新型城镇化服务模式之“新”，创建公共服务新标准

坚持把公共服务作为“以人为本”的要义，通过对新加坡“邻里中心”模式的学习借鉴，不断加强城阳区的社区中心建设，完善教育机构、医疗卫生机构、农贸市场等公共服务设施，不断推进政府公共管理职能向社区延伸、民生服务资源向社区集聚、社会治理重心向社区下移，以社区中心为载体的城乡一体公共服务配套被市委、市政府确定为“青岛标准”。

1. 全域布局满足均等化需求

从规划入手，以服务半径2千米为标准，全域布局社区中心，统筹推进区、街道、片区三级社区中心建设，成功消除了公共服务领域的城乡“二元”结构。规划建设了46处覆盖全区的三级社区中心，建成37处标准化农贸市场，城市公交实现全域覆盖，“15分钟便民服务圈”日趋完善。

2. 标准建设满足多样化需求

在社区中心建设过程中确定了室外“一区一场”、室内“一站二室四中心”的最低标准，室内室外相结合，确保了社区中心能够充分满足老年人、青少年、妇女儿童、残疾人等不同群体的需求，成为一处集商业、文化、体育、休闲、娱乐、维稳创安、防震减灾等功能于一体的综合服务平台，实现了“大事不出街道、小事不出社区”和“文体活动有场所、健身休闲有去处”。

3. 服务体系渐趋完善

截至 2016 年 9 月底，累计建成 169 处标准化社区卫生室，全面普及“便民药箱”服务，率先推行“大病救助”、“先住院后付费”等诊疗模式，支出 3.5 亿元，惠及群众 10 万人次。积极构建以居家养老为基础、社区养老为依托、机构养老为支撑的养老服务体系，依托老年公寓、街道中心敬老院和社区服务中心为老年人提供托管照顾、午休餐饮、康复娱乐等日间照料服务。截至 2016 年 9 月底，全区共有街道中心敬老院和老年公寓 9 处、社会养老机构 12 家，床位 4417 张。

4. 教育事业均衡发展

城阳区始终把推进教育均衡发展作为全面提升教育质量、大力促进教育公平的重中之重，优化教育资源配置，努力缩小城乡教育差距。加大对相对偏远学校的教育投入，近年来共投入 10.6 亿元，新建、改扩建学校 27 处；着力促进城乡师资素质均衡发展，深入开展教师支教交流工作，招录的优秀教师安排到偏远街道和学校比例不低于 50%；实施“城乡学校携手帮扶”工程，并将工作纳入对城区学校和教师考核。

（三）立足新型城镇化城乡面貌之“新”，建设美丽宜居新家园

积极回应群众生态关切，以生态间隔连接城镇组团，构建起“一山、五廊、多点”为主体的生态建设网络，城乡环境质量明显改善。

1. 建设“森林城阳”

截至 2016 年 9 月底，累计实施“森林城阳”建设项目 40 个，深化“密植混交、乡土多彩、生态自然、碳汇平衡”式绿化，加快打造“花园式”城区和“森林型”城郊，新造林 600 亩，更新 1200 亩，在塑造大量生态景观的同时，打造了苗木储备的“绿色银行”，林木覆盖率、建成区绿化覆盖率分别达到 39.6%、41.3%，各项绿化指标均超过国家森林城市标准。

2. 加强流域治理

坚持生态效益、社会效益、经济效益并重。2016 年全区持续推广白沙河综合整治的成功模式，并投入 3.6 亿元开展墨水河综合治理工程，努力把墨水河及沿线打造成防洪要道、生态连廊、宜居群带。

3. 深入实施环境综合整治

坚持每年实施一批市容环境整治项目，着力提高城市管理的网格化、数字化、市场化管理水平。2015 年全面推广生活垃圾收集清运服务外包模式，“智慧环卫”系统建成运行，成为全市首个环卫作业市场化全覆盖区(市)。总长 22 千米的春阳路等若干主要道路实现全线贯通。2016 年建设升级“智慧城管”系统，加快智信平台、智慧水务、智慧市政等模块建设。实施城乡环卫一体化扩面提标工程，实现工业园区和辖区接合部全域覆盖。推行在城市绿化和环境整治中融入健康、运动主题的建设模式，新建市民运动长廊等综合性运动公园 7 处。

(四)立足新型城镇化人的素质之“新”，增创道德文明新优势

坚持物质满足与精神满足同步，将素质提升作为人的城镇化的重中之重，加快农民的“再社会化”进程。

1. 深入开展精神文明创建活动，引领社会文明风尚

广泛开展中小学生“八个好习惯”养成教育、市民行为理念(公信仁义学责质效)和“您懂得、别忘了”等 17 条温馨提示践行活动，用生活细节反映文明素质，变空洞说教为潜移默化，有力提升了城市精气神。

2. 大力实施文化惠民工程，满足群众文化需求

城阳区 2011 年在全国率先实施了“文化超市”惠民服务项目。项目由基层社区和群众自主选择文化产品，区、街道两级财政共同出资购买，向街道、社区、新市民集聚区、企业等配送。2016 年继续实施“文化超市”惠民工程，向社区、新市民集聚区、企业等免费配送文艺演出 500 场、公益电影 1100 场、报刊 400 余种、图书 20000 余册，举办各类文化辅导培训 100 场次。“文化超市”建立以来，累计受益群众 100 余万人次，该惠民服务项目入选中宣部创新工作案例。

(五)立足新型城镇化社会治理之“新”，完善“由民做主”新模式

坚持群众自治、综合治理，不断扩大群众有序参与社会治理的渠道和范围，加快社会治理由“为民做主”向“由民做主”转变。

1. 打造民声“绿色通道”

针对群众诉求渠道分属不同部门，多头管理、工作交叉、答复口径不尽一致等问题，整合全区 16 条群众诉求渠道，在全国县市区率先成立民声服务办公室，构建起一个部门“集中受理、协调办理、统一答复”的群众诉求办理新机制。截至 2016 年 9 月底，累计受理群众诉求 8 万余件次，限期办结率、回复率均达 100%。

2. 强力推进市民议事活动

针对群众民主意识、参与意识、规则意识、权利意识的不断增强，在

全区 195 个社区广泛开展市民议事活动，将社区收支预算、项目建设、福利待遇等全部纳入议事范围，面对面听取民声、实打实解决问题。每个社区每年开展活动 3 次以上，居民户代表参与率两年内实现全覆盖，经验做法在中央电视台《新闻联播》进行了报道。

3. 健全党的基层组织体系

针对当前资源集约利用趋势不断加快，以社区为单位的基层管理模式在协调跨社区事务难度加大的状况，以片区为单位设立联合党委，积极推行“1＋X”党群共建模式，将辖区内的社区、驻区单位、“两新”组织等单位党组织全部纳入统一服务管理，构建起“组织融合、资源共享、大事共议、服务一体”的基层工作格局，实现了社区之间的协调发展。

二、城阳区新型城镇化发展面临的主要问题及原因分析

（一）产业支撑能力有待进一步加强

就全区而言，城阳区制造业已经具备了比较雄厚的基础，服务业发展迅猛、势头强劲，为新型城镇化推进奠定了坚实基础，但全区产业项目产生的税收依旧未能占主导地位。就社区而言，有的社区缺少有效的产业支撑，主要靠土地收益来平衡建设资金，新型社区建设结束之后，有的甚至存在较大的债务负担；有的社区虽然配建了大量的商业设施作为集体物业，但由于区位优势不明显，对外租赁效益不高，社区持续增收乏力。

（二）受各类规划限制，城市建设发展空间不足

东部山区和桃源河流域等生态保护区域，因受《青岛市总体规划（2011—2020 年）》、《山东省风景名胜区管理条例》、《崂山风景名胜区总体规划》等管理条例和规划限制，规划用地性质大部分为山体林地、风景区绿地及生态开敞区，规划的居住用地较少，不能满足区域的建设和产业发展的需要。

（三）基础设施建设相对较弱

长期以来，城阳区的基础设施和社会事业投入均由区财政给予保障。对于一个建区 22 年的区域而言，仅仅依靠自身力量进行设施配套，不仅质量得不到保障，而且速度慢，跟不上经济社会发展需求，导致全区基础设施建设普遍较低。

(四)公共服务配套不够完善

近年来,城阳区在教育、医疗、就业、文化等方面不断加大投入、创新力度,也取得了显著成效,创造出很多行之有效的经验做法。但相对整体发展水平而言,很多工作仍处于"还欠账"的阶段,还远远不能满足日益增长的群众需求。从长远看,到 2030 年人口规模预计将达到 180 万,期间将再增加 100 万人口,完善公共服务设施任重道远。

(五)城市管理水平相对较低

相对城市建设水平而言,城市管理水平明显滞后,特别是城市中心区与偏远农村社区之间,管理水平差距明显。虽然每年开展环境综合整治,但偏远的农村社区、河道仍有卫生死角存在;很多工作有亮点,但更有"盲点";很多管理制度"全覆盖",但更有空白处。随着新型城镇化的深入推进,城市管理必须建管并重、甚至"管重于建"。

(六)区域发展不均衡

城镇化发展不均衡,往往是经济发展不均衡所致,而经济发展不均衡,除去区位等先天禀赋影响之外,往往是基础配套设施不均衡所致。就城阳区而言,六个街道,分东、中、西三个区域,差距十分明显,加大政策倾斜力度、促进区域均衡发展已是统筹城乡的必然要求。

三、城阳区新型城镇化发展的思路对策

近年来,中央、省、市相继出台了新型城镇化发展规划,城阳的新型城镇化建设符合客观规律、符合城阳实际、符合群众意愿。在新的历史阶段,城阳区应当继续做好新型城镇化这篇文章,在区域发展中找准路径实现"凤凰涅槃"。

(一)坚持人的需求导向不变,更加注重发展节奏的把握

一方面从规划入手满足人的需求。加快基础配套设施向农村延伸,公共服务设施向农村覆盖。特别应超前应对户籍政策改变、户籍人口进入快速膨胀期之后,群众公共服务需求的扩张,适度超前建设教育、医疗、文化等公共服务设施。另一方面应确保规划的严肃性和延续性。对规划中明确的教育、医疗等公共服务设施,市政道路等基础设施用地和城市绿地,不能为了发展产业项目而随意调整甚至取消。

（二）坚持产城一体模式不变，更加注重建设路径的探索

一方面，应加快转变传统建设模式。一是合理确定是否拆建。对确需进行拆建的社区，打破原来一户安置两套房的模式，在保障居民住房需求的前提下，采取一户一套房和货币补偿相结合的安置模式，合理规划安置房用地规模；对东部崂山西麓和西部生态开敞区内的社区，重点进行统一修缮改造，保留原有民居风貌，完善公共服务配套设施，利用地理资源优势，发展特色产业；对缺少产业支撑的社区，暂缓拆建。二是加快社区股份制改革。在解决好集体资产管理问题的前提下，将社区集体资产量化到户，通过增加居民股权的方式增加改造的收益。另一方面，应加快构建城市建设多元化融资渠道。一是加快转方式调结构，夯实产业基础，减少对土地财政的依赖。二是充分发挥政府投资公司作用，做大政府融资平台。三要积极吸纳民间资本，减轻政府财政压力。通过 PPP 模式，吸引民间资本参与营利性基础设施建设，减轻财政负担。

（三）坚持公平至上理念不变，更加注重民生改善的实效

在更高水平上推进学有优教、劳有应得、病有良医、住有宜居、老有颐养、困有所助。一是在教育方面，继续加强学校规范化建设，加大均衡发展力度，破解“上学难”、“择校热”，特别是要解决好新市民子女的入园、入学问题。二是在就业方面，发挥好区、街道技能培训学院的作用，强化劳动力技能培训；加强对引进项目的劳动力需求分析，及时发布就业信息，引导居民充分就业。三是在医疗方面，在坚持完善“大病救助”、“先住院后付费”诊疗模式等惠民举措的同时，重点规范好诊疗行为，增加社区卫生室药品种类，进一步减轻群众就医负担。四是在保障方面，加大对困难群体的关注和帮扶力度，发挥好政府“雪中送炭”的保底作用。

（四）坚持绿色发展方向不变，更加注重生态环境的保护

一是加强“森林城阳”建设。着力提高精细化管理水平，巩固绿化效果和生态效益，打造“花园式”城区和“森林型”城郊。二是加强绿化用地保护。对总规中明确的生态开敞区和风景区用地，着力加以保护，尽一切可能减少对这些区域的破坏性开发建设。三是加强河道治理。推广白沙河流域整治开发经验，把每一条河流既作为保护对象，又作为公共服务设施建设载体和产业发展平台，使之都成为生态长廊、休闲岸线和产业高地。四是转变资源利用方式。严守土地红线，大力发展循环经济、低碳经济，积极倡导清洁生产，切实抓好节能减排工作。五是

大力发展绿色交通。统筹推进“智慧城阳”建设，大力开展道路通行能力优化提升行动，协调推进市政道路改造、智能交通应用、停车资源管理和执法体制机制改革，倡导绿色出行。六是加强污染治理。严格执行前置性环境准入条件，推行企业环境行为评价制度，强化水、大气、海洋等污染防治，让群众在蓝天碧水间自由呼吸。

(五)坚持文化引领目标不变，更加注重人文城市的打造

一方面，应着力提升居民的文明道德水平。一是完善公共文化服务体系。依托全域布局的社区中心，促进基本公共文化服务标准化、均等化，打造“15分钟文化圈”，为居民休闲搭建平台。二是加强精神文明创建。继续深化市民行为理念和“您懂得、别忘了”温馨提示践行活动，培育新时期城市精神。三是开展文化惠民活动。提高市民节、民间艺术节等特色文化活动的群众参与度，实现对接需求、满足需求与引领需求的有机统一。另一方面，应着力培育居民的现代民主意识。以倾听民声、尊重民意为切入点，充分发挥市民议事、民声“绿色通道”的作用，让群众感受到自己的话有人听，自己的困难有人帮，在潜移默化中规范自己的表达行为，进而养成理性表达诉求的习惯。

（作者单位：中共城阳区委党校）

胶州市农村基层社会治理创新研究

刘骏骎

党的十八届五中全会指出："要加强和创新社会治理，推进社会治理精细化，构建全民共建共享的社会治理格局。"社会治理，重点在基层，难点在基层，而农村基层治理又是重中之重、难中之难。近几年来，胶州市以农村基层党组织建设为核心，对农村基层社会治理进行积极探索和创新，取得了显著成效，也积累了宝贵经验。

一、胶州市农村基层社会治理工作的主要创新与成效

（一）创新"一核多元"权力运行机制，充分运用既有的组织网络作为农村社会治理的主体，全面规范村级组织的职责及其相互关系

党的基层组织是党全部工作和战斗力的基础，是落实党的路线方针政策和各项工作任务的战斗堡垒。胶州市围绕巩固村党组织的功能，理顺村级组织的相互关系，创新推行了"一核多元"权力运行机制。"一核"就是村党组织的领导核心。"多元"就是村委会、民主理财小组以及群团组织等其他村级组织。"一核多元"的实质是围绕发挥党组织的职能作用，更好地将村委会、群团组织等其他组织紧密地凝聚在党组织周围，形成以村党组织为核心、村级各类组织共同参与的共管共治机制。在运行中有以下几个特点：一是在政治上，村委会必须在党的路线、方针、政策指引下，在国家法律许可的范围内开展村民自治工作。二是在制度上，村党支部成员要带头模范地遵守《村民委员会组织法》和村规民约，推进村民自治。三是在重大决策上，先由党支部形成决议，经村"两委"联席会议讨论决定，提交村民会议或村民代表大会表决，最后由村委会组织实施，既保证了村委会民主自治权力的落实，又实现了党的领导，得到了群众认可。

创新社会治理机制，要充分运用社会组织的力量参与公共管理，但绝对不能绕过党和政府去寻求社会组织和民间力量。党的十八大报告明确指出，中国的社会治理应该在"党委领导、政府负责、社会协同、公众参与、法治保障"的总体格局下进行。社会治理主体虽然多元广泛，但是党委和政府依然是社会治理的核心主体。胶州市当前的"一核多元"农村

基层社会治理权力运行机制，契合了当前农村基层社会治理的正确方向。

(二)创新"互联网+"治理模式，推动了城乡社会基层治理的深度融合，完成了由"施治"到"善治"的嬗变

近年来，胶州市坚持问题导向，围绕解决群众诉求渠道不畅、落实党建责任不力、为民服务不到位、基层党建考评不准等问题，依托"互联网+"补齐"短板"，积极创新基层治理模式，使城乡基层社会治理呈现出新局面。

1. 构建上下联动、内外结合的"互联网+党建"平台

胶州市建立了市级层面、基层党组织、党员群众三级联动的"互联网+党建"智能系统。一是创建胶州党建服务网站。开发"基层党建、阳光民生、平安胶州"三大主体模块，全方位涵盖群众生活，最大限度提供服务便利。二是开发四级手机终端。按照市级、镇街部门、组织网格员和党员群众分别开发党建手机终端软件，方便网格员和党员群众全方位反映民生诉求，由责任单位根据职责限时办结。三是建立镇级特色服务平台。胶州市以市党建服务平台为母平台，各镇(街道)结合实际，延伸打造"小快灵"的特色服务子平台。如胶西镇开通"微服万家"，把所有人的所有事都"晒"在里面，一站式受理、一条龙办理群众诉求，一件事众人办万人看，建立了便捷高效的服务体系。胶西镇"微服万家"2015年开通以来，已受理农民群众诉求556件，办结率99.3%，群众满意度99.7%。在胶州市科学发展综合考核群众满意度调查中，胶西镇也由2014年的全市倒数第二上升为2015年的正数第二。

2. 建立全面覆盖、执行有力的组织网格员队伍

胶州从全市选聘11139名党员群众组成网格员队伍，统一为网格员配发党建手机终端。网格员承担提报社情民意、化解矛盾纠纷、宣传政策法规和监督环境卫生的职责。网格化组织体系横向到边、纵向到底，覆盖了基层各个"神经末梢"。胶州市委组织部设立党建办公室，配备8名工作人员，负责网络监控、网格管理、督查考评和平台维护，每月进行大数据分析，及时形成《民情专报》。镇级层面同步配备10名工作人员设立党建办公室，做到了群众遇事有人管、有难有人帮。

3. 健全无缝衔接、闭环运行的服务流程

胶州市建立了群众反映诉求有人提报、有人办理、有人评价、有人监督的服务流程再造体系，实现了"手机一点、万事不难"。一是群众通过向组织网格员反映、登录党建服务网站和手机终端三种方式，随时提出诉求，不再"上门求人"。二是网格员每日巡查，发现问题就地处理或实时提报解决。三是部门单位推行全天候服务，对网格员(群众)提报事项第一时间认领、办理。超过12小时未认领由系统自动提醒，超过

24 小时未认领或超过 7 个工作日未办结由系统自动扣分，对群众给予“差评”的，第一时间予以问责，做到了“群众下单、部门秒办”。四是市级领导通过手机终端，对重大民需事项及时批办。五是市党建办实行全程监控，对紧急事项督促责任单位立即办理，并第一时间推送至有关市级领导终端；对超期未办结、办结不力的，予以挂牌管理、跟踪督办，保证了事事有落实、件件有回音。

胶州市利用党建工作的在线化、数据化提升基层社会治理水平，让小微信、小电视、小监控发挥大作用，使治理主体实现了从党委、政府为主向以多元主体转变，治理模式实现了从“线下”为主向“线上”“线下”融合转变，不但开辟了新时期党组织服务民生、服务群众的新路径，社会治理效果也实现了从被动“施治”向主动“善治”转变。“互联网＋”治理模式自 2014 年 10 月运行至今，胶州市共受理群众提出事项 138923 件，办结 136458 件，群众网上评价满意度达 99.82%。

（三）创新制度机制，不断提高村级党组织建设的科学化水平，把打造核心治理主体作为加强农村基层社会治理的重中之重

习近平总书记指出，基层是党的执政之基、力量之源。农村基层组织，尤其是村级基层党组织，建立在农民群众生产生活的现场，居于农民群众之中，与农民群众距离最近、联系最广、接触最多，理应成为党的路线方针政策在农村基层落地生根的领导力量和组织支撑。近几年来，胶州市创新机制，不断提高村级党组织建设的科学化水平，为农村基层社会治理打造核心主体。

1. 创新选拔培养机制，打造高素质的带头人队伍和党员队伍，为新时期农村基层社会治理打造了核心主体力量

截至 2016 年 9 月，胶州市有 823 个村（社区），村党组织 806 个（包括联合党支部 5 个），共有 29186 名农村党员。胶州市创新选拔培养机制，坚持把带头人队伍建设作为基层党建工作的重中之重，制定实施了《关于加强“五强”村党组织书记队伍建设的实施意见》，构建起选拔任用、教育培训、管理考核和激励保障“四位一体”管理体系。实施选任党组织书记负面清单审查和（胶州）市委组织部考察备案制度，造就了一支政治素质强、道德品行强、发展本领强、服务能力强、群众亲和力强的“五强”书记队伍。管理村支部书记刘元征“一本党章治好一个村”的经验做法，被中组部作为典型案例编入农村党员干部教育培训教材。青岛市委组织部将胶州市实施意见直接转发各区（市）执行。

在农村党员队伍建设方面，胶州市实施“党员＋”系列行动，推动党员设岗定责、承诺践诺，自觉服务群众，积极履行政策法规宣传、社情民意征集、矛盾纠纷化解和困难群众帮扶等具体职责，在胶东国际机场征

迁、国家级开发区建设、大沽河治理、美丽乡村建设等重大工作中发挥了重要作用。胶州市还通过党员领岗和包街联户,实施"联系一块生产基地、传授一项实用技术、解决一个实际困难、帮助一户会员致富"为主要内容的党员示范工程。胶东街道大店村原党委书记姜永福牵头成立口罩协会党委,推动大店村发展成为中国日用口罩加工产业基地,年产值上亿元,占据了全国80%以上的市场。部分村庄成立党员义工组织,结对帮扶困难群众、留守儿童和空巢老人。8164名农村党员作为组织网格员,线下直接解决村民提出的问题5200多件。2015年底,农村群众集体访、越级访案件数量同比下降近20%。谈话走访中,73%的受访对象认为"农村党员能够发挥先锋模范作用",92%的受访对象认为"农村中的老党员政治素质普遍较高"。

2. 创新党组织设置方式,为党的基层组织发挥政治引领作用搭建了新平台,也为新时期农村基层社会治理寻找了新道路

随着农村改革发展深入推进,农民专业合作社等各类组织形式蓬勃发展。如何发挥党组织政治引领作用,实现经济效益、社会效益最大化,是一项崭新的课题。近年来,胶州市创新党组织设置方式,既为党的基层组织发挥政治领导作用搭建了新平台,也为新时期农村基层社会治理寻找了一条新道路。

(1)发挥合作社党组织政治优势,为农村基层社会治理注入"润滑剂"。胶州市创新组织设置方式,采取单独组建、镇街和涉农部门领建、村社合建、产业联建等灵活多样的方式,形成了属地领导、行业指导、横向联合、纵向链接的党组织设置格局。2008年,省内首家合作组织党委——胶州市洋河镇农村合作组织党委在胶州成立。截至2016年9月,胶州全市共成立合作社党委7个、党总支9个、党支部128个、联合党支部40个,涉及12个镇街、495个村庄,带动农户9.2万户、党员2213名。胶州市还制定了《关于进一步加强农村合作组织党建工作的指导意见》,确保党组织到位不越位、添彩不添乱。胶东街道于家村辣椒工贸协会党委助推协会成为全国辣椒产业的信息中心和交易中心,年交易额69亿元,交易量占国内总量的1/3,出口贸易额占全国总量的73%。胶北街道的乡村旅游专业合作社党委,将旅游产业链条上的17个合作社党支部联合起来,形成20千米旅游长廊,年接待游客10万人次,旅游收入达600余万元。胶州市洋河镇党委以农民专业合作社联社为抓手,探索推广"联合社+支部+农户"模式,在全部103家合作社中建立合作联社党总支16个,辐射党员社员349名、农户1606户,带动51个村集体收入超过5万元,60%以上的农户年收入达到4万元以上。截至2016年9月,胶州全市合作社创建种养殖示范基地131个,农产品品牌56个,带动全市90%以上的农户进入产业化经营链条。

胶州市坚持政治引领和利益导控相结合，把合作社党组织“嵌入”乡村治理体系，为农村基层治理注入“润滑剂”。一是破解了土地流转难题。以合作社为“跳板”，让农民有条件、有保障地流出承包土地，最大限度地减少了土地流转带来的矛盾纠纷。万家兴联合社党总支统筹4个村土地资源，采用村民自愿入社、合作、租赁三种形式，先后流转土地1万多亩开发旅游项目，没有发生一起信访事件。二是破解了农村党员“家族化”问题。把合作联社党组织作为打破家族垄断壁垒、培养发展党员的新途径，先后培养入党积极分子23人、发展党员6人。同时，吸纳“家族化”党员加入合作联社，使他们逐步脱离宗族派性斗争的圈子，推动临洋村、曹家庄村等8个村庄由乱到稳。三是破解了农村人才匮乏问题。合作社党组织牵头成立“农民创客中心”，积极发展微商、电商、众筹等电子商务平台，吸纳120多名农村优秀青年人才返乡创业。聘请中国科学研究所、“黑马会”等专业院所和培训机构，开展农业技术培训达6000余人次，培育了一批农民经纪人、科技示范户，为农村发展提供了人才保障。

随着农村利益主体、价值观念的多元化，传统的行政命令式手段逐渐失效，农民对村级组织的依附程度越来越小，农村出现了一定程度的“权威真空”。与此同时，农村集体产权制度改革、农业供给侧改革等深入推进，亟须构建一个高效的乡村治理共同体。在这种背景下，胶州市合作社党组织以“嵌入”的方式，以“经济业务”为手段，对各方利益进行导控，形成以“多主体协同”和“协商性整合”为取向的新型治理结构，保障了党组织在现代乡村治理中有所作为、大有作为。

(2)以党组织联建破解软弱涣散村治理难题。长期以来，软弱涣散村党组织作用发挥不明显、家族垄断村庄、发展后继无人等难题，一直成为制约村庄治理发展的“瓶颈”。胶州市通过创新党组织设置，积极推进党组织联建，将10个强村与11个后进村组建联合党组织，20个企业与17个弱村组建联合党组织，有效转化一批后进村，培养一批带头人，引导一批新产业，既妥善解决了软弱涣散村的治理难题，也为农村基层社会治理提供了新模式。其主要成效有以下几点：一是联建党组织的强力介入，有效打破了家族势力长期垄断村庄的壁垒问题。通过实施党组织联建，改变了“一家独大”的局面，淘汰了12名不合格“家族委员”，新选14名德才兼备的村干部。二是联建党组织有效解决了部分后进村班子不和谐的深层次问题。选择优秀党组织作为“第三方”力量介入后进村，妥善化解了后进村班子内部不团结、派性斗争严重等一系列历史遗留问题，所有联建村庄实现了换届“零信访”。

(3)通过联建做到了资源共享，实现了长效联动发展。2015年，管理村池子崖村联合党支部充分发挥经济基础较好的优势，共同筹资2

亿元,联合发展"孝之源"文化产业项目,力争五年后村集体资产合计突破10亿元。截至2016年9月,各联建党组织提议项目引进、基础建设、民生服务等事项80余件,依规否决不合理事项16件,节省资金90余万元,村级非生产性支出同比下降36.7%。

(四)创新优势互补、资源共享新途径,构建城乡基层统筹治理的新格局

胶州市打破城乡分割的思维定势和工作模式,把城市和农村党建工作以及社会治理工作放到城乡经济社会发展一体化的大趋势、大背景下来谋划和推进。

1. 创新基层治理资源均衡配置机制,通过财政转移支付等建立了稳定规范的基层组织工作经费保障制度

自2009年起,村级党组织书记的每年待遇报酬总额超过了农民人均收入的2倍。自2013年起,胶州市、镇(街道)两级财政每年投入村级组织运转保障经费4850多万元,服务群众专项经费最低达到3.71万元;村"四职"干部基本报酬每月打卡发放,并统一办理了养老保险;每年投入1200多万元,解决了全市2883名正常离任的村"四职"干部养老保障问题。采取财政支持、党费补贴、社会捐助等多渠道筹资方式,使每个村活动场所建筑面积都达到了100平方米以上,每个社区办公场所建筑面积均达到了300平方米以上。

2. 创新城乡基层组织互助互帮机制,推动城乡基层组织互相促进

近几年来,胶州市开展了"科室联村、牵手百姓"活动,从市直部门、单位和镇(街道)机关中选择骨干科室,长期联系全市每个行政村及其党组织;实行百名局长联百村活动,推进精准扶贫;开展了企业家联村服务活动,累计选派100名党员企业家定向联系100个精准扶贫村和经济落后村。自2013年起,胶州市每年选派50名机关党员干部,脱产驻村担任第一书记(主任助理)。2015年,在胶东国际机场征迁工作中,胶州从全市抽调了12名基层工作经验丰富、敢于担当的市管领导干部充实到各征迁安置工作组,一期工程完成总征迁面积26078亩、总拆迁面积392.6万平方米,机场建设涉及10个村庄,征迁工作仅用7天时间便顺利完成,创造了和谐征迁的经典案例。

二、胶州市农村基层社会治理存在的突出问题

(一)部分农村基层党组织凝聚力、战斗力不强,担当不起农村基层社会治理的领头大任

部分基层领导班子对新形势下如何进行基层社会治理心中无数,

难以完成当前繁重的农村基层社会治理任务。主要表现在：有些镇（街道）党（工）委对村级治理工作过问少、办法少，导致部分村级领导班子凝聚力、战斗力不强；有些村级党组织对村级治理有顾虑，遇事“睁只眼闭只眼”，致使村党组织在社会治理工作上处于被动。有些村干部贪污腐败给农村基层治理造成恶劣影响。随着财政投入和支农惠农项目的增多，村干部贪污腐败的形式也花样翻新。除了传统的贪占集体资产、公款消费等形式外，套取侵占国家专项资金、非法转让土地、截留征地补偿款、收受开发商贿赂等新的腐败形式日益增多。2016 年 8 月，青岛市纪委通报 14 起不正之风和腐败典型问题，胶州市有 2 起、5 位村干部被处分。村干部腐败本身就是农村社会治理的一个严重问题，还会增加农村社会治理难度。

（二）农村基本公共服务尚不充分，部分农村集体经济发展薄弱，基层社会治理工作受到严重制约

农村基层社会治理面临的很多难题都与农村的经济社会文化发展水平较低息息相关。胶州市部分农村发展水平不高、经济实力薄弱是阻碍农村经济和各项事业发展、加快农村社会治理顺利推进的原因。新农村建设以来，尽管胶州市农村的基础设施和生产生活条件已经大为改善，基本公共服务得到大幅度提升，但与城市相比，公共资源仍旧滞后，社会保障仍旧偏低，部分农村集体经济发展依旧薄弱。必须看到，在经济快速发展和现代信息日益大众化的形势下，农民对基本公共服务的需求和期望在加速升级，一旦这种需求无法得到满足，就会对党和政府产生失望和焦虑情绪，这就可能为引发其他社会治理问题埋下隐患。

（三）部分农村基层民主政治建设尚不完善，农民群众不能规范有序地参与农村事务的决策和管理

随着农村改革的加快，农村基层党组织的职能发生了根本性变化，工作方式也应随之改变。但部分基层党组织和党员干部还没有从根本上转换职能和角色，不愿意或不会运用政策、经济、说服教育、协调等手段开展工作，仍然沿袭过去行政命令的方式和家长制作风。有的基层干部则缺少大局意识，决策不民主，议事不规范，村“两委”关系不协调。也有些群众民主议事和法治观念不强。这些都影响了农村基层民主政治建设的顺利推进，阻碍了农村基层社会治理工作的深入开展。

（四）部分党员先锋模范作用发挥不突出，在社会治理中难以服众

胶州市农村党员队伍存在的问题主要有：一是整体素质偏低。从年龄结构看，胶州市农村党员中 40 岁以下的占总数的 17.1%，60 岁以上的达到总数的40.8%，年龄结构老化，导致新老更替缓慢。从学历结构看，农村党员受教育程度普遍较低，初中学历的占总数的42.5%，大专以上学历的仅占总数的11.1%。从党性党悟看，有些党员党性观念淡薄，说话口无遮拦；有些党员长期不参加党组织活动。数据显示，全市长期不参加党组织活动的有261人，长期不缴纳党费的有136人。更有极少数党员，煽动群众集体上访、越级上访，损害了党在农民中的形象。二是发展党员工作失衡。据统计，胶州市238个村庄在3年以内不发展党员，占28.9%；4～5年不发展党员的有133个，占16.1%；6～10年不发展党员的有93个，占11.3%；不发展党员村庄的最长年数为30年。党员发展失衡，从客观原因看，大量农村青年外出务工，好"苗子"难找；从主观原因看，一些村庄宗族派性矛盾严重，个别村支部书记害怕被"挤位子"，人为地将一些优秀人员挡在组织之外。三是日常管理制度执行不到位。有的村支部长年不组织召开党的会议，党员对党组织失去了归属感；有的村庄没有设立党员德行纪实档案，党员觉得干好干孬都一样。2015年胶州市审定的53名不合格党员中，几乎全是上级党委一票否决，反映出对党员的量化积分管理未得到有效执行。据调查显示，34%的农民受访对象认为"农村党员的致富带富能力不强"，12%的受访对象认为"个别党员表现还不如老百姓"，这些党员难以在社会治理中产生服众的作用。

三、胶州市推进农村基层社会治理的对策

（一）不断强化党建主体责任，努力打造领导有力的农村基层社会治理核心主体

应落实党（工）委书记第一责任人的责任。党的农村基层党组织是农村治理的核心主体。应围绕"书记抓、抓书记"，不断深化"抓党建是最大的政绩"、党（工）委书记"不抓党建是失职，抓不好党建是不称职"的思想认识。建立完善党（工）委书记履行党建工作责任制述职考评制度，确保党（工）委书记认真履行第一责任人的责任，不断提高农村基层党组织的凝聚力和战斗力，从而协调其他主体共同把农村基层社会治理工作做好。

落实农村基层党组织三级责任。一是建立镇（街道）、管区、村庄三级共同负责制。把农村党员队伍建设工作分层列入镇（街道）党（工）委书记、管区书记和村党组织书记责任制中，并作为政绩考核、评优评先、绩效报酬发放的重要依据。二是加强基层工作指导。加强对村书记的支持，对敢抓敢管、抓出成效的优秀村支部书记，旗帜鲜明地给予支持；对"老好人"思想严重，应加大问责力度，不适合岗位的及时予以调整。

（二）不断推进农村各项事业发展，依靠发展提高农村基层社会治理的物质基础

只有坚定不移地推进农村各项事业发展才是解决农村基层社会治理难题的长期战略选择。只有加快发展区域经济，政府才能增加财政收入，才能为农村提供充足的基础设施和公共服务，也才能提高农村社会保障水平；只有千方百计发展农村集体经济，让农民收入得到持续稳定增长，才能使农民安居乐业；只有均衡城乡资源，持续发展农村的教育文化事业，才能不断提高农民素质。只有把农村环境污染、农村安全饮水、农村垃圾及污水处理等基本的民生问题解决好，社会治理的物质基础提高了，农村基层社会治理才会有支撑，当前农村基层社会治理的绝大多数问题就可以迎刃而解。

（三）不断完善农村基层民主政治建设，与时俱进，创新农村基层治理工作

推进农村各类主体规范有序参与农村基层社会治理工作。农村基层组织是党在农村一切工作的基石，必须充分发挥农村基层党组织的领导核心和战斗堡垒作用。党员是党的肌体的细胞和党的一切活动的主体，必须尊重党员主体地位，激发党员在农村社会治理各项工作中的先锋模范作用。人民群众是历史的创造者，应坚持一切为了群众，坚持一切依靠群众，充分调动群众在农村基层社会治理中的积极性和创造性，引导他们规范有序地参与农村事务的决策和治理。

应与时俱进，创新农村基层治理工作。改革创新是做好农村基层治理工作的强大动力。只有大力推进农村基层治理工作创新，才能使农村基层社会治理工作体现时代性、把握规律性、富于创造性和针对性。例如，各种民生问题应从提高政府服务水平、改善人民生活做起；农村村级“两委”换届应该在换届选举前对于问题村提前做好各方工作和应急预案，将换届产生的矛盾冲突和不稳定因素降到最低。对于农村社会治理的突发性群体性事件、各种生产安全事件、重大交通事故和各种公共安全事件等，更要制订具体细致的应急预案。

（四）不断开辟农村党员队伍建设新路径，稳固农村基层社会治理的有生力量

一是建立健全吐故纳新机制。通过制定年度计划，重点发展35岁以下德才兼备的优秀分子入党，逐步解决党员年龄老化、长期不发展党员问题。拓展选拔范围，以村干部、返乡毕业生、复员退伍军人、农民专业合作组织成员和大学生村干部等为重点，加快发展党员工作速度。创新发展机制，对因宗族派性问题长期不能发展党员的村，由所在党

(工)委成立“青年人才党支部”进行发展。创新党员发展对象竞争选拔制度，每年公开选拔发展对象和入党积极分子，为农村优秀青年入党创造条件。二是健全党员日常管理制度，提高组织生活质量。建立线上、线下双重管理模式，通过线上开发“党员 e 家”管理系统，实现管理便捷化、精准化和动态化；通过线下建立党员纪实档案，推动党员讲奉献、当先锋。严格执行农村党员资格“一定双评”年审办法，对不合格党员予以处置，畅通出口，纯洁队伍。三是建立符合农村实际的教育培训机制，丰富培训内容，创新培训形式，通过组建“民间讲师团”，依托胶州党建服务网、微博、微信、手机客户端等载体，强化党员意识，提高党性修养，提升他们参与基层社会治理的能力。

农村基层社会治理是一项长期任务。胶州市目前正处于城市化快速发展的时期，应遵循“创新、协调、绿色、开放、共享”五大发展理念，从实际出发，进一步创新加强农村基层社会治理的内涵和载体，实现区域经济社会的和谐发展，让发展的成果惠及所有农村居民。

（作者单位：中共胶州市委党校）